Martin Hose
Studien zum Chor bei Euripides
Teil 1

Beiträge zur Altertumskunde

Herausgegeben von
Ernst Heitsch, Ludwig Koenen,
Reinhold Merkelbach, Clemens Zintzen

Band 10

B. G. Teubner Stuttgart

Studien zum Chor
bei Euripides

Teil 1

Von

Martin Hose

B. G. Teubner Stuttgart 1990

CIP-Titelaufnahme der Deutschen Bibliothek

Hose, Martin:
Studien zum Chor bei Euripides /
von Martin Hose. – Stuttgart: Teubner.
Teil 1 (1990)
(Beiträge zur Altertumskunde; Bd. 10)
ISBN 3-519-07459-1
NE: GT

Meinen Eltern

Meinem Großvater

Vorbemerkungen

Diese Arbeit stellt eine (in der Hauptsache aus technischen Gründen) überarbeitete und um ein Register erweiterte Fassung meiner Dissertation dar, die im Wintersemester 1989/90 der Philosophischen Fakultät der Universität Konstanz vorlag.

Ich danke der Studienstiftung des deutschen Volkes für die Gewährung eines Promotionsstipendiums. Während der Zeit dieses Stipendiums hatte ich die Gelegenheit, mit dem Thema verbundene grundsätzliche Probleme und Detailfragen in Gesprächen mit Frau Professor Patricia Easterling (London) sowie den Herren Professoren Dr. Horst-Dieter Blume (Münster), Dr. Wolfgang Rösler (Konstanz), Dr. Bernd Seidensticker (Berlin) und Dr. Bernhard Zimmermann (Zürich) zu erörtern. Für das, was ich dabei lernen durfte, bin ich sehr dankbar.
Ich danke ferner Herrn Professor Dr. Manfred Fuhrmann (Konstanz) für die Übernahme des Korreferats und eine Reihe kritischer Bemerkungen sowie meinem verehrten Lehrer, Herrn Professor Dr. Hans-Joachim Newiger, der mich zur Beschäftigung mit dem Thema angeregt und das teilweise mühevolle Werden dieser Arbeit durch sein stetes Interesse und seine Bereitschaft, Probleme zu besprechen, entscheidend gefördert hat.

Gewidmet ist das Buch denen, ohne deren Unterstützung und Ermutigung diese Arbeit nie hätte geschrieben werden können.

Arlen, Juni 1990   Martin Hose

Inhaltsverzeichnis

Zu den verwendeten Abkürzungen

Um Verwechslungen zwischen Stücktiteln und Personen in den Stücken zu vermeiden, werden die Stücke mit lateinischen Namen zitiert ('Alcestis', 'Hecuba' usw.), für die Personen aber die gängigen deutschen Namen verwendet (also z.B. Iphigenie statt Iphigeneia, Medea statt Medeia usw.) Die Stücktitel werden wie folgt abgekürzt:

    Euripides ' Cyclops = Cycl., Alcestis = Alc., Medea = Med., Heraclidae = Hcld., Hippolytus = Hipp., Andromacha = Andr., Hecuba = Hec., Supplices = Suppl., Electra = El., Hercules = H.F., Troa-des = Tro., Iphigenia Taurica vel in Tauris = I.T., [Ion = Ion] Helena = Hel., Phoenissae = Phoen., Orestes = Or., Bacchae = Ba., Iphigenia Aulidensis = I.A.;
        Aischylos ' Persae = Pers., Septem contra Thebas = Sept., Supplices = Suppl., Agamemnon = Ag., Choephori = Choeph., Eumenidae = Eum.;
    Incerti auctoris Prometheus = P.V.; Rhesus = Rhes..
    Sophokles ' Aias = Ai., Trachiniae = Trach., Antigona = Ant., Oedipus Rex = O.R., Electra = El., Philoctetes = Phil., Oedipus Coloneus = O.C..

    K.- G. II soll bedeuten: R.Kühner/B.Gerth: Ausführliche Grammatik der griechischen Sprache, Zweiter Teil, Hannover/Leipzig 1898

    In den Fußnoten wird die gelehrte Literatur (mit Ausnahme der Rezensionen) nur mit Verfassernamen und in Klammern folgender Jahreszahl zitiert, ein Verfahren, das aufgrund der damit verbundenen Kürze und Eindeutigkeit seine Nachteile mehr als aufwiegt. Die vollständigen bibliographischen Angaben finden sich im Literaturverzeichnis.

1. Einführung

1. 1. Einleitung (1)

Kein Zweifel, wer sich heute mit Euripides beschäftigt, ist in einer wesentlich günstigeren Position als ein Forscher vor 30 Jahren: die Überlieferung des Textes ist selbst für die Stücke der Trias weitgehend aufgearbeitet(2) , die Reihe der Euripides-Editionen in der Bibliotheca Teubneriana nähert sich dem Abschluß(3) , in der von James Diggle herausgegebenen Ausgabe der Bibliotheca Oxoniensis steht nur nur noch der dritte Band aus.
Nicht nur zu den bekannten Stücken 'Hercules'(4) und 'Orestes'(5) , sondern
auch für Dramen, die sich traditionell geringerer Aufmerksamkeit erfreuen
durften wie 'Cyclops'(6), 'Andromacha'(7) , 'Supplices'(8) und 'Helena'(9) sind
gerade in jüngerer Zeit wahrhaft wissenschaftliche Kommentare erschienen.
Die Forschung über Bauformen(10) und Fragen der Inszenierung(11) , über
Motive(12) und Charaktere(13) , über das Problem, in wie weit Euripides ihm
vorliegenden Bearbeitungen eines Sagenstoffes folgte oder davon abwich(14) ,
hat das Verständnis des Dichters erheblich gefördert. Schließlich ist sogar
die Beschäftigung mit den auf Papyrus gefundenen Bruchstücken neuer Tragödien für eine ganze Reihe von Stücken bis an die Grenze des jeweils

---

*1 Die folgenden Bemerkungen können kein Forschungsbericht über Euripides
sein; ich führe (selektiv) nur Buchveröffentlichungen an. Hinzuweisen ist auf
die ausgezeichnete Einführung in die Interpretationsgeschichte der euripideischen Tragödie, die Michelini (1987) S.3-51 gibt.*
2 Matthiessen (1974), Mastronarde/Bremer (1982).
*3 Zu dem Zeitpunkt, da ich dieses schreibe, stehen nur noch Med., Hipp.
und El. aus.*
4 Bond (1981) .
5 Willink (1986).
6 Ussher (1978), Seaford (1984), Biehl (1986).
7 Stevens (1971).
8 Collard (1975).
9 Dale (1967), Kannicht (1969).
10 Kannicht (1957), Schwinge (1968), Jens (1971), Erbse (1984).
11 Halleran (1978).
12 Foley (1985), Seidensticker (1982).
13 Brand (1973), Harbsmeier (1968).
14 Aelion (1983), Stephanopoulos (1980).

Wißbaren geführt worden (15) . Der Boden ist damit gut bereitet für neue forschungstheoretische Positionen, die ihre Fragestellungen an unseren Autor herantragen. Strukturalistische (16) und neuerdings sogar feministische (17) Ansätze zu einer Beschäftigung mit Euripides haben bereits erste Früchte hervorgebracht, auch der Gesichtspunkt des "Metatheaters" ist nicht unberücksichtigt geblieben (18) .

Die hier vorliegende Untersuchung ist freilich diesen neuen Forschungsrichtungen weniger verpflichtet. Sie folgt vielmehr non passibus aequis den Untersuchungen bestimmter Einzelaspekte des euripideischen Gesamtwerks. Denn es hat im Gegensatz zu Sophokles in der neueren Forschung der Chor bei Euripides – mit Ausnahme einiger wichtiger Spezialfragen – nur wenig Beachtung gefunden, hauptsächlich, wie mir scheint, aus folgenden Gründen: zum einen glaubt man, die Grundzüge der Chorbehandlung bei Euripides seit langem zu kennen, ebenso die Entwicklung der Rolle des Chores in seinen Dramen. Ferner scheint der Chor des Euripides im Vergleich mit Aischylos und Sophokles von geringerer Bedeutung für das jeweilige Stück zu sein. Zudem entzieht sich aufgrund der Anzahl der überlieferten Stücke der euripideische Chor mit einer beträchtlichen Vielfalt der Erscheinungsformen prägnant-aussagekräftigen Formeln: "den" euripideischen Chor scheint es nicht zu geben; er kann in einzelnen Szenen ein Mitspieler sein, aber auch Kommentator oder ganz aus der Handlung zurückgezogen werden: diese drei Merkmale können in einem einzigen Stück (nicht nur des Spätwerkes) erscheinen.

Man muß sehr weit zurückgreifen, wollte man an eine Untersuchung des Gesamt-Phänomens "Chor" bei Euripides anknüpfen: an Richard Arnoldts "Die Chorische Technik des Euripides", Halle 1878. Nach diesem ausführlichen, in der Hauptsache deskriptiv angelegten Werk, das insgesamt wenig Beachtung

---

15 Zur Hypsipyla Bond (1963) und Cockle (1987), zum Phaethon Diggle (1970), zur Antiopa Kambitsis (1972), zu Cresphontes und Archelaus Harder (1985), zu Peirithous und Palamedes Sutton (1987).
16 Goldhill (1986).
17 Michelini (1987).
18 Segal (1982).

fand, teilte sich die Forschung über den Chor in zwei Richtungen(19) : die eine konzentrierte sich auf den Chor als dramatis persona(20) , die andere auf das Chorlied(21) . Als ertragreich kann hierbei eigentlich nur die zweite Richtung gelten, da sie sowohl auf Fragen des Zusammenhangs zwischen Handlung und Lied Antworten fand als auch die lyrische Kunst des Euripides zu würdigen verstand und mit der Interpretation der Lieder nicht unerheblich das Verständnis der Stücke förderte.

Ich möchte mit meiner Arbeit beide Stränge wieder zusammenführen und auf der Basis der neueren Forschung einen Baustein für die Erforschung der "chorischen Technik des Euripides" liefern. Ich kann nicht hoffen, mit meiner Studie den Gegenstand erschöpfend zu behandeln. Doch vielleicht regt sie zu weiterer, weiterführender Beschäftigung mit dem lange wenig beachteten Thema an.

Und noch eine letzte Vorbemerkung sei mir gestattet: Euripides stellt einen Interpreten vor große Probleme. Oft finden sich auf bestimmte Fragen (wie z.B. die nach der Bedeutung der Götter) sehr gegensätzliche Antworten. Beschäftigt man sich mit dem Chor, ist häufig eine Entscheidung zwischen solchen einander ausschließenden Deutungen erforderlich. Meine Interpretationen stehen dabei der Position, die sich mit den Namen Erbse, Lloyd-Jones und Spira beschreiben läßt, näher als der, für die z.B. der Name Jens genannt werden könnte.

Der Plan der Untersuchung

Ziel meiner Arbeit soll es sein, die "chorische Technik" des Euripides und die Funktion des Chores in seinen Stücken zu untersuchen. Ich möchte diesen komplexen Problemkreis in folgenden Etappen behandeln:
1. Zunächst gilt es, die Schwierigkeiten sowie die Möglichkeiten zu erörtern, die sich einem Dichter wie Euripides grundsätzlich boten, wenn er für

---

19 *Eine Ausnahme stellt Phoutrides (1916) dar, der eine Reihe wichtiger Einzelaspekte untersucht und dabei die euripideischen Chöre mit denen des Aischylos und des Sophokles vergleicht, wobei er freilich die Unterschiede zwischen den drei Dichtern teilweise verwischt, vgl. besonders S.91, 109, 140, 143, 169/70.*
20 *Helmreich (1905), Fries (1913).*
21 *Hofmann (1916), Kranz (1933), Möller (1933), Helg (1950), Alt (1952), Neitzel (1967), Panagl (1971), Nordheider (1980), Dorsch (1982).*

ein Stück einen Chor konzipierte: eine Typologie des Chores soll entwickelt
werden; sodann ist zu skizzieren, was über die Chöre der gesamten euripideischen Tragödie bekannt ist. Nach diesen "produktionsästhetischen" Überlegungen ist zu fragen, wie der Chor, der im Stück eine bestimmte dramatis
persona erhält, da er in der Regel wie jede andere Figur charakterisiert und
z.T. sogar mit einer fiktiven Biographie versehen wird, vor dem Erfahrungshorizont des Publikums bestehen konnte. Doch der Aspekt der "Rezeptions-
ästhetik" soll nicht allein im Hinblick auf den Chor als dramatis persona, als
Figur des Stücks, berücksichtigt werden: auch das Merkmal des Chores,
außer seiner Aufgabe als Mitspieler auch Zuschauer einer Handlung zu sein,
muß in seiner möglichen Wirkung auf das Publikum bedacht werden.

Auf diese allgemeinen Überlegungen soll die Beschäftigung mit dem Chor in
den einzelnen Stücken erfolgen.

2. Der Aspekt der Mitspielerfunktion des Chores ist am bedeutendsten im
Eingangsteil einer Tragödie: hier läßt der Dichter den Chor in der Parodos
zum ersten Male im Stück erscheinen. Es stellt sich ihm damit die Aufgabe,
den Chor als Figur zu charakterisieren und ihn in die Handlung einzufügen.
So soll denn der Eingang sämtlicher euripideischer Tragödien analysiert werden, da hierbei Aufschlüsse über einen wichtigen Teil der "chorischen Technik" des Euripides, die Wege, auf denen er den Chor mit der Handlung
verknüpft, zu erwarten sind.

3. Ein weiterer Abschnitt der Untersuchung muß dem Chor in der Handlung
gewidmet werden: hierbei ist nach anderen Gesichtspunkten als im vorangegangenen Kapitel vorzugehen, da der Chor in der Handlung bisweilen als
Zuschauer oder Kommentator, bisweilen als Mitspieler fungiert. Es gilt zu
untersuchen, wann welche Funktion vorliegt, welche Verbindungen zwischen
ihnen bestehen und welche Aufgaben diese so verschiedenen Seiten des
Chores erfüllen.

4. Das markanteste Kennzeichen des Chores ist es, Lieder zu singen. Diese
Chorlieder sind besonders unter folgenden Aspekten zu untersuchen:
a) Welcher Zusammenhang besteht zwischen Lied und Handlung ? b) Was
trägt der Inhalt des Liedes zum Stück bei ? c) Wie verhält sich das Gesungene zur dramatis persona des Chores ?

5. In einigen Stücken spielt der Chor eine besonders bedeutsame Rolle für
die Handlung ('Supplices', 'Troades', 'Bacchae'). Diese Stücke und die Rolle

des Chores darin sollen analysiert werden, wobei versucht werden muß, einerseits die Merkmale dieser euripideischen "Chorstücke" durch einen Vergleich mit einem ähnlichen Stück des Aischylos ('Supplices') hervorzuheben, andererseits die Tendenz kenntlich zu machen, in der Euripides seine Technik für derartige Dramen weiterentwickelt (wir können mit 'Supplices', 'Troades' und 'Bacchae' fast 20 Jahre in der Laufbahn des Dichters überschauen).

6. Nach diesen fünf Abschnitten der Untersuchung ist abschließend und zusammenfassend die Frage zu stellen, was die "chorische Technik" des Euripides kennzeichnet und welche Funktion der Chor in seinen Stücken hat. Diese Frage hat zwei Dimensionen: einerseits ist Euripides von Sophokles und Aischylos abzugrenzen, andererseits aber soll auch die Entwicklung, die die "chorische Technik" des Dichters erfahren hat, skizziert und gewürdigt werden.

Der hier vorgelegte erste Band der "Studien zum Chor bei Euripides" ist den Abschnitten 1, 2 und 3 gewidmet.

1. 2. Zur Typologie des Chores

Die"attische Tragödie, ein in sich abgeschlossenes Stück der Heldensage"(1), stellte jeden Tragödiendichter vor das Problem, in seine poetische Bearbeitung des Stoffes in erhabenem Stil den Chor einzufügen, eine Gruppe von zuerst 12, später 15 Personen. Nun gab es einige Mythen, in denen eine größere Gruppe vorkam: die Danaiden-Geschichte, die Freier-Episode in der Odyssee, der Zug der Sieben gegen Theben, die Töchter des Pelias usw.. Doch wenn der Chor als Gruppe, die im bearbeiteten Sagenstoff auftritt, angelegt ist, bedeutet dies, daß dem Chor eine wichtige Rolle in der Handlung zufällt: er agiert als Protagonist (Danaiden) oder wenigstens als dessen Gegenspieler (Freier in der Odyssee). Ein derart bedeutender Chor führt den Dichter jedoch in zwei Schwierigkeiten:

1. Der tragische Chor agiert stets en bloc, er stellt eine homogene Gruppe dar, innerhalb derer es keine Individuen gibt und die nur mit einer Stimme spricht(2) . Es ist also nicht möglich, die Sieben, eventuell mit Begleitern, als Chor in einem Stück auftreten zu lassen, dann aber, sobald es die Handlung erfordert, einen Tydeus, einen Amphiaraos oder Kapaneus aus ihm heraustreten und gleichsam als Schauspieler agieren zu lassen. Die einzelnen Mitglieder des Chores sind "anonym"(3).

---

1 *Wilamowitz (1959) Bd. 1 S.107.*

2 *Die Ursache hierfür dürfte technischer Natur sein: es erforderte viel Zeit, mit den Choreuten die Gesangsnummern einzustudieren. Sie außerdem noch zu "Schauspielern" machen zu wollen, hätte sie überfordert.*

3 *Obwohl eine ganze Reihe von Stücken Titel trägt, die auf eine Gruppe hinweisen (Thespis F1a* Ἱερεῖς, *F1b* Ἥιθεοι, *Phrynichos F1* Αἰγύπτιοι, *F4* Δαναίδες, *F4a* Δίκαιοι ἢ Πέρσαι ἢ Σύνθωκοι, *F5* Πλευρώνιαι, *F8* Φοινίσσαι, *Pratinas F1* Δύμαιναι, *Polyphrasmon F3* Κῆρες, *Ion F8a* Ἀργεῖοι, *F10* Εὐρυπτίδαι, *F43-49a* Φροῦροι *), ist mit einem Chor als vom Mythos bedingter Hauptperson nur in Phrynichos' Ägyptern und Danaiden mit einiger Wahrscheinlichkeit zu rechnen, siehe dazu auch Garvie (1969) S.113. Für Aischylos, bei dem immerhin 36 Stücke einen Namen haben, der auf eine Gruppe hinweist, siehe die Erörterung bei Garvie (1969) S.114/5.*

2. Ferner gibt es technische Gründe, die die Verwendungsmöglichkeiten des Chores einschränken: a) er kann sich nur in Ausnahmefällen in längeren Sprechverspartien mitteilen; b) er ist von Parodos bis Exodos permanent präsent, es ist nicht leicht möglich, ihn wie einen Schauspieler abgehen und wieder auftreten zu lassen. Diese Schwierigkeiten lassen es verständlich erscheinen, wenn - so weit sich aufgrund der z.T. spärlichen Überlieferung erkennen läßt - selbst in der älteren Tragödie Dramen mit einem derart vom Mythos her angelegten Chor die Ausnahme darstellen.

Einfacher ist es daher, einen Chor zu verwenden, der sich aus Personen zusammensetzt, die in der jeweiligen Sage nicht explizit erscheinen, jedoch leicht aus dem Bereich, in dem die Sage angesiedelt ist, ergänzt werden können: spielt ein Stück in einer Stadt, kann ein Chor eingeführt werden, der eine der Bevölkerungsschichten repräsentiert, in einem Heerlager ist leicht ein Soldatenchor zu rechtfertigen. Aber diese Möglichkeit, den Chor nach dem Ort der Handlung zu konzipieren, kann auch geradezu gemieden werden. Interessante Aspekte für die Rolle des Chores ergeben sich, wenn das Nächstliegende ausbleibt, also in einer Stadt ein Chor von Fremden (Euripides' 'Phoenissae', 'Bacchae') oder im Feldlager ein Chor von Frauen auftritt (Euripides' 'I.A.').

In jedem Fall steht es dem Dichter frei zu wählen, in welches Verhältnis zur Handlung und ihren Akteuren er einen derartigen vom Mythos nicht festgesetzten Chor stellen will. Er hat die zwei grundsätzlichen Möglichkeiten, entweder den Chor gar nicht mit der Handlung/ den Akteuren zu verbinden, oder aber dies zu tun.

In jeder Tragödie gibt es (mindestens) eine Situation der Notlage: (mindestens) eine Person befindet sich in einer schweren psychischen oder physischen Bedrängnis. Und bisweilen übt eine Person Druck aus und bedrängt Schwächere. Der Dichter kann, wenn er seinen Chor mit der Handlung verbinden will, in derartigen Situationen und Konstellationen den Chor entweder dem Starken oder dem Bedrängten näher stehen lassen. Während nun bei Sophokles beide Möglichkeiten Verwendung finden (in der 'Antigona' steht der Chor auf der Seite des physisch überlegenen Kreon, im 'Philoctetes'auf der des überlegenen Neoptolemos; in 'Trachiniae' und 'O.C.' steht er den Schwachen: Deianeira und Oedipus, nahe) benutzt Euripides stets einen Chor, der den Bedrängten gewogen ist.

So empfinden in der 'Alcestis' die Männer von Pherai Mitgefühl für Admet, in der 'Medea' stehen die Frauen von Korinth auf Seiten Medeas, in den 'Heraclidae' die attischen Greise auf der Seite der Herakliden, im 'Hippolytus' die Frauen von Troizen auf der Phaidras, in der 'Andromacha' die Frauen von Phthia auf der Andromaches, in der 'Hecuba' die gefangenen Troerinnen auf der Hekabes, in der 'Electra' die argivischen Landmädchen auf der Elektras, im 'Hercules' die Greise Thebens auf der der Herakles- Familie, in den 'Troades' die Troerinnen auf der Hekabes, in der 'I.T.' die griechischen Tempeldienerinnen auf der Iphigeniens, im 'Ion' die athenischen Dienerinnen auf der Kreusas, in der 'Helena' die griechischen Sklavinnen auf der Helenas, im 'Orestes' die argivischen Mädchen auf der Elektras und Orests, in den 'Bacchae' die asiatischen Mänaden auf der des Dionysos, der als Lyder scheinbar bedrängt ist.

Von diesem Prinzip weichen 'Supplices' , 'Phoenissae' und 'I.A.' ab; im Falle der 'Supplices', einer "Chortragödie", ist das verständlich. In der 'I.A.' ist der Chor gar nicht mit der Handlung verbunden, so daß eine derartige Beziehung nicht hergestellt werden kann. In den 'Phoenissae' schließlich nimmt der Chor weniger Anteil am Leid einer Person als am Leid einer Familie und des Staates.

Dieser erste Überblick zeigt eine erste Regelmäßigkeit in der Chorbehandlung des Euripides: der Chor steht auf der Seite desjenigen, der sich einer Bedrängung ausgesetzt sieht. Und noch ein zweites Phänomen läßt sich beobachten: Bedrängter und Chor weisen bestimmte Gemeinsamkeiten auf: in Geschlecht, Alter und Familienstand sind einander ähnlich(4) :

Alc.:	Admet	- Männer von Pherai,
Med.:	Medea	- Frauen von Korinth,
Hcld.:	Iolaos	- attische Greise,
Hipp.:	Phaidra	- Frauen von Troizen,
Andr.:	Andromache	- Frauen von Phthia,
El.:	Elektra	- argivische Mädchen,
H.F.:	Amphitryon	- thebanische Greise,
I.T.:	Iphigenie	- griechische Tempelsklavinnen,
Hel.:	Helena	- griechische Sklavinnen,
Or.:	Elektra	- argivische Mädchen(5).

---

4 *Zuerst hingewiesen hat m.W. hierauf Arnoldt (1878) S.52.*
5 *Obgleich Elektra V.136 den Chor als* γυναῖχες *(vgl. V.836, 1305) bezeichnet, was dem gewöhnlichen Sprachgebrauch nach (vgl. Med. 214, Hipp. 373) auf verheiratete Frauen deutet, besteht doch sicherlich eine Übereinstimmung im Alter zwischen beiden: Menelaos nennt V.375 den Chor* νεανίδες, *in der dem Aristophanes zugeschriebenen Hypothesis (siehe dazu West (1986) S.178) Z.7/8 Murray werden die Frauen ausdrücklich als* ἡλιχιωτίδες 'Ηλέ-χτρας *bezeichnet.*

In 'Hecuba' und 'Troades' wäre demnach ein Chor aus troischen Greisinnen zu erwarten. Doch an die Stelle der Gemeinsamkeit in Alter und Familienstand tritt hier jeweils eine "Schicksalsgemeinschaft": Hekabe und der Chor sind Kriegsgefangene. In den 'Bacchae' sind der Mänaden-Chor und der Lyder (Dionysos) durch die Gemeinschaft des Thiasos verbunden. Während bei den drei letztgenannten Stücken aus der Art der Gemeinsamkeit sich die Hinwendung des Chores zum jeweils Bedräng ten von selbst ergibt, ist sie in den übrigen Dramen anders zu begründen. So tritt hier der Gedanke der Freundschaft auf den Plan. Das "Ferment", die Grundlage einer φιλία, kann dabei recht verschieden sein. So kann die Freundschaft als Beziehung zwischen Untergebenen und Herrn als Loyalität Gestalt gewinnen ('Alcestis', 'Ion'). Oder aber sie kann das Resultat eines verbindenden gemeinsamen Erlebnisses sein ('Hercules' V.126-30(6)), oder aber aus der Dankbarkeit für eine Hilfeleistung entspringen ('Medea' 11/2 (7) = 138).

Doch in den meisten Fällen wird eine derartige Grundlage der φιλία überhaupt nicht erwähnt. Der Chor tritt vielmehr einfach auf, um den Bedrängten in irgendeiner Form (sei es durch Rat: 'Andromacha', Trost: 'Electra' oder einfach seine Anwesenheit: 'Hippolytus', 'Helena', 'Orestes'(8)) zu helfen.

Man kann sich fragen, ob angesichts dieser in vielen Stücken voraussetzungslosen φιλία den o.g. Gemeinsamkeiten in Geschlecht, Alter und Lebensumständen eine unterstützende Funktion zukommt. Und in der Tat: daß Gemeinsamkeiten verbinden, ist eine alte griechische Vorstellung: ὡς αἰεὶ τὸν ὁμοῖον ἄγει θεὸς ὡς τὸν ὁμοῖον (Od.17,218). Die Sophistik (9) führte solche volkstümlichen Gedanken auf ein theoretischeres Niveau: Hippias von Elis (86 C1 DK) und Antiphon (87 B44, B2,10 DK) deduzierten aus der Gleichheit der Menschen in bestimmten Hinsichten neue Formen von Zusammengehörigkeit, die bis zur Vorstellung des Kosmopolitismus führten. Im Drama ist ein derartiges Konzept von φιλία durch Gleichheit in abstrakter Form nur beiläufig erwähnt(10). Dafür findet sich häufig das Konkretum: so legt Silen im 'Cyclops' 27/8 dar: παῖδες μὲν οὖν μοι κλειτύων ἐν ἐσχάτοις/ νέμουσι μῆλα νέα

---

6 Siehe dazu Bond (1981) S.91.

7 Siehe dazu Page (1938) S.64/5.

8 In der I.T. sind Auftrittsmotiv und Bereitschaft zu helfen voneinander getrennt: der Chor tritt auf, weil er herbeibefohlen wurde.

9 Meine Ausführungen beruhen auf der grundlegenden Untersuchung von Müller (1965) S.155-63.

10 Eur. F296,3 N: φιλεῖ δὲ θοὐμόφυλον ἀνθρώπους ἄγειν. Hier ist es nur die Schlußfolgerung einer Beispielkette.

νέοι πεφυχότες ; junge Schafe werden von jungen Hirten gehütet - d.h. ein vergleichbares Alter verbindet. Oder aber das gemeinsame Geschlecht: γυναῖκές ἐσμεν, φιλόφρον ἀλλήλαις γένος (I.T 1061)(11). Katalogartig schließlich stellt der Dichter des F com.adesp. 1206 Kock das Prinzip dar:

γέρων γέροντι γλῶσσαν ἡδίστην ἔχει
παῖς παιδί, καὶ γυναικὶ προσφόρον γυνὴ
νοσῶν τ' ἀνὴρ νοσοῦντι, καὶ δυσπραξίᾳ
ληφθεὶς ἐπῳδός ἐστι τῷ πειρωμένῳ (12).

Diese Beispiele, die sich noch erweitern ließen(13), deuten an, daß die Vorstellung, eine φιλία könne auf der Grundlage einer Gleicheit oder Ähnlichkeit der Menschen beruhen, Euripides und seinem Publikum durchaus bekannt war. Damit ist aber die scheinbar voraussetzungslose Freundschaft zwischen Chor und Leidendem in einigen Stücken nicht mehr voraussetzungslos - die Gleichheit einiger Eigenschaften ließ dem Publikum die Hinwendung des Chores zum Akteur plausibel erscheinen, auch wenn dieses Bindeglied nicht explizit genannt wird.

Chor und Bedrängter weisen bestimmte Gemeinsamkeiten auf - in einer Variation folgte Euripides dieser Regel auch in den 'Supplices': hier ist der Chor in einer Notsituation - und mit ihm ist eine Person verbunden, die ihm in Geschlecht, Lebensalter und -umständen ähnlich ist: Aithra, die Mutter des Theseus. Und diese Figur tut das, was sonst die Chöre zu tun pflegen: sie empfindet Mitleid für die Bedrängten (vgl. 'Supplices' 34/5).

Die "Chortragödie"

Ich habe oben über die Probleme gehandelt, die sich einem Dichter stellen, wenn er den Chor als Hauptfigur ins Zentrum des Stückes stellt. Derartige Stücke, die man "Chortragödien im eigentlichen Sinne" nennen könnte, liegen uns daher auch nur in zwei Dramen vor: den 'Supplices' des Aischylos und denen des Euripides. Doch wäre es zu einfach, die 'Supplices' des Euripides von der Bedeutung des Chores her allen seinen übrigen Stücken gegenüber zu stellen. Denn die Handlung ist in den übrigen Stücken von verschiedener Relevanz für den Chor: der Ausgang des Stückes ist ohne Bedeutung für den Chor als dramatis persona in: 'Alcestis', 'Medea', 'Heraclidae', 'Hippolytus', 'Andromacha', 'Hecuba', 'Electra', 'Hercules', 'I.T.', 'Ion', 'Helena', 'Phoenissae', 'Orestes', 'I.A.'. Ob beispielsweise Medea ihre Kinder mordet

---

11 Vgl. Hel. 830.
12 Vgl. dazu auch Eur. F296 N.
13 Siehe dazu Müller (1965) S.155-63.

oder nicht, ob Klytaimestra von ihren Kindern umgebracht, ob Iphigenie geopfert wird, all diese Fragen rühren nicht an die persönliche Situation des Chores. Sein Status ist derselbe wie am Beginn der Handlung (14) . Er nimmt an ihr also nur Anteil. Anders ist dies in 'Troades' und 'Bacchae'. Hier gibt es innerhalb des Stückes eine zentrale Frage, die eng mit dem Geschick des Chores verbunden ist und im Stück thematisiert wird: in den 'Troades' geht es um die Zukunft der kriegsgefangenen Troerinnen, der Chor trägt hierum, wie die Parodos zeigt, eine quälende Sorge in sich. In den 'Bacchae' ist die Entscheidung über die Einführung oder Unterdrückung des Dionysos-Kultes für den Mänaden-Chor von existentieller Bedeutung. Diese beson dere Beziehung zwischen Chor und Handlung in 'Troades' und 'Bacchae' veranlaßt mich, diese beiden Stücke auch in die Rubrik "Chortragödie" einzuordenen, obwohl durchaus Unterschiede zu den 'Supplices' erkennbar sind.

Aufgrund der vorstehenden Überlegungen ergibt sich folgende Gruppeneinteilung der euripideischen Tragödien:

1. Chortragödien 1.1. im eigentlichen Sinn: Suppl.

                     1.2 im weiteren Sinn   : Tro., Ba.

2. "sonstige" Tragödien

    2.1. Chor ohne Bezug zur Handlung: I.A.

    2.2. Chor mit Bezug zur Handlung

    2.2.1. Chor steht auf der Seite des phys. Überlegenen: -

    2.2.2. Chor steht auf Seiten des in Not Befindlichen

    2.2.2.1. aufgrund einer Verbundenheit, deren Ursache im Stück
          erkennbar ist: Alc., Med., Hec., H.F., Ion

    2.2.2.2. aufgrund einer Freundschaft, deren Ursache nicht
          thematisiert wird: Hcld., Hipp., Andr., El., I.T.,
          Hel., Or.

    2.2.3. Sonderfall: der Chor steht auf der Seite einer ganzen
          Familie: Phoen..

Ich gebe nun eine Übersicht über die fragmentarisch bekannten Tragödien des Euripides mit besonderer Berücksichtigung der Frage, ob sich erkennen läßt, welcher Art der Chor im Stück war.

---

14 *Gewisse Einschränkungen sind in Hcld. und I.T. zu machen: in den Hcld. verändert sich die Situation des Chores insofern, als die gesamte Stadt Athen aus Eurystheus' Tod Nutzen zieht (Hcld. 1026-44), in der I.T. werden die Mädchen gar befreit (I.T.1467-9). Doch das ergibt sich jeweils nur bei-läufig aus der Handlung und ist nicht deren Hauptthema.*

1. 3. Eine Übersicht über die Chöre des Eurpides (1)

1. **Aigeus** : aus den Fragmenten lassen sich keine Hinweise auf die Person des Chores gewinnen.

2. **Aiolos** : F24/5 M (17/8 N) – die Metrik der Fragmente deutet daraufhin, daß sie zusammengehören – : eine Personengruppe, die an Aiolos eine Frage gestellt hat, wird als χόραι bezeichnet. Der Schluß liegt nahe, daß es sich um einen Jungfrauen-Chor handelt.

3. **Alexandros** : sicher bezeugt ist der Nebenchor der Hirten (Schol. Eur. Hipp. 58, F60 M), ob aber F83 M (935 N), die Apostrophe Kassandras an die "rosseliebenden Troer", den Chor bezeichnet, kann bezweifelt werden(2) .

4. **Alkmeon in Psophis**: die Anrede ὦ παρθένοι in F95 M (66 N) legt einen Jungfrauen-Chor nahe.

5. **Alkmeon in Korinth** : Im entscheidenden F112 M (74 N), in dem der Chor sich auffordert, vorwärtszuschreiten, ist überliefert: φίλε, φίλε, πρόβατε, μόλε τις ὧδε· ποδαπὸς ὁ ξένος Κορινθίοις (3) (Hermann) ἔμολεν ἄγχιμος(4). Der Singular des Vokativs ist angesichts des Verbs ungewöhnlich, ändert man mit Hermann in φίλαι, ist diese Schwierigkeit beseitigt. Indes ist es für einen weiblichen Chor ungewöhnlich, auf einen Fremden zuzugehen(5) . So ist hier nur unter Vorbehalt ein weibl. Chor festzustellen (6).

6. **Alkmene** : non liquet.

7. **Alope** : In F146 M (105 N) berichtet der Sprecher, daß er eine Gruppe Gymnasten heranziehen sieht: ὁρῶ μὲν ἀνδρῶν τόνδε γυμνάδα στόλον/ στείχοντα θεωρὸν ἐκ τρόχων πεπαυμένων. Wenn der

---

1 *Ich folge einer Reihenfolge der Titel, wie sie sich in den am griechischen Alphabet orientierten Fragmentsammlungen Naucks (= N) und Mettes (= M) findet.*

2 *Siehe dazu die Diskussion bei Webster (1967) S.167, der für einen Chor troischer Frauen plädiert.*

3 *Überliefert ist* Κορίνθιος.

4 *Überliefert ist* ἀγχίαλος.

5 *Da jedoch auch die I.A. ein ungewöhnliches "Rollenverhalten" des Chores bezeugt, mag man es hingehen lassen.*

6 *Man ist versucht, aus dem* ξένος *zu erschließen, daß der Chor aus Korinth stammt. Aber auch ein fremder Chor (vgl. Eur. Phön.) könnte so von einem Ankömmling sprechen.*

Sprecher der προλογίζων ist (was trotz der Stellung des Fragments in den Sammlungen von Nauck und Mette nicht sicher ist),
kann 'Phoenissae' 196/7 als Auftrittsankündigung für den Chor
verglichen werden(7) . Unter Beachtung der Unsicherheiten kann
nicht völlig zweifelsfrei ein Chor von Gymnasten angenommen werden.

8. Andromeda : aithiopische Jungfrauen, F171 M (117 N), vgl. Aristophanes
'Thesmophoriazusae' 1015.

9. Antigone : non liquet.

10. Antiope : In der Antiope sind (F236 M) ein Chor der Greise(8) und ein
Nebenchor aus Begleitern der Dirke bezeugt (Schol. zu Hipp.58).
Ob aber der Hauptchor aus "Greisen" oder, was auch denkbar
ist, aus Männern mittleren Alters(9) bestand, ist nicht zweifelsfrei
erschließbar.

11. Archelaos : der Chor redet F284 M (229 N) den König Kisseus an, in
F285 M (230 N) äußert er politische Gedanken. Dies läßt eher an
einen männlichen Chor denken, dessen Ethos derartige Verse
angemessen wären(10) .

12. Auge : non liquet.

13. Bellerophontes : In F385 M V.4/5 (286 N) wird die Rede an Männer
gerichtet (σκέψασθε δ' αὐτοί ...). Ist dies an den Chor gerichtet,
muß dieser aus Männern bzw. Greisen bestanden haben.

14. Glaukos : non liquet.

15. Danae : Pollux, Onomastikon IV,111 bezeugt einen weiblichen Chor (F405
M). Ob dieser aus Argos stammt, wo das Stück spielt, ist nicht
sicher (vgl. die umherziehenden Frauen-Chöre in Ion, Phoen., I.A.).

16. Diktys : non liquet.

17. Epeios : non liquet.

18. Erechtheus : F464 M (369 N, 60 Austin) und F476 M (65 Austin) erge-

---

7 Siehe dazu unten S. 143 A.15.

8 Ob es sich um attische oder thebanische Greise handelt, ist nicht sicher,
vgl. Kambitsis (1972) p. XII-XV.

9 In F255 M (204 N) spricht vermutlich Antiope den Chor lediglich mit ὦ
ξένοι an. Die Prosa-Hypothesis zu Soph. Phil. zeigt, daß der Begriff γέρων
sehr ungenau verwendet werden konnte: ὁ δὲ χορὸς ἐκ γερόντων τῶν τῷ
Νεοπτολέμῳ συμπλεόντων. Folglich ist auch das Schol. Hipp. 58 keine absolut
sichere Quelle für den Bestimmung des Hauptchores in der Antiopa.

10 Harder (1985) S.138/9 erörtert ausführlich die vorgebrachten Ansichten
und kommt sorgfältig abwägend zu dem Schluß, daß ein Chor aus Greisen
der Stadt des Kisseus recht wahrscheinlich ist.

ben sichere Hinweise auf einen Chor aus attischen Greisen.

19. Theseus : Da die Verfasserschaft des Theseus-Stückes von P.Oxy. 2452
für Euripides weniger wahrscheinlich als für Sophokles ist (vgl.da-
zu Kannichts Einleitung zu Soph. F730 in Radt TGrF Vol.4), sind
die Schol. L h (Trikl.) zu Aristophanes' Vespae 303 und 313
miteinander zu kombinieren (F498-500 M, 385/6 N), aus denen
sich für den Theseus des Euripides ein Wechselgesang der 7
Knaben und 7 Mädchen wahrscheinlich machen läßt, um Hinweise
auf den Chor zu gewinnen. Wenn dieser Gesang nicht das Produkt eines Parachoregmas ist, bestand der Chor im Theseus aus
den Kindern, die mit Theseus nach Kreta fuhren.

20. Thyestes : non liquet.

21. Ino : In F532 M (399 N) wird die Rede an φίλαι γυναῖκες gerichtet. Ein
Chor aus Frauen, da das Stück in Thessalien spielt, vielleicht aus
thessalischen, ist mithin sicher.

22. Ixion : non liquet.

23. Hippolytos I : in F582 M (429 N) - für den Chor von Stobaeus bezeugt
- findet sich ἐβλάστομεν γυναῖκες. Ein Chor von wohl attischen
Frauen (das Stück spielt in Athen) ist also für den 1.Hippolytos
anzunehmen.

24. Kadmos : non liquet.

25. Kerkyon : non liquet.

26. Kresphontes : Greise (11) .

27. Kressai : Daß der Titel des Stückes auf den Chor, kretische Frauen,
abzielt, bestätigt die Erwähnung dieses Chores in P.Harris 13(12).

28. Kretes : Die Mysten des Zeus vom Ida bildeten den Chor, wie F635 M
(472 N) sichert.

29. Likymnios : non liquet.

30. Melanippe Desmotis : non liquet.

31. Melanippe Sophe : non liquet.

---

11 Die noch bei Harder (1985) S.13 herrschende Unsicherheit läßt sich jetzt
überwinden: P.Mich.inv. no. 6973, der P.Oxy.2458 ergänzt, sichert einen Chor
von Greisen. Ich verdanke den Hinweis auf den P.Mich. der Freundlichkeit Dr.
W. Cockles. Siehe zu diesem Papyrus jetzt W.Luppe, Rez. Harder (1985),
Mnem. Ser.IV Bd.42, 1989, S.182.
12 Siehe dazu Gronewald (1979), der Z.2 des Papyrus herstellt: τὰς γυναῖ-
κας ἐκ [Κρήτης] ὑπὸ Κατρέ/ως πέμπεσθαι (sc. ἄλογον εἴη ἄν).

32. Meleagros : Frauen (13).

33. Oidipus : non liquet (14).

34. Oineus : In F744 M (564 N) wird die Rede an ξένοι gerichtet. Diomedes kommt der Sage nach (Hyg.Fab.175) als Fremder nach Kalydon. Er wäre also berechtigt, einen Chor (Männer von Kalydon) so anzureden. Jedoch mutet das Fragment eher wie eine Erklärung für gerade angekommene Fremde (also Diomedes und Sthenelos) an; So läßt sich über den Chor im Stück nichts Sicheres aussagen.

35. Oinomaos : non liquet.

36. Palamedes : non liquet (15).

37. Peliades : der Titel des Stückes bietet die Möglichkeit, die Töchter des Pelias als Chor zu vermuten. Doch dies ist nicht ohne Probleme: a) ähnlich wie in den Supplices die Zahl der Mütter ist für die Peliaden die Zahl der Töchter zu gering, um einen Chor zu bilden; b) die Peliaden müssen die Bühne verlassen, um ihren Vater zu zerstückeln. Ersteres ließe sich durch die Annahme zusätzlicher Töchter lösen (16) , letzteres durch den Hinweis, daß gerade das älteste erhaltene Stück des Euripides, die 'Alcestis', ebenfalls eine "Metastasis", d.h. einen Auszug des Chores während des Stückes, in sich birgt (17).

38. Perithous : non liquet.

---

13 F 711 M (523 N) - lyrische Verse - besingen das Weben. Im Kontext der Fundstelle (Aristoph. Ran.1316) sind Frauen als Subjekt des Webens bezeichnet. F 702 M (522 N) erwägt eine Vertauschung der Lebensbereiche: Männer weben, Frauen tragen Waffen. Dies wird abgelehnt: V.4 χεῖνοί τ' ἂν οὐδὲν εἶεν οὐϑ' ἡμεῖς (codd. SMA ὑμεῖς). Der Sprecher ist eine Frau (χεῖνοι drückt die Distanz zum anderen Geschlecht aus), der vielleicht den Chor in seine Lage miteinbezieht (vgl. Med. 231), wenn man ἡμεῖς liest, oder aber anspricht. Daraus sollte der Schluß zulässig sein, daß es sich um einen weiblichen Chor handelt.

14 Daß F 734 M (546 N) von einem weiblichen Chor geäußert wird, scheint mir unwahrscheinlich: πᾶσα γὰρ ἀνδρὸς χαχίων/ χᾶν ὁ χάχιστος/ γήμῃ τὴν εὐδοχιμοῦσαν.

15 Es bedarf großer Zuversicht, wenn man wie Webster (1967), S.175 aus F777M (589 N) einen Chor aus griechischen Nachtwachen ableitet, der in F 778 M (586 N) von Dionysos singen soll.

16 Webster (1967) S.34 führt neben den kanonischen fünf Töchtern aus Hygin zwei weitere Namen aus Diodor und fünf von Vasenbildern an, so daß immerhin 12 Choreuten ohne Schwierigkeiten zu rechtfertigen sind.

17 Vg. Kannicht (1969) Bd.2 S.121 zu V.385.

39. Peleus : non liquet.

40. Pleisthenes : non liquet.

41. Polyidos : non liquet(18).

42. Protesilaos : non liquet.

43. Radamanthys : non liquet.

44. Rhesos : non liquet.

45. Sthenebola : non liquet(19).

46. Skyrlol : der Titel des Stückes deutet auf einen Chor aus Männern von der Insel Skyros. Hesych aber, s.v. ζεύγλας nennt ein Stück Σχύριαι, ebenso Claudius Casilo F914/5 M (685/6 N). Immerhin scheint ein Chor aus Inselbewohnern möglich.

47. Telephos : non liquet (20).

48. Temenldal : non liquet (21).

49. Temenos: non liquet.

50. Tennes : non liquet.

51. Hypsipyle : Frauen von Nemea (vgl. die Anrede in F20/1 V.2 Bond), die mit Hypsipyle gut bekannt sind, bilden den Chor.

52. Phaethon: aus V.87-93 Diggle (F775 N V.38-43) geht hervor, daß der Chor aus Dienerinnen des Merops und der Klymene bestand (22).

---

18 *Webster (1967) S.162 vermutete aufgrund von F 847 M (645a N), einem Wehruf des Chores über Mütter, die Kinder für den Hades gebären, einen weiblichen Chor. Dies läßt sich leicht durch den Hinweis auf H.F. 901/2 widerlegen.*

19 *Webster (1967) S.82 vermutete einen Chor aus Frauen, die Stheneboia freundlich gesonnen sind; da das Stück Ähnlichkeiten mit dem Hipp. aufgewiesen haben dürfte, ist das erwägenswert.*

20 *Es ist erstaunlich, daß angesichts der lange bekannten sowie unlängst neu gefundenen Fragmente sich nicht sicher feststellen läßt, ob der Chor aus griechischen Soldaten (Mette, Webster) oder argivischen Greisen (Handley) bestand. Vgl. die Diskussion bei Handley/Rea (1957) S.32, siehe auch Webster (1967) S.45.*

21 *Webster (1967) S.254 hielt es für möglich, aus F 1006 M (741 N), einem Befehl an Diener(innen), eine Lampe zu entzünden (nach Aristoph. Ran.1338), eine kommatische Parodos zwischen Hymetto und einem Dienerinnen-Chor abzuleiten. Indes werden derartige Aufforderungen häufig an stumme Personen gerichtet (Tro. 295, 462), so daß hier kein Hinweis auf einen Chor zu finden ist.*

22 *Im großen Fragment V.227-44 Diggle (F 1101 M/ 781N) tritt wahrscheinlich ein Nebenchor auf. Siehe dazu Diggle (1970) S.149.*

53. Philoktetes : Dion v.Prusa (52,6,7) informiert uns, daß der Chor aus
Männern der Insel Lemnos bestand.
54. Pholnix : non liquet(23).
55. Phrixos I : non liquet.
56. Phrixos II : non liquet (24).
57. Phryges : non liquet.
58. Chrysippos : non liquet(25).

Diese Übersicht ergibt, daß kein Chor mit einiger Sicherheit bezeugt ist, der
nicht aus *Menschen* bestanden hätte (vgl. Nr.3, 10, 18, 23, 26, 27, 28, 51
52, 53). Nimmt man die ebenfalls aus Menschen zusammengesetzten Chöre
der erhaltenen 17 Stücke hinzu, stehen immerhin 27 sicher menschliche
Chöre *keinem* sicheren Hinweis auf auf einen Chor von Fabelwesen (wie etwa
im P.V.) gegenüber. Dieser Befund legt es nahe, auch für die übrigen verlo-
renen Stücke menschliche Chöre anzusetzen, zumal, wie unten (vgl. 1.4 und
1.5) ausgeführt werden wird, dies einen besonderen Sinn haben könnte(26).

---

23 F 1136 M (814 N) deutet auf einen Chor hin, der aus freien Männern bestand, da nur diese sinnvoll einen derartigen Wunsch aussprechen könnten:
φθόνον οὐ σέβω, φθονεῖσθαι δ' ἐθέλοιμ' ἂν ἐπ' ἐσθλοῖς.
24 Vielleicht bestand der Chor aus Frauen von Orchomenos, wie van Looy
(1964) S.178 und Webster (1967) S.134/5 vermuten. Der Text, insbesondere
F 1160 M bietet keinen Anhaltspunkt.
25 Das große Fragment 1181 M (839 N) kann, muß aber nicht dem Chor zugewiesen werden. Wenn es der Chorführer rezitierte, etwa wie in der Med.
1081-1115, legt es aufgrund seines naturphilosophischen Gehalts einen Chor
aus weisen (also wohl älteren) Männern nahe.
26 Es folgt hieraus, daß in der Andromeda der Chor nicht, wie Lesky (1947)
S.250 annimmt, aus Meertöchtern, sondern aus äthiopischen Jungfrauen (s.o)
bestanden haben dürfte.

1. 4. Die Plausibilität des Chores

Die Regelmäßigkeit, mit der Euripides seine Chöre auf die jeweils Leidenden hin konzipiert, wirft die Frage auf, ob die auf diese Weise entstandene
dramatis persona des Chores und ihr Auftreten im Stück vor den Erfahrungen des Zuschauers glaubwürdig sein konnten. Krieger im Heerlager (Sophokles' 'Aias'), Matrosen auf einer Insel (Sophokles' 'Philoctetes'), Ratsver-
sammlungen in einer Stadt (Sophokles' 'Antigona', 'O.R.'), Greise auf dem
Land (Sophokles' 'O.C.'): solche Chöre entspringen unmittelbar dem Ort des
Stückes, ihr "Sitz im Leben" macht ihre Einführung problemlos. Solche
"problemlosen" Chöre erscheinen in Euripides' 'Alcestis' (Männer v.Pherai),
'Heraclidae' (Greise von Marathon), 'Hecuba' und 'Troades' (troische Kriegsgefangene) sowie 'Hercules' (theban. Greise).

Doch was geschieht, wenn der "nächstliegende" Chor nicht genehm ist,
weil er sich nicht zum Leidenden fügt ? Wir kommen damit zu der Frage,
wie "realistisch" Frauenchöre sind, eine Frage, die nicht ohne die Folie der
Position der Frau im Athen des 5.Jh. beantwortet werden kann.

Die geringste Schwierigkeit bereiten Chöre aus Dienerinnen. Unfreie Frau-
en unterliegen nicht dem strengen Sittencodex, sie können per Anweisung
der Herren das Haus verlassen und sich in der Öffentlichkeit bewegen(1): die
Chöre in 'I.T.', 'Ion', 'Helena', 'Phaethon' (und 'Phoenissae') haben damit einen
"Sitz im Leben".

Eine gewisse Bewegungsfreiheit verlieh der echtbürtigen Athenerin die
Teilnahme am Kult: z.B. das Skiren- und das Thesmophorenfest(2) gaben

1 Gould (1980) S.47/8 weist auf Lysias 1,8,16 hin, wo erwähnt wird, daß die
freie Ehefrau ihre Einkäufe durch eine Sklavin erledigen läßt.
2 Gould (1980) S.51 mit Hinweisen auf weiterführende Literatur, Easterling
(1987) S.18.

ihnen die Gelegenheit, sich zu versammeln und von Haus und Mann getrennt zu sein. Die Chöre in 'Electra' und 'Bacchae' (sowie in 'Phoenissae') sind vor diesem Hintergrund plausibel.

Schwieriger ist es, die Bewegungsfreiheit der Chöre in 'Medea', 'Hippolytus', 'Andromacha' und 'Orestes', ferner in Sophokles' 'Trachiniae' und 'Electra' mit dem, was über die Restriktionen gegenüber der Frau bekannt ist, zu vereinbaren. "... in Attic tragedy women come and go from their houses at will... " schrieb A.W.Gomme(3). P.E. Easterling hat unlängst diesen Ansatz weiterverfolgt(4): sie ist der Ansicht, daß es dem Tragödiendichter freistand, mit gewisser Rücksicht auf das Rollenbild der Frau in seiner Gesellschaft die Frauen in seinen Stücken den Erfordernissen der Handlung gemäß auftreten zu lassen(5). Drei Faktoren seien dabei wichtig: 1. dem Publikum war bewußt, daß die dargestellte Handlung fiktiv ist, d.h. es beurteilte das Stück nicht ohne das Bewußtsein, daß hier *nicht* sein Alltag dargestellt wurde. 2. Der Schauplatz des Stückes ist nicht immer ein Ort des öffentlichen Lebens, dem die Frauen fernzubleiben hatten, sondern kann auch einen privater Raum, an dem die Frauen partizipierten, darstellen. 3. In der Dichtung gab es eine Reihe von Episoden, in denen Frauen das Haus verlassen und sich in einer "Öffentlichkeit" aufhalten konnten, so daß der Tragödiendichter sich auf Vorbilder und damit eine "poetische Lizenz" berufen konnte(6).

Doch vielleicht bedarf es der Annahme eines solchen Hintergrun des für die Plausibilität einiger Chöre des Euripides gar nicht. W.Schuller(1985) hat in seinem Buch "Frauen in der griechischen Geschichte" den Versuch unternommen, durch Differenzierung die Vorstellung, eine athenische Frau habe in einer Art orientalischer Abgeschiedenheit gelebt, zu überprüfen. Sein Ergebnis lautet dabei: 1. die Frauen, die in irgendeiner Form zum Unterhalt der Familie beizutragen hatten, also z.B. als Händlerinnen tätig waren, mußten natürlich in der Öffentlichkeit auftreten. Die "Abgeschiedenheit" konnte also für mittlere und untere Schichten keine Geltung haben(7). 2.Die Separation der Frau war keine Norm, sondern vielmehr ist von einem Ideal der vornehmen Zurückgezogenheit der adligen Frauen zu sprechen(8). Und in der Tat ist in den

---

3 Gomme (1937) S.98.
4 Easterling (1987).
5 Easterling (1987) S.18.
6 Easterling (1987) S.17/8.
7 Schuller (1985) S.45-8. Auch Easterling (1987) S.24 räumt den 'lower-class' Frauen eine Sonderstellung ein.
8 Schuller (1985)S.51.

Quellen durchaus eine Bewegungsfreiheit der Mehrheit der Frauen festzustellen: Aristoteles schreibt in den Politica 1300a6/7(9): πῶς γὰρ οἷόν τ'
κωλύειν ἐξιέναι τὰς τῶν ἀπόρων; Der Schluß ist unvermeidlich, daß die
Frauen der Armen oft das Haus verließen. Aristophanes läßt in den 'Ecclesiazusae' 348/9 den gutmütigen Bürger Blepyros vermuten, seine Frau sei zu
Freundinnen zum Frühstück gegangen. Sein Gesprächspartner stimmt dem
ohne weiteres zu(10), der Gedanke scheint also nicht unerhört zu sein. Die
sich daraus ergebende Vermutung, daß es Frauen gestattet war, Freundinnen
zu besuchen, wird von Aristophanes' 'Thesmophoriazusae' 795/6 bestätigt(11):
hier wird sogar von Feiern im Haus der Freundin gesprochen, an denen eine
Frau allein teilnehmen kann.

Halten wir also fest, daß dem Publikum eine Bewegungsfreiheit der Frau
vertraut war, wenn diese Frau nicht zu den höheren Schichten gehörte oder
wenn sie eine Freundin besuchte(12). Vor diesem Hintergrund sind die Chöre
in 'Medea', 'Hippolytus', 'Andromacha' und 'Orestes' (und auch in Sophokles'
'Trachiniae' und 'Electra') durchaus plausibel, da die Frauen stets zu einer
Freundin ziehen und überdies nicht dem Adel entstammen (Letzteres gilt
nicht für Sophokles' 'Electra': vgl. dort V.129). Die soziale Position wird für
die Chöre in 'Medea', 'Andromacha' und 'Orestes' nicht genannt, doch nichts
spricht gegen eine Einordnung in die Mittelschicht. Im 'Hippolytus' kommen
die Frauen vom Waschplatz, sie müssen eine schwere Arbeit verrichten, die
einer Adligen nicht zumutbar wäre(13). Zwei Chöre lassen sich so nicht
erklären: die der 'Hypsipyla' und der 'I.A.': beide Chöre haben den Vorsatz,
Heere zu besichtigen. Ausgeführt wird er in der 'I.A.', in der 'Hypsipyla', dem
früheren Stück, führt er zum Besuch der Freundin. Während also in der
'Hypsipyla' neben dem unerhörten Motiv des Erscheinens immerhin noch der
Besuch bei der Freundin als tatsächliche - und lizenzierte - Tätigkeit des
Chores steht, kann ich für den Chor in der 'I.A.' keinen "Sitz im Leben"
ausmachen. Hier tritt in der Sphäre des Mannes ein Chor auf, der befremd-

---

9 Schuller (1985) S.51.

10 Zugrunde liegt die Personenverteilung von R.G.Ussher, Aristophanes Ecclesiazusae, Oxford 1973.

11 Vgl. Schuller (1985) S.74/5 A.15.

12 Zu einem ähnlichen Ergebnis gelangt jetzt auch Cohen (1989), der zwischen 'seclusion', Einschließung, und 'separation', Trennung unterscheidet: die
athenische Frau war nicht im Hause eingesperrt, sondern lebte in einer
Trennung von der Welt des Mannes, die eine Bewegungsfreiheit einschloß.

13 Vgl. das Bild, das Strepsiades in Aristoph. Nub.46-55 von seiner Frau
entwirft.

lich erscheinen mußte – und wohl auch sollte: so möchte ich für der Chor der 'I.A.' geltend machen, daß er vom Zuschauer bewußt als fiktiv wahrgenommen werden sollte. *Zusammengefaßt*: die Chöre des Euripides entsprechen mit einer Ausnahme durchaus der Erfahrungswelt des Publikums, auch die Frauenchöre wirken plausibel, da mit ihnen nicht gegen das Verständnis der Rolle der Frau in der athenischen Gesellschaft verstoßen wird. Einzig die 'I.A.' bildet hiervor eine Ausnahme. Für dieses Stück bedarf der Chor einer "poetischen Lizenz".

1. 5. Der Chor, der idealisierte Zuschauer und das Publikum

In seiner 5. Vorlesung über dramatische Kunst und Literatur setzt sich August Wilhelm Schlegel mit dem Chor in der griechischen Tragödie auseinander. Er stellt dabei folgende These auf: "Wir müssen ihn [sc. den Chor] begreifen als den personifizierten Gedanken über die dargestellte Handlung, die verkörperte und mit in die Darstellung aufgenommene Teilnahme des Dichters, als des Sprechers der gesamten Menschheit. Dies ist seine allgemeine poetisch gültige Bedeutung, welche uns hier angeht ..." Und wenig später:" Was er auch in dem einzelnen Stück Besonders sein und tun mochte, so stellte er überhaupt und zuvörderst den nationalen Gemeingeist, dann die allgemeine menschliche Teilnahme vor. Der Chor ist mit einem Wort der idealisierte Zuschauer..." (1)

Nach Schlegel legt also der Dichter den Chor so an, daß er durch ihn die Ansichten des Griechentums und allgemein der Menschheit zu den Vorgängen im Stück artikulieren kann. Obschon diese These in sich problematisch ist (etwa: wie kann der Dichter die Ansicht seines Volkes oder gar der Menschheit zu einer bestimmten Frage kennen?), wollen wir sie dennoch in der allgemeinen Form "Im Chor äußert sich durch den Dichter eine außerhalb des Stückes stehende Gemeinschaft", für die griechische Tragödie durchdenken: für Aischylos' 'Supplices' und 'Eumenidae', ja auch für seine 'Persae' muß diese These als falsch gelten, da in diesen Stücken der Chor in besonderem Maße Mitspieler ist und alle seine Äußerungen von seiner dramatis persona getragen werden.

"Der allgemeinen poetischen Bedeutung" des Chores bei Sophokles ist von

---

1 *Schlegel (1846) S.76/7.*

der modernen Forschung längst widersprochen worden. Müller (1967), Rösler (1983) und Paulsen (1989) haben herausgearbeitet, daß der sophokleische Chor nicht Repräsentant eines außerhalb der Handlung stehenden Elements, sondern ein "Mitspieler" innerhalb der Handlung ist und alle seine Äußerungen von diesem Status durchdrungen sind.

Für Euripides hat schon Schlegel selbst in seiner 8.Vorlesung die Gültigkeit seiner These eingeschränkt: im euripideischen Chor spreche nicht der Dichter als Repräsentant der Menschheit, sondern als Fürsprecher seiner eigenen partikulären Interessen. (Schlegel zieht hier eine Parallele zur Parabase der Alten Komödie)(2).

Ist damit die einst so wirkungskräftige(3) und prägnante Formel vom "idealisierten Zuschauer" gänzlich falsch ? Ich möchte ihr für den euripideischen Chor noch einmal nachgehen. Der Chor ist nach Schlegel Organ einer Gemeinschaft, so wie der Dichter sie versteht. Ist nicht im Theater auch eine "Gemeinschaft" anwesend? Zwischen dieser Gemeinschaft und dem Chor gibt es einige Gemeinsamkeiten, die ich kurz skizzieren will:

I. Die Raumperspektive(4): das Publikum und der Chor in der Orchestra verfolgen das Geschehen auf der Bühne a) aus einer Distanz (die beim Chor kleiner ist) und b) aus dem gleichen Blickwinkel heraus(5).

II. Das Wertesystem: es gibt in jeder euripideischen Tragödie eine Reihe von Situationen, in denen verschiedene Positionen miteinander in Konflikt geraten. Der Chor bezieht bisweilen Stellung und spricht sich für die eine und gegen die andere Position aus. Das Moral- und Wertesystem, das hinter solchen kommentierenden Stellungnahmen steht, ist deckungsgleich(6) mit dem System, das sich aufgrund z.B. der Epitaphientopik für das attische Selbstverständnis erschließen läßt(7). Ich möchte die wichtigsten Punkte kurz anführen:

---

2 *Schlegel (1846) S.137.*

3 *Vgl. z.B. K.O.Müller (1882) S. 51: "Wie der Chor im ganzen nach einem treffenden Ausdrucke den idealischen (sic!) Zuschauer darstellt, dessen Betrachtungsweise der Dinge die Auffassung des versammelten Volkes lenken und beherrschen soll..."*

4 *Siehe dazu Spittler (1979) S.11/2.*

5 *Styan (1969) S.234 zeigt anhand eines Beispiels aus Shakespeares Romeo und Julia, wie aufgrund der Gleichheit der Raumperspektive und zusätzlicher Nähe von Sprecher und Publikum das Publikum durch den ihm nahen Schauspieler beeinflußt wird.*

6 *Hieraus resultiert die oft gescholtene "Mittelmäßigkeit" der Chöre (übrigens z.T. auch der sophokleischen, vgl. Webster (1969) S.80-2).*

7 *Siehe hierzu Exkurs 1, unten S. 37.*

1. Tyrannenfeindlichkeit: Siehe dazu Thukydides 6,53,2/3 und Hypereides 6,39. Die Frage, wie den Forderungen eines Tyrannen zu begegnen ist, stellt sich für den Chor z.B.. in den 'Heraclidae' 73-110 (hier repräsentiert der Herold den Tyrannen Eurystheus); 'Hercules' 252-74.

2. Verehrung der Götter und der heiligen Rechte: das Verhalten der Athener angesichts des Hermokopidenfrevels 415 und anderer Vergehen gegen die Sphäre der Götter(8) spiegelt ihre Sensibilität in dieser Hinsicht wider. Verletzung von bei den Göttern geschworenen Eiden (z.B. Jason in der 'Medea'), Altarfrevel ('Heraclidae', 'Hercules'), Frevel gegen die Götter selbst ('Bacchae') oder Vergehen gegen die Pflicht, eine Bestattung von Leichnamen zuzulassen ('Supplices' - hierbei können die "Maßstäbe" des Chores in der 'Antigona' des Sophokles als Folie dienen) finden entsprechenden Tadel beim Chor. Ferner findet sich eine Übereinstimmung in drei grundsätzlichen religiösen Ansichten zwischen Chor und Publikum: Es lassen sich für den athenischen Bürger drei gleichsam fundamentale Glaubenssätze feststellen(9): a) es gibt Götter, b) die Götter sehen die Handlungen der Menschen, c) es herrscht eine Beziehung der Wechselseitigkeit zwischen Göttern und Menschen. Nirgendwo in den erhaltenen euripideischen Tragödien äußert der Chor etwas, was gegen diese drei "Glaubenssätze" verstößt: selbst dort, wo er implizit die Götter tadelt(10), legt er die Maßstäbe dieser Glaubenssätze zugrunde, d.h. er erkennt ihre Gültigkeit an.

3. Eintreten für Gerechtigkeit und Hilfeleistung für den ungerecht Behandelten: Siehe dazu Gorgias B6 DK (S.286 Z.3/4); Thukydides 2,37,3; Platon Menexenus 242b, 244e-245a; Hypereides 6,5. In der euripideischen Tragödie findet sich ein Reflex dieser Haltung in der konstanten Hinwendung des Chores zum Bedrängten.

III. Das Wissen(11): ein wichtiges Element im Drama ist die sog. "diskrepante Informiertheit", der Umstand, daß das Publikum und die einzelnen Figuren des Stückes einen unterschiedlichen Wissensstand haben. Es ist eine Regel des Dramas, daß nur artikulierte Information relevant ist, d.h. daß nur das auf der Bühne Ausgesprochene oder sonstwie Bedeutete für den Wissensstand des Publikums und der Akteure im Verhältnis zueinander von Bedeutung ist.

Im Verhältnis des Wissens zwischen Publikum und Figuren des Stückes sind drei Figurationen denkbar: a) das Publikum hat einen Informationsvor-

---

8 Siehe dazu generell MacDowell (1978) S.198/9 sowie für den weiteren Bereich S.192-202.

9 Ich beziehe mich hierfür auf Yunis (1988) S.42-5, 50-8.

10 Andr. 1009-46, Tro.1060-80, vgl. dazu Yunis (1988) S.81-4, 88-91.

11 Siehe dazu Pfister (1988) S.79-90.

sprung vor jeder einzelnen Figur, b) das Publikum hat einen Informations-
rückstand und c) Wissen von Publikum und einer Figur sind gleich (kongruente Informiertheit).

Nun besaß das Publikum der Antike grundsätzlich einen Informationsvor-
sprung dadurch, daß es den Mythos, der dem Stück zugrundelag, kannte
(oder wenigstens kennen konnte). Ferner konnte durch das Instrument des
Götterprologes (oder seine Ersatzformen, die sich in 'I.T.' und 'Helena' fin-
den(12)) zu Beginn des Stückes selbst der Wissensvorsprung hergestellt
werden, ein Wissensvorsprung, der die dramatische Ironie(13) (z.B. vor
einem Anagnorismos) ermöglicht. Doch auch wenn der Wissensvorsprung des
Publikums in der Frage des Ziels des Stückes oder einzelner Szenen (Anagnorismos) Bedeutung hat, so ist innerhalb des Verlaufs des Stückes Vieles
für den Zuschauer ebenso neu wie für die einzelnen Figuren. Innerhalb des
"Wie" also eröffnet sich die Möglichkeit einer "kongruenten Informiertheit".
Hier wird die Regel, daß nur artikulierte Information relevant ist, bedeutsam.
Die Figuren, die von Schauspielern verkörpert werden, treten auf und gehen
ab. Es ist eher die Ausnahme, daß eine Figur während des gesamten Stükkes permanent auf der Bühne ist (Hekabe in den 'Troades', mit Einschränkungen Medea in der 'Medea', Hekabe in der 'Hecuba'). Daher ergibt sich
zwangsläufig ein Wissensdefizit der einzelnen Figuren gegenüber dem Zuschauer. Anders verhält es sich mit dem Chor: er ist lediglich während des
Prologes nicht anwesend (überdies wird in einer Reihe von Stücken die Information, die der Prolog bietet, als dem Chor weitgehend bekannt vorausgesetzt: 'Medea', 'Andromacha', 'Electra', 'Hercules', 'Phoenissae', 'Orestes',
oder aber im 1.Akt vermittelt: 'Alcestis', 'Heraclidae', 'Helena', 'I.A.')(14) ,
erhält aber von der Parodos an sämtliche Informationen zugleich mit dem
Zuschauer(15). Im Ablauf der Handlung ergibt sich also eine kongruente
Informiertheit zwischen Publikum und Chor.

---

12 Siehe dazu unten S.95 und 116.

13 Zum Begriff siehe Pfister (1988) S.87-90.

*14 Patzer (1987) S.120 übersieht die Möglichkeit, daß dem Chor auf ver-
schiedenen Wegen die Informationen des Prologes vermittelt werden können.
Er kommt daher zu einer (m.E.) Überbetonung des Wissensgefälles zwischen
Chor und Publikum, was für ihn entscheidend ist, dem Chor den Rang eines
'idealisierten Zuschauers' abzusprechen.*

*15 Der Abgang des Chores während eines Stückes (Metastasis) ist die Aus-
nahme, er erfolgt bei Euripides nur in Alc. und Hel. und vielleicht in den
Peliades, siehe dazu unten S.179-81*

Wir müssen nun fragen, welche Bedeutung diese drei Parallelen: Raumperspektive, Wertesystem und Wissen für das Verhältnis zwischen Publikum und Chor haben. Einem modernen Dramatiker kann es Probleme bereiten, das Publikum dahin zu lenken, daß es das Stück aus einer bestimmten Perspektive rezipiert: es hat z.B. theoretisch die Wahl, eine der Figurenperspektiven, deren Zahl sich aus der Anzahl der am Stück beteiligten Figuren ergibt, auszuwählen. Euripides löste dieses Problem durch den Chor: eine Gruppe, die aus derselben Perspektive wie das Publikum heraus das Geschehen auf der Bühne beobachtet, die nach dem Wertesystem urteilt, das auch das Publikum sein eigen nennt, die beinahe so viel wie das Publikum weiß, wendet sich einem Bedrängten zu. Dieser Vorgang führt beim Publikum zu einer "*Fokalisation*"(16), dazu, daß das Publikum dahin gelenkt wird, dieser Person seine besondere Aufmerksamkeit zuzuwenden: dies bewirkt, daß das Stück aus der besonderen Perspektive dieser Figur rezipiert wird(17). Der Chor ist damit ein Instrument des Dichters, die "Konstitution der Perspektive"(18) zu steuern. Er bewirkt dies, indem er ähnlich wie der Zuschauer reagiert und kommentiert, wie auch dieser es tun könnte. Er lenkt durch sein Beispiel - und kann, da er so empfindet und redet, wie es der Zuschauer besonders gut nachvollziehen kann, als "idealisierter Zuschauer" betrachtet werden.

Schlegels Auffassung von der Funktion des Chores war also just für den Autor, bei dem er die Gültigkeit seiner These eingeschränkt hatte, am wenigsten unangemessen.

Daß die Wirksamkeit des Chores als Instrument der Fokalisation, als "idealisierter Zuschauer", von Stück zu Stück verschieden ist, bedarf keines Hinweises. Sie ist dort stark, wo der Chor, abgesehen von ethopoietischen Elementen, die seine dramatis persona konstituieren, als Mitspieler zurücktritt, also sich nicht durch Handlungen oder besondere Partizipation am Stück vom Zuschauer entfernt. Umgekehrt ist in den "Chorstücken" 'Supplices', 'Troades' und 'Bacchae' die Steuerung des Zuschauers durch den Chor erschwert, da die jeweils besonderen Interessen, die der Chor aufgrund seiner dramatis persona verfolgt, seine Äußerungen und Haltungen z.T. be-

---

16 *Zum Begriff 'Fokus' siehe Pfister (1988) S.97.*
17 *Vgl. Pfister (1988) S.92/3, der von einer hierarchischen Über- bzw. Unterordung von Figurenperspektiven spricht.*
18 *Pfister (1988) S.93.*

stimmen(19) und den Zuschauer die Sichtweise des Chores stärker als die eines Charakters der Handlung empfinden lassen(20).

Doch auch bei dem wenig als Mitspieler agierenden Chor können sich Probleme ergeben: dann nämlich, wenn der Chor so weit von der Handlung zurücktritt, daß er daran auch emotional weniger als der Zuschauer Anteil hat. Diesen Punkt erreicht Euripides in der 'I.A.'. Der Chor ist hier so weit vom Geschehen entfernt, daß er nahezu desinteressiert wirkt: ein Chor, der weniger Interesse am Stück als der Zuschauer aufbringt, der weniger emotional involviert ist, wird damit untauglich, den Zuschauer lenken zu können.

Exkurs 1 : Tragödie und "popular morality"

Ich bin mir bewußt, daß die Frage, welche Ansichten, die in einer Tragödie geäußert werden, mit dem Wertesystem der Zuschauer übereinstimmten, eine umfangreiche Behandlung erforderlich macht – dies kann hier nicht geleistet werden, zumal auch Vorarbeiten für die Tragödie fast gänzlich fehlen(21). Zwar existieren eine Reihe von Studien über Euripides' Tragödien und das Publikum, jedoch wird hierbei vornehmlich des Aspekt 'Publikumserwartung vs. überraschende Wendung des Stückes' behandelt (z.B. in den Arbeiten Arnotts), oder aber angenommen, Euripides' Publikum müsse ebenso wie ein moderner Zuschauer (oder besser: Literatur-bzw. Theaterwissenschaftler) empfunden haben (siehe hierfür besonders B.Vickers: Towards Greek Tragedy). Und wiewohl diese Gleichsetzung von antikem und modernem Zuschauer an vielen einzelnen Punkten eines Stückes überzeugend sein mag, so sollte sie doch nicht für eine komplette Tragödie unreflektiert angenommen werden. Denn hiervor warnen die bisweilen irritierenden Stellungnahmen antiker Kritiker (z.B. über den Charakter des Pylades in Eur.Or. in der dem Aristophanes zugeschriebenen Hypothesis) sowie der Wandel, den die Bewertung einzelner Stücke auch in der Neuzeit durchlaufen hat. Kurzum, es wäre für jede Äußerung in jeder Tragödie genau zu prüfen, in welchem Verhältnis

---

19 Hierin sehe ich den Hauptunterschied zu den sophokleischen Chören: ihr Mitspielercharakter, der sich in Ant. und Phil. besonders deutlich zeigt, verhindert eine (von Soph. wohl auch gar nicht intendierte) Lenkung des Zuschauers.

20 Ich weise darauf hin, daß in einzelnen Szenen, in denen der Chor als dramatis persona weniger bedeutsam ist, die Steuerung des Zuschauers dennoch erfolgen kann.

21 Das Buch von Yunis (1988) stellt hier eine Ausnahme dar.

diese zu dem, was wir über Rechtsempfinden und -normen usw. der attischen Bevölkerung, "popular morality" also, wissen, steht(22). Eine weitere
Frage wäre über das Publikum selbst zu stellen: Sokrates und Kleon, Kritias
und Nikias könnten einer Aufführung z.B. der 'Medea' beigewohnt haben -
sollten sie Gleiches empfunden haben ?

Kann also angesichts einer Zuschauerschaft, in der die unterschiedlichsten
geistigen Positionen, ja die unterschiedlichsten Bildungsstufen (ich denke
hierbei auch an den griechischen Landmann, dessen Photo Dover am Beginn
seines Buches "Aristophanic Comedy" abdruckt) vertreten waren, von *dem*
Publikum überhaupt gesprochen werden, oder müßte nicht vielmehr stark
differenziert werden ? Verrall und seine Nachfolger hätten diese Frage nicht
nur entschieden bejaht, sondern auch versichert, daß ein Euripides-Stück bei
den Gebildeten und (deshalb) Aufgeklärten einen gänzlich anderen Sinn als bei
biederen schlichten Gemütern entfaltet hätte. Doch wir stoßen hier an die
Grenze dessen, was mit dem uns zur Verfügung stehenden Quellenmaterial
beantwortet werden kann. Die Wirkung, die die Stücke des Euripides auf die
Zuschauer gehabt haben, kann nur mittelbar erfaßt werden: einmal im aus-
bleibenden Erfolg. Nur dreimal erhielt der Dichter zu Lebzeiten den ersten
Preis im tragischen Agon. Und dann in Aristophanes' Komödien: der Maßstab,
nach dem dort Euripides beurteilt wird, ist das Wertesystem des tradtions-
bewußten Durchschnittsbürgers, nicht das des sophistisch gebildeten Intellektuellen oder des allzu rustikalen Bauern. Für welche Art von Zuschauern
mag Euripides seine Stücke geschrieben haben ? Gewiß, im 'Hippolytus'
scheint er sich mit dem sokratischen Wissen auseinanderzusetzen(23) , doch
berechtigt dies zum Verrallschen oder Vellacotschen Schluß, daß die Dramen
nur von Intellektuellen 'richtig' verstanden werden sollten ?
Man könnte dem vielmehr entgegensetzen, daß eine derartige Intention einerseits den mit den Aufführungsbedingungen verbundenen Funktionen der Tragödie widersprechen würde: die Gattung war auch eine politische Institution,
ihre Dichter konnten es für sich in Anspruch nehmen, Ratgeber der Stadt
(vgl. Aristoph. Ran.1420/1) zu sein(24). Ein wie oben beschrieben eingeengter
Kreis als intendierte Adressaten wäre der Gattung also fremd. Und wenn
man andererseits die euripideischen Tragödien durchmustert, läßt sich nicht

---

22 *Die Untersuchungen, die Oranje (1984) S.20-33 über die Reaktion des*
Publikums anstellt, berücksichtigen m.E. zu wenig den historischen Aspekt: er
geht zu sehr von allgemeinen Überlegungen über das Verhalten des Publikums
aus und vernachlässigt den sozialgeschichtlichen Kontext, also gerade die
Frage nach 'popular morality'.
23 *Siehe dazu Snell (1948) und Manuwald (1979).*
24 *Vgl. dazu Rösler (1980) S.8-13, 23-6; Meier (1988) S.62-74.*

feststellen, daß für das Verständnis des Gesamtwerks oder wenigstens einzelner Stücke eine Vorbildung erforderlich gewesen wäre, wie sie nur Schülern der Sophistik zu Gebote gestanden hätte(25). Kurzum, ich nehme an, daß Euripides' Tragödien, wie auch die seiner Mitbewerber und z.B. die Komödien des Aristophanes, für einen möglichst breiten Kreis der Zuschauer geschrieben waren, also wahrscheinlich für eine städtische Mittelschicht(26). Vor diesem Publikum und seinen Wertmaßstäben entfalteten die euripideischen Tragödien ihre größte Kraft, sowohl in Affirmation (vgl. Hcld. und Suppl.) als auch in Provokation (1.Hippolytus). Die Wertmaßstäbe dieses Publikums, die im englischen Sprachraum als "popular morality" (Durchschnittsmoral also) bezeichnet werden, können folglich mit gutem Recht herangezogen und mit denen des Chores verglichen werden.

---

25 Ich schließe hierbei allerdings den radikalen Atheismus aus, den Verrall als für das Verständnis erforderlich postulierte. Ich halte es für nicht beweisbar, daß Euripides Ahteist gewesen sein könnte. Siehe hierzu Lefkowitz (1987).
26 Vgl. dazu Rösler (1980) S.10.

2. Der Chor im Eingang

2. 1. Der Chor im Eingang

Der "Eingang" der attischen Tragödie, der Komplex Prolog und Parodos, hat in den Arbeiten Nestles (1930) und Schmidts (1971) ausführliche Behandlung erfahren. Wenn dennoch im folgenden dieser Themenbereich untersucht wird, geschieht das in der Absicht, die besondere Art und Weise, in der *Euripides* mit dem *Chor* im Eingang verfährt, stärker herauszuarbeiten, als es in der entwicklungsgeschichtlich ausgerichteten Studie Nestles oder der strukturanalytischen Erörterung Schmidts geschieht. Eine Beschäftigung mit dem Eingang ist deshalb doppelt lohnend, weil hier nicht nur im Prolog die Voraussetzungen der Handlung gelegt werden, sondern auch in der Parodos der Chor in das Stück eintritt und dabei zu erkennen gibt, wer er ist und in welchem Verhältnis er zur Handlung steht. Die Parodos ist damit der Abschnitt eines Stückes, in dem der Dichter die dramatis persona des Chores entwirft und besonders zur Geltung kommen läßt.

2.1.1. Vorgehensweise

Es gibt verschiedene Möglichkeiten, den Eingang der euripideischen Tragödie zu untersuchen. Man kann chronologisch vorgehen und versuchen, eine Entwicklungslinie von der 'Alcestis' bis zur 'I.A.' und den 'Bacchae' herauszuarbeiten. Oder aber man teilt die euripideischen Eingänge nach formalen oder inhaltlichen Gesichtspunkten in Gruppen und bemüht sich, Ähnliches und Abgewandeltes kenntlich zu machen. Im folgenden soll versucht werden, eine Gruppeneinteilung vorzunehmen (wobei freilich innerhalb der Gruppen die Stücke in der wahrscheinlichen Reihenfolge ihrer Entstehung behandelt werden sollen (1)).

Es wäre denkbar, die Form der Parodos als Kriterium für eine Einteilung zu benutzen und Stücke mit einem allein vom Chor vorgetragenen Einzugslied solchen mit einer amoibaiischen Parodos gegenüberzustellen(2). Doch würden

---

1 *Ich lege dabei die Reihenfolge zugrunde, die in Diggles Ausgabe vorliegt (zur Frage von Datierungen der euripideischen Tragödien siehe Newiger (1967) und Müller (1984): Alc. (438), Med. (431), Hcld., Hipp. (428), Andr., Hec., Suppl., Phaethon (vgl. Diggle (1970) S.47-9), El., H.F., Tro. (415), I.T., Ion, Hel. (412), Phoen., Hyps. (vgl. Bond (1963) S.144), Cycl., Or. (408), Ba. und I.A. (posthum).*
2 *Ausführlich setzt sich mit der amoibaiischen Parodos Kannicht (1957) S.327-50 auseinander.*

bei einer derartigen Gruppenbildung bestimmte inhaltliche Unterschiede weniger leicht erkennbar oder sogar verwischt. Nehmen wir an, wir sollten uns nicht mit dem Chor, sondern mit bestimmten Figuren in Euripides' Werk und der Art und Weise, wie sie der Dichter in das Stück einführt, beschäftigen. Ob eine solche Figur mit einem Monolog oder in einem Dialog vorgestellt wird, erscheint vergleichsweise zweitrangig. Wichtiger wäre es, nach der **Motivation**, die zum Auftritt der Figur führt, nach der **Situation**, in der sie auftritt, nach dem **Wissen**, das sie über die vorliegende Situation besitzt, und nach der **Haltung**, die sie mit ihrer ersten Äußerung zur Situation bekundet, zu fragen. Mir scheint es legitim, diese Kriterien auch anzuwenden, um für den Auftritt des Chores die Tragödien des Euripides in Gruppen einzuteilen.

In der attischen Tragödie treten, anders als in der Komödie(3), die Figuren nicht zufällig auf. Es gibt dabei zwei Möglichkeiten, einen Auftritt so anzulegen, daß er mit einer gewissen Notwendigkeit zu erfolgen scheint. Einerseits kann die Figur, die auftreten soll, von einer Figur auf der Bühne herbeibefohlen werden. Andererseits kann eine Figur bei ihrem Auftritt erläutern, warum sie just zu diesem Zeitpunkt erscheint. Webster (1933) hat die zweite Möglichkeit mit dem Begriff "Motivation", die erste mit dem Begriff "Vorbereitung" (preparation) charakterisiert(4). Zwischen Motivation und Vorbereitung herrscht ein Wechselverhältnis(5). Ist ein Auftritt durch einen Befehl o.Ä. vorbereitet, muß die Figur, die erscheint, nicht erklären, warum sie auf die Bühne kommt. Soll aber eine Figur nach dem Willen des Dichters über solche Beweggründe Auskunft geben, ist es unnötig, sie herbeizuzitieren. Untersucht man nach dieser Unterscheidung den Einzug der Chöre in der euripideischen Tragödie, so läßt sich leicht eine Gruppe von Stücken zusammenstellen, in denen der Chor auf das Geheiß einer Figur im Prolog hin erscheint. In den 'Heraclidae' eilt der Chor herbei, als Iolaos (V.69-72) die Einwohner Attikas zu Hilfe ruft. In den 'Troades' ruft Hekabe (V.143-5) ihre troianischen Mitgefangenen aus den Zelten, in der 'I.T.' hat Iphigenie ihre griechischen Sklavinnen herbeibefohlen (V.61-4, 138), und in den 'Bacchae' fordert der als Lyder verkleidete Dionysos seinen Thiasos auf, in Theben für den

---

3 Vgl. z.B. den zufälligen Auftritt des Wurstlers in Aristoph. Equ. 146/7 und das Erscheinen des Sostratos κατὰ τύχην in Pans Referat, Menander, Dysc. 43.
4 Webster (1933) S.118.
5 Webster (1933) S.118.

neuen Kult mit Gesang und Tanz zu werben (V.55-61). Man kann in dieser
Form, den Einzug des Chores im Prolog vorzubereiten, einen Reflex einer
altertümlichen Form der Tragödie sehen, in der es einen Anführer, einen
ἐξάρχων des Chores gab, der diesem befahl, aufzutreten und Lieder zu
singen(6).

Von dieser Gruppe von Stücken läßt sich eine zweite klar unterscheiden,
in der der Chor ohne explizite Vorbereitung im Prolog einzieht und in seinem
Lied ausführlich die Gründe seines Kommens erläutert. So erscheint der Chor
in der 'Andromacha' , weil er Andromache einen Rat geben will (V.119-22), in
den 'Phoenissae' erklärt er seine eher zufällige Anwesenheit in Theben, das
nun vom Heer der Sieben belagert wird (V.202-19). In der 'I.A.' schließlich
ziehen die Frauen von Chalkis ein, um das Heer der Griechen zu besichtigen
(V.164-73).

Doch neben diesen beiden Formen, den Chor einzuführen, findet sich noch
eine dritte, die man als Mischform zwischen der Vorbereitung des Chorauftritts im Prolog und der Motivierung des Einzuges in der Parodos selbst
betrachten kann. Denn in der 'Medea' schreit die Titelheldin ihren Schmerz
aus dem Haus heraus (V.96/7, 111-4). Der Chor hört diese Schreie und
kommt herbei (V.131/2). Ähnliches läßt sich in der 'Helena' beobachten. Auch
dort erscheint der Chor, weil er Klagelaute vernommen hat (V.184/5). Der
Unterschied bei einem derartig angelegten Auftritt des Chores zum Einzug
des Chores z.B. in den 'Heraclidae' liegt dabei darin, daß in der Gruppe der
vorbereiteten Chorauftritte der Chor explizit herbeigerufen wird, während er
in 'Medea' oder 'Helena' erscheint, ohne daß dies von der Figur im Prolog,
die der Chor gehört hat, beabsichtigt ist(7). Eine Weiterentwicklung dieses
Prinzips findet sich in der 'Hecuba' . Dort eilt der Chor zu Hekabe, weil er
im hinterszenischen Bereich etwas vernommen hat, was seiner Meinung nach
die alte Königin unbedingt wissen sollte (V.98-106). In der 'Electra' kommt
der Chor zum einsamen Gehöft, weil er im hinterszenischen Bereich von

---

6 *Webster (1933) S.118.*

7 *Kannicht (1957) S.337/8 leitet (wohl richtigerweise) dieses Motiv in Med.
und Hel. vom P.V. her, unterscheidet aber nicht zwischen explizit herbeigeru-
fenem Chor (also Hcld., Tro., I.T., Ba.) und dem im P.V. vorliegenden indirek-
ten Weise, den Chor zum Auftritt zu bewegen. Mir scheint jedoch diese Unterscheidung wichtig, da mit ihrer Hilfe der Gefahr, die Bedeutung des P.V.
für die Entwicklung der att. Tragödie zu hoch zu veranschlagen, entgangen
werden kann und ferner die Verschiedenheit der o.g. Parodoi und der Motivation en für den Auftritt des Chores leichter zu bestimmen ist.*

einem Fest gehört hat, zu dem er Elektra mitnehmen will (V.167-74), im 'Hippolytus' schließlich zieht der Chor ein, weil er im hinterszenischen Bereich von der rätselhaften Krankheit Phaidras erfahren hat und nun vor deren Wohnstätte mehr erfahren möchte (V.121-30, 173-5). In diesen Stücken findet sich also eine nachträgliche Vorbereitung des Auftritts des Chores, die dadurch, daß der Chor etwas hörte, was sein Kommen veranlaßte, den vorbereiteten Chor- Einzügen nahesteht. In der nachfolgenden Untersuchung wird uns dieses Motiv des Hörens, das ich "Rufmotiv" nennen will, wiederholt beschäftigen.

Im 'Hercules' und im 'Ion' verwendet Euripides eine andere indirekte Art, den Chor vorzubereiten. So erfährt das Publikum im Prolog des 'Hercules' , daß die Freunde, die der Herakles-Familie verblieben sind, zu schwach zur Hilfeleistung sind (V.56). Und alsbald erscheint ein Chor von hinfälligen, schwachen Greisen. Im 'Ion' erwartet der Titelheld im Prolog die Besucher des Orakels zu Delphi (V.98-101). Der Chor, der kurz darauf einzieht, wird aus vorausgeschickten Dienerinnen solcher Besucher bestehen (V.235-7).

Wir erhalten unter dem Gesichtspunkt der **Motivation** also folgende Gruppen:

1. Der Auftritt des Chores wird im Prolog explizit vorbereitet:
   'Herclidae', 'Troades', 'I.T.', 'Bacchae'.
2. Der Auftritt des Chores wird erst in der Parodos erklärt:
   'Andromacha', 'Phoenissae', 'I.A.'.
3. Der Auftritt des Chores wird mit einer Vermischung der Prinzipien 1) und 2) begründet:
   a) der Chor hört Äußerungen des Prologes, die nicht explizit an ihn gerichtet sind, und erscheint: 'Medea', 'Helena';
   b) der Chor hört Neuigkeiten im hinterszenischen Bereich, die ihn auftreten lassen: 'Hippolytus', 'Hecuba', 'Electra';
   c) der Auftritt des Chores wird implizit im Prolog vorbereitet: 'Hercules', 'Ion'.

Drei Stücke scheinen sich nicht in diese Gruppen einordnen zu lassen: 'Alcestis', 'Supplices' und 'Orestes'. Am deutlichsten fallen hierbei die 'Supplices' als Sonderfall auf, da in diesem Stück der Chor bereits während des Prologes anwesend ist (vgl. V.8 ἐς τάσδε). Diese außergewöhnliche Präsenz des Chores gehört zu der besonderen Konzeption des Stückes als Chortragödie und wird uns deshalb besonders in Band 2 beschäftigen. In der 'Alcestis' und im 'Orestes' erläutert der Chor weder explizit, warum er gekommen ist, noch wird sein Auftritt im Prolog vorbereitet(8) . Doch findet sich, wie die Analyse des Eingangs dieser Stücke zeigen wird, in der Ausgestaltung der Parodos implizit, aber nichtsdestoweniger für den Zuschauer erkennbar, eine Motivation, warum der Chor einzieht. Denn in der 'Alcestis' tritt er als Trauergemeinde auf, die kondolieren will, im 'Orestes' als neugierig (V.152/3)-teilnahmsvolle Schar von Freundinnen Elektras. So können diese beiden Stücke als Sonderformen der Gruppe 2 zugeordnet werden(9).

Eine wesentlich gröbere Gruppenbildung ergibt sich, wenn nach der **Situation** , in der der Chor erscheint, eine Einteilung vorgenommen werden soll.

---

8 Zwar kündigt im Or. 132/3 Elektra den Einzug des Chores an, doch scheint es mir – im Gegensatz zu Webster (1933) S.119 – verfehlt, eine Auftrittsankündigung für einen Weg zu halten, den Auftritt einer Figur zu erklären.

9 Auch die Stücke der übrigen att. Dramatiker des 5. Jhs. lassen sich mit dieser Einteilung erfassen. So gehören zur Gruppe 1: (Satyrspiel) Aisch. Dict. F 46a 17-21, Soph. Ichn. F 314, 7 u. 45; (Komödie) Aristoph. Equ. 242, Nub. 264-6, Vesp. 197 (oder Gruppe 3c), Pax 229-59, 310/1, Aves 227-62, Eccl. 282-4, Plut. 223-6; Gruppe 2: Aisch. Ag. 258-63, Choeph. (wie Eur. Alc. u. Or.), Soph. El. (wie Eur. Or.), O.R. (Das Anliegen des Chores, um Hilfe zu bitten, wird in der Parodos als Grund für sein Erscheinen erkennbar.), Trach. 122-6, Phil 135. Gruppe 3a: P.V. 133-5. Gruppe 3b: Aisch. Pers. 14/5 (Hier findet sich eine Umkehrung des Motivs: statt einzuziehen, weil er etwas gehört hat, erscheint der Chor, weil er nichts gehört hat.), Sept. 78-86, Soph. Aias 141-53, Ant. 155-62. Gruppe 3c: Aisch. Eum. 34-59 (oder Gruppe 1 nach 94-116), Soph. O.C. 78; (Komödie) Aristoph. Acharn. 179-85, Lys. 247/8, Thesm. 181/2, Ran. 154-8 (Mysten), 205-7 (Frösche). In Aisch. Suppl. und (inc. auct.) Rhes. ist der Chor wie auch in den Suppl. des Eur. von Beginn an anwesend. Damit entfällt jedes Problem, seinen Auftritt zu begründen.

Daß sich aus dieser Aufstellung bisweilen eine Motivgleichheit zwischen Tragödie, Satyrspiel und Komödie feststellen läßt, ist wohl nicht, wie Zimmermann (1984) S.147 meint, auf eine Abhängigkeit der anderen Gattungen von der Tragödie zurückzuführen, sondern scheint mir seinen Grund vornehmlich darin zu haben, daß es typologisch nur wenige Formen gibt, Personen begründet in ein Stück einzuführen.

Denn in sämtlichen Stücken mit der Ausnahme des 'Ion' und der 'Bacchae' wird der Chor mit einer Notlage konfrontiert, die das Stück prägt. So droht in der 'Alcestis' der unausweichliche Tod der Titelheldin und steht in der 'I.A.' Agamemnon vor der schwierigen Entscheidung über das Leben seiner Tochter.

Differenzierungen lassen sich leichter durchführen, wenn man das **Wissen**, das der Chor bei seinem Auftritt über die vorliegende Situation besitzt, untersucht. Es ergibt sich hierbei aus der Natur der Sache, daß der Chor in denjenigen Stücken, in denen er herbeigerufen wird (oben Gruppe 1), wenig vom Geschehen des Prologes wissen kann und daher – mit Ausnahme der 'Bacchae' (10) – erst ins Bild gesetzt werden muß. Andererseits wäre zu erwarten, daß in denjenigen Stücken, in denen der Auftritt des Chores in der Parodos motiviert wird (Gruppe 2), sich der Chor als wohlunterrichtet erweisen müßte. Doch wird sich zeigen, daß der Chor zwar in 'Alcestis' , 'Andromacha' und 'Orestes' die Notlage bei seinem Einzug recht genau kennt, in 'Phoenissae' und 'I.A.' jedoch von den eigentlichen Konflikten, also dem verzweifelten Bemühen Iokastes um einen Ausgleich zwischen ihren Söhnen und dem inneren Ringen Agamemnons um das Leben seiner Tochter, gar nichts weiß. Die Chöre der Gruppe 3 wissen dagagen genau, welche Probleme es gibt, als sie auftreten – mit Ausnahme des 'Ion' , aber hier liegt ja auch keine Situation der Not vor.

Betrachet man die **Haltung** , die der Chor mit seinen Äußerungen zur Situation (sofern sie ihm bekannt ist oder wird) einnimmt, so zeigt sich in der Mehrzahl der Stücke der Chor als Anteil nehmender Freund, nicht jedoch in 'Ion' (11) , 'Phoenissae' und 'I.A.' . Dies hat dort einen Grund. Denn die in diesen drei Stücken auftretenden Chöre sind ortsfremd, sie können deshalb gar nicht als Vertrauter oder Freund auftreten.

Aufgrund dieser Überlegungen scheint es mir geraten, die Untersuchung des Eingangs der euripideischen Tragödie wie folgt vorzunehmen: Zunächst

---

10 In den Ba. ist und bleibt der Chor im Grunde unwissend, da er die wahre Identität seines lydischen Propheten und dessen Pläne nicht kennt und bis zur Epiphanie des Gotttes am Ende des Stückes nicht weiß, wer ihn führt.

11 Für den Ion gilt es dabei zu berücksichtigen, daß zum Zeitpunkt der Parodos a) noch keine Situation vorliegt, in der ein Chor Anteil nehmen könnte, und b) die Figur, der sich der Chor zuwenden soll (Kreusa), noch gar nicht erschienen ist.

sollen diejenigen Stücke untersucht werden, in denen der Chor über die zum
Zeitpunkt seines Auftritts vorliegende Situation unterrichtet ist und sich als
Anteil nehmender Freund einführt: 'Alcestis' , 'Medea' , 'Hippolytus' , 'Andromacha' , 'Electra' , 'Hercules' , 'Helena' und 'Orestes' . Sodann die Stücke,
in denen er herbeigerufen wird und deshalb informiert werden muß: 'Heraclidae' und 'I.T.' . Und schließlich die Stücke, in denen er als Fremder auftritt,
der über wichtige Fragen des Prologes nichts weiß: 'Ion' , 'Phoenissae' und
'I.A.' . Nur kurz wird hierbei auf 'Supplices', 'Troades', 'Hecuba' und 'Bacchae'
eingegangen werden, da diesen Stücken im Rahmen der Behandlung der
Chortragödien im 2. Band gebührende Aufmerksamkeit gewidmet werden soll.
Dafür sollen hier der Eingang der 'Hypsipyla' im Anschluß an die 'Electra' und
der Eingang des 'Phaethon' vor dem 'Ion' untersucht werden, da von diesen
beiden Stücken wesentliche und für unsere Fragestellung interessante Teile
des Eingangs erhalten sind.

2.1.2. Welche Möglichkeiten standen Euripides zu Gebote, den Chor einzu-führen ?

Als Euripides im Jahre 455 mit den 'Peliades' seine erste Tragödie auf die
Bühne brachte, standen ihm bereits eine Reihe von Möglichkeiten zur Verfügung, den Chor in das Stück einzuführen, die schon Aischylos verwandt
hatte(12): ein Stück konnte unmittelbar mit dem Einzug des Chores beginnen
- was bei Euripides(13), soweit sich erkennen läßt, nicht vorkommt - , oder
aber mit der Abfolge Prolog-Parodos eröffnet werden.

In diesem zweiten Fall gibt es wiederum zwei Möglichkeiten:
A. Der Chor kann bereits während des Prologes anwesend sein
    (so in den 'Eumenidae' des Aischylos und den 'Supplices'
    des Euripides(14))
oder
B. nach diesem einziehen.

Bei Aischylos gehört das Einzugslied allein dem Chor; drei verschiedene
formale Gestaltungen finden sich bei ihm:

---

12 Siehe zum Folgenden Kranz (1949) Sp.1688/9 und Stössl (Kl. Pauly)
Sp.522/3.
13 Auch der euripideische Rhes. begann mit einem Prolog, vgl. die Hypothesis
zum Rhes..
14 Vgl. Kranz (1949) Sp.1687.

1. Auf eine anapästische Chorführerrede folgt ein strophisches Lied ;
2. die Parodos ist ein rein strophisches Chorlied;
3. ein astrophischer lyrischer Abschnitt, in dem einzelne Choreuten singen, präludiert einem strophischen Teil, der vom Gesamtchor vorgetragen wird(15).

Für die zweite Möglichkeit, den Chor in die Tragödie einzuführen, den Dialog zwischen Chor und Schauspieler in der Parodos, ist der nicht genau datierbare 'Prometheus' das einzige (erhaltene) Bespiel vor (16) der 'Medea' und zugleich damit der wichtigste erhaltene Meilenstein auf dem Weg zur amoibaischen Parodos(17).

Dieser kurze Überblick zeigt, daß Euripides bei der Abfassung seiner Tragödien (vielleicht mit Ausnahme der 'Alcestis') die wesentlichen formalen Möglichkeiten, eine Parodos anzulegen, frei zu Gebote standen. Dies bedeutet, daß der Verwendung einer bestimmten Form in einem Stück eine bewußte Entscheidung des Dichters zugrunde lag, nicht aber ein durch fehlende Wahlmöglichkeiten bedingter Zwang. Es scheint mir also legitim zu sein, die Frage zu stellen, welche Faktoren die Entscheidung des Euripides beeinflußt haben könnten, d.h. welche Vorzüge die jeweils verwendete Form der Parodos gegenüber anderen, theoretisch denkbaren aufweist.

Eine Antwort ist im Bereich des Inhalts des Eingangs bzw. des gesamten Stückes zu suchen. Sie wird für jedes Stück verschieden ausfallen. So soll im folgenden auch untersucht werden, wie Form und inhaltliche Gestaltung der Parodos zusammengehen.

---

15 Die Parodos der Sept. wurde zuletzt von Taplin (1977) S.142 so interpretiert. Daß er sich dabei auf Mesk (1934) beruft (S.142), ist indes unglücklich, da sich Mesk (S.458/9) skeptisch äußert.

16 Trotz der von Schmidt (1971) S.26/7 betonten "sophokleischen" und "euripideischen" Elemente des Eingangs im P.V. scheint es mir aufgrund der von Griffith (1977) S.110/1 herausgearbeiteten einfachen epirrhematischen Form der Parodos einleuchtender, das Stück vor die Med. zu setzen, vgl. Taplin (1977) S.247.

17 Siehe dazu die ausführliche Behandlung bei Kannicht (1957) S.327-34.

2. 2. Alcestis

Der Eingang der 'Alcestis' besteht aus einem Prolog mit zwei Szenen (Monolog des Apoll V.1-27, Dialog Apoll - Thanatos V.28-76) und einer vom Chor allein bestrittenen Parodos (V.77-135). Die Parodos wirkt wie eine Mischform aus den formalen Möglichkeiten 1 (anapäst. Rezitativ und Strophensystem) und 3 (Einzelstimmen im astrophischen Abschnitt, die sich bald im strophischen System zum Chor zusammenfinden). Denn sowohl anapästischer Vorspruch (V.77-85) und Strophenpaare als auch Aufteilung rezitierter und lyrischer Abschnitte (1) auf Einzelsänger bzw. Halbchöre finden sich.

Bei der Behandlung der Parodos der 'Alcestis' müssen folgende Aspekte berücksichtigt werden:
a) der Chor ist im Prolog in keiner Weise vorbereitet worden;
b) aus dem Wortlaut der Parodos wird nicht deutlich, welche " Maske" Euripides dem Chor verliehen hat, da die charakterisierenden Angaben über Lebensalter, Stand und Beschäftigung fehlen;
c) der Chor gibt nicht explizit an, warum und in welcher Absicht er gerade zu diesem Zeitpunkt vor dem Königspalast erscheint(2).

Wie lassen sich diese "Defizite" mit der Formulierung Websters (3) vereinbaren, nach der starke und explizite Motivation mit schwacher Vorbereitung, schwache und implizite Motivation mit starker Vorbereitung zusammengehen ? Die Erklärung, der Chor ziehe bei leerer Bühne ein, es sei mithin niemand anwesend, für den er Angaben über seine Herkunft und Absicht

---

1 *Siehe dazu die Diskussion bei Dale (1954) S.58/9.*
2 *Im Vergleich zu anderen Auftritten euripideische Chöre ist die Angabe in V.109-11 dürftig.*
3 *Webster (1933) S.118.*

machen könnte, scheidet durch einen Blick auf den 'Hippolytus' aus(4).

Greifen wir weiter aus, um den fast "sophokleischen" (man denke an dessen 'Electra') Einzug des Chores in der 'Alcestis' zu erklären. Wenn es eine communis opinio in der Interpretation dieses Dramas gibt, ist es die Ansicht, daß in ihm zwei Elemente verbunden werden. Man kann sie als Ebene des Märchens und der Realität beschreiben(5), als Kombination von Opfer- und Rettungshandlung(6), oder als Nebeneinander von Märchenkomödie und pessimistischer Tragödie(7). Für unsere Fragestellung bedeutsam ist dabei, daß die Parodos an der Nahtstelle zwischen beiden Komponenten steht, zwischen dem Prolog, der mit dem burlesken Auftritt des Thanatos die Erwartung des Zuschauers, der an der 4. Stelle der Tetralogie ein Satyrspiel gewohnt war, beinahe erfüllt(8), und dem ernsten 1. Epeisodion, in dem die Dienerin von den ergreifenden Vorbereitungen der Alkestis auf ihren eigenen Tod berichtet und die Frage nach den Folgen ihres Opfers für Admet aufwirft (V.197/8)(9). Bereitet der Chor mit der Parodos die Tragödie vor ? Im 2. Strophenpaar wird nach der Vorbereitung des Themas in V.105-7 in zwei Anläufen der Tod der Alkestis als unabänderlich dargestellt(10), ihr Los könne weder durch Wallfahrten oder Flehen zu Göttern (V.112-20) noch durch

---

4 Die von Kannicht (1969) Bd. 2 S.71 zu V.179-90 aufgestellte Regel: Wird die Parodos in eine szenische Situation integriert, das Einzugslied also zum Amoibaion zwischen dem einziehenden Chor und der szenisch präsenten dra - matis persona, so muß der Chor seinen Auftritt begründen. (Ich halte diese Regel auf Soph. El. 121-7 bezogen, wie Kannicht es tut, für problematisch. Ferner wäre zu fragen, wie es sich mit der Parodos im H.F. verhält, zumal für dieses Stück der Versuch, die Regel zu retten, den Kannicht (1957) S.335/6 A.1 unternimmt, unbefriedigend wirkt.) läßt sich also nicht umkehren.
5 So tut es Kullmann (1967) S.147.
6 Burnett (1971) S.22.
7 Seidensticker (1982) S.129-52, siehe auch Erbse (1984) S.25/6.
8 Seidensticker (1982) S.137, vgl. auch Kullmann (1967) S.146, der zwischen Tragödienrahmen und -kern unterscheidet. Riemer (1989) S.17-9 hebt am Prolog die Nähe zu Aisch. Eum. heraus. Ob aber diese Bezugnahme des Euripides auf Aischylos allein ausreicht, einen tragischen Charakter des Prologes anzunehmen, muß fraglich bleiben.
9 Vgl. Kullmann (1967) S.130/1.
10 Siehe zur Bedeutung des Wissens, das der Chor hat, Seeck (1985) S.35/6.

Heilkunst abgewendet werden, da Asklepios tot sei (V.121-30)(11). Der Tod
der Königin erscheint damit als ein ἀνήκεστον, eine unabänderliche Katastro-
phe. Dies ist - als Gegensatz zum Komödienmotiv des dem Tod entrissenen
Opfers, das Apoll noch in V.64-9 hatte anklingen lassen - ein Element der
Tragödie(12): Hierin äußert sich eine Sicht des Todes, die gänzlich einen
Lebenstausch, der dem Mythos zugrundeliegt, ausschließt, eine unmythische
Sicht(13), die aber das Sterben in der Tragödie prägt.

Andererseits aber ist die Parodos von einem skurrilen Element erfüllt: der
Unsicherheit des Chores, ob Alkestis schon tot oder noch am Leben ist. Die
erste Hälfte der Parodos (V.77-104) ist angefüllt mit Vermutungen, Fragen,
Beobachtungen, die einzig dem Zweck dienen, herauszufinden, ob der Chor
schon das tun soll, wozu er gekommen ist, seine Königin zu betrauern:
πενθεῖν (V.80/1 und V.109-11) ist der Schlüsselbegriff. Die Unsicherheit, ob
er das tun darf, was ihm die Konvention vorschreibt (vgl. das zweifache χρή
V.81, 109), das aufgeregte Frage- und Antwort- schema der anapästischen
Epirrheme hat einen Beigeschmack von "comedy of manners", wie Thomas G.
Rosenmeyer pointiert fest stellt(14), die Parodos ist an ihrem Beginn eine
untragische Wendung der tragischen Frage τί δράσω zum "Wie soll ich mich
in dieser unklaren Situation verhalten ?"(15).

Der Chor ist eine zu früh auftretende Trauergemeinde: er weiß, daß die
Königin an diesem Tage sterben muß (V.105-7). So ist er zum Palast gezogen, um bei der rituellen Prothesis der Toten sein Beileid zu bezeugen(16),
wie es die Schuldigkeit eines braven Mannes ist (V.109-11 - dies impliziert
nicht, daß seine Trauer nicht aufrichtig ist.). Doch statt des Lamentos(17),

---

*11 Beachtenswert ist der damit gegebene Rückbezug auf den Prolog V.3/4
und damit den Ausgangspunkt des Mythos.*
12 Siehe Aristot. Poet. 1453 b35 und Seidensticker (1982) S.135.
13 Kullmann (1967) S.130.
14 Rosenmeyer (1963) S.217/8.
*15 In V.215-7 wird sich dieses Problem für den Chor wiederholen. Riemer
(1989) S.162 vergleicht die Parodos mit der des sophokleischen Aias, ohne
jedoch zwischen den Fragen in der Alc., die eine Verunsicherung ausdrücken,
und denen im Aias 172-82, mit denen nach der Ursache des Unglücks ge-
sucht wird, einen Unterschied zu machen. Da nun der Charakter der jeweiligen Fragen deutlich unterschieden ist, scheint es mir nicht möglich, die
Parodoi von Alc. und Aias in der Form gleichzusetzen, in der es Riemer tut.*
16 Vgl. Kurtz/Boardman (1971) S.144, Alexiou (1974) S.6.
17 Vgl. Alexiou (1974) S.6.

das er erwartete(18), ist alles still. Diese düpierte Erwartung des Chores ist
es, die von der Form der Parodos unterstrichen wird. Die Choreuten sind
nicht in Aufregung und panischer Angst wie der Chor der 'Septem' des
Aischylos, doch sie sind unsicher und verwirrt(19). Auch dies kann die Verwendung von Einzelstimmen statt des Gesamtchores trefflich wiedergeben.
Dann findet sich der Chor mit der Situation zurecht. Das 2. Strophenpaar
wird folglich unisono gesungen.

Aus diesen Überlegungen wird deutlich, daß die Parodos an der Grenze
zwischen Märchen und Tragödie, Welt des Wunders und tragischer Realität,
nicht einer der beiden Sphären zugeordnet werden kann, sondern vielmehr
eine Übergangsstellung einnimmt. Düpierte Erwartung, unterstrichen von der
Form der Parodos, und Gedanke des ἀνήκεστον verbinden sich in ihr. Daneben hat die Würdigung, die der Chor über die Königin ausspricht, große
Bedeutung; Alkestis scheint ihm die beste Ehefrau zu sein (V.83- 5), ἐμοὶ
πᾶσί τ'. Hierin wird zum ersten Male im Stück(20), gleichsam aus neutralem
Mund, die Vortrefflichkeit der Sterbenden gerühmt, die Admet ihren Verlust
so schmerzlich machen wird.

Kommen wir auf die Ausgangsfragestellung zurück: warum ist der Chor so
sparsam bei der Angabe seiner Identität ? Zunächst ist hierfür der besondere Beginn der Parodos heranzuziehen: wie sich bei den weiteren Analysen
der Parodoi zeigen wird, begründet der Chor gewöhnlich mit seinen ersten
Worten, warum er gekommen ist. Dies ist in der 'Alcestis' unangebracht, da
die enttäuschte Erwartung des Chores, stellte er sich zunächst vor, nicht
mehr deutlich würde. Zweitens ist aufgrund der Gnome (V.109/10), ein
Mensch, der stets (ἀπ' ἀρχῆς(21)) als χρηστός gilt, müsse um ἀγαθοί, ster-

---

18 Die Erwartung des Chores ergibt sich aus den Fragen V.77/8: τί ποθ'
ἡσυχία... τί σεσίγεται δόμος. Ich kann Dale (1954) S.58 nicht zustimmen,
wenn sie die Parodos mit dem Satz "anxiety passes into hopelessness"
charakterisiert. Siehe dagegen auch Seeck (1985) S.36 A.23.
19 Diese Unsicherheit hat einen ernsten Hintergrund: Alexiou (1974) hebt
hervor, daß die Klage um jemand, der noch am Leben war, mocht auch sein
Tod feststehen, ein böses Omen bedeutete.
20 Der Preis der Alkestis wird wiederholt V.151f., 235, 324, 433, 442, 742,
899. Siehe dazu Schmid (1940) S.341 A.9.
21 Weber (1930) S.104 ad loc. erklärt ἀπ' ἀρχῆς mit Hinweis auf Phoen.1595
in dieser Weise als Nuance, die im "von Beginn an" innewohnt. Dale (1954)
führt mit ihrer Paraphrase "When the good are dying the loyal must mourn"
eine eher politische Konnotation für χρηστός ein, die der Situation entspricht.

ben diese, trauern, kenntlich, wie der Chor sich charakterisiert wissen will, ohne daß er sich selbst explizit als χρηστός vorstellen muß. Diese indirekte Selbstcharakterisierung wird später aus dem Mund der Dienerin bestätigt werden (V.210-2). Drittens ist der Gesichtspunkt der Plausibilität und der Eindruck der Realitätsnähe, den die Parodos vermittelt, zu berücksichtigen: der Chor der 'Alcestis' ist der Situation angemessen. Die Königin des Landes liegt im Sterben. Eine Gruppe von Männern zieht zum Palast(22), wird zwar verunsichert, da sie noch keine Klagen hört, ist aber offensichtlich zum Trauern bereit. Der Zuschauer kann, da ihm die Trauerriten bekannt sind, dies leicht zu einem vollständigen Bilde zusammenfügen: die Männer von Pherai bereiten sich vor, bei der Prothesis ihre Anteilnahme zu bekunden(22). Auch wenn sie, wie V.217/8 zeigen, noch nicht Trauerkleidung tragen (dies hätte ja auch vor dem tatsächlichen Todesfall ein böses Omen bedeutet), ist ihre Haltung zum Königshaus und damit ihre Rolle im Stück hinreichend erklärt.

---

22 Da es sich um keine Fremden handelt, muß auch kein Wort über ihre Herkunft verloren werden.
23 Zietschmann (1928) bietet eine ausführliche Darstellung der Prothesis in der Vasenmalerei.

2.3. Medea

Der Chor der 'Alcestis' war in seiner Anlage plausibel und realitätsnah. Ein ritueller Hintergrund konnte dazu benutzt werden, ihn in das Stück einzugliedern. In der 'Medea' ist es nicht so einfach, einen Chor einzuführen:

a) Die Titelheldin, die am Beginn des Stückes in so großem Leid erscheint, ist in Korinth eine Fremde; ein Chor hat, wendet er sich an sie, eine gesellschaftliche und kulturelle (schließlich ist Kolchis Barbarenland, vgl. V.536-8) Kluft zu überwinden(1). b) Der Auftritt des Chores in der 'Alcestis' war mit einem den Zuschauern wohlbekannten Brauch motiviert, der Kondolenz bei der "Prothesis" – in der 'Medea' ist ein solch bequemer Weg, den Chor einzuführen, verschlossen, da die Titelheldin lebt.

Daher muß, im Gegensatz zur 'Alcestis', das Auftreten und die Anwesenheit des Chores ausführlich begründet werden.

Betrachten wir zunächst den Aufbau des Eingangs: der Prolog der Med. besteht aus zwei Szenen, einem Monolog der Amme (V.1-48) und einem Dialog zwischen Amme und Pädagogen (V.49-95). Dies entspricht genau dem Beginn der Alc.. Doch während dort die Bühne durch den Abgang von Thanatos und Apoll leer war, als der Chor einzog, bleibt in der Med. die Amme auf der Bühne; das Metrum wechselt nunmehr, doch die Anapäste gehören nicht dem Chor, der erst V.130 in Erscheinung tritt, sondern der Amme und Medea, die überdies für den Zuschauer unsichtbar aus dem Bühnenhaus heraus mit melischen Anapästen am "Dialog" beteiligt ist. Je zweimal ergreifen Medea und Amme das Wort (V.96/7 2 mel. anap. Verse Medea, V.98-110 13 rez. anap. Verse Amme, V.111-4 4 mel. anap. Verse Medea, V.115-30 16 rez. anap. Verse Amme).

Die erste Äußerung des Chores (V.131-8) führt zunächst die Anapäste in melischer Form weiter (V.131-33), bricht dann aber in Daktylen um (V.134-8 (2)). Ich möchte diesen Abschnitt als Proode bezeichnen. Auf diese folgen wiederum die rez. Anapäste der Amme und die melischen Medeas, darauf die Strophe des Chores, dann erneut die Anapäste, dieses Mal in umgekehrter

---

1 *Seneca wählte in seiner 'Medea' den nächstliegenden Weg und führte einen Chor korinthischer Greise ein, die Medea meiden.*

2 *Zu V.138 als Klausel vgl. Wilamowitz (1984) S.250. Da inzwischen die von Wilamowitz beigebrachten Parallelen Aisch. Pers. 583 und Eur. Andr. 1017 in den neueren Editionen eine neue Kolometrie erhalten haben, scheint es mir am günstigsten, das Kolon als Hipponakteum zu interpretieren, vgl. Aristoph. Thesm. 1159, wo ebenfalls ein Hipponakteum als Klausel nach Daktylen steht.*

Abfolge der Rollen, so daß eine chiastische Form entsteht. An die Gegenstrophe des Chores schließt sich eine längere (20 Verse) Rhesis der Amme
an (V.184-204), bevor die Epode des Chores die Parodos abschließt
(V.205-13).

Die Form der Parodos ist außergewöhnlich. Während der Part der Amme
durch die rezitierten Anapäste auf eine epirrhematische Kompositionsform
weist (vgl. die Epirrheme in der Parodos der Alc.), ist der Umstand, daß
diese Anapäste nun einem Schauspieler gehören, nur mit dem Dialog zwischen Okeaniden und Prometheus (P.V. 115-92) zu vergleichen. Die Med. ist
jedoch in der amoibaischen Form komplizierter als der P.V.: denn außer dem
Chor sind zwei Schauspieler an ihr beteiligt (sonst findet sich Derartiges nur
noch in den Hcld. und Soph. O.C.). Ich weise daraufhin, daß das "Gespräch"
vor den Chorstrophen bereits in der Parodos der Alc. vorgebildet ist: auch
die Anapäste Alc. 77-85 gehören zwei Sprechern (vielleicht auch Halbchören).
Entschließt sich ein Dichter, den anapästischen Teil der Parodos einem
Schauspieler zu geben (3), ist es nur ein kleiner Schritt, nach dem Vorbild
der Alc. diesen Part auf zwei Schauspieler zu verteilen. Die Med.-Parodos
repräsentiert aber schon den entwicklungsgeschichtlich übernächsten Schritt
nach der Alc.: die Amme spricht, Medea aber singt. Hierin kündigt sich bereits die nächste Entwicklungsstufe der als Dialog gestalteten Parodos an, die
ein rein lyrisches Amoibaion zwischen Chor und Schauspieler sein wird.

Bevor wir zum Inhalt kommen, sei noch auf Folgendes hingewiesen: Euripides bemüht sich darum, zwischen den drei Teilnehmern der Parodos einen
Zusammenhang herzustellen: er verbindet Medea und Amme durch das anapästische Metrum, Medea und Chor dadurch, daß sie singen, Amme und Chor
aber dadurch, daß sie miteinander reden.

Der Eingang der 'Medea' hat stärker als der der 'Alcestis' die Aufgabe,
das Leid der Titelheldin zu exponieren. Prolog und Parodos sind nicht voneinander zu trennen(4), da sie, wie auch noch die Verse 214-68 des 1. Epeisodions, die Aufgabe haben, die Lage Medeas zu erklären. Diese Verschiedenheit von 'Alcestis' und 'Medea' liegt in der unterschiedlichen Konzeption
der Stücke begründet: Während in der 'Alcestis' in der Abschiedsszene der
Eheleute (V.244-392) und der Klage des Kindes (V.393-415) zugleich mit

---

3 Schmidt (1971) S.12 sieht darin den entscheidenden Fortschritt der Med.,
Nestle (1930) S.74 betrachtet diese Erscheinung vor dem Hintergrund der
epirrhematischen Struktur Soph. Aias 201-62.
4 Schwinge (1962) S.38 weist zutreffend darauf hin, daß in Alc., Hipp.,
Phoen. und Ba. die dramatische Einheit erst mit der Parodos beginnt.

dem Leid die Frage nach der Beurteilung des Opfertodes sichtbar wird, es
also unangebracht wäre, das Leid in die Exposition zu plazieren, ist Medeas
Situation und ihr Kummer Voraussetzung der Handlung des Stückes und muß
vor der Rachehandlung dargestellt werden.

Euripides wählt für den Prolog ein πρόσωπον προτακτικόν, die alte Amme
Medeas(5). Diese Figur ist vom Dichter erfunden, da Jason stets Medea
allein auf der Argo mit sich nimmt. Euripides erreicht durch die Einführung
der Amme zweierlei: einerseits ist sie, die langjährige Dienerin, als intime
Kennerin der Nöte ihrer Herrin glaubwürdig, ihre Anhänglichkeit zu Medea
läßt sie deren Leid wie ihr eigenes verspüren(6). Dies gibt ihrer Rede und
damit dem Prolog den für die Exposition notwendigen Ausdruck des Unglücks.
Doch dies hätte Euripides auch dadurch erreichen können, daß er Medea
selbst als Prologsprecherin verwendet (vgl. 'I.T.', 'Helena'). Mit der Amme
aber kann zugleich ein weiteres Motiv angedeutet werden: die Gefährdung der
Kinder. Hierfür erweist sich die Prolgsprecherin als besonders geeignet,
geeigneter als eine einfache Dienerin, da sie aufgrund ihrer Profession besonders sensibel für die Belange der Kinder ist. So läßt Euripides in der
Prologrede neben Medeas Leid ein weiteres Thema anklingen: Medea hat
begonnen, ihre Kinder zu hassen, und stellt eine mögliche Gefahr für sie dar
(V.36-45).

Die zweite Prologszene hat eine doppelte Aufgabe: Einerseits bringt sie
eine Steigerung des Unglücks, da der Pädagoge von der bevorstehenden
Ausweisung berichtet, andererseits wird die Sorge der Amme um die Kinder,
die nunmehr als stumme Personen anwesend sind, unter den verschlimmerten
Bedingungen (V.78/9) desto deutlicher als berechtigt erkennbar.

In der anapästischen Szene V.96-130 kommt Medea zu Wort. Das, was
der Zuschauer hört, bestätigt die Rede der Amme: Medea ist in tiefster
Verzweiflung (V.96/7), die in ihr Haß auf die Kinder entstehen läßt (V.111-5).
Daß die Heldin singt, unterstreicht das Pathos der Situation; zugleich vergrö-
ßert es die Distanz zwischen ihr und der Amme, deren gesprochene Anapäste ein Kommentar der Gefühle ihrer Herrin sind, der zwar an die Kinder
gerichtet ist, hauptsächlich aber dazu dient, den Zuschauer zu informieren.
Es ist zu betonen, daß trotz des Sprecherwechsels kein Dialog entsteht. Die
Amme versucht, V.115-7 Medea anzurufen, doch ein Erfolg bleibt ihr versagt.

---

5 Vgl. V.49, siehe Erbse (1984) S.103.
6 Vgl. V.54 (= Ba. V.1028).

Mit Medeas Unzugänglichkeit wird ein Charakterzug angedeutet, der im Stück mehrfach zur Geltung kommen soll: die Heldin ist αὐθαδής (vgl. bereits V.104): alle Personen, mit denen sie im Laufe des Dramas in Berührung kommt, können entweder wie die in V.29 erwähnten φίλοι (bei denen unklar geblieben ist, wer sie sind) nicht auf sie einwirken(7), oder werden von ihr für ihre Zwecke mißbraucht. So hat Euripides mit den ersten 130 Versen eine unheimliche, gespannte Situation geschaffen: eine einsame, von ihrem Mann treulos verlassene Frau wurde vorgestellt, die in ihrem Leid einen Haß gegen ihre eigenen Kinder zu nähren begonnen hat.

Ein Nebengedanke des Prologs hat dabei eine Vorbereitung für die Parodos geschaffen: V.11/2:... ἀνδάνουσα μὲν / †φυγῇ πολιτῶν † ὧν ἀφίκετο χθόνα. Wie auch immer V.12 herzustellen ist, Medea ist bei den Bewohnern Korinths beliebt(8). Eben dieses Motiv wird mit dem Auftritt des Chores weitergeführt: der Chor, korinthische Frauen (V.214), zieht ein, weil er die Klagerufe Medeas gehört hat (Rufmotiv!). Er bittet die Amme um Auskunft über die Verfassung der Kolcherin. Das οὐδέπω (V.133) zeigt, daß die Frauen von deren schon länger währendem Leid wissen. V.135-8 läßt Euripides den Chor erklären, warum er auf die Klagerufe hin herzugekomen ist: er hörte diese aus dem Haus der Medea kommen, er ist über das Leid ihrer Familie betrübt, da eine φιλία zu ihr besteht.

Man kann den Auftritt des Chores in der 'Medea' mit dem in der 'Alcestis' vergleichen: 1. Beide Chöre sind mit den leidenden Personen verbunden, der Chor der 'Alcestis' durch eine allgemeine Loyalität (vgl. den Begriff χρηστός), der Chor der 'Medea' durch die φιλία. 2. Beide Chöre ziehen ein, weil sie ein besonderes Ereignis vermuten, die Männer von Pherai den Tod ihrer Königin (V.107), die Frauen von Korinth haben die Klagen der Medea gehört. 3. Beide Chöre begegnen einer Sklavin des Hauses, die ihnen Auskunft geben kann (vgl. 'Alcestis' 136-40). Das damit entstehende Gespräch ist in der 'Medea' Teil der Parodos, die deshalb notwendigerweise amoibaiisch ist. Die Amme gibt dem Chor V.139-43 eine Zusammenfassung der Situation, die von Medeas hinterszenischem Gesang (V.144-7) mit einem Todeswunsch wirkungsvoll ergänzt wird. Der Chor ist erschrocken (die dreifache Götteranrufung V.148, die wie in 'Bacchae' V.373 mit einem ἄιες gekoppelt ist, un-

---

7 Diese αὐθάδεια geht so weit, daß sie paradoxerweise sogar die Einwirkungsmöglichkeit auf sich selbst verliert, wie die vielerörterte Thymos-Rede zeigt.

8 Vgl. Erbse (1984) S.104.

terstreicht dies). Auch er versucht nun wie die Amme V.115 auf Medea einzuwirken und spricht sie an (V.152): sie solle sich den Ehebruch Jasons nicht zu sehr nahegehen lassen. Dieser Rat ist Ausdruck der Sympathie des Chores, der damit wie ein tröstender Freund auftritt(9). Daß er indes gänzlich Medeas Charakter verfehlt, wird das Stück zeigen. Doch die Eigenart des Chores, einen unangemessenen Ratschlag zu geben, wird uns u.a. auch in der Parodos der 'Andromacha' begegnen. Hier dient der verfehlte Rat nicht nur dazu, den Chor zu charakterisieren, die Erwähnung der helfenden Götter liefert gleichsam das Stichwort für Medeas nächsten Gefühlsausbruch (V.160-7): sie ruft Themis und Artemis an, auch diese sollen den Verrat Jasons "sehen" (λεύσσεϑ')(10). Die Amme kommentiert erneut die Gefühle ihrer Herrin und weist darauf hin, daß diese nicht so bald ihren Zorn beruhigen wird (V.168-72). Anders als in der 'Alcestis' begnügt sich jedoch der Chor nicht mit diesen Auskünften der Amme. Er will seine Pflicht als φίλος erfüllen (V.178/9): Medea könnte herauskommen und vielleicht auf ihn hören, so daß ihr Zorn schwindet (V.173-7). So bitten die Frauen die Amme, Medea aus dem Hause zu holen (V.180-3). Die Amme kommt nach einer längeren Rede, in der sie ihre Skepsis kund tut, dem Wunsch nach (V.184-204). Daß die Hoffnungen des Chores, Medea zu beruhigen, vergeblich sind, mag ein Zuschauer in Erinnerung an die V.28/9 des Prologes erahnen. Doch daß der Chor solche Hoffnungen hegt, auch wenn er sie sehr vorsichtig als Frage im Potentialis formuliert, dient indirekt seiner Charakterisierung. Er verkennt ebenso wie in der Strophe (V.148-59) Medeas Charakter, seine Vorschläge, die befolgt zu einer untragischen Lösung im Stück führen würden, zeichnen ihn als Anteil nehmenden, besorgten Freund.

Aber die Bitte des Chores an die Amme, Medea zu ihm zu bringen, hat auch eine wichtige technische Funktion: auch Medea erhält damit ein Motiv, das Haus zu verlassen, in dem sie lange Zeit (V.24/5) in ihrem Schmerz gelegen hat. So ist eines mit dem anderen verknüpft: Medeas Leid motivierte den Auftritt des Chores, der Chor wird Medeas Auftreten, das für den Beginn der eigentlichen Handlung notwendig ist, motivieren. Im 'Hippolytus' wird uns in V.282 eine ähnliche Funktion des Chores begegnen. Mit einer Epode des Chores (V.205-13) endet der Parodos-Komplex und gleichzeitig die eigentliche Exposition des Stückes. Der Chor, der nunmehr allein ist, faßt mit

---

9 Vgl. *Kassel (1958) S.5 mit Hinweis auf Euripides F 962 N.*
10 Daß in der Ausdrucksweise λεύσσεϑ' ἇ πάσχω das pathetische "ecce" eines Prometheus (P.V. 92 u.ö.) anklingt, sei nur am Rande bemerkt.

dieser Epode das Geschehen, das er miterlebt hat, zusammen: er hörte (11)
die Klage Medeas, die von ihrem Mann verlassen worden ist und deshalb die
eidschützenden Gottheiten anruft, die sie vertrauensvoll von Pontos nach
Griechenland gehen ließen. Mit der Erwähnung der Fahrt durch das Meer
wird eine Verbindung zum Beginn des Prologes hergestellt (V.1/2), damit also
ein Schlußpunkt für den Eingang gesetzt.

Ich berühre noch einmal kurz die Frage nach dem Zusammenhang zwischen der besonderen Form der Parodos und ihrem Gehalt: Euripides hat
bewußt auf eine Prologrede der Titelheldin verzichtet und stattdessen die
Amme eingeführt, um das Motiv der Gefährdung der Kinder entwickeln zu
können. Er hätte nun den Chor einziehen lassen können, ohne daß Medea in
irgendeiner Form zu Wort kommt. Der Chor hätte, etwa wie der der 'Trachiniae' des Sophokles V.94-140, ein Lied singen können und wäre anschließend von der Amme (entsprechend der Szene 'Alcestis' 141-212) über Medeas Befinden zu unterrichten gewesen. Darauf hätte zweierlei geschehen
können: a) die Amme holte Medea aus dem Haus, der Abschnitt V.214-68
würde folgen. Das 1. Epeisodion würde zwar schleppend beginnen, doch
immerhin erscheint mir eine derartige Fortführung möglich. b) Nach einem
Gespräch zwischen Chor und Amme träte Kreon auf, Medea käme aus dem
Haus, es folgten V.271ff. Dies hätte den Nachteil, daß Medea den Chor noch
nicht auf ihre Seite gebracht haben würde, wenn sie wie V.364 von ihrer
Vergeltung zu sprechen begönne. Beide Möglichkeiten hat Euripides nicht
gewählt. Stattdessen schiebt er Parodos und Unterrichtung des Chores durch
die Amme ineinander und erhält auf diese Weise eine amoibaiische Struktur.
Doch dies ist nicht alles. Auch in der eben vorgezeichneten Möglichkeit a
fehlte etwas: das Element des Pathos der leidenden Titelheldin(12). Um dies
in den Eingang einzubringen, benutzt Euripides die aus dem Bühnenhaus
heraus gesungenen Anapäste. Die Form der Parodos ist damit wesentlich von
den inhaltlichen Erfordernissen des Eingangs geprägt.

---

11 *Ich glaube nicht, daß V.205, wie Verrall (1901) p.XVI annimmt, auf einen
unmittelbar zuvor ausgestoßenen Schrei Medeas, den nur der Chor vernommen hat, zu beziehen ist.*
12 *In der Alc. kommt es in der Lyrik 244ff. zum Ausdruck, in anderen
Stücken durch den vom Leidenden selbst gesprochenen Prolog.*

2.4. Hippolytus

Die Form der Parodos des 'Hippolytus' ist im Vergleich zu 'Medea' oder 'Heraclidae' schlicht, Euripides verwendet zwei Strophenpaare mit abschlie-Bender Epode (V.121-69). Eine anapästische Einleitung findet sich nicht.

Die oben beschriebenen komplizierteren Möglichkeiten für den Bau der Parodos entsprechen inhaltlichen Erfordernissen. Läßt sich dies auch für die einfache Form im Hipp. geltend machen ?

Der Prolog des 'Hippolytus' (V.1-120) besteht aus zwei von einander gänz-lich verschiedenen Teilen: er beginnt mit dem Monolog der Aphrodite (V.1-57), die ihren Plan vorstellt, Hippolytos zu vernichten, da er sie und alles, worin sie wirkt (V.14) als einziger Mensch verschmäht und verachtet (V.12/3), stattdessen aber Artemis über alle Maßen verehrt (V.15/6). Das Instrument ihrer Rache soll Phaidra sein, die Stiefmutter des Hippolytos, die zu diesem Zweck von ihr (V.28 τοῖς ἐμοῖς βουλεύμασιν) in glühende Liebe zu ihrem Stiefsohn versetzt worden ist(1), die sie unter allen Umständen verheimlichen muß. Diese Liebe ist nun, da Phaidra in Troizen, dem Wohnort des Hippoly-tos, ihren Aufenthalt genommen hat, weil sie ihrem Mann Theseus in eine freiwillige einjährige Verbannung folgte, schier unerträglich geworden:

V.38-40 ἐνταῦθα δὴ στένουσα κἀκπεπληγμένη
κέντροις ἔρωτος ἡ τάλαιν' ἀπόλλυται
σιγῇ, ξύνοιδε δ' οὔτις οἰκετῶν νόσον.

Euripides legt damit großen Nachdruck auf das Schweigen der Phaidra (σιγῇ steht betont am Versanfang) über die Ursache ihres Leides, auf den Um-stand, daß niemand eine Erklärung ihrer "Krankheit" zu geben weiß(2).

Der Rest des Monologes der Göttin dient dazu, den Zuschauer über den ungefähren Verlauf des Stückes und das Ergebnis der Rache zu informieren,

---

1 *Die V.29-33 haben, wie Erbse (1984) S.36/7 hervorhebt, die Aufgabe, Phaidras Liebe als intensiv zu charakterisieren.*
2 *Zu den Beziehungen zwischen Reden und Schweigen in diesem Stück vgl. Knox (1968).*

nicht ohne dabei einen Spielraum für Überraschungen für das Publikum zu belassen(3). Geradezu beiläufig wird in Aphrodites Rede Phaidra beschrieben: außer den vom Mythos festgesetzten Eigenschaften (sie ist Königin und Frau des Theseus) wird sie in V.26 εὐγενής, in V.47 εὐκλεής genannt. Mit den Adjektiven wird unauffällig darauf hingewiesen, daß die Phaidra dieses Stükkes von der des "Kalyptomenos" verschieden ist(4). Aber zugleich wird auch deutlich, daß Phaidra eine Frau ist, der Respekt entgegengebracht werden kann und die einem Ehrenkodex folgt(5).

Die 2. Szene des Prologs exponiert Hippolytos. Der Zuschauer kann sich selbst davon überzeugen, daß er in der Tat einseitig Artemis verehrt und Aphrodite in kränkender Weise (V.106) geringschätzt(6). In dieser zweiten Szene erscheint ein Nebenchor, die Jagdbegleiter des Hippolytos, der zusammen mit dem Titelhelden ein Preislied auf Artemis singt. Dieses Lied hat die die Aufgabe, die Anhänglichkeit des Hippolytos zur Artemis zu illustrieren (bezeichnenderweise fordert er selbst seine Begleiter zum Hymnus auf(7)).

Nach dieser Szene ist die Bühne wiederum leer. Der Zuschauer mochte nun, nach 120 Versen die Parodos des Hauptchores erwarten, da der "Jägerchor" ausgezogen ist (V.108). Und er erwartete, etwas von der leidenden Phaidra zu hören. Es scheint, als benutze Euripides diesen zweiten Teil der Erwartung seines Publikums und lasse sie im Chor Gestalt werden, der V.121 einzieht, und damit ihren ersten Teil erfüllt.

Die Aussage des Liedes der Frauen von Troizen (dies wird aus V.373 deutlich) ist einfach: Die Frauen hörten am Waschplatz eine Kunde von der Königin (Str.1), sie liege von einem verborgenen Leid bedrückt darnieder und suche den Tod (Gegenstr.1). Der Chor stellt nun eine Reihe von Vermutungen

---

3 Vgl. Barrett (1964) S.164, Erbse (1984) S.37/8.

4 Snell (1971a) S.31. Ich weise darauf hin, daß Euripides auch im Or. V.129 die Zuschauer implizit darauf aufmerksam macht, daß eine Figur (Helena) nicht so zu verstehen ist, wie sie in einem früher aufgeführten Stück (Hel.) gesehen werden sollte.

5 Vgl. Barrett (1964) zu V.26.

6 Vgl. Erbse (1984) S.39/40.

7 Das Epitheton καλλίστη, das in V.66 besonders provokant - τῶν κατ' Ὄλυμπον- Artemis beigegeben wird, läßt sich auf einen Kultnamen der Göttin beziehen (vgl. Barrett (1964) S.170 ad loc., ergänze einen Hinweis auf Usener (1913) S.11-4), ist aber zugleich auch eine indirekte Beleidigung der Aphrodite, die gewöhnlich so benannt wird, vgl. Kannicht (1969) Bd. 2 S.351 zu Hel. 1346-9.

über das Leid Phaidras an: Ist es gottgesandt, vielleicht von Pan, Hekate, von den Korybanten oder Kybele, oder von der mächtigen Artemis, weil sie ihr ein Opfer verweigerte (Str.2)? Oder rührt es von familiären Problemen her (Gegenstr.2)? Eine letzte Möglichkeit kommt den Frauen in den Sinn: Phaidras Leid könne Depression während einer Schwangerschaft sein. Sie selbst hätten dies erlitten, doch half ihnen Artemis in der Not (Epode).

An diesem Einzugslied sind folgende Besonderheiten hervorzuheben: 1. der Chor schildert, wo er sich befand (V.121-4) und was er tat (V.125-9), als er die Nachricht von der Krankheit der Königin erfuhr. Der Sachverhalt ist recht trivial (er wird uns in der Parodos der 'Helena' erneut begegnen): Am Waschplatz, einem für den Austausch von Neuigkeiten jeglicher Art besonders geeigneten Ort(8), hörten die Frauen ein Gerücht. Doch Euripides überformt die Alltäglichkeit der Situation: die Quelle, aus der die Frauen das Wasser schöpfen, wird durch die Verwendung der epischen Formel ἔστι τις τόπος ... ἐνταῦθα (o.ä.)(9) und die preziöse Beschreibung ihres Wassers (παγὰν ῥυτάν) und zugleich ihrer Funktion (βαπτὰν κάλπισι) der Sphäre des Alltags entrückt. Die Freundin der Frauen wäscht Kleidungsstücke: es sind πορφύρεα φάρεα, die zu waschen sind. Mit diesem scheinbaren Detail erreicht Euripides zweierlei: einerseits wird erkennbar, warum gerade die Freundin des Chores vom Leid weiß: sie wäscht purpurne Kleidung, d.h., sie ist eine Dienerin aus dem Palast, die die königliche Wäsche waschen soll und bei dieser Gelegenheit interessante Neuigkeiten weitergibt. Andererseits ist die purpurne Kleidung eine Reminiszenz an die heroisch-mythische Welt, in der Götter und Helden solche Kleidung zu tragen pflegen(10). Damit transponiert Euripides sowohl den Ort des Geschehens als auch die Tätigkeit trotz ihrer Alltäglichkeit in eine erhabene Sphäre.

2. Es fehlt in der Parodos eine explizite Begründung, warum der Chor erscheint, wie sie in der 'Alcestis' im rituellen Hintergrund und in der 'Medea'

---

8 Barrett (1964) S.185 erinnert daran, daß derartige Plätze "the cleaning-house of local gossip" zu sein pflegten.
9 Eine Sammlung derartiger Formulierungen findet sich bei Fraenkel (1912) S.46/7.
10 Siehe dazu Reinhold (1970) . Breitenbach (1934) hat in seiner Aufreihung der Anklänge in der lyrischen Sprache des Euripides an andere Dichter (S.271) zu Or. 1436 φάρεα πορφύρεα Il. 8, 221 und Od. 8,84, πορφύρεον μέγα φᾶρος als Vorbilder gestellt. Die Hipp.-Stelle scheint er übersehen zu haben.

durch die Freundschaft und Sorge um Medea gegeben war. Doch ist es sehr leicht erkennbar, was den Chor zum Kommen veranlaßt hat: In V.173 gibt er es preis: τί ποτ' ἐστι μαθεῖν ἔραται ψυχή. Die Frauen sind neugierig. Damit ergibt sich eine klare Zeichnung des Chores: die Frauen am Waschplatz erfahren von der Krankheit der Königin, sie sind neugierig, sie kommen zum Palast in der Hoffnung, dort Genaueres erfahren zu können, wobei sie sich in Spekulationen über das Leiden ergehen. Dies könnte auf einer anderen Sprachebene eine boshafte Zeichnung des Chores bedeuten(11). Doch dem entgeht Euripides durch die Transposition ins "Homerische", ebenso wie die φάρεα, die πορφύρεα sind, ist auch die Neugier veredelt(12).

3. Die Vermutungen, die der Chor über die Krankheit Phaidras äußert, gehen zwar vollständig fehl, doch sie sind eine Einstimmung auf die folgende Szene, in der die Amme so verzweifelt nach der Ursache für den Zustand ihrer Herrin forscht(13). Und zugleich wird für den Zuschauer in den Irrtümern des Chores auf den wahren Grund des Leidens hingewiesen: zweimal nennen die Frauen ausführlich Artemis, zweimal ergibt sich eine für den Zuschauer erkennbare Ironie: a) in V.145-50 vermutet der Chor, Artemis zürne Phaidra, da sie ihr, der überall wirkenden Göttin (V.148-50 bedeutet dies als "polare Ausdrucksweise") ein Opfer verweigert. Der Zuschauer kann sich an den wahren Kausalzusammenhang, die Verweigerung des Hippolytos gegenüber der überall mächtigen Aphrodite (V.1-4) erinnern. b) In V.166-9 erinnert sich der Chor an die Hilfe, die ihm von Artemis zuteil wurde. Auch dies ist eine weitere Erinnerung daran, daß Aphrodite (die Gegenspielerin der Artemis) die Verursacherin des Leidens ist.

4. Es läßt sich nicht verkennen, daß auch im Einzugslied des 'Hippolytus' ein dialogisches Element vorliegt, der Vokativ (V.141) ὦ κούρα richtet sich an Phaidra, auch wenn diese abwesend ist(14). Doch anders als in der 'Medea' (V.151/2) fehlt jegliche Dialogstruktur als Vorbereitung dieser Apostrophe; so

---

11 Vgl. Semonides 7 (West) V.12-20.
12 Wilamowitz (1891) S.193 schreibt: "Aber diese Wahrheit (d.h. der schlichte Grund für das Auftreten des Chores, M.H.) steht in grellem Mißverhältnis zu den pompösen Worten, und deshalb ist das Lied unerfreulich." Ich hoffe, meine Deutung ermöglicht es, diesem Schluß zu entgehen.
13 Vgl. Barrett (1964) S.194.
14 Zur Herstellung der Verse 141 und 145 siehe Barrett (1964) S.189.

ist deren Funktion in Analogie zu Sophokles' 'Aias' V.134 darin zu sehen, eine intensive Anteilnahme des Chores am Geschick der Königin auszudrücken(15).

Kommen wir nun zur Frage nach dem Zusammenhang zwischen Form und Inhalt der Parodos. Euripides benutzt im 'Hippolytus' keine Dialogform in der Parodos, obgleich sie denkbar wäre: die V. 170 aus dem Palast tretende Amme könnte bereits früher erscheinen und den Chor über Phaidras Situation unterrichten(16), wie sie es in V.271-81 tut. Der Chor könnte sie bitten, Phaidra nochmals zu befragen, sie gar aus dem Hause zu holen - kurz, die Parodos des 'Hippolytus' könnte eine Kopie der 'Medea' sein. Euripides geht aber einen anderen Weg, dessen Absicht erkennbar ist: in der von ihm konzipierten Gestaltung des Beginns der Tragödie läßt sich eine Konsequenz in der Exposition feststellen: nach dem Prolog der Aphrodite wird die Figur des Hipplytos skizziert, zunächst in einer Musiknummer (V.58-71), dann im Dialog mit dem alten Diener (72-120). Darauf folgt die Exposition der Phaidra-Gestalt, die wiederum mit einer Musiknummer beginnt (Parodos) und mit der Auseinandersetzung der alten Dienerin mit der kranken Königin fortgesetzt wird (V.176-266). Diese beiden Expositionsteile weisen deutliche Parallelen auf: die vorzustellende Figur wird in der Sprechversszene in charakterisierender Weise im Dialog mit einem alten Vertrauten, der mahnend auftritt, gezeigt. Hippolyts Einseitigkeit und Phaidras Siechtum werden so dargestellt. Die beiden Musiknummern tragen zur Exposition bei, wenn auch in verschiedener Technik: der Jägerchor läßt in direkter Weise Hippolyts Artemis-Verehrung deutlich werden, der Frauenchor Phaidras Problem in indirekter, da er die wahren Ursachen nicht kennt. Dieser formalen und inhaltlichen Ausgewogenheit der Teile der Exposition entsprechend sind Form und Inhalt der Parodos angelegt.

---

15 Vgl. Kranz (1933) S.205/6. Ein vielerörtertes Problem ist die Anrede an Klytaimestra in Aisch. Ag. 83-103. Taplin (1977) S.281 (ähnlich (1972) S.90/1) sieht im Ag. hierin eine Parallel zu genannten Partien aus Aias und Hipp.; anders interpretiert Newiger (1977a) S.454 die Parodos des Ag..

16 Phaidra selbst scheidet als Gesprächspatnerin aus, da sie schweigend leidet (V.40) - anders als im 1. Hipp., wo sie mit einer gewissen Wahrscheinlichkeit den Prolog gesprochen hat, vgl. Barrett (1964) S.11 und 18 mit dem Frg A. Da der Chor ebenfalls aus Frauen bestand (siehe Frg. J, das bei Stob. 4,22,176 als Choräußerung gekennzeichnet ist) ergibt sich die Möglichkeit, an eine Gestaltung des Eingangs wie in der I.T. zu denken: Prolog: 1. Szene, Monolog Phaidras; 2. Szene, Hippolytos wird vorgestellt (vgl. Barrett (1964) S.11), Parodos als Amoibaion zwischen Chor und Phaidra.

Daß sich dabei für die Parodos selbst ein Problem ergibt, hat wohl Wilamowitz am deutlichsten ausgedrückt(17): das, was der Chor zu sagen hat,
ist unbefriedigend, da Ethopoiie und Hinführung des Zuschauers auf den
Phaidra-Teil der Exposition(18) im Gewand eines inhaltlich realitätsnahen und
sprachlich ins Poetisch-Homerische transponierten Eingangsliedes an der
Stelle des Dramas, die in den 'Persae' oder dem 'Agamemnon' des Aischylos
tiefgründige religiöse Anschauungen vermittelte, flach wirkt. Wir werden
allerdings diesem Problem und den Bemühungen des Euripides, es zu lösen,
noch häufiger begegnen.

---

17 Siehe oben A.12.
18 Hierin sieht Barrett (1964) S.194 die Aufgabe der Parodos.

2.5. Andromacha

Der Eingang der 'Andromacha' besteht aus 4 Teilen: dem dreiteiligen Prolog mit einem eröffnenden Monolog Andromaches (V.1-55), dem Dialog zwischen ihr und einer Mitsklavin (V.56-90), der Monodie Andromaches (V.91/103-116) sowie der Parodos (V.117-46). Diese ist nicht weniger schlicht als die des Hipp.. Sie wird von zwei Strophenpaaren gebildet. Indes ist der unmittelbar vorangehende Abschnitt, die Monodie Andromaches mit ihren Klagedistichen durch die Metrik mit der Parodos verbunden, wie dies auch bei den vor der Parodos gesungenen Monodien in 'Hecuba' und 'Troades' der Fall ist(1).

Betrachten wir den Inhalt des Eingangs: in der ersten Szene des Prologes (V.1-55) berichtet Andromache ihr schweres Los: nach dem Fall Troias wurde sie als Beute dem Neoptolemos gegeben, dem sie, wider Willen zu seiner Konkubine gemacht (V.37/8), einen Sohn geboren hat, von dem sie sich eine Verbesserung ihrer Lage in der Zukunft erhofft(2). Doch Hermione, Neoptolemos' Frau, verfolgt sie mit ihrem Haß, da sie selbst kinderlos geblieben ist. Neoptolemos ist nach Delphi fortgezogen , um Apoll für eine frühere Beleidigung um Verzeihung zu bitten. Hermione hat nun ihr Bemühen, Andromache zu vernichten, verstärkt, zumal ihr Vater Menelaos ihr Unterstützung gewährt. So mußte Andromache am Heiligtum der Thetis Schutz suchen, nachdem sie zuvor ihr Kind versteckt hatte. Die zweite Szene des Prologes erhöht ebenso wie in der 'Medea' die Not der Titelfigur(3): eine troische Mitsklavin tritt hinzu. Sie berichtet vom Plan der Hermione und des Menelaos, Andromaches Kind zu töten. Andromache bittet ihre Informantin, den greisen Peleus über ihre Not zu benachrichtigen. Die Mitsklavin geht.

Dieser Abschnitt des Prologes hat zwei Aufgaben. Er stellt Andromache und ihre Bedrängnis vor Augen, aber er dient auch zugleich dazu, einen Eindruck von ihren Widersachern zu gewähren. Dies geschieht vornehmlich im Dialog: ebenso wie Andromache erfährt der Zuschauer, daß Menelaos und seine Tochter Andromaches Sohn töten wollen (V.68/9, 73); Hermione wird als οὐ σμιχρὸν φύλαξ bezeichnet (V.86).

Mit V.91 ist Andromache wieder allein. Sie beginnt mit einer Klage über ihr Leid. Diese ist zweigeteilt: auf eine Einleitung in Sprechversen (V.91-102) folgt eine Monodie in elegischen Distichen (V.103-16). Fast programmatisch steht in der Einleitung, was Andromache mit der Klage bezweckt: eine τέρψις

---

1 *Vgl. Barner (1971) S.303 u. 309.*
2 *Zum gesellschaftlichen Hintergrund siehe Michelini (1987) S.93 A.109.*
3 *Vgl. Schadewaldt (1926) S.13 A.2.*

τῶν παρεστάτων κακῶν (V.94). Dies ist eine sehr alte, häufig geäußerte
Ansicht über den Sinn der Klage(4). Zugleich kündigt sie den "Adressaten"
ihrer Monodie an: πρὸς αἴθερ' (V.93) werde sie ihre θρῆνοι, γόοι und δακρύ-
ματα richten. Im 'Prometheus' V.88 findet sich eine vergleichbare Äußerung.
Doch dort ist die Hinwendung an die Elemente mit einem "ecce" (V.92)
verbunden, die diese zu Zeugen des Leidens des Titanen macht. Bei Euripides
ist es zu einem Topos geworden(5). Nestle (6) weist darauf hin, daß die
Vorbereitung Andromaches auf ihre Klage, das πάρεστι δ' οὐχ ἕν, ἀλλὰ
πολλά μοι στένειν (V.96) als Prooimion (wie in 'Troades' 106) und die
anschließende Inhaltsangabe an die Einführung eines offiziellen Threnos erinnern. Nach der Inhaltsangabe folgt eine sentenziöse Bemerkung, die dazu
dient, die Sprechverse von der Monodie abzusetzen(7). Die Monodie selbst
hat aufgrund der Einleitung nicht das spontan-eruptive Element, das in den
hinterszenischen Wehklagen der Medea oder in der angsterfüllten Ausdrucksweise der Hekabe nach ihrem Traum ('Hecuba' 68-72) anzutreffen ist(8).
Überraschenderweise ist sogar das neue Unheil, die Bedrohung des Sohnes,
gänzlich aus ihr ausgeblendet(9). Die Klage gilt etwas anderem: ihrem tiefen
Sturz, der durch den Fall Troias ausgelöst wurde (V.103-8)(10). Euripides
benutzt diesen tragischen Gegensatz zwischen glanzvollem Einst und elender
Gegenwart auch in der Monodie Hekabes ('Troades'121ff). Der Schluß der
Monodie erinnert nochmals an die Hikesie-Situation (V.115). Unmittelbar
darauf beginnt die Parodos des Chores. Der metrische Anschluß des Einzugsliedes an die Monodie ist denkbar eng, der Beginn des 1. Strophen-
paares wirkt mit seinem Beginn (6 da/ ith/ 6 da/ ith) wie eine Variation
des elegischen Distichons. Und auch thematisch nimmt der Chor auf den
Schluß der Monodie Bezug: Die Anrede der Frauen von Phthia (V.119, vgl.
V.1047) an Andromache weist im Relativsatz ἃ Θέτιδος δάπεδον καὶ ἀνάκτο-

---

4 *Vgl. Il.23,98; 24,513; Od. 11,212. Zur Erklärung siehe Latacz (1966)
S.187/8 gegen Fränkel (1969) S.15. Bei Euripides finden sich derartige Gedanken in Hec. 515, Suppl. ·79, El. 125/6, Tro. 608/9, F 263 u. 573 N.*
5 *Vgl. Med. 56-8, I.T. 42/3, siehe Erbse (1984) S.193 und Stevens (1971)
S.105 ad loc..*
6 *Nestle (1930) S.63.*
7 *Barner (1971) S.303.*
8 *Vgl. Nestle (1930) S.63.*
9 *Schadewaldt (1926) S.13 weist darauf hin, daß in der monologischen Äußerung der Andromache jede innere Erregung über V.68 fehlt.*
10 *Vgl. Erbse (1984) S.138, der auf weitere Beispiele für den Gedanken des
Glückswandels im Prolog hinweist.*

ρα θάσσεις/ δαρὸν οὐδὲ λείπεις auf die zuletzt von der Bedrängten erwähnte Hikesie-Situation.

Halten wir für einen Moment inne und vergegenwärtigen wir uns die Situation: ein Chor zieht ein und wendet sich an eine auf einem Altar sitzende Schutzflehende. Da anders als in den 'Heraclidae' die Hiketis noch keiner akuten Bedrohung ausgesetzt ist, bleiben nur wenige Möglichkeiten für die Gestaltung der Parodos: a) der Chor könnte sich über die Hikesie wundern und nach ihrer Ursache fragen. Doch dies ist durch das δαρὸν in V.118 versperrt: die phthiotischen Frauen sind bereits informiert. b) Der Chor könnte Nachricht von einer weiteren Verschlechterung der Lage Andromaches bringen(11). Doch dazu diente bereits die Mitsklavin der 2.Prologszene. c) Der Chor könnte allein auftreten, um die Bittflehende seines Mitgefühls zu versichern, auch wenn er selbst keine Hilfe leisten kann (Im 'H.F.' wird Euripides dieses Motiv verwenden.).

Euripides benutzt in der Parodos der 'Andromacha' indes eine Mischung aus der Möglichkeit c und Elementen, die auch in der Parodos z.B. der 'Medea' erscheinen: die Frauen haben Mitleid mit der Titelheldin: sie bezeichnen sie als τλᾶμον (V.123), δυστυχεστάτα (V.139), παντάλαινα (V.140) und οἰκτροτάτα (V.141), sich selbst als εὖ φρονοῦσαι ihr gegenüber (V.146), sie bedauern Andromaches Los (V.146). Dies könnte mit Modifizierungen auch in der Parodos des 'Hercules' stehen. Zugleich aber finden sich im Einzugslied der 'Andromacha' Entsprechungen zur 'Medea': beide Chöre empfinden eine Fremdheit der Bedrängten gegenüber, die deren Herkunft entspringt (In 'Medea'133 wird diese ebenso betont wie in 'Andromacha' 119, 128, 141.), aber durch eine Sympathie oder sogar Freundschaft überbrückt wird ('Medea'138 - 'Andromacha' 146). Beide Chöre wissen, daß sich die Bedrängte schon längere Zeit in ihrer schlimmen Lage befindet ('Medea' 133 οὐδέπω = 'Andromacha' 118 δαρόν). Eine weitere Parallele ergibt sich, wenn man die unmittelbare Stellungnahme der Chöre zum Leid der Bedrängten berücksichtigt. Die Frauen der 'Medea' treten auf, weil sie Medeas Klage gehört haben. Doch haben sie auch einen Vorschlag zu machen, sobald sie von der Amme über die Verfassung Medeas unterrichtet worden sind: Medea soll sich nicht zu sehr grämen, sondern alles der Gerechtigkeit des Zeus überlassen (V.155-8). Dieser Vorschlag ist in seinem Zuschnitt bemerkenswert: er spiegelt den Charakter des Chores, der aus korinthischen Bürgersfrauen besteht, wider, da in ihm die Ebene der Normalität ihren Ausdruck findet. Und er ist verfehlt, da er Medeas Charakter falsch einschätzt.

---

11 In der Hec. verwendet Euripides die Parodos dazu, allerdings liegt dort keine Hikesie vor.

In der 'Andromacha' fehlt das Moment der Klage, die der Chor gehört
hat, als Motiv des Auftritts ("Rufmotiv"). Der Vorschlag, den der Chor machen möchte, ersetzt dies: ...ἔμολον.../ εἰ τί σοι δυναίμαν/ ἄχος τῶν δυσλύτων πόνων τεμεῖν V.119-21. Den Inhalt dieses Vorschlages erläutern die
Frauen in der Gegenstr.1 und Str.2: Andromache solle ihre Lage erkennen:
ihr Widerstand gegen Hermione sei aussichtslos, da sie ohne Unterstützung
sei. So empfiehlt ihr der Chor, aufzugeben und den Altar zu verlassen
(V.129, 135). Mit diesem Rat sind die Frauen von Phthia ebenso als Reprä-
sentanten einer Normalität mit einem Sinn für Realität gekennzeichnet wie die
Frauen aus Korinth in der 'Medea'. Und auch der Vorschlag der Phthioterin-
nen ist unangemessen: er verkennt den Charakter Hermiones(12), wie ein
Zuschauer erkennen kann. Denn daß ein Nachgeben Andromaches, ihr Sich-
Fügen ein ἄχος δυσλύτων πόνων sein wird, ist nach der Erwähnung der
Mordpläne gegen Mutter (V.39) und Kind (V.69) gänzlich unglaublich(13). Ja,
scheinbar unbemerkt vor sich selbst, doch desto deutlicher für den Zuschauer, bestätigt der Chor die Angaben des Prologes und stellt seinen eigenen
Rat in Frage: er hat Angst vor Hermione, ebenso wie die Mitsklavin (V.86),
wie er eine ganze Strophe (ausgerechnet die Schlußstrophe des Liedes, die
oft dazu dient, den Schlüssel für die Interpretation eines Chorliedes zu
bilden) lang ausführt.

Halten wir also für die Parodos der 'Andromacha' (wie auch für die der
'Medea' und, auf etwas anderer Ebene, des 'Hippolytus') den Irrtum des
Chores als Instrument der Ethopoiie als besonderes Merkmal fest.

Wieso aber verzichtete Euripides auf eine amoibaiische Struktur in der
Parodos ? Andromache hätte auf den Rat des Chores hin ihre Gründe für
ein Verbleiben am Altar darlegen können, diskursiv wäre der Chor widerlegt
worden(14). Doch Euripides wählt einen anderen Weg: unmittelbar(15) nach
der Parodos erfolgt der Auftritt Hermiones, deren haßerfüllte Rede mit ihren
schlimmen Drohungen (V.162) zwar die Mahnungen des Chores widerspiegelt
(V.168 = 126, 136/7; V.177/8 = 123-5), aber doch trotz ihrer Bedingungen

---

12 Erbse (1968) S.282 erklärt den Irrtum des Chores aus dessen Bemühen,
für die besondere Situation Hermiones Verständnis aufzubringen.

13 Ähnlich war auch durch die Angaben der Amme in Med. 29 der Rat der
Korintherinnen aussichtslos.

14 In der Parodos der sophokleischen El. wird der Chor im lyrischen Gespräch mit der Titelheldin dazu gebracht, seine Beurteilung der Situation zu
ändern, siehe dazu unten S.248.

15 Ich rechne nicht mit einem Versausfall nach der Parodos, sondern strei-
che mit Hunger (1952) S.369ff. V.154, vgl. Stevens (1971) S.115.

(V.164-8) nur Böses von Seiten der Menelaos-Tochter erwarten läßt(16). Damit erweist Hermione selbst den Vorschlag des Chores als unsinnig, was dramatisch wirkungsvoller ist als eine "doppelte" Widerlegung, d.h. zunächst durch Andromache, darauf nochmals durch Hermiones Verhalten. So ist für die Parodos der 'Andromacha' der Schluß erlaubt, daß die technisch anspruchsvollere amoibaiische Form dramatisch weniger wirkungsvoll als die von Euripides verwendete wäre.

---

16 Vgl. die Charakterisierung von Hermiones Rede bei Lesky (1972) S.340 und besonders bei Erbse (1968) S.281/2.

2.6. Electra

*Der Eingang der 'Electra' besteht aus fünf Teilen. Der iambische Abschnitt
des Prologes hat drei Szenen: 1. die Prologrede des Landmannes (V.1-53), 2.
den Dialog zwischen Elektra und ihm (V.54-81), 3. nach deren Abgang den
Auftritt von Orest und Pylades, letzterem als persona muta (V.81-111). Es
folgt die Monodie Elektras (V.111-66), die aus 2 Strophenpaaren mit zwischen
Strophe und Gegenstrophe geschobenen Mesoden besteht. Hieran schließt
sich die Parodos des Chores an. Diese Parodos ist ein Amoibaion zwischen
Chor und Elektra in einem Strophenpaar. Der Anteil des Chores ist hierbei
klein: seinen 16 Versen stehen 28 Elektras gegenüber(1).*

Kommen wir zur inhaltlichen Ausgestaltung des Eingangs. Zwei Gesichtspunkte verdienen dabei besondere Aufmerksamkeit: 1. Euripides stellt mit
seiner 'Electra' eine Bearbeitung der 'Choephori' vor, der Eingangsteil seines
Stückes hat die Grundlagen seiner Interpretation des Stoffes darzulegen.
2. Euripides benutzt im lyrischen Teil des Eingangs Elemente der rituellen
Klage und Hinweise auf ein Fest zu Ehren einer Gottheit. Es ist zu fragen,
welche Aufgabe diese beiden Elemente im Rahmen der Exposition haben.

Bemerkenswerterweise läßt Euripides wie auch in der 'Medea' den Eröffnungsmonolog nicht von der Titelheldin, sondern einer anderen Person, die
hier des Dichters kühne Neuerung verkörpert, sprechen(2). Ein Mann in der
Tracht eines Landarbeiters berichtet über den Tod des Agamemnon (V.1-10),
Aigisths und Klytaimestras Herrschaft sowie die Furcht des neuen "Königs"
vor der Vergeltung der Kinder seines Vorgängers gegen ihn. Die ersten 30
Verse des Prologes vergehen, ohne daß die geringste Andeutung darüber
gemacht wird, wer der Prologsprecher ist. Dies ist die längste Distanz
überhaupt, die Euripides seinen Zuschauern bis zur Identifizierung des προ-

---

1 *Ich habe die Zahlen über die übrigen amoibaiischen Parodoi S.101 A.1 zusammengestellt.*
2 *Vgl. Fuhrmann (1982) S.175/6.*

λογίζων zumutet(3), und wir können nach dem Grund hierfür fragen. Was mochte ein Zuschauer über eine Person im Kostüm eines Landarbeiters denken, die , ohne Angaben über sich zu machen, von Agamemnon und Elektra berichtet ? Wenn das Publikum Vermutungen über eine solche Person anstellte, dürfte es das Nächstliegende gewesen sein, in ihr einen treuen Diener der Elektra zu sehen, der wie in der 'Medea' den Prolog spricht. Desto größer mußte die Überraschung über V.34/5 sein: ἡμῖν δὲ δὴ δίδωσιν Ἠλέκτραν ἔχειν/ δάμαρτα, die betonte Stellung des Schlüsselbegriffs in V.35 rückt das erstaunliche Faktum, Elektras Ehe mit diesem armen Bauern, ins Zentrum der Aufmerksamkeit - und damit zugleich auch des Euripides besondere Interpretation des Choephoren-Stoffes(4).

Doch der Monolog und sein besonderer Sprecher haben noch eine andere Aufgabe neben der wirkungsvollen Darbietung des für das Stück unerhörten Milieus: Das Verhalten des Bauern gegenüber Elektra (V.43-6) weist ihn als Ehrenmann aus, der sich nicht durch die Befehle des Aigisth kompromittieren läßt(5). So ist sein Bericht der Vorgeschichte und besonders seine Darstellung und Bewertung des Verhaltens von Klytaimestra und Aigisth höchst glaubwürdig(6): Aigisth ist ein Schurke, wie aus V.10, 17, 22-4, 25-39 unzweifelhaft erkennbar ist. Besonders wichtig ist aber die Zeichnung, die der Landmann von Klytaimestra gibt: in V.9 erscheint sie zwar als Anstifterin des heimtückischen Mordes an Agamemnon (Aigisth wirkt in V. 10 nur wie ihr Handlanger), doch immerhin verhinderte sie die Ermordung Elektras

---

3 *Zum Vergleich: es wird die Identität des Prologsprechers erkennbar in der Alc. in V.2, Med. V.6, Hcld. V.8, Hipp. V.2, Andr. V.4, Hec. V.3 Suppl. V.3, H.F. V.2, Tro. V.2, I.T. V.5, Ion V.4, Hel. V.17, Phoen. V.10, Or. V.23, Ba. V.2, I.A. V.3. Höchstens im Or. scheint die Zeitspanne bis zur Selbstidentifizierung des Sprechers vergleichbar lang zu sein. Doch ist dort die Prologrede eine Genealogie, die auf die προλογίζουσα Elektra zuläuft (vielleicht war es zudem dem Zuschauer möglich, in einem Stück 'Orestes' die Identität des Prologsprechers zu erraten), während in der El. der Landmann unerwartet in das berichtete Geschehen eintritt.*
4 *Dingel (1969) arbeitet heraus, daß Euripides die Anregung zu seiner Transposition des Stoffes Buch 24 der Od. entnommen hat: die Szenerie, das abgelegene Gehöft als Operationsbasis (vgl. dazu Diller (1971a) S.312), die Übereinstimmung von Gemütsverfassung und Tracht zwischen Laertes und Elektra, die Wiedererkennung.*
5 *Vgl. Erbse (1984) S.160/1.*
6 *Vgl. Erbse (1984) S.158.*

(V.27), obschon sie eigentlich ὠμόφρων ist (in V. 1260 wird dieses Adjektiv als Epitheton für Ares wieder erscheinen). Diese Charakterisierung Klytaimestras, die zugleich Gattenmörderin und – wenn auch durchaus nicht uneigennützig(7) – Schützerin ihrer Tochter ist, wird im Drama im Agon zwischen Mutter und Tochter weitere Entfaltung erfahren. Eine interessante Frage ist mit der Rede des Auturgos implizit aufgeworfen, eine Antwort aber bewußt umgangen worden: wie bewältigt Elektra diese so wenig standesgemäße Ehe (Orest wurde ja deutlich in dieser Hinsicht erwähnt V.48/9) ?

Die zweite Prologszene stellt die Antwort in Elektras Auftritt vor Augen. Hier wird nach der Vorstellung der neuen Version des Stoffes im Monolog der 1.Szene optisch die Fassung des Aischylos, die 'Choephori', zitiert: a) die 'Choephori' beginnen vor Anbruch des Morgens(8) oder jedenfalls in der Frühe – mit den Begrüßungsworten ὦ νὺξ μέλαινα zeigt auch Elektra, daß noch Nacht ist(9). b) Der Chor trägt die Gefäße, die die Gußspende enthalten (Choeph. V.15). Derartige Gefäße, Hydrien, wurden, wie der archäologische Befund nahelegt, auf dem Kopf getragen(10) – Elektra trägt einen Wasserkrug auf dem Kopf, V.55. Die Choephoren tragen Trauerkleidung (Choeph. V.28), ebenso ist Elektras Trauer an ihrem Äußeren erkennbar (vgl. V.108, 185). Daß ihre Absicht, um den Vater zu klagen (V.59), das Thema der Parodos der 'Choephori' aufnimmt, verstärkt das optische Zitat. Doch diese trauernde Elektra wird von Euripides mit dem Auturgos verknüpft: obwohl sie um ihren Vater trauert (V.59)und zutiefst unter den Maßnahmen des Aigisth und ihrer Mutter leidet (V.58, 60-3), empfindet sie eine Dankbarkeit für ihren lauteren Ehemann, die sie veranlaßt, ihm, so gut es geht, zu helfen, d.h. hier, Wasser von der Quelle zu holen(11). Der Landmann geht an seine Arbeit, Elektra zur Quelle, die im außerszenischen Bereich liegt.

---

7 Vgl. Erbse (1984) S.162.
8 Die Zeitverhältnisse in den Choeph. sind notorisch undurchsichtig, vgl. Taplin (1977) S.358 A.2 und Garvie (1986) S.322. Doch sollte Klytaimestra, die (vgl. V.523-5) von Albträumen geplagt wurde, den Chor und Elektra so früh wie möglich zum Sühneopfer fortgeschickt haben. Genaue Angaben fehlen im ersten Teil des Stückes, was eine Folge des unvollständigen Prologes ist.
9 Vgl. dazu Lukas (1969) S.64.
10 Vgl. Diehl (1964) S.137 sowie S.128.
11 Lesky (1972) weist darauf hin, daß Elektra mit dem Akt des Wasserholens zugleich auch die ihr von Aigisth zugefügte Schmach verdeutlicht.

Die dritte Szene des Prologes ist erneut eine Reminiszenz an die 'Choephori'(12): Orest und Pylades treten auf (beide Namen fallen in den ersten
drei Versen der Rede Orests) - wie bei Aischylos ist auch hier der treue
Freund des Agamemnon-Sohnes eine persona muta. In der Rede des Orest
bereitet Euripides mit der Erwähnung der aischyleischen Opfergabe (V.91 =
Choeph. 6) seine Wiedererkennungsszene vor, die ganz anders verlaufen soll,
als der Dichter den Zuschauer mit dieser Rede vermuten läßt.

Wie bei Aischylos den Chor sieht das Freundespaar eine einzelne Frau mit
einem Krug auf dem Kopf kommen und versteckt sich (V.107-110 = Choeph.
10-15). Doch Euripides variiert auch: bei Aischylos erkannte Orest sogleich
seine Schwester neben den Sklavinnen (Choeph.16/7). Nun gleicht diese
äußerlich den Mädchen jenes Chores - und Orest hält sie für eine Sklavin
(V.110)(13). Dies ist nicht nur Spiel mit dem Vorbild(14) , Euripides weist
hiermit erneut auf seine Transposition der Elektra-Figur aus dem Königspalast in die Hütte eines armen Bauern hin.

Diese dritte Szene des Prologes dient technisch dazu, die zweite der
beiden Personen, die einander wiedererkennen sollen, getrennt von der ersten
zu exponieren, ein Prinzip, das uns auch in 'I.T.' und 'Helena' begegnen wird.

Bis zu diesem Punkt des Stückes fehlt das Pathos des Leidens der
Titelheldin - dies vermag die V.112-66 erfolgende Monodie Elektras(15) dar-
zustellen (Vorbereitet hatte sie Euripides bereits in V. 59 γόους τ' ἀφίημι
αἰθέρ' ἐς μέγαν πατρί ,vgl. nunmehr V.125.). Diese Monodie hat verschiedene
Aufgaben: a) sie stellt das schwere Geschick der Titelheldin wie die analogen
Partien in 'Andromacha', 'Hecuba', 'Troades' und 'Helena' eindringlich vor
Augen. b) Orest wird durch die nachdrückliche Selbstnennung seiner Schwe-
ster in Str.1 ihre Identität bekannt(16). c) In Gegenstr.1 erfährt er, wie

---

12 Vgl. Aelion (1983) Bd.1 S.112/3. Indes sind die dort angeführten Reminiszenzen nicht vollständig. Siehe zur Aischylos-Rezeption in diesem Stück Diller
(1971a) S.309/10.

13 Es scheint, als setze hier Euripides das in Szene, was bei Aischylos nur
Gedanke einer Figur ist. Denn in V.135 der Choeph. bekennt Elektra im Gebet, daß sie sich wie eine Sklavin (κἀγὼ μὲν ἀντίδουλος) fühlt. Vgl. Diller
(1971a) S.312.

14 Hammond (1984) S.381 u. 386 sieht den Sinn dieser Beziehungen zwischen El. und Choeph. lediglich darin, daß Euripides Aischylos' Stück parodie-
ren wollte.

15 Vgl. dazu Schadewaldt (1926) S.159-61.

16 Vgl. Lesky (1972) S.395.

ersehnt er der Schwester ist, und zugleich, daß sein Plan, seine Schwester als Helferin zu gewinnen (V.100), sehr aussichtsreich ist(17).

Doch die Monodie hat noch zwei weitere Aspekte: in V.56/59/57/58(18) hat Elektra angekündigt, sie hole Wasser und sende ihre Klage für den Vater zum Himmel, nicht weil sie so elend sei, sondern um die Hybris des Aigisth den Göttern zu zeigen. Diese Absichtserklärung schließt die einzelnen Elemente der Klage zusammen: im 2. Strophenpaar beginnt Elektra, einen Trauergesang für den Vater zu singen (V.141/2), ihn entsprechend den Riten (V.146-9) zu beklagen. Hier finden sich die charakteristischen (19) Anreden an den Toten (V.143, 156, 161). Die Gegenstr.2 enthält mit der eindringlichen Erinnerung an die schimpflichen Umstände von Agamemnons Tod ebenfalls ein häufig in der rituellen Klage erscheinendes Element(20).

Zugleich bezeugt eben diese Schilderung die Hybris des Aigisth, die Hybris, die sich auch im gegenwärtigen Zustand Elektras manifestiert, den Str. 1 schildert, den ihre Kleidung und ihre Arbeit des Wasserholens dokumentiert, und für die auch ihr heimatloser Bruder ein Beweis ist, an den Gegenstr.1 erinnert. So ist Elektras Monodie nicht nur Klage, sie ist auch Anklage, eine Anklage gegen Aigisth und Klytaimestra, die durch Elektras auch äußerlich jammervollen Zustand nachhaltig gestützt wird. Um Aigisth und Klytaimestra überhaupt anklagen zu können, ist es nach griechischer Vorstellung nötig, die Stimme zu erheben und Zeugen anzurufen - sei es wie hier auch nur der Äther. Sonst kann keine Ahndung eines Vergehens erfolgen(21).

An Elektras Monodie schließt sich die Parodos des Chores an. Wie auch z.B. in der 'Andromacha' ist hier die Metrik der Parodos der der Monodie ähnlich. V.112/3 sind anapästisch, darauf folgen äolische Metren. Die Strophe der Parodos beginnt ebenfalls anapästisch, auch hier finden sich darauf äolische Maße (V.169 ia+gly, 170 gly). Was für einen Chor würden wir an dieser Stelle erwarten ? Nach unseren Erfahrungen mit 'Alcestis', 'Medea', 'Hippolytus' und 'Andromacha' müßte nun ein "euripideischer" Chor einziehen, der von Elektras Trauer weiß und in irgendeiner Form versucht, sie zu

---

17 Erbse (1984) S.167 weist darauf hin, daß der Zuschauer aufgrund der Monodie erahnt, daß das zugrundeliegende Problem die Geschwister eng aneinander binden wird.
18 Ich folge Diggles Text trotz der Einwände Erbses (1984) S.163/4.
19 Vgl. Reiner (1938) S.15.
20 Vgl. Alexiou (1974) S.182.
21 Siehe dazu Schulze (1933) S.160ff., Fraenkel (1950) S.614, Lloyd (1986) S.3

trösten, ihr zuzureden und ihr Leid zu lindern. Die Eröffnung der Parodos bestätigt diese Erwartung: Ἀγαμέμνονος ὦ κόρα (vgl. Andr.117), ἤλυθον, Ἠλέκτρα,/ ποτὶ σὰν ἀγρότειραν αὐλαν (vgl. Andr.119); aber statt nun explizit auf Elektras Leid einzugehen und mit "klassischen" Trostgedanken aufzuwarten, berichtet der Chor von einem γαλακτοπότας ἀνὴρ Μυκηναῖος οὐριβάτας, der ihnen, den Mädchen aus der Gegend von Mykene (vgl. V.761), vom Opfer für Hera, das am übernächsten Tag (22) stattfinden soll, erzählt hat. Alle Jungfrauen schicken sich nun an, zum Heraheiligtum zu gehen (V.167-74): Elektra wird dadurch in indirekter Weise aufgefordert, ihre Trauer zu beenden und stattdessen an einem Götterfest teilzunehmen.

Der Chor meint möglicherweise ein Hera-Fest im Heraion, dem argivischen Heraheiligtum (Argos ist das Stammland der Göttin), das sich zwischen Argos und Mykene befand. Bei diesem Fest führten blumengeschmückte Mädchen einen Tanz zur Flötenbegleitung auf(23). Indes sind unsere Kenntnisse über ein solches Fest gering. Dies behindert ein sicheres Verständnis der Chorworte: das Opfer ist für den übernächsten Tag angekündigt, alle Mädchen bereiten sich darauf vor, zum Heiligtum zu ziehen. Soll das bedeuten, daß der Chor auf dem Wege dorthin ist und nun Elektra mitnehmen möchte ? Oder wollen die Mädchen lediglich eine Verabredung mit Elektra für den übernächsten Tag treffen ?

Im Falle der ersten Möglichkeit wäre das Hera-Fest , wie es durchaus bei wichtigeren religiösen Feiern üblich war, mehrtägig, vielleicht dreitägig(24). Ein großes Opfer am Abschlußtag eines derartigen Festes ist häufig(25). Wenn Euripides die Argiver in V.171/2 das Opfer für den übernächsten Tag ankündigen läßt, würde dies unter der oben beschriebenen Annahme eine poetische Umschreibung für die Eröffnung des Festes am heutigen Tag (daher νῦν in V.171) bedeuten. Es ist früher Morgen (vgl. V.54), die Mädchen machen sich also auf den Weg(26) zum Heiligtum.

---

22 Zu τριταίαν siehe Denniston (1939) S.70 ad loc..
23 Nilsson (1906) S.42, siehe auch Burkert (1985) S.134 mit neuerer Literatur zum archäologischen Befund in den Anmerkungen.
24 Vgl. Burkert (1985) S.241 zum Prinzip derartiger Feste.
25 Vgl. z.B. das att. Thesmophorenfest, Burkert (1985) S.244.
26 In V.174 deutet μέλλουσαν + Inf. Praes. (vgl. K.-G. II Bd.1 S. 179) darauf, daß die Mädchen jetzt im Begriff sind zu gehen. Würde das Fest erst zwei Tage später beginnen , wäre entweder einfaches Futur oder μέλλειν + Inf. Fut. zu erwarten.

Im Falle der zweiten Möglichkeit ist die Ankunft des Chores in sich weniger zwingend: Das Fest, zu dem er Elektra einlädt, findet erst später statt – die Ablenkung, die Zerstreuung und der Trost, den die Teilnahme für die Leidende bedeuten soll, würden folglich auch erst später wirksam werden. Dies erscheint mir problematisch. Trost ist für die Gegenwart, das hic et nunc, gedacht, nicht für das "Übermorgen", auf das der Chor bei einer derartigen Interpretation seine Rede berechnet hätte.

Obschon die erste Möglichkeit auf komplizierteren Voraussetzungen beruht, die den Zuschauern bekannt sein mußten, möchte ich für sie eintreten, da sie den Weg zu einem interessanten optischen Effekt der Parodos eröffnet. Denn wenn der Chor auf dem Weg zu einem religiösen Fest ist, trägt er ein kostbares Gewand (Elektra weist V.185 indirekt daraufhin). Hiermit entsteht ein wirkungsvoller Kontrast, der die so gegensätzlichen Gemütsverfassungen von Elektra und Chor auch optisch gegenüberstellt, der geschorenen, zerkratzten Elektra in absichtlich(27) schäbigem und schmutzigem Gewand (V.184/5, V.147/8) tritt ein mit Blumen (vgl. die Bezeichnung ἀνθεσφόροι für die Mädchen des Hera-Festes(28)), prächtigen Kleidern und goldenen Verzierungen (vgl.191/2) geschmückter Chor entgegen. Daraus erwächst ein weiterer Gesichtspunkt bei der Betrachtung der Rolle des Chores im Stück: er ist für ein Hera-Fest geschmückt, er erinnert damit beständig an eine Göttin, die als Schützerin von Ehe und Familie verehrt wird(29). Gerade diese beiden Bereiche sind aber im Stück von großer Bedeutung: Elektra wurde in eine Ehe mit dem Auturg gezwungen, Klytaimestra brach die Ehe und ließ ihren Gemahl ermorden.

Kommen wir zur Parodos zurück: der Chor lädt Elektra in der Strophe ein, zum Fest mitzukommen. Diese lehnt ab, ihr ist nicht nach Fest und Tanz zumute (V.175-80), Trauer (und damit Anklage!) bildet ihren Lebensinhalt (V.181/2). Außerdem sind ihr Haar und ihre Kleidung ihres Vaters (und Troias) unwürdig (V.183-9). Der Chor antwortet auf Elektras letzten Grund zuerst (chiastische Gedankenführung): er möchte ihr gern mit Kleidung und Schmuck aushelfen (V.190-2). Und auch ihrer Trauer weiß er etwas entgegenzusetzen: mit ihren Tränen und ohne die Götter zu ehren (V.193/4)

---

27 Man pflegt als Vergleich den um Hektor trauernden Priamos heranzuziehen, Il. 24,163-5, vgl. Lloyd (1986) S.6, wie auch den trauernden Laertes, vgl. Dingel (1969) S.104.

28 Nilsson (1906) S.42.

29 Kubo (1967) S.23 rechnet fest mit dieser Wirkung.

werde sie ihrer Feinde nicht Herr werden. Die gebührende Verehrung der
Götter (zu der eine Teilnahme am Hera-Fest gehören würde) werde ihr von
Nutzen sein (V.192-7). Dies liefert Elektra das Stichwort, sich über die
Götter zu beklagen, die ihre Bitten unerhört lassen - sie und ihr Bruder
müssen im Elend leben, während ihre Mutter ἐν λέκτροις φονίοις/ ἄλλῳ
σύγγαμος οἰκεῖ (V.198-212). Ein Verspaar des Chorführers in iambischen
Trimetern beendet formal den Parodos-Abschnitt (V.213/4)(30). Der Hinweis
auf den Ursprung allen Unglücks, Helena, wirkt hier deplaziert, gehört aber
zu den Versen, die die Rede des Kastor (siehe V.1282/3) vorbereiten.

Die Rolle des Chores in dieser Parodos ist bescheiden. Fast scheint es,
als diene alles der Ethopoiie: Euripides läßt ein Bild rührend um ihre Freundin
besorgter Mädchen entstehen. Man will Elektra abholen, Kleider an sie aus-
leihen und sie von ihrer ewigen Trauer abbringen. Damit fügt sich auch
dieser Chor in die in 'Medea', 'Hippolytus' und 'Andromacha' festgestellte
Normalität, sein Trost ist mit dem der dort auftretenden Frauen vergleich-
bar(31). Und ebenso wie die Chor der 'Medea' schätzen auch die Mädchen
von Mykene ihre Freundin gänzlich falsch ein: ihr Rat, die Trauer zu beenden
und stattdessen durch Teilnahme am Kult und im Gebet auf die Hilfe der
Götter zu hoffen (vgl. Med.155-9), verkennt den Zweck ihrer Trauer und
ihrer Lebensführung: ὡς ὕβριν δείξωμεν Αἰγίσθου θεοῖς (V.58). So geht auch
hier der Chor fehl.

Doch hat diese "Normalität" des Chores, die rührende Absicht, die leidende
Freundin zum Fest mitnehmen zu wollen, und die wohlmeinenden Ratschläge,
eine besondere Aufgabe: Euripides stellt sie neben die Darstellung des zerstörten Lebens seiner Titelheldin. Feststimmung und Trost stehen in scharfem
Kontrast zu Klage und Anklage, zum Leid Elektras, das damit noch deutlicher hervortritt. Zusätzlich erhöht der Dichter die Bedeutung des Chores
durch die von mir angenommene visuelle Komponente. Und er läßt den Chor

---

30 Vgl. I.T. 236/7, Hel. 251/2, Or. 208-10, wo ebenfalls auf eine amoibaiische Parodos ein Abschnitt des Chorführers in 3 ia folgt.
31 Vgl. Lloyd (1986) S.7, der zusätzlich auf Herakles' Vorschlag für Admet,
ein neues Weib zu nehmen (Alc. 1072ff.), als Parallele hinweist.

in seinen naiven Äußerungen etwas formulieren, was später eine überraschende Aktualität entfalten soll (32) : nicht mit Tränen, sondern mit Gebeten an die Götter wird Elektra über ihre Feinde siegen (V.195/6). Er meint
die Teilnahme an religiösen Festen - und in der Tat werden sowohl Aigisth
als auch Klytaimestra im Zusammenhang mit religiösen Riten fallen: Aigisth
beim Opfer, Klytaimestra, weil sie herausgelockt wird, um ihrer Tochter bei
der rituellen Reinigung nach der Geburt behilflich zu sein.

Wir sehen damit in der 'Electra' zum ersten Male, wie Euripides den
Äußerungen des Chores eine (diesem nicht bewußte) Doppelbödigkeit verleiht.
Daß der Dichter eine amoibaiische Form für die Parodos gewählt hat, ist
nicht erstaunlich, da dadurch der Anteil des Chores, der doch so wenig zu
sagen hat, reduziert werden kann zugunsten einer weiteren Entfaltung der
Rolle der Titelheldin. Denn das Einzugslied charakterisiert nicht nur den Chor,
es bestätigt das von Elektra im Prolog gezeichnete Bild als einer wahrhaft
Leidenden, die nun sogar eine Einladung zu einem Fest abschlägt.

---

32 Ich kann an dieser Stelle nicht auf sämtliche Verbindungen zwischen der
Erwähnung des Hera-Festes und Passagen im Rest des Dramas eingehen.
Vgl. dazu Zeitlin (1970), die z.B. S.653 die Beziehungen zwischen Parodos
und 2. Stasimon (V.169-71 = 706-12) sowie zwischen dem Opfer für Hera
und der Ermordung Aigisths (S.661) herausarbeitet.

2.7. Hypsipyla

Trotz der fragmentarischen Überlieferung lassen sich für den Eingang der
'Hypsipyla' einzelne Szenen und ihr Inhalt recht sicher erkennen; man kann es
zu den großen Leistungen der Papyrologie rechnen, in ein Trümmerfeld von
literarisch bezeugten Fragmenten und größeren und kleineren Papyrusbruch-
stücken so weit Ordnung gebracht zu haben, daß sich sogar Verszahlen mit
hinreichender Genauigkeit für einzelne Fragmente bestimmen lassen. Die
Untersuchung des Eingangs des Stückes folgt der Anordnung der Fragmente
in der Ausgabe Cockles (1987). Da ich diese nicht in den Händen meiner
Leser voraussetzen kann, gebe ich Hinweise, wo Entsprechendes bei
Bond (1963) zu finden ist. Folgende Abschnitte des Eingangs sind erkennbar:
1. die Prologrede Hypsipyles (F752 N, P.Hamb.118b [bei Bond
(1963) S.157], POxy852 F96 +70)(1); 2. ein Dialog zwischen Thoas und Euneos (F764 N); 3. ein Dialog zwischen Thoas und Hypsipyle (POxy852 F1i, 2);
4. ein Amoibaion zwischen Hypsipyle und Chor in einem Strophenpaar mit
abschließender Epode, bei dem im Strophenpaar der Chor jeweils nach Hypsipyle zu Wort kommt und die Epode ganz der Titelheldin gehört (2) (POxy852
F1ii, 1iii +1 +67(3)). In F1ii V.13 findet sich am Rande das stichometrische
Zeichen B, d.h. es handelt sich um Vers 200 des Stückes. Zwei Verse
später kommt der Chor wahrscheinlich zum ersten Male (s.u.) im Stück zu
Wort. Daraus ergibt sich ein Prolog im Umfang des Prologes von Hel. oder
Phoen., was für Überlegungen zu seinem Aufbau nicht unwichtig ist.

Ein bedeutsames Element des Stückes ist die Wiedererkennung des Thoas
und Euneos durch ihre Mutter Hypsipyle. Diese vollzieht sich am Ende des
Dramas (In F64ii +91 +115, d.h. ab V.1579 berichten sich Mutter und Kinder
ihre Erlebnisse und geben ihrer Freude darüber Ausdruck, daß sie sich
wiedergefunden haben). Dadurch wird eine getrennte Exponierung von Hypsi-

---

1 Das von Bond (1963) und anderen zum Prolog gesetzte F 61 + 82 gehört
an das Ende des Stückes, da das auf seiner Rückseite geschriebene Dokument einen entsprechenden Platz auf der Papyrus-Rolle beansprucht, vgl. dazu Cockle (1987) S.173. Die Analyse von Görschen (1966) ist damit in einem
zentralen Punkt überholt.
2 Vgl. Bond (1963) S.61/2 gegen andere Interpretationen.
3 Cockle (1987) S.146/7 mit Plate II gelang es, das bisher nicht berücksich-
tigte F 67 an F1 iii V.40 anzufügen und ein winziges Bruchstück, das in die
ed. princ. nicht aufgenommen worden war, als F I anzufügen.

pyle einerseits und Thoas und Euneos andererseits erforderlich(4), wozu der
Prolog, wie auch in 'Electra' und 'I.T.', dient. Hypsipyle mag daher in der
Prologrhesis nach einer Genealogie, in der sie sich auf Dionysos zurück-
führt (F752 N)(5), ihre Beziehung zu Jason erwähnt haben, dem sie zwei
Söhne geboren hat. Doch hat sie der Vater, kaum daß sie der Mutterbrust
nicht mehr bedurften, auf der Argo nach Kolchis mitgenommen (vgl. F.96+70
V.5)(6). Ferner muß Hypsipyle erklärt haben, wie sie von Lemnos nach Nemea gekommen ist und daß ihr nun die Aufgabe obliegt, Opheltes, das kleine
Kind des Königspaares Lykurgos und Eurydike, zu betreuen. Daß sie sich
fragen mag, was aus ihren eigenen Söhnen geworden ist, möchte ich annehmen. Hypsipyle muß nun aus irgendeinem Grund ins Haus gehen, damit ihre
Söhne exponiert werden können. Es ist gut denkbar, daß dieser Abgang in
einem Zusammenhang mit ihrer Sorge um Opheltes steht, bei dem jedoch
nicht zu ergründen ist, ob er bereits in der ersten Prolgszene, etwa in
einem Korb, auf der Bühne ist(7). Nun treten ihre Söhne auf, die schnell
erkennen lassen müssen, wer sie sind (F764 N ist äußerst unergiebig), daß
sie am Zug der Sieben teilnehmen und ein Nachtlager suchen (vgl.F1i V.8).
Sie klopfen an die Palasttür (vgl. F1i V.4). Hypsipyle tritt auf, das kleine Kind
muß zunächst beruhigt werden – jetzt ist seine Anwesenheit gesichert.
Hypsipyle spricht mit ihren Söhnen. Eine Reihe von Ironien wie im ersten
Gespräch zwischen Kreusa und Ion im 'Ion' ist höchst wahrscheinlich (vgl. F1i
V.5). König Lykurg, so müssen die Jünglinge erfahren, weilt auswärts (F1i
V.11). Da sie sehr bescheiden und taktvoll sind (8), werden sie daher auf ein
Nachtlager im Palast verzichtet haben wollen, doch Hypsipyle dürfte sie dazu
gedrängt haben(9). Sie betreten den Palast, Hypsipyle bleibt mit dem Kind
zurück, das nunmehr ihre Aufmerksamkeit benötigt: es scheint, Hypsipyle
singt ein Schlaflied und gebraucht eine Rassel, um das Kind zu beruhigen
(F1ii V.8-14). Da der Beginn des Liedes verloren ist, sind nur bescheidene
Möglichkeiten gegeben, diese Monodie zu charakterisieren.
Zunächst ist festzustellen, wieviel Raum zwischen dem vorangegangenen

---

4 *Vgl. dazu bereits van Herwerden (1909) S.13, der von Wilamowitz sowohl
zur Erkenntnis des Problems als auch zu einer falschen Schlußfolgerung geführt wurde.*
5 *Vgl. Bond (1963) S.9.*
6 *Dies ergibt sich aus F 64, 93/4. Siehe zur Erklärung Giangrande (1977).*
7 *Vgl. Bond (1963) S.10. Kritik gegen eine derartige Vorstellung äußert Morel, Gn.36, 1964 S.234.*
8 *Vgl. F 1i V.9/10.*
9 *Vgl. Bond (1963) S.11, Grenfell/Hunt (1908) S.23.*

Fragment und dem Beginn von F1ii bleibt. Aufgrund der strophischen Kompo-
sition der Parodos muß in F1ii am Beginn mindestens ein Vers ergänzt wer-
den, d.h. die Strophe begann spätestens bei V.186 (Zahlen nach Cockles
Edition). Mit V.10 in F1i ist etwa V.140 erreicht (Verszahl nach Cockle), In
diesem Fragment folgen noch 2 Verse, F2 zeigt Reste von 10 Versen, die
noch auf den Dialog zwischen Hypsipyle und ihren Söhnen weisen. Damit ist
etwa V.152 erreicht, ohne daß Thoas und Euneos zu erkennen gegeben ha-
ben, daß sie das Haus betreten werden. Nehmen wir weiter an, daß noch
weitere 10 Verse nötig sind, um ihre Einwilligung auszudrücken, daß ferner
Hypsipyle nach ihrem Abgang gesprochen haben dürfte, da sie an ihre ver-
schollenen Söhne denken mußte(10), etwa 5 Verse. Damit bleiben höchstens
19 Verse (doch eher weniger) bis zum Beginn des F1ii, nicht genug für eine
umfangreiche Monodie wie in der 'Electra' oder im 'Ion'. Ich möchte daher
annehmen, daß der Parodos-Komplex der 'Hypsipyla' ähnlich wie der in der
'Helena' aufgebaut war(11): er dürfte durch eine Proode Hypsipyles (vgl. Hel.
V.164-6) eröffnet worden sein, an die sich das erhaltene Strophenpaar, in
dem der Chor zu Wort kommt, und Hypsipyles Epode anschließen. Nimmt
man dies an, kann im Hinblick auf die Struktur des Abschnitts nicht von
einer Monodie Hypsipyles gesprochen werden.

Kommen wir zum Inhalt: in Hypsipyles Part (F1ii V.1-14) ist das hervorste-
chendste Merkmal ihre Sorge um das kleine Kind, das sie mit einer Rassel
oder Klapper beruhigt (V.8). Sie vergleicht die Augen des Kindes mit einem
Spiegel(12), spricht von dessen Aufwachsen unter ihrer Pflege(13). Auffällig
ist, wie deutlich sie daraufhinweist, was sie tut bzw. nicht tut (V.9-14): sie
möchte lediglich das singen, was ihrer Aufgabe, das Kind zu betreuen, ent-

---

10 *Vgl. die Situation im Ion V.429-51: 22 Verse.*

11 *Vgl. dazu Schadewaldt (1926) S.15/6.*

12 *Ich folge für F 1ii V.2-4 Morel (1921) S.34, der nach von Arnim folgende*
Ergänzungen in den Text setzt:

    V.2 προ]οσιδέσθαι [φῶς

    V.3 ἥσ]υχον ὡς ἔνοπτρον

    V.4 γλαυκ]οφαῆ τιν' αὐγάν.

13 *Die V.5-7 sind äußerst problematisch: das Verb ist nicht sicher herzu-*
stellen; ἀοιδῇ *(Page) in eine Verbindung zu bringen mit* εὐωποῖς θεραπείαις
(sofern diese Worte überhaupt zusammengehören), ist nicht selbstverständ-
lich. Ändert man das Überlieferte (vgl. die Empfehlung Morels (1921) S.34),
verstößt man gegen den papyrologischen Grundsatz, den Text vor oder nach
Lücken nie zu ändern. Hierzu kommen Schwierigkeiten bei der Metrik, vgl.
Bond (1963) S.65.

spricht (V.11-4), nicht aber παραμύθια Λήμνια κερκίδος ἱστοτόνου(14), Lieder und Erzählungen, mit denen sich die Frauen bei ihrer Arbeit am Webstuhl unterhalten (Vgl. Ion 196-200, I.A.786-9). Zweierlei ist hieran bemerkenswert: a) Hypsipyle hegt noch immer Gedanken an ihre alte Heimat, b) sie fühlt eine Verantwortung für das ihr anvertraute Kind, sie will ihm nicht als fabulosa nutrix (Horaz C.3,4, 9-11) Geschichten erzählen, die es nicht einschlafen lassen, Angst bereiten oder sonstwie schädlich sind (V.11/2) (15).

Damit scheint Hypsipyles Gesang zwei wichtige Elemente im Wesen der Titelheldin darzulegen: vielleicht eine wehmütige Erinnerung an die Vergangenheit und eine Hingabe für ihr Pflegekind. Ist dies richtig, stellt diese "Monodie" eine Mischform aus Pathos- Monodie (El., Hel.) und charakterisierender Monodie (Ion) dar.

In diesem ersten Abschnitt der Parodos wird das "Pathos" von der Sorge um das Kind überlagert. Doch das ändert sich mit dem Auftreten des Chores, der aus Frauen aus der Umgegend, so kann man vermuten, besteht(16). Die Frauen kennen Hypsipyle offenbar gut, sie nennen sie φίλα (V.15) und sie wissen, was ihre Freundin bewegt (V.19-28). Doch ihre ersten Worte sind befremdlich: sie fragen Hypsipyle, was sie vor der Tür tue, ob sie fege oder den Boden besprenge. Dieser "Irrtum" des Chores kann nur dadurch erklärt werden, daß es Hypsipyle inzwischen gelungen ist, das Kind zum Einschlafen zu bringen, und es abgelegt hat(17). So kann der Chor nicht genau erkennen, was sie tut, und fragt. Dies muß notwendigerweise seine erste Äußerung im Stück sein, da er, wenn er Hypsipyles Lied F1ii 1-14 kennte, dies nicht fragen könnte. Die Frauen wissen, was die Titelheldin sonst zu tun pflegt: von der Argo zu singen (V.19-28). Nun haben sie eine aufregende Nachricht: das argivische Heer ist nach Nemea gekommen. Bei der Schilderung der Details des Zuges bricht F1ii ab. Am Beginn von F1iii singt wiederum Hypsipyle. Sie erzählt von Peleus' und Orpheus' Tätigkeiten auf der Argo (V.4-15) Dies wolle sie sehen(18), die Mühen der Sieben solle ein anderer im Munde führen (V.15-7).

---

14 Zu sprachlichen Erklärung siehe Bond (1963) S.66.

15 Es scheint, als sei diese Passage der früheste Hinweis auf den ὕθλος γραῶν (Plat. Tht. 176B) und zugleich bereits ein Hinweis auf die Diskussion über die Frage, ob dies für Kinder angemessen ist.

16 Bond (1963) S.22 schreibt "chorus Nemearum".

17 Wilamowitz (1984) S.357 A.1, vgl. Bond (1963) S.67 gegen Morel (1921) S.36/7.

18 Wilamowitz konjizierte ὑδεῖν - sicher belegt erst bei Call. F371/2 Pf. um ein Pendant zu ἀναβοάτω (V.18) zu schaffen.

Der Chor ergreift das Wort: er habe gehört, daß Europa und Io ihre Heimat hätten verlassen müssen und dabei ein glücklicheres oder ein schlimmeres Los erlitten hätten (V.18-31). Hypsipyle solle damit zufrieden sein, was ihr zuteil wurde, sie habe noch die Hoffnung auf ihren Großvater Dionysos(19). Hier bricht das Fragment ab. In F1iv zeigt eine Paragraphos zwischen V.9 und 10 Sprecherwechsel an. V.10-14 ist eine anapästische Auftrittsankündigung, wie sie häufig der Chor am Beginn des 1. Epeisodions spricht(20), daher liegt es nahe, V.1-9 Hypsipyle zu geben, die damit wie Helena im gleichnamigen Stück die Parodos mit einer Epode beschließt.

Hypsipyle führt hierin nach einer nicht mehr erkennbaren mythischen Figur Prokris an(21), die von ihrem Mann getötet wurde. Die syntaktischen Verbindungen zwischen V.3,4 und 5 sind unklar: jemand trauerte (Bond: vielleicht Kephalos, der Mann der Prokris), der Tod wurde jemandem zuteil. Die Schlußperiode ist schwierig. Ihr Sinn könnte sein: kein Klagelied, so glaubt Hypsipyle, könnte ihrem Leid angemessen sein - oder: gibt es überhaupt jemanden, der um sie klagt ?(22)

Der Gedankengang der Parodos ist durch die Lücken entscheidend gestört: just die Teile sind erhalten, die nicht auf einander bezogen sind. Beginnen wir in der Herstellung von logischen Beziehungen mit der ersten Anrede des Chores an Hypsipyle: er schildert, so weit erkennbar, die glänzende Rüstung der Krieger. Wie in der 'Electra' (23) ergibt sich daraus implizit eine Aufforderung an Hypsipyle, sich von der Schilderung unterhalten zu lassen, oder aber sogar (vgl. F1ii V.29) mitzukommen, um sich alles anzusehen(24). Wie Elektra (25) wird auch Hypsipyle das Angebot der Freundinnen abgelehnt haben. Ein Teil ihrer Argumentation ist erhalten: sie habe die Argo gesehen, der Zug der Sieben kann sie nicht mehr begeistern. Elektra hat zwei Argumente: a) ihr Sinn steht nicht nach der Teilnahme am

---

19 Ich lese V.32-6 mit den Ergänzungen von Wilamowitz in Grenfell/Hunt (1908) S.88, siehe auch Bond (1963) S.75.

20 Vgl. Alc. 136-40, Hipp. 170-5, Hec. 216/7 (Jamben), Tro. 230-4, I.T. 208-10 (Jamben), Phaethon 102-8 Diggle; Die Parallelen bei Bond (1963) S.78 sind weniger treffend, da sie Bemerkungen des Chorführers nach Stasima darstellen.

21 V.2 χυναγόν τε Πρόχριν macht diese Annahme unumgänglich, vgl. Bond (1963) S.76.

22 Siehe zu Möglichkeit 1 Morel (1921) S.43, zu 2 Bond (1963) S.77/8, dem ich folge.

23 V.164-74.

24 Wilamowitz (1984) S.357/8 A.1.

25 V.175-89, siehe oben S.76.

Fest, b) sie besitzt keine angemessenen Kleider. Nehmen wir Gleiches für die
'Hypsipyla' an, so könnte auch hier die Titelheldin von ihrer inneren Ge-
stimmtheit gesprochen haben, ihr Leid könnte sie ebenfalls anführen. Der
Chor versucht wie in' der 'Electra', die Freundin zu beeinflussen: er führt
zwei mythologische Exempel an(26), um Hypsipyles Leid zu relativieren (F1iii
V.33). Hypsipyle erwidert wie Elektra (El.V.198-212), daß die Einschätzung
des Chores nicht zutrifft. Ihr Leid ist schlimmer als das anderer: denn sie
hat keinen Angehörigen, der um sie trauert (diesen Sinn nehme ich für F1iv
V.5-9 an)(27). Betrachten wir die Parodos-typischen Elemente in diesem
Abschnitt: Da ist zunächst die Situation: eine Person, die leidet, steht vor
dem Palast und singt; der Chor tritt hinzu, um sie zu trösten. Er kennt
ihren Schmerz. Dies ist das Anliegen des Chores in Sophokles' 'Electra'
V.121-26:

> ὦ παῖ παῖ δυστανοτάτας
> Ἠλέκτρα ματρός, τίν' ἀεὶ
> τάκεις ὧδ' ἀκορέστατον οἰμωγάν...

Dies entspricht F1ii V.15 u.19-21:

> τί σὺ παρὰ προθύροις, φίλα;...
> ἦ τὰν Ἀργὼ τὰν διὰ σοῦ
> στόματος ἀεὶ κληζομέναν
> πεντηκόντερον ἄιδεις

Der Chor versucht in beiden Stücken, das Leid zu relativieren: in Sophokles''Electra'V.153 durch den Gedanken οὔτοι σοὶ μούνᾳ(28), in der 'Hypsipyla'

---

26 Hier findet sich die Formel: "Ich hörte, daß...", um ein Wissen des Chores zu rechtfertigen, das nach Euripides' Ansicht dessen Erfahrungshorizont
überschreitet. Bond (1963) S.73 bietet eine Sammlung von Parallelen, die zu
ergänzen ist um Hec. 454, Ba 572, I.A. 757.
27 Ich halte es für bemerkenswert, daß sowohl Chor als auch Hypsipyle mythologische Exempla in ihrer Argumentation verwenden, da diese gewöhnlich
den Stasima vorbehalten sind, vgl. Med. 1283-93, Hipp. 545-54, H.F.
1016-24, nicht aber im (hier lyrischen) Dialog gebraucht werden. So erwähnt
der Chor der Alc. 903-11 keinen Heros, sondern eine unbestimmte Person,
um Admet zu trösten. Vergleichbar sind Aisch. Ag. 1140-9, Soph. El. 837-49
und Ant. 823-32, wo ebenfalls ein exemplum argumentative Funktion hat,
jedoch nicht mit einem "Gegen-exemplum" konfrontiert wird. Siehe dazu
unten S.249. Formal liegt hier der Typ des sog. "Hyperbolischen Exemplums"
vor, siehe dazu Zazagi (1980) S.33-6.
28 Vgl. Eur. Alc. 931-3 und Kannicht (1969) Bd.2 S.137 zu Hel. V.464.

durch zwei Paradeigmata (Europa und Io)(29). In beiden Stücken beruht
das Leid der Frauen darin, sich verlassen zu fühlen, einen Verwandten, über
dessen Geschick sie nichts wissen, herbeizusehnen oder wenigstens eine
Kunde über ihn erhalten zu wollen(30). Hinzu tritt ein bereits erwähntes
Element, das eine Parallele in Euripides' 'Electra' hat. Der Chor tritt nicht
nur wie bei Sophokles auf, um eine Trostrede zu halten, er hat auch eine
Neuigkeit mitzuteilen. Wenn sich hiermit eine Aufforderung an Hypsipyle
verbindet, den Chor zur Besichtigung des Heeres zu begleiten(31), entspricht
dies genau dem Angebot des Chores in der 'Electra', wonach Elektra zum
Herafest mitkommen soll. Bemerkenswert ist hieran, daß in der 'Hypsipyla'
das Ziel des Chores nicht außerhalb der Handlung des Stückes liegt wie in
der 'Electra', sondern sein Interesse dem Heer gilt, das, da dort Thoas und
Euneos dienen und Amphiaraos Anführer ist, für die Voraussetzungen der
Handlung grundlegend ist. Bemerkenswert ist ferner die Einbettung des Vor-
schlages des Chores: in der 'Electra' ist die Kunde vom Fest das erste, was
der Chor zu sagen weiß. In der 'Hypsipyla' wird die Pracht des Heeres als
Kontrapunkt zu dem, was Hypsipyle zu beschäftigen pflegt, gesetzt. Dieser
Umstand gibt einen Hinweis auf die mögliche Funktion der Parodos: in der
'Electra' geht die lange Monodie der Titelheldin voraus, die deren Leid dar-
stellt. In der 'Hypsipyla' singt die Hauptfigur von ihrer Sorge für das kleine
Kind. Es scheint so, als liefere der Chor hier überhaupt erst das Stichwort
für Hypsipyle, ihr Leid (πάθεα F1iv V.5) in lyrischer Form zu beklagen. Die
Frauen von Nemea rühren mit ihrer Bemerkung über die Argo an eine wunde
Stelle in Hypsipyle. Sie veranlassen sie dadurch, das vorzubringen, was zuvor
verborgen war. Hinzu kommt ein "ethopoietisches Moment": der Chor charakterisiert Hypsipyle - sowohl, was ihre Stellung im Haus des Lykurg betrifft (F1ii V.18-20)(32), als auch ihre innere Gestimmtheit(33), ihre wehmütigen Erinnerungen. Dies ist durchaus bedeutsam, da der Chor hiermit die
Aufgabe der Monodie, die Faktoren, die das Leben der Leidenden prägen,
vorzuführen, übernimmt. Die Charakterzeichnung des Chores tritt dabei in
den Hintergrund. Dies kann daran liegen, daß wichtige Teile der Parodos
verloren sind. Es findet sich im Erhaltenen kein Hinweis auf ein "Rufmotiv",

---

29 Vgl. Il.24,602-19 als konsolatorisches bzw. ermahnendes Paradeigma, siehe dazu Willcock (1964).
30 Vgl. Soph. El. 164-72, 185-88, Hyps. F 1iv V.5-9. Daß Hypsipyle in der
Parodos die Sehnsucht nach ihren Söhnen bekundet, darf man vermuten.
31 Wilamowitz (1984) S.357 A.1 ändert F 1ii V.29 entsprechend ab, siehe
auch Bond (1963) S.69, der eine imperativische Konnotation in δεῦρο annimt.
32 Vgl. dazu Morel (1921) S.37.
33 Vgl. die Parodos der sophokleischen El..

und ich scheue mich, F1ii V.17-20 als "ethopoietischen Irrtum" zu bezeichnen, da es sich hierbei nur um Fragen des Chores handelt, die noch keinen Irrtum darstellen. Doch dieser Befund ist keine Überraschung, da gerade eine amoibaiische Parodos in den späten(34) Stücken des Euripides wesentlich stärker den Partner des Chores als diesen selbst exponiert, wie sich aus der Betrachtung von z.B.. 'Helena' und 'Orestes' ergeben wird(35). Wie in 'Electra' (oder 'Ion') findet sich aber auch in der Rede des Chores ein Element, das später im Stück bedeutsam werden wird, ohne daß der Chor davon wissen kann: Hypsipyle wird an Dionysos erinnert, auf den sie hoffen könne (F1iii V.35). Diese Erwähnung, hier als Trost gedacht, wird am Ende des Stückes mit dem tatsächlichen Auftritt des Gottes als Deus ex machina bestätigt werden(36).

---

34 Zur Datierung der Hyps. (zwischen 412 u. 408) siehe Bond (1963) S.144.
35 Siehe unten S.100 und S.106.
36 F apud Lydum, Bond (1963) S.48 und 136/7.

2.8. Hercules Furens

Die Struktur des Eingangs im 'H.F.' ist einfach: der Prolog besteht aus zwei Szenen, einem Monolog des Amphitryon und einem anschließenden Dialog zwischen diesem und Megara (V.1-59, 60-106). Es folgt die Parodos des Chores, die von einem Strophenpaar mit abschließender Epode gebildet wird.

Man pflegt an der ersten Hälfte des 'Hercules' die Einfachheit von Aufbau und dramatischer Gestaltung hervorzuheben(1). Derjenige, der die 'Andromacha' danebenstellt, wird eine vergleichbare Gestaltung der Handlung nicht übersehen können: im ersten Teil beider Dramen steht eine Hikesie im Zentrum der Handlung. Wie Andromache am Altar der Thetis befindet sich Amphitryon mit seiner Schwiegertochter und seinen Enkeln am Altar des Zeus, wie Andromache von Hermione und Menelaos droht der Heraklesfamilie durch Lykos der Tod, wie Andromache verlassen sie den Schutz des Altars, wie Peleus erscheint Herakles unverhofft und rettet die Seinen(2).

In der 'Andromacha' erschien der Chor, um den unangemessenen Vorschlag zu machen, die Titelheldin solle sich fügen. Voraussetzung dafür war, daß a) ihm nicht feststand, ob Hermione zur Ermordung der Rivalin schreiten würde, und b) Andromache eine kleine Hoffnung auf Rettung durch Peleus (vgl. Andr. V.79-91) hegen konnte, so daß sie, solange nicht ihr Kind mit dem Tod bedroht war, den Altar nicht verließ. Dies ist im 'Hercules'anders: die Aussichten der Herakles-Familie auf Rettung sind gering, sie selbst sind schwach (V.41/2) und können nicht entfliehen (V.82/3), Herakles ist im Hades (V.25), Freunde haben sich als unzuverläsig erwiesen (V.55) oder sind nicht in der Lage zu helfen (V.56). Zugleich steht fest, daß Lykos den Tod der Altarflüchtlinge plant (V.38-41). So ist es begreiflich, daß Megara Amphitryon fragt, in welcher Hoffnung er die Hikesie fortsetzt (V.80/1). Damit

---

1 Siehe dazu zuletzt Michelini (1987) S.240.
2 Vgl. Kopperschmidt (1967) S.181/2.

ist das Thema, das die Parodos der 'Andromacha' beherrscht, bereits behandelt. Es bleibt für das Einzugslied das Motiv des Mitleids. Hierfür könnte eine amoibaiische Form verwendet werden. Es wäre durchaus möglich, eine derartig gestaltete Parodos wie in der 'Electra' mit einer Monodie einzuleiten. Megaras Rede V.60-86 böte den Stoff dafür(3): das Bewußtsein eines Sturzes vom Glück ins Unglück (V.63- 70)(4) und eine ergreifende Schilderung des Verhaltens der kleinen Söhne, die ihren Vater vermissen (V.71-9)(5).

Doch Euripides geht anders vor. Die Parodos des 'Hercules' ist nicht amoibaiisch, sie scheint lediglich dazu zu dienen, einen einzigen Vers des Prologes (V.56 οἱ δ' ὄντες ὀρθῶς [sc. φίλοι] ἀδύνατοι προσωφελεῖν) umzusetzen: die Heraklesfamilie hat zwar Freunde, doch diese sind zur Hilfe zu schwach(6).

Der Chor zieht ein: es sind Greise. Die Schilderung ihrer Hinfälligkeit nimmt einen großen Raum des Liedes ein. So bezeichnen sie sich selbst V.112/3 als ἔπεα μόνον καὶ δόκημα νυκτερωπὸν/ ἐννύχων ὀνείρων(7) was eine Steigerung des pindarischen σκιᾶς ὄναρ (P.8,95)(8) als Bild der Schwachheit des Menschen ist, die das hohe Alter der Männer von Theben widerspiegelt und zudem durch die Verwendung des μόνον etwas Verächtliches in sich trägt(9). Sie benötigen einen Stab (V.108/9), zittern (V.114 τρομερά), ja, haben Mühe, den (imaginären) Weg zum Palast hinaufzusteigen, wie ein Pferd, das einen schweren Wagen auf einen Berg hinaufziehen muß(10). Sie müssen sich gar an einander festhalten, um den Weg zu bewältigen (V.124- 6). Bei der Betrachtung, wie Euripides das hohe Alter seines Chores in der Parodos darstellt, ergibt sich eine Merkwürdigkeit: es finden sich zum einen Beziehungen zur Parodos des 'Agamemnon' des Ai-

---

3 Wilamowitz (1959) Bd.3 S.20 zu V.59 hebt das Pathos, das die Rede Megaras vermittelt, hervor.

4 Vgl. z.B. Andr. 103-16, Hec. 60/1, Tro. 99/100.

5 Vgl. die rührenden Szenen, in denen die Not von Kindern zum Ausdruck kommt, z.B. Andr. 504-44, Tro. 740-98.

6Vgl. Wilamowitz (1959) Bd.3 S.28, Kroeker (1938) S.16, Bond (1981) S.91.

7 Vgl. Bond (1981) S.96 ad loc., siehe auch F 509 N.

8 Siehe dazu Bieler (1933).

9 Vgl. Hes. Theog. V.26 γαστέρες οἶον, Andr. 745, F 509 N, siehe außerdem Bond (1981) S.96 ad loc.

10 Zu den besonderen Problemen der V.119-23 siehe Bond (1981) S.97/8 ad loc.. Da der Text nur exempli gratia hergestellt werden kann, lege ich Bonds Versuch zugrunde.

schylos: auch dort werden Greise vorgestellt, die einen Stab benutzen müssen (V.75), die ihr Dasein als ὄναρ ἡμερόφαντον (V.82 = H.F.112/3) betrachten. Daß Aischyleisches bei Euripides erscheint, ist besonders im Hinblick auf das zur 'Electra' Festgestellte nicht verwunderlich. Erstaunlich ist aber eine Nähe zu Aristophanes' 'Vespae'(11): zunächst ist die Situation ähnlich; in den 'Vespae' zieht ein Chor sehr alter Männer zum Hause seines gefangenen Kameraden Philokleon – die alten Thebaner ziehen zum Palast, wo Amphitryon und die Heraklesfamilie am Altar gefangen ist (vgl. V.82). In den 'Vespae' haben die Alten deutliche Schwierigkeiten beim Gehen (V.230-2), offensichtlich müssen sie sich bisweilen aneinander festhalten wie die Greise von Theben (Vesp. 268: ἔφολκος (12) – was nicht für Philokleon zutrifft.). Ferner gedenken die Alten der 'Vespae' (wie auch die in der Lys. 281/2) ihrer Kriegstaten (V.236-9), ein Motiv, das auch in V.128/7 des 'Hercules' erscheint. Nimmt man die bereits von Rau (13) festgestellten Beziehung von 'Vespae' 306-8 auf 'Hercules' 80 hinzu, ergeben sich eine Reihe von Anhaltspunkten dafür, daß Euripides bei der Einführung seiner Greise im 'Hercules' von aristophanischen Motiven inspiriert worden sein könnte.

Kommen wir zur zweiten Komponente von V.56, der Freundschaft des Chores zu den Bedrängten. Allein daß die Alten trotz ihrer Gebrechlichkeit zum Palast ziehen, ist ein Dokument ihrer Freundschaft. Auf diese Weise erhält die umfängliche Beschreibung ihres Greisenalters einen tieferen Sinn, da erkennbar wird, wie große Schwierigkeiten der Chor auf sich nimmt; in V.114 wird beides nebeneinander gestellt: τρομερά – πρόθυμα. Das Mitgefühl des Chores zeigt sich in der Anrede an die Kinder, den Großvater und die Mutter V.115-8, es äußert sich nochmals in der wehmütigen Betrachtung der Kinder, die sowohl des Vaters schweres Geschick als auch seine "Ausstrahlung" (14) geerbt haben (V.130-4).

Daß die Kinder hier erwähnt werden, hat noch eine weitere Funktion: der Chor erklärt, welch großer Verlust ihr Tod für Griechenland ist (V.136/7) – ein Verlust, der, hier erwartet, durch Herakles' Erscheinen zunächst vermie-

---

11 Ich weise außerdem auf die isoliert betrachtet nicht sonderlich signifikante Nähe von H.F.111 zu Vesp. 1065 hin.
12 Ich weise auf den Vergleich H.F. 631 hin, vgl. Wilamowitz (1959) Bd. 3 S.142.
13 Rau (1967) S.192.
14 Zur Bedeutung von χάρις siehe Bond (1981) S.100/1.

den werden wird, dann aber desto grauenvoller hereinbrechen soll(15). Daß
die Kinder just am Ende des Liedes genannt werden, betont ihre Bedeutung.

Die unmittelbare vorangegangene Erwähnung des Waffendienstes der
Greise (V.126-30) hat eine zweifache Beziehung zum Stück. Zu allererst ist
es ein Element der Ethopoiie (wie bei Aristophanes), das wenig später in der
Auseinandersetzung mit Lykos zur Entfaltung kommt: hier sind die Alten stolz
auf ihre Taten (V.130), ein Stolz, den die Rede des Lykos verletzen kann
(V.250/1) und der sie neben der Empörung über die Mordpläne des Tyrannen
zu einer auch formal ungewöhnlichen Äußerung in iambischen Trimetern
treiben wird (vgl. besonders V.256, 258, 261, 270, 274).

Daneben verbindet, ohne daß dies explizit erwähnt wird, der lang vergan-
gene Feldzug den Chor mit Amphitryon, der gegen die Taphier (V.60) mit der
Unterstützung der Thebaner kämpfte(16). Zuletzt, und dies nimmt das Motiv
der Freundschaft auf, ist der Ausgangspunkt für diese Erwähnung des Feld-
zuges die Hilfe eines Greises für einen anderen, mit dem er durch gemeinsame Mühe (V.127) verbunden ist. Hiermit deutet der Chor ein wichtiges
Thema des Stückes an, die Freundschaft und die Hilfe für einen Berängten:
Theseus wird als Freund und Retter des Herakles erscheinen, der Chor
antizipiert damit in seinem Worten - und in seinem Verhalten, da sein Kommen eine Geste der Freundschaft für die Bedrängten darstellt, auch wenn sie
ohne Hilfe sein muß - die Lösung eines Problems, das das Ende des Stückes
beherrscht(17).

Werfen wir nun noch einen Blick auf das explizite (neben der impliziten
Absicht einer Sympathieerklärung) Auftrittsmotiv des Chores: ἰηλέμων γέρων
ἀοιδὸς ὥστε πολιὸς ὄρνις (V.110/1): er will klagen, er bezeichnet sich als
alten(18) Sänger und vergleicht sich mit dem Schwan, was auf Aischylos'

---

15 Vgl. M.Schwinge (1972) S.27.
16 Vgl. Bond (1981) S.91. Auch bei Aristophanes wird Vesp. 355 eine gemeinsame Kriegserfahrung von Chor und Philokleon angedeutet.
17 Siehe dazu Effe (1980).
18 Naucks γέρων für das überlieferte γόων erscheint mir überzeugend, vgl.
Bond (1981) S.95 ad loc., zumal der "Greis" für das Bild des Schwanes unbedingt erforderlich ist.

'Agamemnon' 1444 (und 'Electra' 151) zurückweist(19). Eine doppelte Beziehung herrscht zwischen zu Vergleichendem und Vergleichsobjekt: der Sänger
bezeichnet sich als Schwan, als alter Mann setzt er sich aufgrund seines
weißen Haares zu dessen Gefieder in Beziehung: jenes ist, soweit ich sehe,
der früheste Beleg für eine derartige Vorstellung(20), dieses findet sich auch
in Aristophanes 'Vespae' V.1064(21).

Es hat zwei Implikationen, daß sich der Chor als Sänger bezeichnet:
einerseits wird eine Beziehung hergestellt zur rituellen Klage (der Chor tritt
hier auf, um das Los der todgeweihten Heraklesfamilie zu beklagen), die in
anderen Stücken eng mit dem Auftritt des Chores verbunden ist (vgl. Alc.,
I.T.)(22); dieser rituelle Hintergrund erlaubt es, ohne Durchbrechung der
dramatischen Illusion z.B in 'I.T.' (179) oder 'Orestes' (132) die Handlungen
des Chores den tatsächlichen Gegebenheiten entsprechend zu benennen. Es
ist in der Tat die Aufgabe des Tragödienchores, zu singen, er ist ein ἀοιδὸς
ἰηλέμων oder im Kommos ein ξυνῳδὸς θρηνήμασιν (Or.132/3).

Andererseits aber bereiten diese Verse auf das "pindarische" 2. Stasimon
vor, in dem sich der Chor mit deutlichem Bezug auf V.110/1 so bezeichnet:

  κύκνος ὣς γέρων ἀοιδὸς
  πολιᾶν ἐκ γενύων/ κελαδήσω   (V.692-4).

In jenem Lied werden die Greise eine Kompensation für ihre Kraftlosigkeit
gefunden haben: die Rolle eines laudator virtutis, der ἀρετή des Herakles,
durch das Medium des Gesanges(23).

Fassen wir zusammen: In V.56 des Prologes wird von machtlosen Freunden
der Herakles-Familie berichtet: in der Parodos gewinnt dieser Gedanke Gestalt; der Chor verkörpert die Freunde, seine Schwäche und Hinfälligkeit
dokumentiert die Ohnmacht.

Es ergeben sich ferner im Einzugslied eine Reihe von Hinweisen auf Themen, die im Verlaufe des Stückes entfaltet werden: a) der Chor weist in der

---

19 Das Singen des Schwanes, besonders vor seinem Tod, vgl. Bond (1981)
S.95 , bereitete bereits den antiken Erklärern und Biologen Probleme, vgl.
Plin. Nat.Hist. 10,63: olorum morte narratur flebilis cantus, falso, ut arbitror
aliquod experimentis. Siehe zum Gebrauch des Bildes vom Schwan bei Euripides Arnott (1984).
20 Siehe Syndikus (1972) S.481 mit A.10 sowie Nisbet/ Hubbard (1978)
S.332-4.
21 Vgl. dazu Timokreon F 7 (733 PMG).
22 Vgl. Nestle (1930) S.63/4.
23 Siehe dazu Parry (1965) S.373/4.

Epode auf die besondere Bedeutung der Kinder hin. b) Der Chor verkörpert in seiner Sympathiekundgebung für die Heraklesfamilie und seiner Erinnerung an gemeinsam vollbrachte Kriegstaten das für das Ende des Stückes wichtige Motiv der Freundschaft. c) Der Chor nennt sich selbst einen alten Sänger und vergleicht sich mit dem Schwan. Dies bereitet die besondere Form der ersten beiden Stasima vor, die Epinikien nahekommen.

Versuchen wir gerade unter dem Eindruck der letztgenannten Beziehung der Parodos eine Antwort auf die Frage zu geben, warum Euripides das Lied nicht amoibaiisch gestaltet hat, so kann man vermuten, daß es dem Dichter daran gelegen war, die Greise als ἀοιδοί , d.h. als Epinikien-Sänger, nicht als συνῳδοί, d.h. als Teilnehmer an einer kommatischen Klage, zu präsentieren, um so die folgenden Stasima vorzubereiten.

Die Parodos des 'Hercules' ist im Vergleich zu den bisher untersuchten Parodoi untypisch: der Chor wird in ihr nicht als Exponent einer Normalität gezeigt, dessen Ansichten und Vorschläge zwar vernünftig sind und befolgt zu einer untragischen Entwicklung beitragen könnten, aber angesichts des Leides oder besonderer Konstellationen verfehlt wirken: es fehlt im 'Hercules' der "ethopoietische Irrtum", der den Chor oft charakterisiert, es fehlt das kontrasterzeugende Nebeneinander von biederer Normalität und tragischem Leid: der Chor des 'Hercules' *versteht*. Dies ergibt sich aus seiner dramatis persona, die Euripides in besonderem Maße darin kenntlich macht, daß er Hinfälligkeit und Schwäche, die Kennzeichen des Alters, im Einzugslied betont; Ohnmacht und Verstehen des Chores entspringen so derselben Quelle, Ohnmacht, Weisheit und Alter schließen sich zu einer wohlkonturierten Charakterzeichnung des Chores zusammen.

Zusätzlich verleiht Euripides der Parodos eine inhaltliche Tiefe durch die o.g. Beziehungen zu Themen des Stückes, die nicht, wie in der 'Electra' oder der 'Andromacha', Irrtümern des Chores entspringen. Was der Chor andeutet, das Motiv der Freundschaft, hat funktional eine Entsprechung im von mir angenommenen Kostüm des Chores in der 'Electra' (24) : Der Chor wird zu einer Interpretationshilfe für den Zuschauer, da er Informationen gibt (sei es im Wort oder im Kostüm), die mit der Handlung nicht unmittelbar zusammenhängen, dennoch aber ein Verständnis des Stückes erleichtern. Wir werden zu beobachten haben, ob und wie Euripides mit den in 'Electra' und 'Hercules' erstmals erscheinenden Möglichkeiten der Parodos in den folgenden Stücken arbeitet.

---

24 Vgl. oben S.76.

2.9. Helena

*Der Eingang der 'Helena' besteht aus Prolog und amoibaiischer Parodos. Der
Prolog hat zwei Szenen, den Monolog Helenas (V.1-67) und den Dialog zwischen ihr und Teukros (V.68-163). Die Parodos wird von Helena mit einer
kurzen Proode eröffnet (V.164-6). Sie selbst besteht aus 2 Strophenpaaren,
deren Strophe jeweils Helena, die Gegenstrophe aber der Chor singt, und einer von Helena allein bestrittenen Epode.*

Euripides präsentiert mit seiner 'Helena' eine καινοτομία der Titelheldin, eine
καινὴ 'Ελένη (Aristoph. Thesm.850), die die Fassung, die Stesichoros in
seiner Helena-Dichtung über die Menelaos-Gattin entwickelt hatte, auf-
nimmt(1) und mit dem Motiv des Aufenthalts in Ägypten, das in Herodot
2,112-20 faßbar ist(2), verbindet(3). Damit entsteht ähnlich wie im Eingang
der 'Electra' die Notwendigkeit, die Abweichung von der mythologischen "Vul-
gata" (der Euripides selbst noch drei Jahre zuvor in den 'Troades' gefolgt
war) zu exponieren(4).

*Die Umdeutung der Helena-Figur erfolgt bereits im Eröffnungsmonolog der
Titelheldin in radikaler Weise: in seiner bewährten Manier läßt Euripides seine
προλογίζουσα zunächst das weiter Zurückliegende, dann das in die Gegen-*

---

1 *Siehe dazu die ausführliche Diskussion Kannichts (1969) Bd.1 S.21-41.*
2 *Vgl. dazu Kannicht (1969) Bd. 1 S.41-81, West (1975) und Skutsch (1987).*
3 *Daß Euripides das Stesichoros-Motiv von der unschuldigen Helena schon
längere Zeit beschäftigt hatte, zeigt El. 1280-3.*
4 *Ein positiveres Helena-Bild könnte auch Sophokles in seiner ΕΛΕΝΗΣ
ΑΠΑΙΤΗΣΙΣ (vgl. besonders F178 mit Radts Kommentar) gezeichnet haben.*

wart Hineinreichende erläutern. Voran steht jedoch die auffälligste Eigenheit
des Stückes, der orientalische Schauplatz:

Νείλου μὲν αἵδε καλλιπάρθενοι ῥοαί   (V.1).

Es folgt bis V.15 ein "ägyptischer Logos", der nach Proteus dessen Kinder,
die Seherin Theonoe und den Herrscher des Landes Theoklymenos, vorstellt.
Die Genealogie ist notwendig, da Euripides durch Proteus an Homer und He-
rodot anknüpfen kann und seine eigenen Erfindungen (5) Theoklymenos und
Theonoe einen Widerhalt in der Tradition bekommen. V.16 bedeutet einen
Neuansatz, Helena gibt ihre Identität preis, spät wie der Auturgos in der El..
Bis V.30 berichtet sie ihre wohlbekannte Geschichte, die mit der Ankunft des
Paris in Sparta endet. Mit V.31 erfolgt wiederum eine Abweichung von der
traditionellen Fassung, die gleichsam bruchlos den oft gehörten Mythos fortsetzt: Hera ließ Paris ein Trugbild rauben, um das in Troia Krieg geführt
wird, Helena wurde von Hermes nach Ägypten entrückt (V.31-55). Hier nun
stand sie zunächst unter der Obhut des Königs Proteus, wird aber seit
dessen Tod von Theoklymenos so heftig umworben, daß sie wie eine Bittflehende zum Grab des Proteus flüchten mußte, um ihrem Gatten Menelaos die
Treue halten zu können (V.56-67).

   In der 'Electra' verkörperte der Auturgos Euripides' neue Version des
Mythos.In der 'Helena' findet sich eine vergleichbare Signifikanz des Prologs:
diejenige Frau, die traditionell als τρίγαμος und λιπεσάνωρ gilt(6), ist vor
einem Mann an ein Heiligtum geflohen, um ihre Ehe zu schützen(7). Dies ist
die szenische Realisation der καινοτομία. Doch nicht nur das: die Frau, die
sich traditionell ohne Rücksicht auf etwaige Folgen verführen ließ, die ein
äußerst fragwürdiger Grund für einen Krieg war, ist bekümmert, daß viele
Männer ihretwegen sterben müssen, und auf ihren Ruf bedacht (V.52-55).

   Mit einem Kunstgriff überwindet Euripides die Schwierigkeit, die durch die
Anlage des Stoffes gegeben war: Helena wurde, als Paris sie entführte,
entrückt. Damit sie von den tieferen Gründen ihres Aufenthalts in Ägypten
(V.31-41) und dem Krieg vor Troia (V.49-55) wissen kann, läßt sie der Dichter dies von Hermes erfahren (V.56/7). Ja mehr noch, der Gott versprach
ihr eine Wiederherstellung .ihrer Ehe und ein glückliches Leben an der Seite
des Menelaos für die Zukunft (V.57-9). Dieser Kunstgriff ist ertragreich für
das Stück: einerseits gelingt es Euripides , mit ihm Elemente eines Götter-

---

5 Kannicht (1969) Bd. 2 S.18 zu V.9/10.
6 Stesichoros PMG 223, vgl. auch Eur. Cycl. 179-87.
7 Vgl. Strohm (1957) S.29.

prologes (8) in Helenas Monolog einzufügen. Sein Zuschauer ist nunmehr über die Hintergründe und das Ziel der Handlung informiert. Andererseits aber weiß auch die Titelheldin davon, und alle Begebenheiten, die dem von Hermes verheißenen Glück zuwiderzulaufen scheinen, müssen in ihr Zweifel wecken, die umso schlimmer sind, da allein das Wort des Gottes sie am Leben erhält (vgl. V.55). Wir finden eine vergleichbare Technik auch in der El., wo V.979-81, 1190-3 und 1245/6 der Zweifel am Gott in den betroffenen Menschen Verzweiflung entstehen läßt, und, der Hel. ähnlicher, in I.T.711.

Halten wir fest, daß die erste Szene des Prologes Helenas Situation wie folgt exponiert: sie wird von Theoklymenos bedrängt, es belastet sie, daß um ihr Eidolon Menschen kämpfen und sterben müssen, doch hält sie das Vertrauen auf das Wort des Hermes aufrecht.

Wie in der 'Medea' bringt der Dialog der 2. Prologszene Kenntnisse, die eine Verschlimmerung des Leidens der 1.Szene bedeuten. Teukros tritt auf, er bringt schlechte Nachrichten für Helena: berühmte Helden sind "ihretwegen" gefallen, ihre Mutter und ihre Brüder haben sich aus Scham umgebracht. Teukros ist aus zwei Gründen eine geeignete Figur für diese Botschaft. Da Helena nach seinem Schicksal fragt, erfährt sie die erschütterndsten Ereignisse des troianischen Krieges: Teukros wurde verbannt, weil er Aias Tod nicht verhindern konnte, Aias starb, weil er um die Rüstung Achills betrogen worden war, Achill fiel. Drei Einzelschicksale, die dennoch miteinander verkettet sind, deren Leid aber auf Helena zurückzuführen ist, repräsentiert das Los des Salaminiers. Die Verbitterung des Helden ermöglicht zugleich eine schlimme Ironie: Helena kann sich nicht zu erkennen geben(9), der Zuschauer erlebt, wie sie sich verstellen muß und ihren Schmerz über das Gehörte mühsam verbirgt (V.109, 125, 133, 139). Und auch in dieser Szene erinnert der Dichter nochmals an seine καινοτομία. An ihrem Beginn möchte Teukros die Tyndareos-Tochter töten (V.75/6), am Ende verflucht er unwissentlich das Eidolon, wünscht aber der leibhaftigen Helena Glück (V.158/9, 163).

Dieser Dialog hat die Aufgabe, Helenas Halt, das Vertrauen auf Hermes' Wort, zu erschüttern: Menelaos ist verschollen (V.123- 32), ihr Ruf, wie Teukros Reaktion V.72-7 beweist, in ganz Griechenland (V.81) so nachhaltig zerstört, daß an ein glückliches Ende nur schwer zu glauben ist.

Wie in der 'Andromacha' (V.91-116) ist die Titelheldin nach dem Abgang

---

8 Vgl. Erbse (1984) S.213.
9 Siehe dazu Diller (1971a) S.320/1.

ihres Gesprächspartners allein und beginnt in lyrischer Form, sich mit ihrem
Leid zu beschäftigen. Die zu erwartende, gebräuchliche Form dafür wäre (vgl.
z.B. Andr. und El.) die Abfolge Monodie und Parodos (möglicherweise in
amoibaiischer Form), wobei in der Parodos der Chor zuerst zu Wort
kommt(10). Doch Euripides modifiziert die Form: er reduziert die Monodie auf
drei daktylische Verse (V.164-6), die damit eher als Proode erscheinen(11),
und gibt Helena die Strophe 1 der Parodos – dies kann indes der Zuschauer
noch nicht wissen, da er dazu erst die Gegenstr. 1 gehört haben muß.

Betrachten wir den Inhalt dieser amoibaiischen Parodos: Proode und
Str.1 stellen eine Ankündigung des Themas dar: Helena will ihr Leid beklagen.

Bisweilen wird ein derartiges Ansinnen von einer Person in Trauer mit
einer Frage "Was aus der großen Zahl meiner Unglückschläge soll ich beklagen ?" (vgl. Hec. 154/5, Tro.106-111 und als Aussagesatz in Andr.96) eingeleitet. Bisweilen wird auf die Ausdrucksform der Klage hingewiesen (Andr.92
= Hel.164, I.T.145/6, 179-81). In der 'Helena' vertauscht Euripides gleichsam
die Aussageformen beider Motive: statt "Welches Leid soll ich in meinem
Klagelied bejammern ?" singt Helena "Welches Klagelied soll ich für mein Leid
singen ?" Diese Vertauschung ermöglicht es dem Dichter, die Proode formal
in die Nähe kitharodischer Prooimien zu rücken(12): denn nun kann in Anleh-
nung an den dort üblichen Musenanruf (vgl. Tro.511) Helena fragen, welche
Muse für ihre Trauer geeignet ist, die hexametrische Form und die Funktion
dieser Verse, als Themenangabe zu dienen, verstärken die Reminiszenz an
ein kitharodisches Proöm.

Mit der Proode wird zugleich die Strophe vorbereitet: wenn Helena fragt,
welche "Muse" sie anrufen soll, wird von selbst besondere Neugier auf ihre

---

10 Vgl. Kannicht (1969) Bd.2 S.59.

11 Ich würde Kannicht (1969) Bd.2 S.59 nicht darin folgen, daß "der monodische Part der dramatis persona nicht selbständig vor dem Einzugslied liegt,
sondern in dieses selbst, und zwar als στρ. α integriert ist...". Denn formal
ist dieser monodische Part durchaus vorhanden, wenn auch in reduzierter
Form.

12 Vgl. Kannicht (1969) Bd.2 S.60/1. In Bd. 2 wird bei der Behandlung von
Tro. 511ff. darüber ausführlicher zu sprechen sein.

Antwort geweckt. Die Hades-Sirenen werden angerufen, damit sie die Klage der Heldin unterstützen(13). Die Folge der Bitte um derartige μουσεῖα ξυνῳδά ist skurril, der Kontrast aber wie in der 'Electra' beabsichtigt - der Chor zieht ein. Was dieser in der Gegenstr.1 zu sagen hat, nimmt Motive der Parodos des 'Hippolytus' auf, wie für die troizenischen Frauen ist auch das Auftreten des 'Helena'-Chores einfach begründet: die Mädchen wuschen Wäsche an Nilufer (V.179- 83). Sie hörten Schreie (V.182/4-5). Sie vermuteten, daß Theoklymenos sich gewaltsam Helena genähert habe (V.186-90). Daß sie nunmehr zu Helena gekommen sind, um zu sehen, was geschehen ist, ist selbstverständlich und bedarf keiner Erwähnung. Wie in der Parodos des 'Hippolytus' findet sich auch in der 'Helena' eine sprachliche Überhöhung des Vorgangs, der zum Einzug des Chores führt, die Abfolge der Motive in beiden Passagen ist ebenfalls vergleichbar:

1. Der Ort, an dem sich der Chor befand, wird beschrieben ;
'Helena'V.179 = 'Hippolytus' V.121-4;

2. im 'Hippolytus' wird eine Freundin eingeführt, die bei der Wäsche von purpurner Kleidung berichtet. Da in er 'Helena' der Schrei von fern herandringt, kann hier der Chor selbst waschen, eine Freundin wird nicht mehr benötigt; 'Helena' V.180-83 = 'Hippolytus' V.125-9;

3. Der Nachricht im 'Hippolytus' entspricht der Schrei in der 'Helena'; 'Helena' V.184-6(16) = 'Hippolytus' V.129/30;

4. Im 'Hippolytus' erfolgt nach der Beschreibung der Symptome des Leidens

---

13 Siehe zur Erklärung der schwierigen Str.1 neben Kannicht (1969) Bd.2 S.66-71 G. Müller, Rez. Kannicht (1969), Gn. 47, 1975, S.232.

14 In V.185 fehlt das Subjekt, das Helena bezeichnen muß. G. Müller, Rez. Kannicht (1969), Gn. 47, 1975 S.232 schlägt für V.185/6 vor:

ὅτι ποτ' ἔλαχε φωνή τις
αἰάγμασι στένουσα

Das scheint mir jedoch fehlzugehen. Denn στένειν pflegt lediglich Personen oder Personifikationen (H.F.861, vgl. Aisch. Pers.548, Ag. 711) wie Meer, Stadt oder Land beigelegt zu werden. Überdies ergibt sich damit ein sehr merkwürdiges Gleichnis: eine Stimme seufzt klagend wie eine Nymphe, die... . Damit erscheint mir auch Müllers Interpretation, der Chor wisse nicht, wer geschrien habe, weniger wahrscheinlich als die communis opinio, die sich in Ergänzungen wie ἁ Λάκαιν' (Gregoire) oder ποτνίας δ' ἐμᾶς (Murray) niedergeschlagen hat.

der Phaidra (Hipp.131-40) eine Reihe von falschen Vermutungen über die Ursache der Krankheit. Dem entspricht die falsche Annahme des Chores in der 'Helena' im Gleichnis über die Ursache des Schreies; 'Helena' V.187-90 = 'Hippolytus' V.141-69.

Die sprachliche Ausgestaltung der Chorpartie ist bemerkenswert. In der Beschreibung des "Arbeitsplatzes" der Mädchen evoziert Euripides mit der Verwendung von Wörtern, die kräftige Farben bezeichnen (κυανοειδές, χλόαν, φοίνικας, χρυσέαις) den Eindruck eines "locus amoenus", der (vergleichbar der Partie Hipp.121-4) von der Alltags-Realität entfernt ist(15). Einen "akustischen" Kontrast dazu bildet der Schrei, der durch οἰκτρόν, ὅμαδον und ἄλυρον beschrieben wird. "Die Idylle wird sozusagen akustisch zerstört"(16). Es ist allerdings hervorzuheben, daß keine neue Sprachebene in den Versen 184-6 betreten wird, sondern lediglich der Betonung des Optischen die des Akustischen folgt. Das anschließende Gleichnis (V.187-90) beruht auf der Vergleichbarkeit der Klagelaute als Anknüpfungspunkt. Es hat indes eine tiefere Bedeutung, da es zugleich in der Assoziation des Chores die vermutete Ursache der Klage ausdrückt: Helena klagt wie eine Nymphe, die ihre Vergewaltigung durch Pan(17) bejammert.

Helena hat einen Anschlag des Theoklymenos zu befürchten: θηρᾷ γαμεῖν με (V.64). Wenn der Chor das Gleichnis von der vergewaltigten Nymphe benutzt, so deutet er damit (mindestens für den Zuschauer) eine Möglichkeit an, warum Helena hätte klagen können – wenn nämlich Theoklymenos gewaltsam sein Ziel erreicht hätte. Damit stellt das Gleichnis mit seinem "falschen", aber erklärbaren Gehalt eine Weiterentwicklung des "ethopoietischen Irrtums" dar, der auch in der Parodos des 'Hippolytus' zu finden ist.

In der Str.2 erläutert Helena dem Chor – der Zuschauer erfährt in der Anrede V.191/2, daß es sich um geraubte griechische Mädchen handelt, die, das ergab sich aus V.179-83, Sklavendienst in Ägypten leisten – die wahren Ursachen ihrer Klage: Teukros' Kunde vom Fall Troias, den Tod der Mutter, des Menelaos (Helena nimmt hier das, was Teukros V.132 nur als Gerücht referierte, als wahr an) und ihrer Brüder. Der Chor nimmt dies in der Ge-

---

15 Ob mit diesem Kolorit die Vorstellung eines Märchenlandes oder des exotischen Ägypten evoziert werden soll, läßt sich nicht entscheiden.
16 Kannicht (1969) Bd.2 S.71.
17 Vgl. den epidaurischen Hymnus auf Pan (Maas (1933) S.130 = adesp. lyr. 936 PMG) V.1/2: Πᾶνα τὸν νυμφαγέταν/ Ναΐδων μέλημ' ἀείδω.

genstr.2 auf und versucht es zu deuten: von Geburt an(18) stehe Helena im
Banne eines Unglücksgeschickes(19). Er wiederholt nun die von Helena vorgebrachten Nachrichten und ordnet sie so in den Zusammenhang eines αἰὼν
δυσαίων ein, wobei er zwei weitere Elemente hinzufügt, die Helena nicht
erwähnt hatte, die aber im Prolog thematisiert worden sind: Helenas Ruf ist
zerstört (V.223-5 =71- 77), sie kann nicht mehr in ihre Heimat zurückkehren (V.227-9, dies ist die Negation des Hermes-Spruches V.58/9). Helena
erweitert dies in der Epode nach einer Verfluchung des Baumeisters des
Paris-Schiffes (V.229-39): Hermes habe sie auf Heras Befehl in dieses Land
gebracht, dadurch den troianischen Krieg verursacht und ihren Ruf zerstört.

Wie ist die Rolle des Chores in dieser amoibaiischen Parodos zu beschreiben ? Formal ist am Amoibaion bemerkenswert, daß der Chor jeweils die zu
Helenas Partie respondierende Gegenstr. erhält, sprachlich ist die besondere
Zeichnung einer Idylle, eines locus amoenus in der Gegenstr.1 hervorzuheben.
Letzteres dient der Kontrastwirkung: Helena ruft in der Str.1 die "Hadessirenen" an, es zieht der Chor ein und beschreibt einen locus amoenus -der jäh
durch die Klage der Titelheldin zerstört wurde. Die Idylle dient damit dazu,
die schreckliche Situation des Schreis stärker hervortreten zu lassen. Warum erhält der Chor gerade die respondierende Partie ? Helena bestimmt
das Thema der Parodos, sie klagt und unterrichtet den Chor über die Gründe
für die Klage. Der Chor wiederholt diese in der Gegenstr.2. Dabei dient die
Responsion dazu, diese Wiederholung, die zugleich eine Interpretation ist,
deutlich zu machen (20).
Beide Phänomene, Kontrastwirkung und Responsion, haben jedoch nur eine
Aufgabe: sie dienen dazu, Helenas Leid herauszuheben und dem Stück an
dieser Stelle eine tragische Stimmung zu verleihen. Denn Helena wähnt sich
nach der Teukros-Szene vernichtet - das Publikum, das die Odyssee kennt,
weiß, daß sich das Versprechen des Hermes erfüllen wird. Wenn das Publikum das gegenwärtige Leid Helenas umfassend verstehen soll, darf dies nicht
nur in lyrischer monodischer Form von der Titelheldin beklagt werden, es

---

18 *Euripides läßt hierbei den Chor die Vaterschaft des Zeus in Schwanenge-
stalt erwähnen (V.214-6).*
19 *Zur Verwendung von* αἰὼν *in V.213 im Sinne von* μοῖρα *vgl. Kannicht
(1969) Bd. 2 S.78 ad loc..*
20 *Kannicht (1969) Bd.2 S.64 führt die Wort- und Lautresponsionen zwischen Strophe und Gegenstrophe auf, die den Bezug der beiden Teile aufei-
nander deutlich werden lassen.*

muß auch vom Chor bestätigt werden(21). So ist es angemessen, daß die Ethopiie des Chores nicht das Zentrum der Parodos ist, sondern von deren ca. 86 Versen 73 Helenas Unglück zum Gegenstand haben. Das Unglück und der Umstand, daß Helena unter ihm zutiefst leidet, gehört zur καινοτομία, deren Baustein damit auch die Parodos und mittelbar der Chor ist.

---

21 Euripides läßt Helena sogar zur nochmaligen Bestätigung ihres Unglücks dessen wesentliche Punkte in der auf die Parodos folgende Rhesis erläutern (V.255-305).

2. 10. Orestes

Der Eingang des 'Orestes' besteht aus einem Prolog von zwei Szenen, dem Monolog Elektras (V.1-70) und ihrem Gespräch mit Helena (V.71- 125). Die Parodos ist ein Amoibaion zwischen Chor und Elektra, wobei der Part des Chores sehr klein ist(1), zwischen der 2.Prologszene und dem Beginn der Parodos findet sich eine Rede Elektras (V.126-39), die einen Übergang zwischen Prolog und dem Einzug des Chores herstellt.

Daß Euripides im Jahre 408 noch einmal ein Stück auf die Bühne brachte, das in weiterem Sinne die Problematik des Muttermordes des Agamemnon-Sohnes behandelt, mochte vielleicht das Publikum des Dichters überraschen. Konnte man nach der 'Orestie', den 'Electra'-Dramen des Euripides und des Sophokles, nach der 'I.T.' der Figur des Orest immer noch neue Seiten abgewinnen ? Die 'Electra'-Stücke behandelten das Leid der einsamen Schwester, die Wiedererkennung und den Doppelmord, die 'I.T.' nur die ersten beiden Motive. In seiner 'Electra' hatte Euripides die Folgen der schrecklichen Tat erst am Ende behandelt (El.V.1168-1359), Sophokles vermied sie zur Gänze. Bei Aischylos zeitigte der Muttermord ein Gerichtsverfahren in den 'Eumenidae', die Belastung, die das Gewissen Orests zu ertragen hatte, erscheint nur am Ende der 'Choephori' (vgl. Choeph.1024/5)(2). Im 'Orestes' verknüpft Euripides beide Elemente: bis etwa V.450 findet sich eine Darstellung der schrecklichen seelischen Belastung des Muttermörders, darauf folgt eine Behandlung der Apologie - indes unter gänzlich geänderten Voraussetzungen. Der Prozeß ist (anders als in den Eum. des Aisch., wo Orest mit

---

1 Von den 67 Versen der Parodos gehören nur 14 dem Chor, d.h. 20%. Dies ist in den erhaltenen amoibaiischen Parodoi der niedrigste Prozentsatz. Zum Vergleich: (die 1. Verszahl nach dem Namen des Stückes gibt jeweils die Zahl der Verse der Parodos, die 2. die des Chores darin an) P.V. 65V./40 V. = 62%; Soph. El. 130V./55V. = 42%, Phil. 83V./57V. = 69%, O.C. 136V./64V. = 47%, Eur. Med. 82V./37V. = 45%, Hcld. 38V./22V. = 58%, El. 44V./16V. = 35%, Tro. 78V./54V. = 69%, I.T. 113V./41V. = 36% Ion (gerechnet ab V.184) 54V./45V. = 83%, Hel. 87V./36V. = 41%.

2 Aischylos vermeidet es, einen Orest, der im vollen Bewußtsein der Tragweite seiner Tat lebt, zu konzipieren. In den Eum. ist Orest ohne scharf konturierten Charakter (Reinhardt (1949) S.136 spricht ihm einen Charakter sogar ab), in den Choeph. wird er in dem Augenblick, da er die vollzogene Bestrafung der Mutter verkündet und rechtfertigt, wahnsinnig (vgl. dazu Reinhardt (1949) S.137-40).

der Hilfe Athenes und Apolls in Athen freigesprochen wird) säkularisiert",
Orest muß sich in Argos(3), in einer Volksversammlung ohne jeglichen göttli-
chen Beistand verteidigen. Die Möglichkeit eines derartigen Gerichtsverfahrens
hatte bereits Aischylos in den 'Choephori' angedeutet: in den schwierig her-
zustellenden Verse 1040/1(4) ruft Orest alle Argiver dazu auf, vor Menelaos,
sobald dieser kommt, Zeugnis für ihn abzulegen. Dies bereitet das Satyrspiel
'Proteus' vor, bedeutet aber auch, daß Menelaos ein Recht hat zu erfahren,
was in Argos vor sich gegangen ist, und Orest sich ihm gegenüber verant-
wortlich fühlt.

Euripides zielt mit dem 'Orestes' stofflich auf den Zwischenraum zwischen
den traditionellen 'Electra'-Stoffen und den 'Eumenidae'. Er muß am Beginn
seines Stückes gleichzeitig das Ende seiner 'Electra' in Erinnerung rufen,
dabei aber den Deus ex machina und seine Befehle ausblenden. Dies ist die
erste Aufgabe der Prologrede Elektras: von V.1-27 repetiert sie die Geschichte des Atridenhauses bis zum Mord an Agamemnon, von V.28-33 den
Muttermord durch den Befehl Apolls, der V.28 als ἀδικία bezeichnet wird,
was das Unverständnis über den Gott und seine Anweisungen am Ende der
'Electra' wiederholt(5). Mit V.34 beginnt die Einführung der neuen Elemente,
die den 'Orestes' konstituieren: Orest wird seit der Bestattung Klytaimestras
von schlimmen Wahnvorstellungen heimgesucht (V.34-45) und liegt schlafend
auf einem Bett in der Nähe Elektras (V.35). Die Argiver haben die Muttermörder geächtet, wollen über sie zu Gericht sitzen (V.46- 51). Menelaos ist
die Hoffnung der Geschwister: dieser ist in Nauplion angekommen(6) und hat
Helena, um Schwierigkeiten aus dem Weg zu gehen, bei Nacht in den Palast
des Agamemnon bringen lassen, in dem sich auch Hermione befindet
(V.52-66). Elektra aber hält Ausschau nach Menelaos (V.67-70).

Hat die erste Prologszene vornehmlich die Aufgabe der Exposition, so
werden in der zweiten wichtige Elemente der Handlung vorbereitet: Helena
tritt aus dem Haus. Es ist das einzige Mal, daß der Zuschauer sie während
des Stückes sieht. Euripides konnte diese Figur problemlos auf zweierlei
Weise zeichnen: als die unsympathische Helena der 'Troades' oder als "neue"

---

3 *Stephanopoulos (1980) S.154-7 plädiert mit guten Gründen dafür, diesen*
Prozeß in Argos als Erfindung des Euripides anzusehen.
4 *Siehe dazu Garvie (1986) S.341/2.*
5 *Vgl. El. 1245-6, 1302.*
6 *Bereits in der Od.3,311 erscheint Menelaos kurz nach der Bluttat in Argos.*
Wieso im Or. gerade sechs Tage seit der Verbrennung der Leichen vergan-
gen sind, läßt sich nicht erklären, vgl. Stephanopoulos (1980) S.259/60.

Helena des Stückes von 412. Doch beides wäre unangemessen, wenn Helena am Ende des Stückes zu den Göttern entrückt werden soll – wodurch die "troianische" Helena ausscheidet –, aber auch den Mordanschlag des Freundespaares rechtfertigen muß – wofür die "ägyptische" Helena unbrauchbar ist. So beschreitet Euripides einen Mittelweg, der beide Möglichkeiten umfaßt: die Menelaos- Gattin ist mitfühlend (V.73/4, 87, 89), will ihre Verpflichtungen gegenüber der toten Schwester erfüllen (V.94), ja gesteht ihre Vergehen ein (V.100). Aber sie ist auch taktlos (V.72, 74, 103), naiv (V.94), egozentrisch (V.120) und eitel (V.128/9)(7). Elektra hebt in ihrem Monolog (V.126–31) nur die negative Sicht heraus, die diejenige ist, die zuerst im Drama relevant werden soll. Ihr ἔστι δ' ἡ πάλαι γυνή (V.129) faßt diese Seite der Helena-Figur pointiert zusammen.

Eine weitere Aufgabe der 2.Prologszene ist es, Hermione aus dem Palast zu entfernen. Das dafür verwendete Motiv ist simpel: da aus verschiedenen Gründen weder Helena noch Elektra eine Opferspende am Grabe Klytaimestras darbringen mögen, wird Hermione dazu ausgeschickt. Doch die Situation als solche zitiert Sophokles' 'Electra': es findet sich das Grab der umgebrachten Person, an dem ein Opfer dargebracht werden soll, da ist die Mutter, die es nicht wagt, dies zu tun (vgl. Soph.El.427), und deshalb ihre unbescholtene Tochter (Hermione/Chrysothemis) aus sendet, und da ist Elektra, die vor dem Haus auf die Person mit dem Opfergaben trifft (vgl. Soph. El.405). Schließlich wird sogar noch eine Haarlocke auf offener Bühne abgeschnitten (vgl. Or.128/9 – Soph. El.448-52).

Mit V.131 ist die 2.Prologszene abgeschlossen, nunmehr kündigt Elektra den Einzug des Chores an: αἵδ' αὖ πάρεισι τοῖς ἐμοῖς θρηνήμασι/ φίλαι ξυνωδοί. Durch diese "Vorbereitung" des Chores ist dieser von der Verpflichtung befreit, sein Kommen zu begründen. Zugleich aber findet sich in dieser Auftrittsankündigung auch ein Spiel mit den traditionellen Formen der Parodos: häufig knüpfen Chöre bei ihrem Einzug formal und inhaltlich an die rituelle Klage an (vgl. Tro., I.T., Hel.)(8). Besonders in den "Atridenstücken" 'Electra', 'I.T.' und 'Helena' verwendete Euripides eine amoibaiische Form, in der der Schmerz der Heldin – die die unbedingte Absicht äußerte zu klagen(9) – auf einen darüber uninformierten Chor traf, der in die Klage ein-

---

7 Vgl. dazu insgesamt Erbse (1984) S.259/60.
8 Nestle (1930) S.128.
9 Vgl. El. 141/2, I.T. 144/5, Hel. 164-6.

stimmte (10) und zu trösten versuchte(11). So wäre Vergleichbares die für den 'Orestes' zu erwartende Parodos-Gestaltung. Doch mit einem Kunstgriff hat Euripides Raum für eine Abwandlung des Altvertrauten geschaffen: der kranke Orest schläft auf der Bühne, d.h. außerhalb des Palastes (vgl. V.35/6). Daß ein Kranker außerhalb des Hauses gelagert ist, ist an sich nicht sehr vernünftig(12). Hierdurch kann aber im 'Orestes' vielerlei bewirkt werden: a) Elektra kann den Prolog sprechen, wozu sie notwendigerweise außerhalb des Hauses sein muß, ohne vom Bett des Kranken zu weichen; b) Helena kann in ihrer Sorge um das Geschwisterpaar exponiert werden; c) Der dritte Effekt ist der bemerkenswerteste: Euripides kann die Parodos als Teil einer "Schlafszene"(13) gestalten, d.h. einer Szene, in der ein schlafender Kranker durch die Reden von Schauspielern oder den Gesang des Chores nicht geweckt werden darf.

Drei derartige Szenen finden sich in den erhaltenen att. Tragödien(14) vor dem 'Orestes': Sophokles' 'Trachiniae' 971-82, Euripides' 'Hercules' 1042-88, Sophokles' 'Philoctetes' 821-66. Dabei ist stets die schlafende Person leidend, so daß der Schlaf eine Wohltat für sie ist. Doch ist eine derartige Szene kein theatralischer Selbstzweck(15), sie weckt auch beim Publikum eine Neugier auf das Verhalten des Leidenden, sobald er erwacht ist.

---

10 Vgl. I.T. 179, Hel. 174 - obschon dort statt des später eintreffenden Chores die Hades-Sirenen zur Teilnahme an der Klage aufgefordert werden.

11 Vgl. El. 190-7, Hel. 253/4.

12 Vgl. Barrett (1964) S.195 zu V.176-90.

13 Die m.W. einzige Untersuchung zu diesem Szenentyp stammt von Dieterich (1891), der freilich vornehmlich daran interessiert ist, die Priorität des H.F. gegenüber Soph. Trach. zu erweisen.

14 In der Komödie/dem Satyrspiel finden sich vergleichbare Szenen. Indes liegt ein fundamentaler Unterschied darin, daß dort die Personen, die zum Schweigen auffordern, im Schlafenden ihren Widersacher sehen, den sie überlisten wollen, vgl. Eur. Cycl. 624-55, Aristoph. Vesp. 336-94, Pax 309, wobei jedoch Polemos nicht schläft, sondern ins Bühnenhaus verschwunden ist.

15 Ich kann nur kurz auf das Zeugnis über die musikalische Gestaltung des Flüsterns hinweisen, das sich bei Dionys v. Halik. De comp. verb., cap. 11, findet. Wenn die Noten, die Dionys gelesen hat, von Euripides herrühren, unterstützt die konsequente Akzentbeugung bei σῖγα σῖγα λευκὸν ἴχνος musikalisch den Imperativ. Vgl. dazu Pöhlmann (1960) S.20/1 und (1970) S.82.

Vergleicht man die vier "Schlafszenen" der Tragödie miteinander, so weicht die des 'Philoctetes' von den übrigen dadurch ab, daß die leidende Person an ihrem Beginn auf offener Bühne in den Schlaf sinkt, die Aufforderung an den Chor zu schweigen aber ihren Abschluß bildet (Soph. Phil. 865/6). Die Szene der 'Trachiniae' ist sehr kurz, so daß für einen Vergleich mit dem 'Orestes' nur der 'Hercules' geeignet ist.

Ausgangspunkt beider Szenen(16) ist eine Auftrittsankündigung: Elektra sieht den Chor einziehen (131/2), der Chor des 'Hercules' Amphitryon aus dem Haus kommen (H.F.1039-41). Da Elektra befürchtet, der Chor könne Orest wecken und damit das Leiden der Geschwister vergrößern (V.133-5), bittet sie den Chor um Schweigen (V.136-9)(17). Amphitryon tut ein Gleiches (H.F.1042-4). Sowohl Elektra als auch Amphitryon bitten den Chor, nicht näher an den Schlafenden heranzutreten (Or.143, H.F.1046), beide befürchten, daß etwas Schlimmes geschehen könnte, wenn der Chor den Schlafenden weckt (Or.157, H.F.1052) - im 'Orestes' könnte der kranke Titelheld sterben, im 'Hercules', in dem ein gewaltig starker, jedoch wahnsinniger Held schläft, der Greis auch noch erschlagen werden. In beiden Stücken fragt der Chor nach dem Befinden des Schlafenden und erhält Antwort (Or.152-5, H. F.1061/2), in beiden Stücken kommt es zu einer Krise, der Held droht zu erwachen: dem Chor wird empfohlen, sich zurückzuziehen, im 'Orestes', weil er stört, im 'Hercules', um sich in Sicherheit zu bringen (Or.166-71, H. F.1069/70). Doch in beiden Stücken erweist sich die Befürchtung als falsch, der Held schläft weiter, wie der Chor feststellt (Or.172, H.F.1071). Zu den Parallelen bei einzelnen Elementen der beiden Szenen tritt die der Schuld des schlafenden Helden: beide haben Familienangehörige getötet(18).

Betrachten wir kurz die Unterschiede der beiden Szenen: der gravierendste ist die verschiedene Intention des Chores: im 'Hercules' beklagt er das Los der Familie, unter den Ermahnungen zum Flüstern erscheinen Elemente der rituellen Klage (V.1045, 1064-6, 1078-80). Der Chor des 'Orestes' ist jedoch bei aller Anteilnahme (V.138, 160/1) neugierig. Dies rückt ihn in die Nähe des Chores im 'Hippolytus'. Seine Fragen bringen Elektra dazu, nicht nur über Orests Krankheit Auskunft zu geben (V.155), sondern auch nochmals die Problematik des Befehls, den Apoll gegeben hat (V.161-5 u.191/2),

---

16 Bond (1981) S.332/3 führt die Ähnlichkeiten im Wortgebrauch in beiden Szenen auf, vgl. auch Krieg (1934) S.56/7.

17 Zur Frage nach der Echtheit dieser Verse siehe zuletzt Erbse (1984) S.267/8 und Willink (1986) ad loc..

18 Weiterhin sind sich die Szenen auch durch den Gebrauch von dochmischen Metren ähnlich.

und die Folgen des Muttermordes für die Geschwister (V.195-207) darzulegen. Auf diese Weise dient die Parodos unter dem bühnenwirksamen Gewand
der "Flüster-" und "Schlafszene" dazu, die Probleme, die Ausgangspunkt der
Handlung sind, in lyrischer Form darzubieten und damit zu vertiefen. Zugleich
wird im Amoibaion ein "sophokleisches"(19) Motiv erkennbar, die tiefe Liebe
und Sorge Elektras um Orest, die sich in der Abwehr des zu stören dro-
henden Chores offenbart. Damit bereitet Euripides die "Abschiedsszene"
(V.1018-64) vor.

Wieso der Chor eine vergleichsweise kleine Rolle im Amoibaion hat, läßt
sich nunmehr erklären: seine Rolle ist die eines neugierig Fragenden, notwendigerweise muß der Part des Antworten den größer sein.

Versuchen wir eine Bewertung der Rolle des Chores im Eingang des
'Orestes': wie auch in den amoibaiischen Parodoi von 'Electra' und 'Helena'
('I.T.') ist das, was der Chor sagt, von geringer Bedeutung - von geringerer
Bedeutung noch als in den beiden anderen Atridenstücken, da Euripides im
'Orestes' sogar auf eine eigene Meinungsäußerung des Chores, die sonst den
"ethopoietische Irrtum" ausmachte, verzichtet. Gleichsam als Ersatz dafür
benutzt er, um die Wirkung der Parodos zu steigern, die Möglichkeit einer
"Schlaf-" und "Flüsterszene". Dennoch läßt sich eine Schwäche des Chores
nicht übersehen. Er fungiert mit seinen Fragen und seinem Verhalten als
Stichwortgeber für Elektra, ihre Sorgen und ihre Liebe zu Orest zeigen zu
können. Damit wird nicht mehr der Chor in der Parodos vorgestellt, sondern
eine Schauspielerpartie entfaltet.Trotz der amoibaiischen Form ist der Chor
damit in seinem Einzugslied dramatisch unbedeutend geworden(20).

---

19 Vgl. z.B. Soph. El. 1126-70.
20 Schmidt (1971) S.42 akzentuiert anders. Er sieht die Aufgabe des Amoibaions darin, das Milieu des Krankenzimmers zu demonstrieren.

Wir wenden uns nunmehr den Stücken zu, in denen der Chor ausdrücklich herbeigerufen wird.

2. 11. Heraclidae

Der Prolog der 'Heraclidae' hat zwei Szenen: auf den Monolog des Iolaos
(V.1-54) folgt dessen Dialog mit dem Herold des Eurystheus (V.55-72). Die
Parodos (V.73-110) ist amoibaiisch. Sie ist entwicklungsgeschichtlich interes-
sant, da sich in ihr das Zwischenglied zwischen P.V.- und Med.-Parodos
findet: im P.V. kommt es zu einem Dialog zwischen dem Chor, der lyrische
Verse singt, und einem Schauspieler, dem Sprechverse gehören, , in der
Med. zu einem Dialog zwischen "lyr." Chor und zwei Schauspielern, von de-
nen einer singt. Das Amoibaion der Hcld. weist lyr. Chorpartie und zwei
Schauspieler-Sprechpartien auf.

Die Parodos wird eingeleitet durch einen zwei Verse umfassenden iambi-
schen Vorspruch des Chorführers (V.73/4), auf den ein Strophenpaar folgt.
In der überlieferten Form der Parodos respondieren Str. und Gegenstr. nicht
exakt miteinander. Ich setze der Übersichtlichkeit halber beide Abschnitte ne-
beneinander:

Str.		Gegenstr.	
Ch. V.75-77	2x δ + 1xia	Ch. V.95/6	2x δ
		Io. V.97/8	2xia
Io. V.78/9	2xia	Ke. V.99/100	2xia
Ch. V.80-3	1xia + 3x δ	Ch. V.101-4	1xia + 3x δ
Io. V.84/5	2xia	Ke. V.105/6	2xia
Ch. V.86/7	2x δ	Ch. V.107/8	2x δ
Io. V.88/9	2xia	Ke. V.109/10	2xia
Ch. V.90-2	1xia + 2x δ		
Io. V.93/4	2xia		

Am auffälligsten ist das Fehlen einer Entsprechung zu V.90-4 in der
Gegenstrophe. Es gibt zwei Möglichkeiten, dies zu erklären: 1) die entspre-
chenden Verse sind ausgefallen (Elmsley/Kirchhoff, siehe Diggles Text), 2)
die Verse 90-4 sind nicht Teil der Str., sondern bilden eine Mesode (siehe
Garzyas Text)(1). Folgenreicher ist die ungewöhnliche Einleitung von Str. und
Gegenstr.. Die Verse 75-9 sollen den Versen 95-100 entsprechen. Quantita-
tiv kann leicht durch Annahme einer Lücke vor oder nach V.77 eine exakte

---

1 Siehe dazu Münscher (1927) S.162.

Responsion hergestellt werden. Es bleibt jedoch in jedem Fall eine Asymmetrie des Sprecherwechsels: V.77 gehört dem Chor, der entsprechende Vers der Gegenstr. Iolaos, während der Herold in der Strophe gar nicht zu Wort kommt. Es ist zu betonen, daß hiermit in der Parodos der Hcld. eine nicht zu leugnende Durchbrechung des Prinzips vorliegt, nach dem Sprecherwechsel in Str. und Gegenstr. einander entsprechen sollen(2).

Kommen wir zum Inhalt des Eingangs: eine Hikesiesituation(3) (vgl. den Beginn von Andr., Suppl. u. Hel.) wird exponiert: Iolaos legt dar, daß die Kinder des Herakles vor dem Mordplan des Eurystheus flüchten (V.13), jedoch bisher nirgendwo Aufnahme und Schutz haben finden können, da der argivische König alle Städte durch seine Herolde bedroht und zwingt, seine Feinde fortzuschicken (V.19-25). Nun sei er, Iolaos, mit einem Teil der Herakliden an einen Altar in Attika geflüchtet (die Töchter halten sich mit Alkmene im dahinterliegenden Tempel auf, V.41-4), während die älteren Söhne des Herakles nach einer schützenden Stätte suchen.

Die zweite Prologszene bringt wie auch in 'Medea' und 'Helena' eine Verschärfung des Leides: der Herold des Eurystheus tritt auf und schreckt selbst vor einem Altarfrevel (V.65) nicht zurück, um der Herakliden habhaft zu werden. Mit dieser Szene werden die Worte des Iolaos aus dem Monolog bestätigt und veranschaulicht: Die permanente Verfolgung der Herakles-Familie wird mit dem Auftreten des Herolds szenisch realisiert(4), die Vorgehensweise des Eurystheus und seiner Schergen, die im Monolog als ὕβρισμα (V.18) bezeichnet wurde(5), gewinnt in der Verletzung des heiligen Schutzes des Altares und der Mißhandlung des Iolaos (vgl. V.67 u.75/6) (6) Kontur. Der Alte stürzt zu Boden. Dies bestätigt seine Hilflosigkeit (vgl. V.23)(7).
    Euripides verzahnt die Szenen des Eingangs miteinander: am Ende seines

---

2 Biehl (1973) macht einen äußerst erwägenswerten Vorschlag: er liest die gesamte Partie als Astrophon und erzielt in seiner Analyse eine siebenteilige symmetrische Komposition. Wenn man dem folgt, entfallen alle Lückenprobleme und Besonderheiten der Sprecherverteilung. Ähnlich geht auch Irigoin (1984) vor.
3 Vgl. dazu Kopperschmidt (1967) S.144-9.
4 Vgl. Kopperschmidt (1967) S.148.
5 Daß die Gewalttätigkeit des Eurystheus im 1.Teil des Stückes geradezu leitmotivisch ist, heben hervor Burnett (1976) S.23 und Burian (1977) S.6.
6 Siehe dazu Kaimio (1988) S.73.
7 Vgl. Erbse (1984) S.123.

Monologes kündigt Iolaos den Auftritt des Herolds an (V.48-53), am Ende
der Dialogszene, die formal eine Streitstichomythie ist(8), ruft der Alte die
Bewohner Athens um Hilfe an (V.69-72)(9). Dieser Hilferuf leitet die Parodos
ein: ein Chor von Greisen (vgl.120) zieht ein, der den Ruf gehört hat.. Er
weiß nicht, was geschehen ist (V.73/4), sieht nur Iolaos am Boden liegen.
Dies ruft sein Mitleid hervor (vgl. ἀμαλόν V.75, ὦ τάλας 76, πτῶμα δύστηνον
77). Er erfährt von dem Alten, wer ihn vom Altar gerissen hat, wer dieser
selbst und die bei ihm befindlichen Kinder sind (V.78-94), schließlich sogar
den Grund der Altarflucht (V.95-8). Nun ergreift der Herold das Wort. Er
weist Iolaos zurecht, nennt ihn implizit einen Sklaven des Eurystheus (σοῖς
δεσπόταις(10), σοῦ κρατοῦντες V.99/100), den er hier gestellt habe. Hierin
kündigt sich eines der zentralen Argumente des Herolds im folgenden Agon
an: er erklärt die Herakles-Familie zu flüchtigen Sklaven des Eurystheus
(vgl.V.140). Es scheint so, als leite er daraus eine Berechtigung ab, diese
vom Altar fortzuziehen – oder von den Athenern zu fordern, sie fortzuschik-
ken (V.105/6)(11). Doch dies verstößt gegen attische Rechtsauffassung: der
Chor klärt den Herold darüber auf, daß ein gewaltsamer (V.102) Bruch der
Asylie undenkbar ist: V.104 πότνια γὰρ Δίκα τάδ᾽ οὐ πείσεται, ja, daß das
religiöse Recht (ἄθεον V.107) eine Verweigerung der Hikesie nicht gestat-
te(12). Dieser Verweis veranlaßt den Herold, einen "guten Rat" zu geben:
Athen solle sich lieber nicht auf unübersehbare Probleme einlassen

---

8 Schwinge (1968a) S.51/2.

9 Zum Hintergrund des Rufes siehe oben S.74 A.21.

10 Vgl. zum Gebrauch des Begriffs Klees (1975) S.18-27.

11 Es wird im Agon nicht deutlich, ob die Argumentation des Herolds lautet:
die Herakliden sind Sklaven des Eurystheus. Sie unterstehen argivischem
Recht. Sie wurden in Argos zum Tode verurteilt. Sie haben sich zwar an einen Altar geflüchtet, sind aber als Sklaven nicht befugt, daraus einen Schutz
abzuleiten.

Daß die Frage, welchem Recht Altarflüchtlinge unterstehen, bedeutsam ist,
zeigen Aisch. Suppl. V.387-91 (siehe dazu Friis-Johansen/Whittle (1980) Bd.2
S.304-6, vgl. Pearson (1907) S.54 zu V.99). Andererseits ist es für den
Herold gefährlich, Freie zu Sklaven zu erklären, vgl. MacDowell (1978) S.80.
Überdies hatten Sklaven in Athen das Recht, am Altar Schutz vor ihren
Herren zu suchen, vgl. Eupolis F577 PCG, Aristoph. F229 PCG, Equ. 29/30,
1312; Eur. Andr. (auch wenn das Stück in Phthia spielt) 42-44. Siehe auch
Klees (1975) S.39 und Harrison (1978) S.172.

12 Zur Verbindung von Sakral- und Polis-Recht siehe Kopperschmidt (1967)
S.35 mit Literaturangaben.

(V.109/10). Hierin klingt die argivische Politik der Drohung gegen Städte, die bereit sind, die Herakliden aufzunehmen, an (vgl. V.21/2).

Die Parodos bricht hiermit ab. In der weiteren Auseinandersetzung weist der Chor den Herold an, seinen Wunsch dem König Demophon, der V.120 mit seinem Bruder Akamas auftreten wird, vorzutragen (V.111-9). Fehlen der Parodos fünf Verse in der Gegenstr., ist vielleicht noch mehr ausgefallen (so Diggle im app. zu V.110)? Es bleibt nicht viel zu sagen, wenn dem Agon nicht vorgegriffen werden soll. Der Chor könnte darauf hinweisen, daß Athen keine Mühe scheue, wenn es darum gehe, heiliges Recht zu verteidigen. Doch ein solches patriotisches Argument, das in den 'Supplices' in einer analogen Situation als Krönung der Rede verwendet wird (Suppl. V.561-3), müßte dann auch bei der Entscheidung des Demophon eine gewichtige Rolle spielen. Jedoch berücksichtigt dieser V.242-6 die Worte des Iolaos V.191-201 bei seinem Beschluß. Andererseits ist der Anschluß von V.111 an V.110 auch nicht sehr zwingend, da ταῦτα τολμᾶν in V.112 eine Handlung des Herolds oder wenigstens eine Absicht dazu voraussetzt, die man gern in den vorangegangenen Versen angedeutet sähe. So möchte ich eine Lücke zwischen diesen Versen annehmen, die die zur Response mit der Str. fehlenden 5 Verse umfaßt. Folglich scheidet die Annahme einer Mesode für V.90-4 aus.

Betrachten wir die Parodos als Ganzes; inhaltlich besteht sie aus zwei Teilen: den Fragen an Iolaos (V.75-98) und der Zurechtweisung des Herolds (V.99-110). In diesem Nebeneinander äußert sich die "Reaktion von heilsamer Humanität gegen die Freveltat der Ungerechtigkeit"(13), dem Schwachen wird selbst um den Preis eigener Schwierigkeiten gemäß den Prinzipien des Rechtes Hilfe gewährt. Der Gegensatz von Hinfälligkeit in der Gestalt des Iolaos und Bereitschaft zum skrupellosen Rechtsbruch ermöglicht es Euripides, den Chor nach attischem Selbstverständnis sprechen zu lassen(14), wenn auch nur in knappen Bemerkungen, um Späterem nicht allzusehr vorzugreifen.

Auffällig ist die Asymmetrie der Parodos in der Hinwendung des Chores an den jeweiligen Gesprächspartner: man könnte erwarten, daß die inhaltlichen Abschnitte mit Str. und Gegenstr. zusammenfallen. Doch der Iolaos-Komplex reicht noch in die Gegenstr. hinein - das Gespräch zwischen dem Alten und dem Chor scheint, so muß ein Zuschauer glauben, hier fortzulaufen. Doch da drängt sich V.99/100 der Herold gleichsam dazwischen und wirft die regelmäßige Gesprächsführung durcheinander. Die oben festgestellte Asymmetrie

---

13 Zuntz (1955) S.39:" the reaction of healthy humanity to the perpetration of injustice."
14 Vgl. Zuntz (1955) S.39/40.

im Sprecherwechsel trägt dazu bei, das Ins-Wort-Fallen des Herolds zu unterstreichen, die Abweichung von der Regel der Responsion bei Sprecherwechsel hat ihren Grund in einer Steigerung der Dramatik der Situation(15).

Die Parodos der 'Heraclidae' weist einen bedeutenden Unterschied zu den bisher besprochenen Parodoi auf; sie führt die Handlung des Stückes weiter (16) (vgl. Hec. u.Suppl.), kurioserweise dadurch, daß sie die im Prolog begonnene Handlung stoppt: der Altarfrevel des Herolds wird verhindert, der Einzug des Chores bereitet die Rettung der Herakliden vor.

Dennoch finden sich auch in dieser Parodos die typischen Elemente des Chorauftritts: da ist zunächst die Einleitung der Szene durch das "Rufmotiv", es finden sich die typischen Verhaltensformen des Chores: er empfindet Mitleid mit den Bedrängten (V.75-77)(17). Er ist nicht genau über die Situation orientiert und bedarf daher der Aufklärung (V.78-98). Daraus resultieren die Fragen, die ihre Entsprechung z.B. in 'Medea '133/4,(18) 'Hippolytus' 141-60, 'I.T.'137/8 haben. Ja, es findet sich sogar der für den Chor in der Parodos typische Irrtum (V.82/3).

Andererseits wird dadurch, daß der Chor herbeigerufen wird, was die größtmögliche Motivierung seines Auftritts bedeutet, eine Umkehrung der aus den bisher untersuchten Parodoi vertrauten Rollenverteilung möglich und auch nötig. Denn nicht der Chor muß erläutern, warum und woher er kommt (vgl. Med.131-8, Hipp. 173-5, Andr.117-25 usw.), sondern Iolaos, der ihn gerufen hat, erklärt, aus welchem Grund er rief (V.78/9) und - auf die Frage des Chores (V.80-3) - woher er stammt (V.84/5). Die Gegenwart des Chores wirkt damit selbstverständlich und ist realitätsnah gestaltet: eine Gruppe von Menschen eilt herbei, als sie ein "Zetergeschrei" vernimmt. Auf der anderen Seite bedeutet aber eine derartige Gestaltung der Parodos auch einen Verlust. Denn die Weiterführung der Handlung in ihr und ihre Realitätsnähe, die durch die Frage- und Antwort-Struktur sowie durch eine metrische Gestaltung, die Sprechverspartien nahekommt (siehe oben S.107), unterstützt wird, führen zu einer Einbuße an lyrischer Ausdrucksstärke (vgl. dagegen z.B.

---

15 Melchinger (1980) S.141 charakterisiert pointiert den Komplex V.73-110: "ein Handgemenge, von Musik angefeuert, ersetzt die Parodos."
16 Nestle (1930) S.126. Dieses Vorwärtsstreben einer sonst eher statischen Szene ist kennzeichnend für die Anlage des Stückes. Vgl. Zuntz (1955) S.26:"The Heraclidae bristles with action."
17 Vgl. Med. 132, Hipp. 131-40, Andr. 123, Hec. 105/6 usw..
18 Vgl. auch Alc. 77/78, siehe oben S. 50.

Hipp., H.F., aber auch Med.)(19). Dies bedeutet, daß ein derartig motivierter realitätsnaher Auftritt des Chores und eine Parodos, die die Handlung vorantreibt, die charakteristischste Eigenart des Chores, nämlich das Element der Lyrik in das Stück einzubringen, schwächen.

So verdient die Parodos der 'Heraclidae' aus drei Gründen Beachtung:

1. Sie führt die Handlung weiter, die amoibaiische Form wird dadurch erforderlich, weil durch sie ein rascher Wechsel von Frage und Antwort, Rede und Widerspruch erfolgen kann. Doch mehr noch: um die besondere Intensität der Situation besser zu vermitteln, wird sogar ein Prinzip des Amoibaions, die Symmetrie des Sprecherwechsels, verletzt.

2. Der Auslöser der Parodos, das "Rufmotiv", motiviert explizit den Einzug des Chores. Es ist so gestaltet, daß in den "traditionellen" Formeln, die der Chor bei seinem Einzug benutzt, teilweise eine Umkehrung, eine Übertragung auf den Bedrängten, notwendig wird.

3. Die starke Motivation für den Auftritt des Chores und die Weiterführung der Handlung in der Parodos führt dazu, daß ein lyrisches Moment, das sich sonst in den Parodoi feststellen läßt, kaum vorhanden ist. Der Chor büßt damit sein besonderes Merkmal weitgehend ein.

---

19 Dies ist bereits Wilamowitz (1935a) S.93 ("... die winzige Kürze der Chorleistung an sich ist unerträglich...") aufgefallen. Daß es jedoch auf eine Überarbeitung einer ursprünglich ausführlicheren und lyrischeren Fassung zurückzuführen ist, erscheint höchst fraglich.

2.12. Iphigenia Taurica

Der Eingang der 'I.T.' besteht aus einem Prolog, der von zwei Szenen gebildet wird, und einer amoibaiischen Parodos. Iphigenie spricht den Prolog-Monolog (V.1-66), nach ihrem Abgang treten Orest und Pylades mit einem Dialog auf (V.67-122), sie gehen ab, es zieht der Chor ein und singt im Wechsel mit der wieder auftretenden Iphigenie ein astrophisches anapästisches Lied (V.123- 235).

Die 'I.T'. weist viele Parallelen mit der 'Helena' auf(1), eine einsame Frau, die es in ein fernes Land verschlagen hat, trifft unerwartet auf ihren nächsten Angehörigen und kann mit ihm in die Heimat zurückkehren. Dies ist ein für sich betrachtet untragisches Handlungsschema. Doch Euripides führt die Handlung in die Nähe einer Tragödie: die Schwester tötet beinahe ihren Bruder(2), bevor sie ihn wiedererkennt. Das Stück erhält mit dem Eingangs-teil eine tragische Grundstimmung(3), wie es auch die Funktion des Eingangs der 'Helena' ist(4).

Dabei ist die Ökonomie der Szenen jedoch anders: in der 'Helena' wird breit exponiert: 1.Szene (Hel.): Exposition des schweren Geschicks der Heldin, 2.Szene (Hel.:Teukros): Verstärkung des Leides, 3. Parodos: Darstellung des Leides in lyrischer Reprise. Menelaos wird erst im 1.Epeisodion vorgestellt. Die 'I.T.' ist dagegen in der Exposition knapper und steht insofern der 'Electra' näher, als in diesen beiden Stücken (im Gegensatz zur 'Helena', in der Menelaos erst im 1.Akt erscheint) der später wiederzuerkennende Orest bereits *im* Prolog eingeführt wird. Da nun Euripides in der 'I.T.' einen Prolog

---

1 *Siehe dazu Seidensticker (1982) S.199-201, Platnauer (1938) p.XV/XVI.*
2 *Vgl. Aristot. Poet. 1453b 19-22; Aristot. scheint mit* ἀποκτείνειν μέλλειν *andeuten zu wollen, daß auch dann von Tragödie zu sprechen ist, wenn die Tötung nicht durchgeführt wird, vgl. Gudeman (1934) S.256/7.*
3 *Vgl. Seidensticker (1982) S.201.*
4 *Ein Unterschied muß allerdings festgehalten werden: In der Exposition der Hel. zeigt sich Euripides besonders als ironisch-geistreicher Dichter, der zwar eine tragische Stimmung erzeugt, zugleich aber, indem er seine "neue" Helena vor der Folie der alten entwickelt, die besonders in der Teukros-Szene deutlich präsent ist, diese Stimmung bisweilen ironisch bricht. Diese Doppelbödigkeit findet sich in der I.T. nicht - oder sie ist wenigstens für uns nicht erkennbar, da andere Iphigenie-Dramen nicht überliefert sind.*

mit nur zwei Szenen wählt, verbinden sich die Elemente des Leides, die in
der 'Helena' mit zwei Szenen entwickelt werden, in einer: Iphigenie beginnt
den Prolog-Monolog mit einem Bericht über ihre Familie und ihre Opferung in
Aulis (V.1-26), ihre Entrückung zu den Taurern und die Priesteraufgaben, die
sie hier zu erfüllen hat (V.27-41). Daß sie ihre Rede mit einem "Stammbaum" und der betonten Nennung des Pelops (V.1) beginnt, prägt diesen den
Zuschauern ein. Dies ist kein Ornament, weil die Familiengeschichte im Anagnorismos der Geschwister bedeutsam werden wird, da die klassischen Ana-
gnorismata fehlen. Stattdessen wird vom Streit zwischen Atreus und Thyest
die Rede sein (V.3 = V.811-4), und Pelops Lanze soll den letzten Zweifel
ausräumen (V.1/2 = V.822-6)(5) . Doch das "Pelops-Motiv" hat noch eine
weitere Bedeutung: der Stammvater des Atridenhauses ist der einzige der
Familie, den kein böses Geschick ereilte - die 'I.T.' wird ebenfalls glücklich
enden(6). Damit beginnt das Stück gleichsam in Dur - anders als die vergleichbaren Genealogien in 'Electra' V. 1-21, 'Phoenissae' (vgl. V.4 δυστυχῆ),
'Orestes' (siehe V.5-7)(7).

Doch die Schilderung des Geschicks der Titelheldin verdüstert sogleich
das Bild: mit Bitterke:t berichtet sie von ihrer Opferung(8) und ihrem schau-
erlichen Priesteramt, in das sie von ihrem Gastgeber, dem König Thoas (er
hat einen sprechenden Namen, der auf die Schwierigkeiten vorbereitet, aus
dem Taurerland zu entkommen(9)), eingesetzt wurde(10). Wenn man dies mit
dem "Basis"-Leid der 1.Szene des Prologes von 'Helena' oder 'Medea' vergleichen kann, so bringt der 2.Teil des Monologes eine Verschlimmerung der
Situation: Iphigenie berichtet von einem Traum: ihr Vaterhaus ist eingestürzt,
lediglich eine Säule, die mit blondem Haar geschmückt war, blieb stehen. An
dieser Säule vollzog sie die todbringende rituelle Besprengung (V.41-54) Nach
Iphigeniens Interpretation des Traumes bedeutet dies, daß Orest gestorben
ist. So will sie für ihn eine Gußspende zusammen mit den ihr von Thoas
beigegebenen Dienerinnen, griechischen Frauen, darbringen. Doch diese sind
noch nicht gekommen (V.64/5). So geht sie einstweilen in den Tempel.

An diesem 2.Teil der Rede sind folgende Punkte hervorhebenswert: 1) der

---

5 Vgl. dazu Sansone (1975) S.290.
6 Vgl. O'Brien (1988) S.105, Sansone (1975) S.290.
7 Auch die Hel. beginnt in "Dur", jedoch nicht mit einem Stammbaum, sondern mit der Evozierung der Atmosphäre des exotischen Ägyptens V.1-15.
8 Vgl. Erbse (1984) S.193.
9 O'Brien (1988) S.108
10 Zu den problematischen Versen 35-41 siehe Erbse (1984) S.195-8.

Traum, so wird sich herausstellen, ist wahr, seine Aufgabe ist die der Teukros-Szene der 'Helena' - indes interpretiert ihn Iphigenie falsch, wie der
sogleich folgende Auftritt Orests zeigen wird. Diese falsche Interpretation ist
die Ursache für die Verschlimmerung ihres Leides(11), sie wird Iphigenie zu
einer unbarmherzigen Priesterin werden lassen(12), die damit fast ihre Deutung des Traumes in die Tat umsetzt.

2) Damit in der folgenden Szene Orest ohne Iphigenie exponiert werden
kann, mußte Euripides einen Grund finden, sie ins Haus gehen zu lassen(13).
Hierzu dient der Chor, der noch nicht auftritt. Diese Variante des "Rufmotivs" (Iphigenie hat die Dienerinnen zum Tempel bestellt) hat damit eine
zweifache Aufgabe: die Verspätung des Chores motiviert Iphigeniens Abgang,
zugleich aber wird der Einzug des Chores mit diesen Versen vorbereitet.

Die 2.Prologszene bringt den Auftritt von Orest und Pylades, ihrem Dialog
kann der Zuschauer wichtige Informationen entnehmen. Erst nun wird erkennbar, wo innerhalb der Chronologie des Atridenmythos das Stück anzusie-
deln ist: Orest wird bereits von den Erinyen verfolgt (V.79/80), der tragische Muttermord ist begangen(14). Euripides benutzt diese Tat als Motiv für
das Erscheinen Orests: um von seinen Leiden erlöst zu werden, so hat Apoll
geweissagt, müsse er das Kultbild der Artemis(15) nach Athen schaffen.
Damit scheint sich die Ausgangssituation der 'Electra' zu wiederholen - so
empfindet es Orest: (V.77/8) ποῖ μ' αὖ τήνδ' ἐς ἄρκυν ἤγαγες/ χρήσας, er
versteht, Apolls Weisungen nicht (sie sind, wie V.91 zeigt, nicht ausführlich)
und befürchtet ein schlimmes Ende wie im Falle des Muttermordes. So
zweifelt er und ist unsicher, wie die Aufgabe zu meistern ist (V.96), zumal

---

11 Vgl. den analogen Irrtum Helenas (Hel. 203/4).

12 Zur Bedeutung dieses Wandels in Iphigenie siehe Erbse (1984) S.198. Vgl.
auch Bächli (1954) S.71.

13 Vgl. die analogen Momente ein El. 77/8, Hel. 317.

14 Erst 961-7 wird deutlich, daß auch der Abschnitt, der Aisch. Eum. entspricht, bereits Vergangenheit ist, wenn auch Euripides wichtige Änderungen
vorgenommen hat.

15 Daß Orest gerade das Bildnis dieser Göttin rauben soll, um von den Eri-
nyen befreit zu werden, ist durchaus begreiflich, da Artemis als Heilerin von
Wahnzuständen galt, vgl. Bacchylides carm. 11 und Lloyd-Jones (1983) S.96
A.22. Zugleich besteht eine Beziehung zwischen Apolls Auftrag und dem
Handeln Orests: der Gott befiehlt, das Bildnis seiner Schwester nach Grie-
chenland zu bringen; Orest führt dies aus und bringt zugleich auch seine
Schwester in die Heimat zurück.

der Tempel einen grausigen Eindruck erweckt(16). Pylades rät, die Nacht in
einem Versteck abzuwarten. So schleichen die Freunde fort. Damit ähnelt
der Abgang des Paares dem in der 'Electra' des Sophokles(17), wo ebenfalls
Orest, Pylades und der Pädagoge vor dem Auftritt Elektras und der Parodos
die Bühne verlassen, ohne wie in Aischylos''Choephori' (V.20/1) oder Euripides''Electra' (V.109/10) der Lyrik zu lauschen - die Orest sogleich seine
Schwester erkennen lassen würde.

   Es ergibt sich eine deutliche Parallele zwischen den Geschicken der beiden
Geschwister(18): beide haben Schweres durchlitten, Iphigenie, weil sie geopfert wurde, Orest, weil er seine Mutter töten mußte, beiden sind göttliche
Botschaften zuteil geworden, deren Sinn sie nur bedingt erkennen. Daraus
resultiert ihre Niedergeschlagenheit. Iphigenie deutet ihren Traum als Hinweis
auf den Tod des Bruders, Orest hält Apolls Spruch für eine "Schlinge", in
der er wie beim Muttermord gefangen ist. Beider Gemüt ist durch die jeweils
eigene Botschaft so verändert, daß ihre erste Begegnung davon beeinflußt
wird, Iphigenie ist unbarmherzig geworden(19), Orest verzweifelt resignierend
an seinem Geschick (vgl. V.556).

   So ist jede Szene für sich genommen düster - doch ihr Nacheinander hat
für den Zuschauer eine bedeutsame Wirkung. Er erkennt, wie falsch Iphigeniens Interpretation des Traumes ist, da Orest lebt, er erkennt, daß Apolls
Orakel nicht die Zweifel herausfordert, die Orest hegt, da die Schwester
Priesterin der Göttin ist, deren Kultbild entführt werden soll. Legt man Traum
und Götterspruch nebeneinander, entsteht ein "Götterprolog": das Ziel des
Stückes ist beschrieben (V.90-2), der Weg dorthin wird angedeutet : Orest
wird fast von der eigenen Schwester geopfert (V.53-55).

   Iphigeniens Totenklage, der die Parodos gewidmet ist, gilt einem Lebenden.
Das Motiv ist sophokleisch, auch in Sophokles' 'Electra' V.823-70 klagt die
Titelheldin mit dem Chor um einen scheinbar toten Orest. Doch während dort
die Voraussetzung der Trauer ein "euripideisches" Mechanema ist, liegt hier

---

16 Vgl. dazu Erbse (1984) S.191, der Hdt. 4,103 zur Illustration heranzieht.
17 Bei Sophokles hat der Abgang freilich einen anderen Sinn, da es später in
dessen El. weniger um den Anagnorismos als um die Gefühle der verzweifelten Elektra geht, die ihren Bruder tot wähnen muß.
18 Vgl. auch Sansone (1975) S.283-7, der die Parallelität der "Opferungen",
die nicht vollzogen werden, herausarbeitet.
19 Vgl. Erbse (1984) S.198.

eine "sophokleische" Konzeption, die Schwierigkeit, Göttersprüche richtig zu deuten, zugrunde(20).

Vergegenwärtigen wir uns die Situation: Iphigenie hatte ihre Dienerinnen zu sich bestellt (V.63-5), ist aber, da diese noch nicht gekommen waren, in den Tempel gegangen (V.65/6). Mit V.123 beginnt der Einzug des verspäteten Chores. Das Euphemie- Gebot der Verse 123-5 läßt eine feierlich kultische Stimmung entstehen - wir finden hier wie auch in 'Electra' und 'Helena' in der Parodos eine Kontrastwirkung: folgte dort auf die Klage Elektras der auf ein Fest vorbereitete Chor, oder gab der Chor Antwort auf den Ruf nach den Hadessirenen, so ziehen hier nach dem Auftritt der zukünftigen Tempelräuber die Dienerinnen der Göttin unter dem Ruf nach Euphemie ein.

Wie in Aischylos F87, 'Bacchae' 69/70 und 'I.A.' 1564 geht der Ruf, blasphemische Äußerungen zu unterlassen(21), der Kulthandlung voraus(22):der Chor grüßt feierlich V.126-36 Artemis und ihren Tempel und hebt seine Eignung zum Kult heraus (ὅσιον πόδα παρθένιον und δοῦλα ὁσίας κλῃδούχου). Es finden sich in diesem Abschnitt zwei charakteristische Elemente der Parodoi als Variationen: der Chor gibt an, woher er kommt (V.132-6 = Hipp.121-4, Hel.179-83, vgl. Ba.64/5). Streng genommen ist dies bei der Motivierung seines Auftritts durch einen Befehl Iphigeniens unnötig. Der Chor könnte wie der der 'Heraclidae' einfach einziehen und nach Iphigenies Wünschen fragen. Doch genau besehen unterscheidet sich die Angabe des Chores, woher er kommt, beträchtlich von den Auskünften anderer Chöre. Denn nicht etwa sein Aufenthaltsort im Taurerland, an dem ihn der Befehl Iphigenies erreichte, wird genannt, sondern seine ursprüngliche Heimat (V.136 πατρῴων οἴκων ἕδρας). Dieser Hinweis hat dabei nicht nur die Aufgabe, etwas über die soziale Stellung des Chores auszusagen wie im 'Hippolytus' oder der 'Helena', er deutet vielmehr in der Hauptsache den wichtigsten Charakterzug der Dienerinnen an: es sind Griechinnen, die voller Wehmut an die Heimat denken (siehe V.1067/8, 1096, 1467-9, 1490/1). Alle Lieder des Chores haben diesen Gedanken mehr oder minder explizit in sich(23). Dieser Charakterzug ist es, der den Chor Iphigenie besonders nahestehen läßt, so nahe, daß die Frauen später nicht nur über das Vorhaben der Geschwister schweigen, sondern auch zur Lüge greifen werden, um sie zu schützen

---

20 Diese Charakterisierung der sophokleischen Tragödie basiert auf Diller (1971b); für Euripides siehe bereits das Urteil des Aristoph., Thesm V.94.
21 Burkert (1985) S.73.
22 Vgl. Diggle (1970) S.118 mit weiteren Parallelen.
23 Siehe dazu Strohm (1968) S.385/6.

(V.1293/4). Der Hinweis, woher der Chor kommt, ist also für das Stück bedeutsam. So ist es erklärlich, warum ihn Euripides hier eingefügt hat, mochte es auch angesichts der klaren Vorbereitung des Einzugs des Chores selbst nicht erforderlich sein.

Es ist noch auf die Frage einzugehen, wer die Verse 123-5 singt. Diggle gibt diesen Abschnitt nach Taplin(24) Iphigenie, der Laurentianus gar V.123-36. Letzteres ist sicher falsch, da V.131 nur von einer Dienerin gesprochen werden kann. Vergegenwärtigen wir uns zur Beurteilung von Taplins bzw. Diggles Verteilung die Situation: Der Chor zieht ein, um eine Kulthandlung vorzunehmen. Es ist in einer derartigen Situation möglich, daß ein Herold voranschreitet, um Anwesende (d.h. hier die ναίοντες πέτρας ἀξείνου πόντου) *zur Euphemie aufzufordern (vgl. z.B. Phaethon V.110 Diggle(25), Aristoph. Ach.237, Pax 434). Es kann aber auch ein Gesamtchor darum bitten (Aisch.F 87, Eur. Ba.68ff und -als Nebenchor- Aisch. Eum.1035). Nach Taplins Vorschlag müßte Iphigenie V.123 aus dem Tempel treten(26), um Euphemie bitten, ohne den Chor zu berücksichtigen, der sich schweigend versammelt hat, um V.126 Artemis zu begrüßen. Erst V.143 würde Iphigenie ihre Aufmerksamkeit dem Chor zuwenden, um dann auf dessen Fragen zu antworten. Oder aber Iphigenie tritt aus dem Tempel, gebietet andächtiges Schweigen, worauf der Chor einzieht. Beide Möglichkeiten haben etwas Unbefriedigendes: Iphigenie tritt ohne ersichtlichen Grund aus dem Tempel (es sei denn ob ihrer Ungeduld) und trifft zufällig auf den einziehenden Chor.*

   Dieser Stein des Anstoßes wird aus dem Weg geräumt, wenn man mit Tyrwhitt, dem Murray und zuletzt Sansone gefolgt sind, V.123-42 dem Chor gibt, der damit wie in den 'Bacchae' selbst um Euphemie bittet und sodann Artemis begrüßt.

Iphigenie tritt, da sie den Chor hört, etwa V.135/6 aus dem Tempel. Der Chor wendet sich an sie, er weiß nicht, warum er gerufen wurde (V.136 42). Diese Ungewißheit des Chores, der der Aufklärung über die vorliegende Situation bedarf, hat ihre nächste Parallele im Verhalten des Chores in der Parodos der ''Heraclidae' (vgl. V.73/4 u. 77). Es verbindet sich mit den Fragen jedoch auch eine Unsicherheit darüber, welches Verhalten nun angemessen ist. Dieses Motiv begegnete uns auch in der Parodos der 'Alce-

---

24 *Taplin (1977) S.194 A.3.*
25 *Siehe aber zu besonderen Situtation dort Diggle (1970) S.118.*
26 *Gänzlich anders wäre die Situation, wenn Iphigenie wie Hippolytos (Hipp. V.58-60) zusammen mit dem Chor einzöge.*

stis'. Denn der Beginn des Liedes beschäftigt sich mit Artemis: der Chor
erwartet, als Helfer einer Kulthandlung (27) für die Göttin gerufen worden zu
sein. Doch Iphigenie tritt mit einer Dienerin (vgl. V.168) für eine Gußspende
gerüstet aus dem Tempel. Der Chor muß deshalb fragen, warum er gerufen
wurde. Diese für den Chor unerwartete Wendung entspricht der sonst in
Parodoi erscheinenden Fehleinschätzung einer Situation, sie ist eine Variation
des "ethopoietischen Irrtums".

Iphigenie gibt indes keine Antwort auf die letzte Frage des Chores
(V.138). Stattdessen bildet der Anfang ihres Gesangs eine Themenangabe: sie
klagt (V.144-7). Dabei benutzt sie die charakteristischen Wendungen der
rituellen Klage, nachdem sie mit V.148 ihr Geschick kurz beschrieben hat;
der Bruder ist tot (V.149/59), so ist sie selbst vernichtet(28), ebenso ihre
Familie(29), sie ruft verzweifelt und vorwurfsvoll die göttliche Macht an, die
dies bewirkt hat(30). In diese Klage ist zugleich ein Hinweis auf den Traum,
auf die Quelle ihres Wissens, eingeschoben (V.150-3), dies findet in 'Helena'
V.194/5 seine Parallele. Darauf kündigt Iphigenie ihre Absicht an, dem Toten
eine Gußspende darzubringen (V.159-66) und vollzieht sie mit einer Anrufung
des Bruders (V.170-7).

Der Chor nimmt die Klage auf mit einer programmatischen Ankündigung
von ἀντίψαλμοι ᾠδαί (V.179-85)(31). Es findet sich hiermit eine mit Aischylos''Choephori' vergleichbare Elementenabfolge von Gußspende und Gebet mit
anschließender Klage des Chores (Choeph.124a-64).

In der 'I.T.' stellt der Chor das Leid der Titelheldin in einen größeren
Zusammenhang, das Geschick des Atridenhauses (V.186- 90)(32), das von
Leid auf Leid erschüttert wurde (V.191). Als dessen letztes Opfer wird nun
Iphigenie heimgesucht (V.202). Diese nimmt in ihrer Erwiderung diesen Ge-
danken auf und bezieht ihn auf sich: sie sei von Geburt an von einem Un-
glücksdaimon begleitet (33) - was 'Helena' 213/4 entspricht - , der ihr gan-

---

27 Auch bei Handlungen von Dienern vor einer eigentlichen Kulthandlung war
Euphemie angebracht, vgl. Ion 98.
28 Das typische ὠλόμην findet sich in Hipp. 846, Andr. 1176, Suppl. 1073.
29 Vgl. Andr. 1176.
30 Vgl. Soffel (1974) S.167/8 mit Hinweis auf Menander Rhetor 435, 9-12.
31 In V.180 nennt der Chor seine Klage Ἀσιητᾶν βάρβαρον ἀχάν. Dies bezieht sich auf die Herkunft der kommatischen Klage aus dem persisch- asiatischen Raum, vgl. Kannicht (1957) S.116-20 und Popp (1971) S.237 A.28.
32 V.189-97 der Parodos sind nur unzureichend herstellbar, vgl. Diggles app.
crit..
33 Ich folge Diggle, der in V.204 eine Lücke vermutet.

zes Leben geprägt hat und nun auch noch den Bruder vernichtete. In
V.230-5 erscheint als Schlußpunkt der Klage die zärtliche Erinnerung an
Orest, den Iphigenie zuletzt als Säugling gesehen hatte. Hierin treffen zwei
Elemente zusammen. Einerseits gehört zur rituellen Klage auch der Gedanke
an zurückliegende Zärtlichkeiten für den/ des Verstorbenen(34), andererseits
spiegelt sich in diesen Versen ein typisches Motiv der Orest-Stücke: die
Amme erinnert sich in den 'Choephori' V.750-62 wehmütig an den Säugling,
da sie von Orests Tod erfährt, und Sophokles' Elektra gedenkt in ihrer
"Urnenrede" ebenfalls V.1143-8 ihrer schwesterlichen Sorge um den Bruder,
als er noch ein Säugling war.

Zusammengefaßt: Die Parodos hat zwei Bestandteile: zunächst exponiert
sie den Chor der griechischen Sklavinnen, die sich ihrer Heimat verbunden
fühlen, darauf dient sie der Totenklage um Orest im lyrischen Dialog zwischen Iphigenie und Chor. In der Exposition des Chores finden sich die charakteristischen Elemente: ethopoietischer Irrtum und Fragen. Besonders bemerkenswert (gerade im Hinblick auf die Hcld.) ist dabei, daß trotz expliziter
Vorbereitung des Chor- Auftritts dieser dennoch erläutert, woher er kommt.
Dieser Hinweis charakterisiert den Chor in doppelter Weise: einerseits als
Griechinnen, andererseits als von Sehnsucht nach der Heimat erfüllt. Diese
beiden Züge des Chores werden in der Handlung bedeutsam werden, so daß
ihre Vorbereitung in der Parodos als durchaus gelungen betrachtet werden
muß. In der Klage dienen die Äußerungen des Chores wie auch in der 'Helena' (V.212-8) dazu, das Leid der Titelheldin in einen weiteren Rahmen zu
stellen und so zu interpretieren. Im Hinblick auf die Anlage der Parodos ist
festzuhalten, daß Euripides in der 'I.T.' im Gegensatz zu den 'Heraclidae' keinen Wechselgesang mit häufigem Sprecherwechsel eingeführt hat. Stattdessen äußern sich der Chor und Iphigenie in je zwei längeren Partien. Diese
Gestaltung gibt der lyrischen Überformung der Gedanken mehr Raum. Der
Chor erscheint so (besonders im Vergleich zu den Hcld.) als Sänger.

Kommen wir zur Funktion der Parodos im Stück: wie in der 'Helena'
beruht das Leiden der Heldin auf der falschen Deutung von Informationen. In
der 2. Prologszene war der vermeintlich tote Orest aufgetreten: ist deshalb
die Parodos ironisch ? Strohm hat zutreffend darauf hingewiesen, daß "Her-
zeleid", weil es auf Irrtum beruht, nicht weniger echt ist(35). Iphigenie leidet
wie Helena - doch während bei dieser das Leid gezeigt werden mußte, weil
es Teil der καινοτομία ist, die Fähigkeit zu leiden der "alten" Helena abging,
dient in der 'I.T.' das Leiden und die Trauer der Titelheldin noch einem wei-

34 Vgl. Tro. 1180-4, 1187/8.
35 Strohm (1968) S.390.

teren Zweck außer der Charakterzeichnung: in V.348-50 zeigt sich Iphigenie ob ihres Geschicks als unbarmherzige Priesterin und bringt damit ihren Bruder in eine tödliche Gefahr. Damit die Entwicklung, die in der Schwester zu dieser Verhärtung führte, begreiflich ist, muß in der Klage das zugrundeliegende Leid veranschaulicht werden(36). Dies ist die Aufgabe der Parodos.

---

36 Der Zuschauer weiß indes von Iphigeniens "Fehlinterpretation", er weiß, daß ihre Hartherzigkeit in Wahrheit grundlos ist: dieses Wissen befähigt ihn, die tragische Konstellation erkennen zu können, wenn die Schwester, die erbarmungslos geworden ist, weil sie ihren Bruder tot wähnt, unwissentlich ihren Bruder töten will.

Alle bisher betrachteten Parodoi hatten eines gemeinsam: in ihnen offenbarte sich das Mitgefühl des Chores mit einer bedrängten Person. Dies setzt voraus, daß bereits zu dem Zeitpunkt, da der Chor einzieht, eine Notlage in irgendeiner Form besteht. Was aber geschieht mit dem Einzugslied, wenn dies nicht gegeben ist, wenn ein Leid so verborgen ist, daß es erst später offenbar wird (vgl. Kreusas Schmerz im Ion), wenn es so gelagert ist, daß der Chor keine Stellung dazu nehmen könnte, oder es erst später entsteht (vgl. die Situation des Agamemnon bzw. Klytaimestras/Iphigeniens in der I.A.), oder das Leid zwar bereits während der Parodos dem Chor bekannt ist, jedoch so umfassend und vielschichtig ist, daß es sich nicht in einer Einzelperson oder einer definierten Gruppe (wie der Herakles-Familie im H.F.) niederschlägt (Phoen.) ?

2. 13. Phaethon

Ich beginne die Untersuchung der Parodoi dieser Gruppe (Ion, Phoen., I.A.) mit einem Abschnitt über den Eingang des 'Phaethon'. Naturgemäß sind Bemerkungen über Fragmente heikel, da, wie sich besonders im 'Phaethon' zeigen wird, uns wichtige Punkte des Stückes unbekannt sind. Daher muß Vieles skizzenhaft bleiben, weil sonst eine intensive Diskussion über alle Rekonstruktionsversuche unvermeidlich wäre, die nicht Aufgabe dieser Arbeit sein kann. Doch mag es trösten, daß mit Diggles Ausgabe der Fragmente des Stückes ein trefflicher Führer zur Hand ist.

Der Eingang des Stückes bestand (wahrscheinlich) aus einem Prolog mit zwei Szenen und der Parodos. Die zweite Prologszene bildet ein Dialog zwischen Klymene und ihrem Sohn Phaethon (V.19-62(1)) Der Prologsprecher/ die Prologsprecherin ist nicht sicher auszumachen, doch wahrscheinlich ist es Klymene(2). Es folgt darauf die Parodos eines Chores von Dienerinnen, die aus zwei Strophenpaaren mit abschließender Epode (V.63-101) besteht.

Die erste Prologszene läßt fast nichts erkennen, was signifikant ist: daß

---

der exotische Schauplatz vorgestellt wird (V.1-5), ist selbstverständlich. V.6 bezeichnet wohl Helios als ἄναξ. Diggle(3) schloß daraus, daß ein Mensch eher als ein Gott solches sagen könnte, folglich ein Götterprolog weniger wahrscheinlich sei(4). Aus dem Dialog zwischen Klymene und Phaethon ist erkennbar, daß Phaethon bezweifelt, Sohn des Helios zu sein (V.48), ein Umstand, den Klymene ihm wohl soeben(5) eröffnet haben dürfte. Daher rät ihm die Mutter, den Sonnengott aufzusuchen, um eine Bestätigung für dessen Vaterschaft dadurch zu erhalten, daß ihm ein Wunsch erfüllt wird.

Phaethon soll heiraten, in V.24 ist θεᾶς λέχη(6) zu erkennen, in V.31 ατης (= ἄτης ?) γάμοι(7). Eine Diskussion über Heiratsangelegenheiten, so kann man vermuten, führte zu Klymenes Vorschlag.

Wohl aus dem 1.Akt, vielleicht einer Auseinandersetzung zwischen Phaethon und dem vermeintlichen Vater Merops, stammen Verse, die daraufhinweisen, daß Phaethon sich als seiner Braut nicht ebenbürtig fühlte (V.158/9), ja lieber ins Exil gehen wollte als zu heiraten (V.163). So ist es sehr wahrscheinlich, daß Phaethon bereits im Gespräch mit der Mutter schwerste Bedenken gegen seine Heirat äußerte, die ihn mit einer Göttin (V.24?) verbinden sollte. Daraus ergibt sich die Merkwürdigkeit, daß Klymene ihren Sohn von Helios Vaterschaft und der Möglichkeit, sich einen Wunsch erfüllen zu lassen, berichtet hat, diesen gar überzeugt zu haben scheint (V.53: ἀρχεῖ· πέποιθα γάρ σε μὴ ψευδῆ λέγειν), dennoch aber Phaethon im 1.Akt immer noch große Bedenken fühlte.

Wo lag die Tragik des Stückes ? Ging es darum, daß Klymene verbergen wollte, daß Phaethon nicht Merops' Sohn ist, und, da er sich einer Hochzeit mit einer vermeintlich ranghöheren Braut widersetzte, ihm Informationen gab, die er nachprüfen wollte und dabei umkam ?

Das Problem scheint nicht darin zu liegen, ob die göttliche Braut am Ende gar die Halbschwester des Phaethon ist, wie Diggle zutreffend im Anschluß an Weil feststellt (8). Denn die Furcht vor einem Inzest erscheint nirgends in

---

3 (1970) S.36.

4 Siehe aber auch Diggle (1970) S.81 ad loc., wo immerhin erwogen wird, daß V.6 auch Teil des Botenberichts V.177ff. gewesen sein könnte. Damit entfiele jeder Hinweis auf die Person des Prologsprechers.

5 Diggle (1970) S.37 nach Lucas rechnet damit, daß dies schon vorher geschehen ist. Siehe dazu aber Kannicht, Rez. Diggle (1970), Gn. 44 1972 S.5 und Lloyd-Jones, Rez. Diggle (1970) CR 21, 1971, S.341.

6 Siehe Diggle (1970) S.85 ad loc..

7 Siehe Diggle (1970) S.83 zu V.8-44.

8 Diggle (1970) S.158-60, siehe aber auch Lloyd-Jones CR 21, 1971 S.342/3.

den Fragmenten, und wir dürften erwarten, daß bei einer derartigen Problemstellung Klymene nicht auch noch die Bedenken des Phaethon zerstreuen will, wie sie es im Prolog tut. Daß Klymene mit ihren Enthüllungen Phaethon absichtlich eine Möglichkeit eröffnen möchte, sich notfalls Merops' Heiratsprojekt zu entziehen, wie Kannicht(9) im Anschluß an Wilamowitz(10) als Gedankenspiel erwägt, kann nicht ausgeschlossen werden. Damit ergäbe sich die interessante Möglichkeit, daß bereits im Prolog erkennbar wäre, daß die von Merops gewünschte Hochzeit möglicherweise scheitern wird.

Ich möchte, allerdings auch nur als Gedankenspiel, eine andere Variante skizzieren. Mir scheint bisher noch nicht genügend bedacht worden zu sein, warum Phaethon umkommt. Wir lesen bei Knaack(11): (Phaethon) a Sole fatale currus moderamen impetrat. currum regit patre comite, sed mox fulmine Iovis tactus in ipsa Aethiopia decidit. Warum nennt er das moderamen fatale? Es wird deutlich, daß noch immer wesentliche Grundlagen zum Verständnis des Dramas fehlen. Denn wir wissen nichts über den Titelhelden: war er so sehr vom Wunsch, den Sonnenwagen zu lenken, erfüllt, daß er jegliche Rücksicht auf seine Stellung vermissen ließ, daß er wünschte, was vermessen, ὕβρις ist ?(12) Wenn Phaethons Tod tragisch sein soll, darf er kein bloßer Unfall sein, keine Folge des zufälligen Unvermögens, den Wagen des Vaters zu lenken. Greifen wir zu folgender Vermutung: Klymene muß im Prolog über Helios gesprochen haben, sie könnte dabei in einer Nebenbemerkung, etwa in einem Relativsatz, erwähnt haben, daß nur er allein dazu befugt ist, den Sonnenwagen zu lenken (vgl.Ov.Met.2,57-62). Darauf muß sie Phaethon beschreiben. Aus F inc.sed.4 (785 N) können wir entnehmen, daß er ein Sportsmann ist. Göttersöhne "erben" bisweilen Attribute ihrer Väter: Ion erscheint mit einem Bogen wie ein kleiner Apoll(13). So vermute ich, daß Phaethon mit einer Disposition zum Wagenfahren von seiner Mutter charakterisiert worden ist – F inc. sed. 4 läßt sich entsprechend herstellen: τόξον

---

9 Gn.44, 1972 S.5.

10 Wilamowitz (1935c) S.113.

11 Knaack (1886) S.19.

12 Lesky (1966) S. 129 legte dies in seiner Betrachtung des Stückes nahe. Auch Goethe (1981) S.312 versuchte in seinem Phaethon, Derartiges in des Titelhelden Charakter angelegt zu sehen, da er ihn als mutig, ruhm- und herrschsüchtig charakterisiert.

13 Vgl. Seidensticker (1982) S.219.

χρανείας, γυμνάσια δ᾽ ‹ἱππόχροτα› / οἴχοιτο(14) *Es müßte in indirekter*
Weise im Prolog beschrieben worden sein, daß Phaethon bei entsprechender
Gelegenheit auf den frevelhaften Wunsch verfallen könnte, den Sonnenwagen
lenken zu wollen. V.44/5 wird diese eröffnet.

Fassen wir zusammen, was der Zuschauer damit aus dem Prolog erfahren könnte: Phaethon soll heiraten, doch er fühlt sich nicht ebenbürtig, er ist
von göttlicher Abkunft, doch er mag es nicht recht glauben. Sein leiblicher
Vater wird ihm einen Wunsch als Bestätigung seiner Abkunft erfüllen. Doch
ein bestimmter Wunsch könnte Phaethon töten. Es ist aber wahrscheinlich,
daß er just diesen Wunsch äußern wird.

Auch wenn dies zu spekulativ erscheint, möchte ich doch unbedingt daran
festhalten, daß irgendeine Information des Prologes einen Schatten auf
Phaethon und die für ihn geplante Hochzeit wirft. Mir scheint es am günstigsten, wenn Klymene durch ihre Angaben einen Charakterzug in Phaethon
aktiviert, der ihn später vernichten wird. Klymene sollte der Auslöser des
Untergangs sein, da daraus die Möglichkeit zu einer "Klymene-Tragödie" (15)
erwächst, die das Ende des Stückes prägt.

Betrachten wir nun die vollständig erhaltene Parodos. Sie wird ausführlich
von Phaethon V.54-7 angekündigt: der Zuschauer erfährt, daß die Mägde des
Palastes heraustreten, um das Haus (χατὰ σταθμά)(16) auszufegen, die
Einrichtungsgegenstände des Palastes (δόμων χειμήλια) zu reinigen (φοιβᾶν),
wie es ihre tägliche Aufgabe ist (χαθ᾽ ἡμέραν), und Räucherwerk in den Ein-
gängen zu verbrennen.

Folgendes ist an diesem Chor und der Art, in der ihn Euripides einführt,
bemerkenswert:
1. Die Erfindung: In anderen euripideischen Stücken pflegt ein Chor von
Dienerinnen deshalb eingeführt zu werden, weil sie leicht als hingebungsvoll-
loyal ihrer Herrin gegenüber dargestellt werden können und diese Loyalität an
einem Punkt des Stückes benutzt werden soll (I.T.: der Chor lügt für seine
Herrin Iphigenie(17); Ion: der Chor bricht das ihm unter Androhung des Todes

---

14 *Siehe dazu Diggle (1970) S.177. Dieser Vers dürfte seinen Platz im Stück*
nach der Katastrophe gehabt haben.
15 *Vgl. dazu Kannicht Gn.44, 1975 S.4 mit Hinweis auf Welcker.*
16 *Siehe dazu Diggle (1970) S.90/1.*
17 *Siehe dazu unten S.197.*

befohlene Schweigen zugunsten seiner Herrin Kreusa(18).)(19). Kannicht(20) erklärte (in der Nachfolge Goethes(21)) den Grund für diesen Chor folgendermaßen: Das Stück spiele vor Sonnenaufgang (Helios darf ja seinen Wagen noch nicht benutzen, wenn Phaethon ihn heimlich ausleiht). Daher sei es nicht leicht möglich, eine beliebige Menschengruppe plausibel und mit einer gewissen Realitätsnähe auftreten zu lassen, "d.h. einigermaßen realistisch war der Chor nur mit niederen οἰκέται zu besetzen, also etwa mit den Putzmädchen des Palastes;"

Zwingend scheint mir diese Herleitung aus folgenden Gründen nicht: A. Eine ganze Reihe von Dramen beginnt vor Sonnenaufgang: Aischylos' 'Agamemnon', Sophokles' 'Antigona', Euripides' 'Electra', 'Ion' und 'I.A.'(22) sowie Aristophanes' 'Nubes', 'Vespae', 'Lysistrata' und 'Ecclesiazusae'. Aus dieser Gruppe herrscht noch Nacht in der Parodos in den 'Vespae' (vgl. V.245) und im 'Agamemnon' (vgl. V.264/5). Der Chor in den 'Vespae', Richter auf dem Weg zum Gericht, ist höchst realistisch angelegt, der des 'Agamemnon, alte Männer, wirkt trotz seiner Anwesenheit zu so früher Stunde nicht verfremdend.
B. Im 'Phaethon' selbst wird damit gearbeitet, daß nicht nur die Putzmädchen wach sind. Denn V.109-19 verkündet der Herold die Hochzeit den Bewohnern des Landes. Es wäre also kein großes Problem für Euripides gewesen, diese Einwohner in der Parodos vor dem Palast in der Erwartung der freudigen Nachricht zusammenströmen zu lassen – wenn er es gewollt hätte.

Ich schließe daraus, daß der Zeitpunkt, zu dem das Stück spielt, nicht allein den Chor bestimmt haben kann. Euripides hätte andere Möglichkeiten für einen realitätsnahen Chor gehabt. Doch hat er sich für die Putzmädchen des Palastes entschieden. Wenn auch in den Fragmenten des 'Phaethon' kein Hinweis auf eine so spektakuläre Benutzung des Motivs vom loyalen Chor wie z.B. im 'Ion' erhalten ist, wird doch immerhin deutlich, daß die Mädchen zu

---

18 Siehe dazu unten S.198.
19 Auch in Aisch. Choeph. läßt sich ein besonderer Sinn für den Chor aus troischen Sklavinnen feststellen. Denn der Umstand, daß diese eben nicht Klytaimestra und Aigisth gegenüber loyal sind, sondern sie verabscheuen (vgl. z.B. V.71-83, 244-8), obschon sie Agamemnon, den Zerstörer der Heimat des Chores getötet haben, charakterisiert das tyrannische Regime der Königsmörder.
20 Gn. 44, 1972, S.5/6.
21 (1981) S.313.
22 Siehe zu diesen Tragödien Diggle (1970) S.98 sowie Seaford (1984) S.145-7.

Vertrauten Klymenes werden, wissen sie doch in V.279 von der Liaison zwischen Helios und ihrer Herrin. Sie sind also eingeweiht worden(23), und man kann vermuten, daß sie als Vertraute der Königin über den Ehebruch und den Tod des Phaethon vor Merops schweigen. Diese Möglichkeit, den Chor als loyalen Confidenten einzusetzen, scheint mir die wahrscheinlichste Begründung für die Erfindung des Chores(24).

2. Die Einführung:

A) Wir finden ein Abweichen vom "Rufmotiv", die Mägde ziehen ein, um ihrer täglichen Pflicht nachzukommen (καθ' ἡμέραν).

B) Phaethon und Klymene schicken sich an, ins Haus zu gehen. Der Auftritt des Chores ist indes nur die mittelbare Ursache dafür, denn er gibt Sohn und Mutter eine Zeitbestimmung, die sie ermahnt, das Gespräch zu beenden(25). Sie gehen ins Haus, nicht etwa, um einer Begegnung mit dem Chor auszuweichen, sondern weil nunmehr Menschen wach sind und ihr geheimes Treffen gestört werden könnte. Daraus ergibt sich, daß Prolog und Parodos ohne Verbindung sind, was sie auch sein müssen, wenn Klymene ein geheimes Gespräch mit ihrem Sohn geführt hat(26).

Damit stellt sich die Frage, was Euripides den Chor in der Parodos singen lassen kann. Er könnte seine Aufgabe beschreiben, doch dies hat bereits Phaethons Ankündigung getan. So wählt der Dichter ein Stimmungsbild: auf eine nächtliche geheime Unterredung folgt die Arbeit der Mägde in der Morgendämmerung. Das Epos pflegt eine solche Zeitangabe sehr kurz zu fassen(27): Euripides aber setzt das, was z.B. Vergil (Aen.11, 182/3) mit "Aurora ... extulerat lucem referens opera atque labores" andeutet, in eine Serie kleiner Szenen um, die er den Chor beschreiben läßt. So führt Str.1 die Zeitangabe aus: Eos reitet über die Erde(V.63/4), doch statt des simplen

---

23 Vgl. Diggle (1970) S.40.

24 Man könnte einwenden, daß Euripides auch Freundinnen wie z.B. in der El. als Chor verwenden konnte. Doch dies schiene mir die soziale Stellung Klymenes zu verkennen. Sie ist die Königin und kann sich deshalb nicht einfach Bürgersfrauen anvertrauen (im Hipp. liegt der Fall anders, dort redet Phaidra erst, als ihr das Geheimnis bereits entlockt ist) und mit ihnen gegen den König konspirieren - mit ihren Dienerinnen aber ist das möglich (vgl. Kreusas Intrige im Ion).

25 Siehe dazu Diggle (1970) S.94/5 gegen Hourmouziades (1965) S.22/3.

26 Vgl. Kannicht, Gn.44 1975 S.5.

27 Siehe Pfeiffers Kommentar zu Call. Aetia I F 21,3 und die Beispiele bei Diggle (1970) S.95.

Komplements (etwa: "die Nacht zieht sich zurück") folgen zwei poetische
Umschreibungen: der Untergang der Pleiaden(28) und die Klage der Nachtigal
in den letzten Stunden der Nacht(29).

Nun schließen sich die Beschreibungen dreier Berufsgruppen (30) an, die
sehr früh ihrer Arbeit nachgehen: Hirten, Jäger und Schiffer. Auch hier
variiert Euripides das zu Erwartende. So steht statt des einfachen Zusammenhangs "die Hirten treiben ihre Herden auf die Weide" das poetischere,
unerwartete Bild: die Hirten beginnen, Flöte zu spielen, die Tiere(31) erwachen davon, um (32) gleichsam von selbst zur Weide zu ziehen. Der zugrundeliegende Vorgang wird damit lyrisch überformt. Die Jäger, die an ihr
(Waid)werk gehen, erhalten mit ϑηροφόνοι ein Adjektiv, das sonst nur als
Epitheton der Artemis erscheint(33) und damit die Ebene der Alltäglichkeit
verläßt. Am Ende der Gegenstr.1 findet sich wie am Ende der Str.1 ein
singender Vogel, der Schwan, der auf den Wassern des Okeanos singt. Auch
dies ist weit entfernt vom Gewöhnlichen, denn der Schwan singt(34) hier
weder aus Trauer (El.151) noch weil er zu sterben im Begriff ist (Aisch.
Ag.1444), vielmehr unterstreicht der Gesang (wie I.T.1104/5) die Sphäre des
Liedes und der Lyrik (vgl. H.F.110).

Str.2 nimmt die "Region" des Schlusses der Gegenstr. auf: Schiffe ste-
chen angetrieben von Rudern und einer leichten Brise in See (V.79/80). Die
Seeleute hissen die Segel und bitten den Wind(35) um eine gute Heimfahrt.

---

28 Ich folge hierbei Diggles Ergänzung Πλειά[δων πέφευγε χορός]*, die durch
eine Reihe interessanter Parallelen gestützt wird, gegen Lloyd-Jones, CR 21,
1971 S.344.*

29 Siehe dazu auch die ornithologische Erklärung von Diggle (1970) S.101.

*30 Auch im vergleichbaren Kallimachos-Fragment 260, 66-69 sind drei Grup-
pen (Diebe, Wasserträger, Schmiede) am Werk. Eine ähnliche Beschreibung
des Erwachens am Morgen bietet Trag. Adesp. F668, 16-22.*

31 Zur Erklärung von V.74 siehe Diggle (1970) S.103.

32 Die Parallele Rhesus V.533 ἔγρεσϑε πρὸς φυλακάν *wird von Ritchie
(1964) S.314 nach Hartung in* ἔξιτε πρὸς *... geändert.*

*33 H.F. 378; Theognis 11; Aristoph. Thesm. 320 - ledigilich in A.P. 9,525,9
erhält es Apoll, in Hipp. 216 u. A.P. 6,348,6 immerhin die Hunde der Artemis. Nur bei Archias, A.P. 16,94,4, wird das Adj. wie bei Euripides "säkularisiert".*

34 Dies wird durch μελιβόας ἀχεῖ *umschrieben.*

*35 Siehe Lloyd-Jones CR 21, 1971, S.344 zusätzlich zu den von Diggle (1970)
angeführten Ergänzungen.*

Instruktiv ist hier ein Vergleich mit dem Auslaufen im Epos (II.1,477-81)(36),
auch dort finden sich beide Abschnitte des Auslaufens, das Hinausrudern und
das in den Wind Bringen, häufig beschrieben (vgl. Od.11,640). Euripides greift
hier die Sprache des Epos auf: V.81 beginnt mit einer Epos-Reminiszenz
(II.1,480, vgl.Od.9,77)(37), V.83 schließt mit einer solchen (II.6,171)(38). Doch
während im Epos ein technischer Ablauf erscheint, der bisweilen Gefahren
ausgesetzt ist, blendet Euripides die möglichen Widrigkeiten aus: die Winde
sind günstig (V.80), die Seeleute beten pleonastisch um noch günstigere
Bedingungen (V.83/4), das Gebet hat Erfolg(39), wie die technische Angabe
in V.86 zeigt(40). So findet sich auch in dieser letzten, umfangreichsten
Szene der Parodos die poetische Überformung des Sachverhalts.

Euripides läßt den Chor in den ersten drei Strophen ein buntes, vielfältiges
Bild von Tätigkeiten zeichnen, die mit der Morgendämmerung verbunden sind,
idyllische, poetisch überformte Szenen. Auffällig ist hierbei die Betonung des
Akustischen (V.67, 69, 71/2, 78, 80, 82, 84). Daß dabei kein störender,
unmelodischer Laut gehört wird(41), ist ein wesentliches Element der poetischen Morgenstimmung, das die beschriebenen sprachlichen Mittel unterstützt. Euripides formt damit eine Atmosphäre der Harmonie und der "natür-
lichen" poetischen Ordnung der Welt, in die sich auch der Chor einfügen
möchte, wie der Beginn der Gegenstrophe 2 zeigt: τὰ μὲν οὖν ἑτέροισι μέ-
ριμνα πέλει - das ist die Formel der Priamel, auf die die Beschreibung
dessen zu folgen pflegt, was der Sprecher für wichtiger als das zuvor
Genannte(42) hält. Was ist mit τὰ μὲν (Diggle(43) meint, es bedeute hier

---

36 Siehe dazu Diggle (1970) S.108.

37 Vgl. auch zu V.80 Cypr. F14 Bernabe (F11 Davies, vgl. F10 Bethe) aus
Hdt. 2,117. H.Stein, Herodot, 1.Bd. 2.Buch, 6.Aufl. Berlin 1962 S.130 ad loc.
rekonstruiert einen Vers εὐαεῖ τ' ἀνέμων πνοιῇ λείη τε θαλάσσῃ, über andere Versuche orientiert Bernabes app. crit..

38 Sie wurde m.W. zuerst von W.Morel, Phil.Woch.52, 1932, Sp.1324 bemerkt.

39 Diggle (1970) S.109.

40 Zu den Details siehe Diggle (1970) S.108/9.

41 Vgl. als Gegensatz dazu Call. F260, 67/8.

42 Seltsamerweis hat noch niemand, so weit ich sehe, auf die Priamelstruktur der Parodos hingewiesen - obschon sie auch von Seneca, H.F. 192-4
übernommen wird (Siehe dazu Race (1982) S.150, der sie auf Horaz und Ti-
bull zurückführen will, da ihm die Phaethon-Parodos als Vorbild der H.F.-
Passage entgangen ist.).

43 (1970) S.110.

nahezu ταῦτα oder τοιαῦτα μὲν) gemeint, auf das sich bei anderen (also z.B. Hirten, Jägern und Schiffern) die Sorge richtet ? Beschrieben worden sind deren Tätigkeiten und im Falle der Schiffer eine Konzentration auf das Ziel ihrer Arbeit, die sich im Gebet an den Wind zeigt.

So kann V.87 paraphrasiert werden: anderen liegt ihr Beruf am Herzen, der Chor aber hat heute anderes im Sinn; er will, weil es billig ist und es ihn dazu drängt (V.89), von der bevorstehenden Hochzeit in der Familie seiner Herren singen. Euripides hat damit in der Priamelformel eine geistreiche Art gefunden, den Chor erklären zu lassen, warum er nicht von seiner Beschäftigung, den Reinigungsarbeiten, spricht; und er verbindet durch die Priamel die Szenen der Morgenstimmung mit den Bemerkungen des Chores über die Hochzeit, die auch im Prolog von Bedeutung war. Mit diesen Gedanken des Chores wird zugleich die Handlung des nächsten Aktes vorbereitet, da, soweit erkennbar, die Auseinandersetzung um das Heiratsprojekt das 1.Epeisodion bestimmen wird. Doch diese Einstimmung durch den Chor ist auch insofern bemerkenswert, als der Chor nicht nur auf das Glück der Herren hinweist, das die Diener erfreut (V.90-2), sondern auch von der komplentären Erfahrung, dem Unglück, das das ganze Haus erschaudern läßt (V.93/4), zu berichten weiß.

Die Epode läßt die Gedanken des Chores über die Hochzeit weitergehen: dies ist der festgesetzte Tag, da die Hochzeit gefeiert werden soll (V.95), für deren Zustandekommen (τὸ zu τέλει) er schon lange gebetet hat (V.96)(44). Er hat sich daran gemacht, hierfür ein Hochzeitslied (V.99/100?) zu singen, und beschließt die Epode mit dem Wunsch ἴτω τελεία γάμων ἀοιδά (V.101) , der Gesang, der den Vollzug der Hochzeit bestätigt, soll kommen.

Es ergibt sich damit eine Verbindung zwischen Str.2 und dem Schluß des Liedes: die Schiffer beten - und die Segel zeigen an, daß ihr Gebet erfüllt zu werden scheint. Auch der Chor betet und bittet um die Hochzeit. Auch hierauf erfolgt mit dem Auftritt des Herolds eine scheinbare Erfüllung des Gebets bzw. der Bitte. Auch dies kann mit der Priamel-Struktur in Verbindung gebracht werden: So wie die Schiffer alles für ihren Beruf tun und für ein Gelingen ihrer Fahrt beten, so wünscht sich der Chor, daß die Hochzeit zustandekommt, und betet dafür.

Stellen wir nun die Frage nach dem Verhältnis der Parodos zur Handlung des Stückes: daß sie die Thematik des 1.Epeisodions vorbereitet, aber zugleich auch die des Prologes weiterführt,ist deutlich. Das gesamte Denken der Mägde kreist um die Hochzeit, wie die Priamel bezeugt. Sie beten für

---

44 Siehe zur Erklärung Diggle (1970) S.114/5.

ihr Zustandekommen, ein Gebet, das sich nun erfüllen soll. Hiermit wird die
Bedeutung der Hochzeit nachdrücklich unterstrichen, sie ist (V.90) εὐημερία
für die Herrscherfamilie. So dient das Einzugslied aber auch gleichzeitig
dazu, die Beweggründe Klymenes begreiflicher zu machen. Denn diese hat,
sicher mit dem Hinweis auf die Wichtigkeit der Hochzeit, im Prolg ein lange
und wohlgehütetes Geheimnis preisgegeben. Dann aber, darauf hat Kan-
nicht(45) hingewiesen, besteht eine interessante Beziehung zum Prolog: dort
wurde deutlich, daß die Hochzeit nicht selbstverständlich ist, auch aus der
Parodos geht dies hervor. Denn die Epode erwähnt das Gebet, sie endet mit
dem inständigen Wunsch des Chores nach der Durchführung, dem τέλος
γάμων.

So ist die Parodos die "lyrische Reprise" (Kannicht), die das Thema, den
Wunsch nach der Hochzeit, insofern desto nachdrücklicher exponiert, als es
aus dem hochpoetischen, lyrischen ersten Teil, den Szenen der Morgenstimmung durch die Priamelstruktur erwächst(46).

Kommen wir nun auf die Ausgangsfrage zurück, was mit der Parodos
geschieht, wenn die Notlage zu dem Zeitpunkt, da der Chor einzieht, diesem
nicht bekannt ist/wird. Im 'Phaethon' hat Euripides zwei Mittel für die Parodos parat: a) er benutzt die "äußeren Gegebenheiten", d.h. hier die Tageszeit, in der der Chor einziehen muß, und entwirft ein Stimmungsbild einer
Tageszeit, das so anziehend ist, daß die Parodos Aufnahme in ein Euripides
Florilegium finden konnte(47); b) er gibt dem Chor ein intensives Interesse an
den Gegebenheiten (der Hochzeit), deren Teil die Notlage des Prologes ist.

Stimmungsbild und Interesse des Chores durchdringen sich. Die Parodos,
obschon vom Prolog getrennt, weist für den Zuschauer erkennbar auf diesen
zurück. Dieser kann damit die Motive Klymenes besser einordnen,aber auch
die Dienerinnen verstehen, da er vom Interesse ihrer Herrin weiß. So ergänzen sich für den Zuschauer Prolog und Parodos, obschon sie in ihrer Bühnenhandlung getrennt sind. Das Einzugslied des Chores bleibt auf diese Weise
eng mit dem Stück verbunden.

---

45 Gn.44, 1972 S.6.

46 Kannicht scheint (Gn.44, 1972 S.6) in seinen knappen Bemerkungen auf
einen Wechsel der Stimmung von V.63-86 zu V.87-101 hinzuweisen (vgl. dazu desselben (1969) Bd.2 S.71 A.10). Ich glaube, daß sich dies mit meiner
Deutung vereinbaren läßt, zumal auch die Priamel mit der Kontrastwirkung
arbeitet.

47 Siehe Diggle (1970) S.34.

2. 14. Ion

Der Eingang des 'Ion' ist formal interessant: der Prolog hat zwei Szenen, die Prologrede gehört Hermes (V.1-81),es folgt eine zweite Szene, die metrisch bereits zur Parodos gehört (V.82-183): Ion spricht zunächst Anapäste (V.82- 111), und singt eine Monodie, die aus einem Strophenpaar mit jeweils anschließenden Ephymien besteht (V.112-43) und in lyrischen Anapästen komponiert ist (V.144-83). Daran schließt sich die eigentliche Parodos an, die aus zwei Strophenpaaren besteht. Das erste Strophenpaar ist auf Halbchöre zu verteilen (Halbchor A V.184-9, 194-200; Halbchor B V.190-3, 201-4). Im zweiten Strophenpaar kann in der Strophe ein häufigerer Wechsel angenommen werden (Diggle läßt in seiner Ausgabe 7 verschiedene Partien erkennen, bei Aufteilung auf Halbchöre würde A viermal, B dreimal zu Wort kommen). In der Gegenstr.2 sind zwischen die Chorverse dort Anapäste Ions eingeschoben, wo in der Strophe Sprecherwechsel zu vermuten ist. Es entsteht damit hier ein halblyrisches Amoibaion mit häufigem Sprecherwechsel.

Die nächste Parallele zu dieser Parodos-Form findet sich in den 'Troades':

Tro.: Schauspieler-Anapäste (98-121), Monodie (122-52), amoibaiischer Parodos- Teil (159-96), reiner Chorgesang (197-229);

Ion : Schauspieler-Anapäste (82-111), Monodie (112-83), reiner Chorgesang (184-218), amoibaiischer Parodos-Teil (219-37);

Die Schauspieler-Partie ist im 'Ion' vor der Parodos gleich, in der Parodos selbst ist die natürlichere Reihenfolge Amoibaion (als Übergang zwischen Monodie und reinem Chorgesang) - monodischer Chorgesang umgekehrt worden.

Kommen wir zum Inhalt. Hermes stellt als προλογίζων die Voraussetzungen der Handlung vor: Apolls gewaltsame (V.11) Liaison mit Kreusa, die Aussetzung des Knaben, der dieser Verbindung entstammt, mit einer Reihe von Beigaben (V.19-27), sein eigenes Handeln auf Wunsch Apolls, Ions Aufnahme und Aufwachsen in Delphi (V.28-56). Er legt die Kinderlosigkeit der Eheverbindung Kreusas mit Xuthos dar, die beide deshalb den delphischen Gott um Rat fragen wollen (V.57-67). In V.67/8(1) erfährt der Zuschauer, daß dieser Entwicklung ein Plan Apolls zugrunde liegt(2): er wird Xuthos Ion als Sohn unterschieben und Kreusa später in Athen den tatsächlichen Sachverhalt erkennen lassen. Seine Beziehung zu Kreusa werde verborgen bleiben,

---

1 *Zu den mit V.68 verbundenen Problemen siehe Erbse (1984) S.75, Seidensticker (1982) S.216 A.32 sowie zuletzt Neitzel (1988).*

2 *V. 67/8 wird in den Schlußworten des Chores wieder anklingen.*

sein Sohn aber ein gebührendes Los erhalten als Stammvater der Ionier
(V.69-70). Da Ion sich nun anschickt, aus dem Tempel zu treten, versteckt
sich Hermes, um die nun beginnende Entwicklung beobachten zu können
(V.76-81).

Diese Prologrede mutet nicht wie die Grundlegung einer Tragödie an. Ein
Stück wird angekündigt, in dem ein Findelkind ob der Fürsorge seines göttli-
chen Vaters eine glänzende Karriere zuteil werden soll. Man kann Hermes'
Bericht neben Pindars Erzählung von Iamos, dem Sohn Apolls mit Euadne,
(Ol.6,28-73) stellen, die viele Gemeinsamkeiten mit dem 'Ion' aufweist(3): bei
Pindar stellt der Beschützer der Geschwängerten, Aipytos, ein Problem dar
(V.36-8). Dem beugt Apoll im 'Ion' durch seine geschickte Intrige vor, Xuthos
soll nichts erfahren. Dafür entsteht hier ein anderes Spannungsfeld, das im
Prolog durch die Informationen des Hermes vorbereitet wird; Ion kennt seine
Eltern nicht (V.51/2), Kreusa wurde Opfer einer Vergewaltigung (V.11 steht
βίᾳ betont am Versanfang)(4). Doch außer den Fakten teilt Hermes nichts
mit, kein Gefühl wird beschrieben - was notwendigerweise, wie aus
V.247-368 deutlich wird, die unbekümmerte Stimmung der Hermes-Rede ver-
ändern würde(5).

Es ist damit ersichtlich, daß in dieser Prologrede diejenigen Fakten, die
tragische Nebentöne bedeuten könnten, von Euripides ausgeblendet worden
sind. Das Stück soll heiter beginnen, die zweite Szene des Prologes führt
diese Stimmung weiter. Ion, die zentrale Figur in Apolls Plan, wird vorgestellt. Der Dichter benutzt dafür eine lyrische Form. Die Monodie, im Gegensatz zu anderen Monodie vor der Parodos (vgl. El., Tro.), ist hier nicht
schmerzerfüllter Ausdruck eines zerstörten Lebens, sondern ein Lied voll
unbeschwerter Jugend. Die rezitierten Anapäste evozieren eine Morgenstimmung, doch keine beliebige - Delphi ist der Schauplatz: nach Beschreibung
der Morgendämmerung (V.82-90) folgt wie im 'Phaethon' eine Darstellung
verschiedener Tätigkeiten; im 'Phaethon' werden Alltäglichkeiten sprachlich
überformt und ins Idyllische transponiert, im 'Ion' ist es die Sphäre der
Heiligkeit, die den Ort prägt(6), von der profane Beschäftigungen wie Wasser-
rholen, Fegen und Verjagen der Vögel beeinflußt werden und ihre Alltäglichkeit
verlieren: das Wasser stammt aus der kastalischen Quelle (V.95), es ist rein

---

3 Siehe dazu Ruck (1976) und Loraux (1981) S.203.
4 Vgl. dagegen Pindar O. 6,35 und Loraux (1981) S.203.
5 Es scheint so, als habe Apoll in seinem Plan keinen Raum für die Gefühle
der Beteiligten gelassen. Dies wird im Verlauf des Stückes den Plan in Gefahr bringen.
6 Vgl. Elliger (1975) S.255.

(V.96), des Besens Reisig wird mit heiligen Binden gebunden (V.104)(7), die Diener beachten die Euphemie (V.97/8), sie sind Gottesdiener (V.94). Ion ist mitten unter ihnen und gibt Anweisungen. Das Fegen der Stufen übernimmt er selbst und begleitet es mit einem stroph. "Arbeitslied", das an den durch die Arbeit geheiligten Besen gerichtet ist. Daß damit die denkbar größte Spannung zwischen Form – es finden sich Elemente des Hymnenstils – und Inhalt erzeugt wird, trägt wesentlich zur Fortführung der heiteren Stimmung bei(8). Schließlich hat der junge Held die Vögel, die das Heiligtum zu verschmutzen drohen, abzuwehren: Auch hierin ist nichts von einer Tragödienstimmung zu bemerken. Ein (vielleicht erfolgloser) Kampf gegen Vogelmist, der, soweit erkennbar, in lyrischer Form mit Gesang ausgetragen wird, läßt das ἀνήκεστον der Tragödie durchaus vermissen (9) – zumal Ion aus religiöser Scheu davor zurückschreckt, die Vögel zu töten (V.179–81)(10).

Die Heiterkeit und Unbeschwertheit der 2.Prologszene hat indes nicht nur die Aufgabe, die Stimmung der 1.Szene weiterzutragen. Sie ist vielmehr Instrument, Ion zu exponieren: seinen σεμνὸς βίος (V.56), seine Hingabe an den Gott, der ihn ernährt. Mehrfach scheint in Ions Worten eine Wahrheit durch, die vom Zuschauer erkannt werden kann: die Waise preist Apoll als seinen Vater (V.136) – weil er ihn nährt (vgl. V.109-11). Und er möchte niemals aufhören, dem Gott zu dienen – außer ἀγαθᾷ μοίρᾳ (V.151- 3). Der Prolog ließ erkennen, daß der Gott seinem Sohn eben dies zuteilwerden lassen möchte.

So zeigt die 2.Prologszene in ihrer heiteren Stimmung, daß von Ions Seite her dem Plan Apolls nichts entgegensteht. Eine Handlung ohne Schwierigkeiten scheint sich vor dem Zuschauer zu entfalten.

Diese Erwartung wird in der Parodos weiter genährt. Welche Möglichkei-

---

7 Siehe dazu Wilamowitz (1926) S.91 ad loc..

8 Siehe dazu Seidensticker (1982) S.219, Taplin (1978) S.95/6.

9 Siehe Seidensticker (1982) S.218.

10 Wilamowitz (1926) S.12 weist darauf hin, daß Ion später aufgrund seiner Frömmigkeit seine Mutter nicht töten wird. Damit hat die "Bogenszene" nicht allein den Charakter einer "Belustigung" (Wilamowitz (1926) S.14), sondern bereitet die spätere Scheu zu töten vor, die dem Respekt vor der Heiligkeit des Altars entspringt (V.1312-9). Die Interpretation von Giraud (1987) S.87/8, die genannten Vögel stellten ein göttliches Vorzeichen dar, aus dem Ion (und der Zuschauer) bei richtiger Interpretation seine Zukunft, seine Vergangenheit und seinen Vater erschließen könne, halte ich für zu weitgehend.

ten hatte Euripides für das Einzugslied eines Chores, der aus Dienerinnen Kreusas (V.234-7) bestehen sollte ? Der Chor könnte den ἔρως παίδων (V.67) der Kreusa und des Xuthos antizipieren und in seinem Lied der Hoffnung Ausdruck geben, daß Apoll dem kinderlosen Paar helfen möge. Oder Euripides könnte das Prinzip des 'Hippolytus'-Eingangs wiederholen: nachdem in der 2.Prologszene die erste Figur exponiert ist, bereitet die Parodos die Exposition der zweiten vor; doch dafür wäre der Hermes-Prolog zu ergänzen. Wenn der Chor eine Melancholie Kreusas beschriebe, müßte ein Zuschauer wissen, daß diese dem Gram um das verlorene Kind entspringt – und darauf hätte Hermes (wie Aphrodite auf das Leid Phaidras, Hipp. 38-40) in seiner Rede hinweisen müssen.

Euripides wählt einen anderen Weg: der Chor zieht ein und ist von der imaginären Pracht des Heiligtums beeindruckt. Voller Staunen, daß es Derartiges nicht nur in Athen gibt (hiermit stellt er sich sogleich vor(11)) weisen die Frauen sich gegenseitig (wohl in Halbchöre aufgeteilt) auf drei (12) Metopenszenen am Tempel sowie dessen Giebelschmuck hin, nachdem sie zuvor kurz die Tempelanlage allgemein (εὐκίονες αὐλαὶ θεῶν V.185/6) und den Altar vor dem Tempel (ἀγυιάτιδες θεραπεῖαι V.186/7) erwähnt haben, die dicht nebeneinander liegen, so daß sie eine Einheit bilden und den Chor gleichsam wie ein Auge anblicken(13).

Die Metopenszenen, die sich die Frauen gegenseitig zeigen, stellen den Kampf des Herakles, der dabei von Iolaos unterstützt wird, gegen die Hydra von Lerna dar (V.191/2, 197-99) und Bellerophontes' Heldentat gegen die Chimaira (V.201-3), der Giebelschmuck eine Gigantomachie, in der Athene und Dionysos ihre Widersacher vernichten (V.206-18). Neben diese Beschreibungen, nach deren Sinn noch zu fragen ist, tritt als besonderes Merkmal eine Neugier des Chores, die sich mit einem Verhalten moderner Touristen vergleichen ließe(14): da ist der Ausgangspunkt der Schilderungen, die Vergleichbarkeit des zu Schauenden mit Bauten der Heimat (V.184/5), ferner das aufgeregte "Schau hier", das eine Besichtigung in der Gruppe zu einem Erlebnis der Gemeinschaft werden läßt (V.190, 193, 194, 201, 206, 207, 208, 210, 214), der Stolz, Symbole und Götter der eigenen Stadt zu finden (V.211 wird ἐμὰν θεόν betont). Schließlich, da sie noch mehr sehen möchten, indes unsicher sind, ob es erlaubt ist, wenden sich die Frauen mit der bisweilen

---

11 Melchinger (1980) S.80.
12 V.190-204. Es ist nicht erkennbar, ob 190-200 eine oder zwei Szenen beschreiben.
13 Ich folge in der Deutung der schwierig zu erklärenden Verse 1984-9 Müller (1975) S.25/6.
14 Siehe dazu Melchinger (1980) S.80 und Seidensticker (1982) S.220/1.

despektierlichen Anrede(15) σέ τοι τὸν... αὐδῶ (V.219/20) an einen Einheimischen, Ion. Da ihnen ein οὐ θέμις das Betreten des Tempels verwehrt,
lassen sie sich wenigstens das, was sie vom Innern des Heiligtums gehört
haben, bestätigen, und über die Bedingungen, die Zutritt gewähren, aufklären
(V.219-29). So beschließen sie mit Ions Billigung, den Tempel weiterhin von
außen zu betrachten (V.230- 33).

Die Parodos endet mit einer Auftrittsankündigung Kreusas, die, da sie
noch zur Lyrik gehört, ungewöhnlich ist (V.234-7)(16), aber sich aus der
Sebstvorstellung des Chores ergibt.

Werfen wir einen Blick auf Parodos-typische Elemente im Einzugslied des
'Ion' und ihre Verwendung:

a) Der Chor ist nicht unangekündigt. Denn Ion erwähnt in V.100 die zu
erwartenden Besucher des Heiligtums - der Chor gehört zu ihnen.

b) Der Chor hört in anderen Stücken etwas im außerszenischen Bereich
und tritt auf, um Genaueres in Erfahrung zu bringen: gilt sonst sein Interesse dem Leid einer Person, paßt es Euripides im 'Ion' der Situation an: der
Chor sucht hier Bestätigung für das, was er über den Tempel gehört hat
(V.22-5).

c) Bisweilen gibt der Chor an, wo er etwas gehört hat. Dies dient (Hipp.,
Hel.) dazu, seine soziale Position zu beschreiben. Eine ähnliche Aufgabe
haben im 'Ion' die Verse 196-200(17): der Ort, an dem die Frauen vom
Mythos gehört haben, die "Spinn- oder vielmehr Webstube"(18) weist ihnen
die Sphäre der häusliche Arbeit zu.

d) Der in anderen Parodoi erscheinende "ethopoietische Irrtum" des Chores
wird im 'Ion' vermieden. Doch an seiner Stelle charakterisiert die Neugier
und Aufregung, das "touristische" Verhalten, den Chor. Just dieses Verhalten,
die Mischung aus Naivität, Ehrfurcht(19) und Neugier, ist es, das den heiteren Ton der zweiten Prologszene weiterträgt.

Euripides, so scheint es, war nicht der erste, der den Tempelbesuch
einer Gruppe von Personen, die mit den Gegebenheiten nicht vertraut sind,
gerade im Hinblick auf die daraus entstehende Möglichkeit für eine heitere

---

15 Siehe dazu die Belege für diesen Typus der Anrede und die damit zum
Ausdruck kommende Einschätzung des so Angesprochenen bei Wendel (1929)
S.48/9.

16 Zu derartigen Auftrittsankündigungen im Lied siehe Taplin (1977) S.173/4
sowie unten S.193.

17 Siehe zur Erklärung Owen (1939) S.85.

18 Wilamowitz (1926) S.95.

19 Vgl. Seidensticker (1982) S.220/1.

Situation verwendet hat. Paul Friedländer hat die Parodos des 'Ion' in eine Verbindung mit Epicharms 'Thearoi' (F79 Kaibel), Sophron F10 K und Herondas (Mim.4) gebracht(20). Ich würde nun Aischylos Theoroi F78a hinzufügen: auch dort gibt die Fremdheit der Besucher, ihr Staunen, Gelegenheit für lustige Effekte.

Kommen wir nun zur Frage, welche Aufgabe die Bauschmuck-Beschreibungen haben. Rüdiger Leimbach schrieb 1971(21):" Die Gegenstände der Darstellung, um die man sich lange bemüht hat, geben für die Deutung nichts aus." Diese Position, die bis dahin als communis opinio gelten konnte, wurde 1975-77 in drei, wie es scheint, unabhängig voneinander entstandenen Arbeiten(22) in Frage gestellt. Die Szenen, so der einhellige Schluß von Müller, Mastronarde und Rosivach, symbolisieren auf dreierlei Wegen den Sieg der Olympier, der Zivilisation,über die primitive Natur, der sich in der Überwindung der wilden Ausgeburten der Erde durch die Repäsentanten einer göttlichen Ordnung ausdrückt(23).

Daß Euripides diese Darstellungen in einer gewissen Absicht in die Parodos eingefügt hat, legt der archäologische Befund nahe: der Altar, den der Chor V.186/7 nennt, befand sich wie der Eingang zum Tempel auf dessen Ostseite. Eine Gigantomachie (V.205-18) schmückte aber den Westgiebel des Heiligtums, der Einzug Apolls in sein Heiligtum den Ostgiebel(24). Wäre Euripides nur an der Beschreibung oder dem Hinweis auf die Pracht des Gottes gelegen gewesen(25), hätte kein Grund bestanden, von den tatsächlichen Gegebenheiten abzuweichen.

Welche Bedeutung können die beschriebenen Szenen für das Stück haben ? Die bezwungenen Ungeheuer sind allesamt Kinder der Erde - auch Kreusa leitet ihre Abstammung von der Erde her(26): Erichthonios und damit das

---

20 Friedländer (1912) S.26-9. Wilamowitzens Spott (1926) S.15 A.1 ist insofern berechtigt, als eine direkte Übernahme des Motivs aus Epicharm äußerst unwahrscheinlich ist. Doch müssen wir Friedländer dankbar sein, daß er mit den Parallelen auf das Potential der Komik aufmerksam gemacht hat, die solchen Situationen innewohnt. Vgl. auch Kranz (1933) S.312.

21 Leimbach (1971) S.29 A.4.

22 Müller (1975), Mastronarde (1975), Rosivach (1977).

23 Müller (1975) S.29, Mastronarde (1975) S.166/7, Rosivach (1977) S.287/8.

24 Müller (1975) S.28.

25 Dieses Motiv, für das der tatsächliche Schmuck des Ostgiebels viel geeigneter gewesen wäre, vermutet Leimbach (1971) S.29.

26 Zur Autochthonie siehe zuletzt Rosivach (1987)

gesamte Geschlecht, so wird im Stück wieder und wieder gesagt (V.20/1, 265-70, 737 usw.)(27), entstammt der Erde. Die Giganten kämpfen gegen die olympischen Götter - Kreusa wird gegen Apolls Plan rebellieren, sie wird Ion töten wollen mit einer Waffe, die in enger Beziehung zur Gigantomachie steht (V.987-1038)(28). Die Erdgeborenen unterliegen den Göttern - Kreusas Plan wird fehlschlagen, Apoll kann den seinen - wenn auch mit Änderungen - durchsetzen. Die beschriebenen Szenen können also als Paradeigma für die Handlung gedeutet werden. Doch kann sie auch der Zuschauer so verstehen ? Meines Erachtens ist dies anzunehmen, aber nur unter einer Voraussetzung: mittels Bühnenmalerei müssen am Bühnengebäude Szenen zu sehen gewesen sein, in denen der Zuschauer das vom Chor Beschriebene erkennen konnte(29). Ein Paradeigma muß als solches erkannt werden können. Ich bin gern bereit anzunehmen, daß ein mythologisches Exemplum, das der Chor im Stasimon besingt, vom Zuschauer für die Interpretation eines unmittelbar vorangegangenen oder nachfolgenden Aktes verwendet werden konnte(30). Daß aber Choräußerungen, die über Hunderte von Versen keinen Anknüpfungspunkt in der Handlung haben, so verstanden werden konnten, will mir nicht einleuchten. Wenn aber das im Ion Beschriebene in irgendeiner Form zu erkennen war, konnte der Zuschauer, dem durch den Chor die Bedeutung des Dargestellten erklärt worden war, zu dem Zeitpunkt im Stück, da die Paradeigma-Funktion relevant wird, also während der Planung des Gift-Mordes (V.987-1047), diese erkennen: er sah Kreusa und den Alten vor dem Hintergrund des Scheiterns der Gigangten ihre Intrige gegen Apolls Plan vorbereiten.

Die Rolle des Chores im Eingang des 'Ion' ist also vielschichtig: zum einen stellt er sich in sehr auffälliger Weise vor, er ist fremd in Delphi und staunt über das Heiligtum; hierin betreibt Euripides Ethopie. Dadurch, daß der Chor als naiv- neugierig auftritt, wird es möglich, die heitere Stimmung des Prologes fortzusetzen.

Dessenungeachtet wird andererseits in den Beschreibungen des Chores, obgleich er selbst nichts davon ahnt, die Macht der olympischen Götter, die

---

27 Vgl. Rosivach (1977) S.290.

28 Rosivach S.290/1.

29 Damit folge ich Owen (1939) S.82/3 gegen Wilamowitz (1926) S.22/3, Müller (1975) S.28 und Newiger (1977) S.323/4.

30 Vgl. die bei Kranz (1933) S.217 aufgeführten Lieder in dieser Hinsicht.

eine planvolle Ordnung der Welt repräsentieren, deutlich. Die Beschreibungen können damit für den Zuschauer als Paradeigma fungieren(31), das während des gesamten Stückes optisch präsent ist.

Die Frage, warum Euripides die eingangs beschriebene Form der Parodos gewählt hat, läßt sich leicht beantworten: sie wird benötigt, um den touristischen Eifer des Chores zur Geltung zu bringen. Die neuen Eindrücke nehmen ihn so sehr gefangen, daß er erst, nachdem er den Bauschmuck gesehen hat, seinen Blick auf den anwesenden Ion(32) richtet und mit ihm spricht.

---

31 Vgl. Müller (1975) S.36: "Im Ganzen dienen die vom Chor beschriebenen Kunstwerke dem einen Ziel, auf die Übermacht der Götter über alle unmoralischen Kräfte der Welt hinzuweisen und damit, ohne daß die Chorsängerinnen das wollen und wissen, Providenz im Falle Ions in Aussicht zu stellen."
32 Ich entscheide mich dafür, Ion V.183 nicht abgehen zu lassen, vgl. Wilamowitz (1926) S.94.

2. 15. Phoenissae

Im Eingang der 'Phoenissae' finden sich ein aus zwei Szenen bestehender
Prolog und eine allein vom Chor bestrittene Parodos. Iokastes Monolog bildet
die erste Prologszene (V.1-87), ein halblyrisches Amoibaion zwischen Antigone
(lyr.Part) und dem Pädagogen (Sprechverse) die zweite (V.88-201). Die Parodos (V.202-60) besteht aus zwei Strophenpaaren, die durch eine Mesode
voneinander getrennt sind.

In den 'Phoenissae' gibt es keine Figur, die das Geschehen bestimmt wie
etwa Medea, Ion usw. Stattdessen scheint sich Euripides darum bemüht zu
haben, den Untergang des berühmten Labdakidenhauses, der sich in zeitlich
verschiedenen Etappen vollzieht(1), in einem einzigen Stück darzustellen(2). Er
wählte dafür den Ausschnitt aus dem Labdakiden-Mythos, der den 'Septem'
des Aischylos entspricht. Doch auch die Hauptfiguren des vorangegangenen
und des nachfolgenden Abschnitts im Mythos erscheinen im Stück: so sind in
den 'Phoenissae' alle berühmten Gestalten dieser Sage versammelt: neben
den zu erwartenden feindlichen Brüdern Eteokles und Polyneikes treten Iokaste und Oedipus sowie Kreon und Antigone auf(3).
    Diese Konzeption einer "Familien-Tragödie" findet ihren ersten Ausdruck in
der Prologsprecherin Iokaste, dem, so dürfen wir vermuten, ältesten Mitglied
der Familie(4): wie in 'Electra' oder 'Helena' wird damit auch in den 'Phoenissae' durch den Prolog das Neue an der Bearbeitung des Stoffes sinnfällig.
Iokaste, die im 'O.R.' Selbstmord begeht, dürfte sicherlich nicht vom Zu-

---

1 Diese Etappen können z.B. mit den erhaltenen Dramen Soph. O.R., Aisch.
Sept., Soph. Ant. beschrieben werden.
2 Diese Interpretation der Einheit des Stückes geht zurück auf Hartung
(1844) S.443 ("De universae enim domus salute, non de certaminum solo
eventu agitur", siehe ebenda S.44), der allerdings daneben die Bedeutung des
Staates hervorhob. Pohlenz (1954) S.374, Podlecki (1962) S.372/3 und
Rawson (1970) haben sie mit Modifikationen fortgeführt. Auch die bislang
umfassendste Analyse des Stückes von Mueller-Goldingen (1985), hier S.268,
führt diesen Interpretationsansatz weiter.
3 Vgl. Rivier (1975) S.161.
4 Vgl. Melchinger (1980) S.209.

schauer erwartet werden(5). Doch sie ist geeignet, die bedrohliche Gegenwart als Produkt der verhängnisvollen Familiengeschichte darzustellen, da sie
diese in besonderem Maß verkörpert: als Gattin und Witwe des Laios, als
Mutter des Oedipus, als dessen Frau, als Mutter des Polyneikes und des
Eteokles, der Ismene und der Antigone. Sie selbst hat *alle* Schicksalsschläge
des Geschlechtes erfahren müssen und wird im Stück noch einen weiteren,
den Tod der Söhne, erleben.

Zwei Informationen ragen aus der Prologrede heraus: 1. Oedipus lebt, er
ist im Palast eingeschlossen. Seine eigenen Söhne haben ihm das angetan.
So hat er sie verflucht. Der Fluch ist die Ursache des Haders zwischen den
Brüdern, der zu einem Krieg zu führen droht(6). 2. Um diesen zu vermeiden,
hat Iokaste ihre Söhne zu einem Vermittlungsgespräch gebeten (V.63-83)(7).

Damit werden zwei eindrucksvolle Szenen vorbereitet, der Auftritt des
Oedipus am Ende des Stückes und der Agon zwischen den beiden Brüdern,
der bei Aischylos nicht vorkommt.

Zugleich deutet Euripides mit den V.74-6 eine Umdeutung der Rolle von
Polyneikes und Eteokles im Verhältnis zu Aischylos an(8). In V.154 wird diese
Andeutung verstärkt.

Die 2.Prologszene gilt einem Aspekt, der in der Rede Iokastes nur beiläufig
erwähnt war (V.78/9): der Bedrohung der Stadt Theben, die vom Heer des

---

5 *Vgl. Melchinger (1980) S.209, Mueller-Goldingen (1985) S.40. Euripides*
scheint mit der Einführung einer noch den Streit ihrer Söhnen erlebenden Io-
kaste Stesichoros zu folgen, siehe Bremer (1987) S.169.
6 *Dieses Motiv findet sich auch bei Aisch. Sept. 655, 709, 785-90.*
7 *Man kann hierin eine motivische Brechung des Vermittlungsvorschlages se-*
hen, der im "Stesichoros" von Lille erscheint (Parsons (1977)). Dort scheint
Iokaste V.232-41, um ein Unglück zu verhindern, den Besitz unter ihren
Söhnen verlost zu haben, siehe dazu den Vorschlag von Page bei Parsons
(1977) S.36, vgl. Bremer (1987) S.169. Das euripideische Motiv eines Ge-
sprächs zwischen den feindllichen Brüdern vor der um Ausgleich bemühten
Mutter hat weitergewirkt. Auch in Trag. Adesp. F665 ist ein derartiges
Gespräch überliefert.
8 *Wie die Brüder außerhalb der Sept. dargestellt wurden, läßt sich nicht si-*
cher entscheiden. Siehe dazu die Diskussion bei Stephanopoulos (1980)
S.111-4 und Mueller-Goldingen (1985) S.27-9.

Polyneikes ausgeht. Euripides wählt dafür eine Teichoskopie(9), die die homerische im 3.Buch der Ilias variiert: erklärt dort die Frau dem greisen König
das griechische Heer, läßt sich hier Antigone von ihrem alten Pädagogen über
die feindlichen Heerführer unterrichten. Wieso Euripides gerade die Form des
halblyrischen Amoibaions für das Gespräch zwischen Greis und Mädchen
gewählt hat, ist aus der Sache heraus schwer zu erklären(10); vielleicht hat
den Dichter wie auch im Fall der Phrygerarie im 'Orestes' die Gewißheit, eine
theaterwirksame Musikeinlage zu schaffen, hierzu bewogen.

　　Doch daß gerade Antigone hieran beteiligt ist, hat einen tieferen Sinn.
Denn wenn nach der Uralten, der Greisin Iokaste, das junge Mädchen Antigone auftritt, wird damit auch die Konzeption des Stückes deutlich: Iokaste
verkörpert die Geschichte der Labdakiden bis zu diesem Punkt des Geschehens, Antigone aber weist mit der unverhohlenen Zuneigung für den bedrohli-
chen Bruder (V.161-9) bereits auf die Problematik der Exodos, auf den
Konflikt der sophokleischen 'Antigona'(11). Damit dient in unauffälliger Weise
auch die 2.Prologszene, die die Bedrohung Thebens in der Beschreibung der
feindlichen Heerführer ausmalt, dazu, die 'Phoenissae' als Tragödie einer
Familie zu entwickeln(12).

　　Euripides läßt den Pädagogen in V.92-5 aus Sorge um die gesellschaftliche Stellung Antigones zunächst spähen, ob niemand den Gang auf die
Mauer bemerkt. Diese Sorge dient V.193-201 dazu, den Abgang des Paares
zu motivieren(13): der Alte bemerkt Lärm, ein ὄχλος γυναικῶν schicke sich
an, zum Palast zu kommen. Aus Furcht, der Ruf seiner Schutzbefohlenen
könnte unter dem Gerede der Frauen leiden, ermahnt er sie, ins Haus zu-
rückzukehren. Es ist bedeutsam, daß hier das Motiv der Schicklichkeit, das
für das junge Mädchen in diesem Stück eine große Rolle spielt, entwickelt
wird. Denn in V.1275/6 erscheint es erneut: dort bricht Antigone auf Ermahnung der eigenen Mutter die Konvention , die hier als so beachtenswert

---

9 Vgl. Schadewaldt (1926) S.173. Siehe auch die Wertung Hermanns (1840)
p.X: Haec scena per se optima est: quamquam unius timidae puellae metus
non praebet eam imaginem·trepidantis universae civitatis, quam apud Aeschy-
lum in choro virginum cum clamore et eiulatu ex tota urbe ad arcem con-
cursantium videmus.
10 Auch bei Popp (1971) S.264 u. 272 findet sich kein Grund angegeben.
11 Die Authentizität des Bestattungsverbots ist umstritten, athetiert man es
in der Exodos, dient hier Antigones Zuneigung lediglich (aber auch das ist
viel) der euripideischen Uminterpretation der Rolle des Polyneikes.
12 Ausführlich analysiert die 2.Prologszene Mueller-Goldingen (1985) S.51-62.
13 Vgl. Erbse (1985) S.237.

dargestellt wird, in der Exodos verläßt sie gar mit dem blinden Vater The-
ben(14).

Hierin findet sich ein bereits aus dem 'Phaethon' (V.54-9) bekanntes
Element bei der Vorbereitung des Chorauftritts wieder: sein Kommen löst
den Abgang der Schauspieler aus. Doch im 'Phaethon' war es nicht der Chor
selbst, sondern der Zeitpunkt, den sein Auftritt anzeigte, Grund für den
Rückzug von Mutter und Sohn. In den 'Phoenissae' liegt der Grund im Chor
selbst. Antigone und der Pädagoge wollen ihn meiden. Es ist kaum stärker
auszudrücken, daß Chor und Schauspieler voneinander getrennt sind.

Man kann geradezu von einer Umkehrung des "Rufmotivs" sprechen: in der
Gruppe der zuerst besprochenen Stücke zog der Chor ein, weil er etwas
über einen Bedrängten auf der Bühne gehört hatte. Hier ergreifen die Schauspieler die Flucht, weil sie den Chor hören(15).

Aber die Auftrittsankündigung des Pädagogen bewirkt noch mehr: sie läßt
ob ihrer deutlichen Worte eine Neugier beim Zuschauer auf den Chor entstehen und erzeugt in ihm zugleich eine (falsche) Erwartung(16): der Chor,
der tatsächlich auftritt, wird sich als ein anderer erweisen. An welchen Chor
mochte ein versierter Zuschauer denken, wenn er die Verse 196/7 hörte ?

In den erhaltenen griechischen Tragödien findet sich nur ein Chor, der
bei seinem Einzug den Eindruck erweckt, er sei ein ὄχλος γυναικῶν - just
der der thebanischen Mädchen in Aischylos' 'Septem'. Dort treibt die Unruhe
in der belagerten Stadt (vgl. Aisch. Sept. 80- 105) die Thebanerinnen dazu,
sich bittfällig zu den Götterbildern zu flüchten, die sich vor der Akropolis
befinden(17). Man kann vermuten, daß Euripides mit der Auftrittsankündigung des Alten die Erwartungen der Zuschauer bewußt in eine falsche
Richtung lenkt. Desto überraschender und wirkungsvoller mußte der tatsächliche Chor des Stückes sein, dessen besondere Anlage schon Scholiasten zu
Erklärungen herausgefordert hat. Die von ihnen gefundene Antwort ist durchaus erwähnenswert: der Chor habe aus Mitbürgerinnen oder Verwandten der

---

14 Die Verse 196-201 mit Friedrich (1977) S.91 A.3 für eine Interpolation zu
halten scheint mir deshalb falsch.
15 Dieses Motiv erscheint auch in Eur. Alope F 105N (zitiert oben S.23) und
findet sich häufig in der Komödie: Alexis F107 Kock, Menander Aspis 245-9,
Dysc. 230-2, Epitr. 169-71, Perikeir. 261-6, vgl. auch Terenz, Heaut. Tim.
173/4. Siehe dazu Maidment (1935) S.16-21 und Handley (1965) S.171/2 zu
V.230-2.
16 Mueller-Goldingen (1985) S.56.
17 Vgl. dazu Hutchinson (1985) S.56.

Iokaste bestehen müssen, die ihr Trost bei der Unterredung ihrer Söhne würden spenden können. Ein Chor aus Einheimischen sei aber ungeeignet, da ein solcher nicht gegen das Unrecht des Eteokles, seines Herrschers, Stellung nehmen könnte(18)

Der Scholiast erkannte, daß der Chor so angelegt sein mußte, daß er zwar Iokaste nahestehen konnte, aber nicht, wie etwa der Chor der 'Septem', auf den Schutz des Eteokles angewiesen war. Mit der Wahl eines Chores aus phönizischen Tempelsklavinnen unterstreicht Euripides die Konzeption des Stückes: ein "gewöhnlicher" Chor aus Frauen Thebens würde wie bei Aischylos andere Akzente setzen. Denn sie wären durch Polyneikes und sein Heer in ihrer Existenz bedroht, ihnen bereitete das, was Iokaste V.563-5 vor Augen stellt, Angst. Doch die Phönizierinnen können frei davon sein, sie sind Φοίβῳ δοῦλαι μελάθρων (vgl. V.205), ἱερόδουλοι, wie es der Scholiast mit einem späteren Terminus beschreibt(19), sie sind einem Gott geweiht, so daß es bei einer Eroberung der Stadt ein Sakrileg für die Sieger bedeutet, sich an ihnen zu vergreifen(20). Damit gelingt Euripides die Quadratur des Kreises: der Chor ist mitten in der bedrohten Stadt, doch seine Existenz ist ungefährdeter als die der Bewohner, er muß nicht wie die Mädchen der 'Septem' verzweifelt die Götter um Rettung bitten. Der bei Aischylos zu findende enge Zusammenhang zwischen Chor, Stadt und König wird damit gelockert: die Maßnahmen und das Verhalten des Eteokles sind bei Aischylos ein Politikum, sie sichern den Bestand des Staates und damit die Existenz des Chores. Durch Euripides' Chor ist die Möglichkeit eröffnet, nicht nur die von Polyneikes ausgehende Bedrohung, sondern auch die Handlungen und die Gesinnung des Eteokles, die zu der Bedrohung führten, zu würdigen(21). Pointiert formuliert: dadurch, daß der Chor von der Polis getrennt ist, wird der Blick von den politischen auf die ethischen Dimensionen des Handelns der Brüder frei.

Zugleich ist es sinnvoll, daß der Chor aus phönizischen Hierodulen be-

---

18 *Schol. zu Phoen. 202. Hermann (1840) p.XIV folgt dieser Erklärung.*

19 *Siehe Schol. zu Phoen. 202, 224, 236. Siehe zu diesem Begriff Böhmer (1960) S.149-52 und Garlan (1988) S.112-4. Über die Hierodulie im 5.Jh. ist fast nichts bekannt, Eur. Ion und Phoen. sind für sie die markantesten Zeugnisse. Eine Übersicht über die Forschungsstand zu dieser Form der Sklaverei gibt Debord (1972).*

20 *Zu den Implikationen von ἱερός siehe Burkert (1985) S.269.*

21 *Diller (1971c) S.349 spricht daher zurecht davon, daß die Wahl eines solchen Chores, der den Verhältnissen fremd gegenübersteht, die Möglichkeit einer gewissen Objektivierung der umfassenden Handlung gebe.*

steht, die vom Scholiasten hervorgehobene "Verwandtschaft"(22) ermöglicht es, das "Familiendrama" mit weiteren Aspekten zu ergänzen. Mit dem, was der Chor über Kadmos zu berichten weiß, den Stammvater der Herrscherfamilie Thebens, erfährt die Geschichte des Labdakiden-Hauses eine Abrundung, der Chor selbst repräsentiert nicht zuletzt die tyrische Abkunft des Geschlechts(23). Und es ist möglich, aufgrund der Verwandtschaft den Chor an den Vorgängen des Stückes nicht teilnehmen (wie bei Aisch.), sondern Anteil nehmen zu lassen. So verkünden die Phönissen V.243: κοινὰ γὰρ φίλων ἄχη.

Daneben betont diese Verbindung des Chores mit der Handlung deren Tendenz: der Chor ist nicht auf eine einzelne Figur ausgerichtet, sondern auf die gesamte Familie (V.291/2). Auch hierfür ist es nicht unwichtig, daß der Chor nicht aus Theben stammt. Denn dann würde er sich zwangsläufig mehr derjenigen Generation des Labdakiden-Hauses verbunden fühlen, deren Alter dem seinen nahekommt, da er entweder auf eine lange, gemeinsam durchlebte Zeit oder gemeinsame Jugenderlebnisse zurückblicken könnte, nicht aber der Familie als Ganzem.

Kommen wir nun zur Parodos selbst: ein ὄχλος γυναικῶν wurde angekündigt – doch Frauen in orientalischen Gewändern, so kann man vermuten(23), ziehen ein. Nicht von Furcht und Entsetzen singen sie: sie geben eine Reisebeschreibung, in die der Zweck ihrer Reise verwoben ist (V.203, 205); wir

---

22 Die Bezeichnung "Verwandtschaft" trifft indes den Sachverhalt nicht ganz: Agenor ist der gemeinsame Stammvater der Familie, die phönizischen Nachkommen des Agenor sandten den Chor nach Delphi (V.280-2), der die Verehrung und Loyalität gegenüber diesen auf den thebanischen Zweig der Familie überträgt (V.291-3). Es verbirgt sich in der Geschichte des Chores ein Problem: er stammt aus Phönizien (V.280), die Agenoriden sind seine Herrscher (V.291/2), doch wurde er als ἀκροθίνιον δορός (V.281/2), als Kriegsbeute also, nach Delphi geschickt. Nun war es üblich, Einwohner einer eroberten Stadt zu Hierodulen zu machen (vgl. z.B. Pausanias 4,34,9 und RE 8,2 Sp.1464 [Hepding], nicht aber eigene Landsleute als ἀκροθίνιον δορός dafür auszuwählen. Wir sehen, wie Euripides durch das Bemühen, den Chor sowohl sakrosankt als auch verwandt zu machen, einen Widerspruch zur allgemein üblichen Praxis hinnehmen mußte. Siehe dazu auch Hermann (1840) p.XI/XII, dessen Erklärung (p.XII) "... sic accipiendum est, ut Agenoridae ex suae urbis Tyrii virginibus formosissimas propter reportatam aliquam victoriam de hoste, quam non nominavit poeta, Apollini donum mittere decreverint," der einzige Ausweg ist.
23 Vgl. Rawson (1970) S.112.
24 Vgl. Hermann (1840) p.XIII.

erinnern uns an den Chor in der 'Helena', dessen erste Worte ebenfalls in eine andere, idyllischere Welt zu führen schienen (Hel. V.179-83). Daß der Chor angibt, woher er kommt (V.202), ist ein Charakteristikum der Parodos(25). Er kann erklären, was er an jenem Ort getan hàt(26): dies dient seiner Charakterisierung. Da sich der besondere Charakter des Chores in den 'Phoenissae' erst aus seiner Aufgabe am Zielort ergibt, wird diese genannt.

Das Auftreten des Chores ließ sich in einer Reihe von Stücken auf das "Rufmotiv" zurückführen. Dieses erscheint in den 'Phoenissae' nur noch in einer Brechung; der Chor wurde von Tyros ausgesandt (V.219 πεμφθεῖσ'). Doch diese Aussendung ist vollständig losgelöst von der konkreten Situation in Theben.

Das erste Strophenpaar und die Mesode bilden in Metrik (sie stehen in äolischen Metren), Inhalt und Stimmung eine Einheit: der Chor schildert seine See-Reise durch das Ionische und Sizilische Meer(27), die günstigste Wetterbedingungen (V.211-3) begleiteten (Str.1), er ist auf dem Weg nach Delphi nach Theben gelangt und hat noch nicht seinen Dienst für den Gott angetreten (Gegenstr.1). Daß er sich dabei mit goldenen Weihgaben vergleicht und seine Aufgaben als Hierodule mit dem Befeuchten seines glänzenden Haares umschreibt, verleiht der Gegenstr. eine idyllische Stimmung. Statt der Arbeit, die, wie im 'Ion' bezeugt(28), möglicherweise in mühseligem Wasserholen besteht, wird der Glanz des Haares und die Heiligkeit des Wassers beschrieben.

Die Mesode apostrophiert Delphi, indes nicht allein als heiligen Ort des Apoll, sondern auch als Stätte des Dionysos: Fels und Weinrebe des Gottes werden vor der Grotte(29) und dem heiligen Berg des Phoibos genannt: das Ende der Mesode gibt den Apostrophen an diese Plätze einen Sinn:

χορὸς γενοίμαν ἄφοβος

---

25 Vgl. z.B. Hec. 99, Tro. 176, Ba. 64/5.

26 Vgl. Hipp. 122-4, Hel. .179-83.

27 Siehe Mueller-Goldingen (1985) S.65, der die geographischen Bezeichnungen erklärt.

28 Ion 94-7.

29 Arthur (1977) S.167/8 weist darauf hin, daß das Motiv des Drachentötens für das Stück von Bedeutung ist. Apolls Tat symbolisiere den Sieg der Zivilisation über die zerstörerische Gewalt - die Ares in Theben verkörpere. Damit diene auch diese kleine Erwähnung dazu, den Kontrast zwischen dem friedvollen Delphi und dem kriegsumtobten Theben vorzubereiten.

παρὰ μεσόμφαλα γύαλα Φοί/βου

Sie ist ein "Entrückungswunsch" des Chores(30), der von Theben fort zu den heiligen Plätzen Delphis möchte, um dort ohne Furcht für die Götter tanzen zu können(31). Damit bereitet die Mesode, die so eine Scharnierfunktion erhält, den 2.Teil der Parodos vor, da sie implizit mit ἄφοβος und Δίρ-καν προλιποῦσα in die Situation des Stückes zurückkehrt.

Dieser gilt das 2.Strophenpaar, das in starkem Kontrast zum vorangegangenen Teil steht: das Metrum bricht um(32), Trochäen können das Tempo des Vortrages wachsen lassen; νῦν δέ kündigt die Beschäftigung mit der Gegenwart an.

Die Gottheiten wechseln, statt Apoll und Dionysos beherrscht nun Ares(33) den Ort (V.240,253): der Krieg ist vor der Stadt, der Chor nimmt Anteil (s.o.) am Lose Thebens (Str.2). Die Gegenstrophe bereitet bereits das schlimme Ende vor. Der Chor ahnt von der Schlacht, die Ares als von den Erinyen verhängtes Unheil den feindlichen Brüdern bringen wird (V.253-55). Bedeutungsvoll ist der Schluß des Liedes: auch der Chor betrachtet wie zuvor Iokaste und der Pädagoge den Kampf des Polyneikes als ein Unterfangen, das οὐκ ἄδικον (adv.) unternommen wird (vgl. V.75/6 u. 154), auch er wähnt das Walten der Götter (V.258 = 154) hinter der Bedrohung durch Argos.

Die Parodos erfüllt damit eine Reihe von Aufgaben:

1. Sie führt den ungewöhnlichen Chor ein.
2. Sie bedeutet durch den Gedanken an Delphi in ihrer ersten Hälfte einen vorläufigen Ruhepunkt nach den bewegten Prologszenen.
3. Sie lenkt unter Kontrastwirkung von Teil 1 zu Teil 2 nachhaltig in die

---

30 Vgl. Mueller-Goldingen (1985) S.67, der von einer Sehnsucht der Chores nach einer Idylle spricht - dies ist ein Kennzeichen der Entrückungswünsche, vgl. unten S.281/2.

31 Podlecki (1962) S.370/1 und Rawson (1970) S.110 weisen auf die Bedeutung des Bildes vom Tanz für das Stück hin, vgl. V.314-7, 655, 785ff., 807, 1028, 1489-91.

32 Eine ähnliche metrische und inhaltliche Zweiteilung findet sich auch in der I.A. V.164-230 und 231-302, siehe unten S.159/60.

33 Ares wird in den Phoen. häufig erwähnt (z.B. 134, 1081, 1123), man kann geradezu von einem "Ares-Motiv" sprechen, das im Gegensatz zur Erwähnung von Apoll, Athene und Dionysos steht. Siehe dazu Masaracchia (1987).

Situation zurück und gibt mit ihrem Schluß einen weiteren Hinweis auf die Umdeutung der Rolle des Polyneikes.

Die monodische, nicht-amoibaiische Form der Parodos wird erklärbar, wenn man bedenkt, daß der Chor auf das gesamte Labdakiden-Haus hin konzipiert ist. Zu diesem Zeitpunkt des Stückes besteht noch die Hoffnung, durch das Vermittlungsgespräch zu einem Ausgleich zwischen den feindlichen Brüdern zu kommen und damit die Familie zu retten. Damit ist keine Situation für eine amoibaiische Klage, wie sie z.B. in 'I.T.' oder 'Helena' erscheint, gegeben.

2. 16. Iphigenia Aulidensis

*Im Eingang der 'I.A'. finden sich eine einzige Prologszene (V.1- 163) und
eine monodische Parodos des Chores (V.164-302), in der auf ein Strophenpaar mit Epode zwei weitere Strophenpaare und eine abschließende Epode
folgen. Der Prolog ist ein Dialog zwischen Agamemnon und einem alten
Diener, der einst Klytaimestra von ihrem Vater Tyndareos als Mitgift gegeben
wurde (V.46/7). Metrisch ergeben sich darin drei Abschnitte, die der inhaltlichen Gliederung entsprechen: V.1-48 (Anapäste): Dialog zwischen Agamemnon
und dem Alten, V.49-114 (Jamben): Agamemnon berichtet, wie es zu der
gegenwärtigen Situation gekommen ist, V.115-163 (Anapäste): der Dialog wird
fortgeführt.*

§ 1 Die Frage nach der Authentizität des Prologes

Um den Prolog wird in der Forschung heftig gerungen: seine Form ist
singulär, andererseits erfüllt er die Aufgabe, die Grundlagen des Stückes zu
legen. So geht es um die Frage: Sind die formalen Anstöße schwerwiegend
genug, um den Prolog als das Ergebnis von Überarbeitungen und Interpolationen zu betrachten ?, bzw. Ist der Gesichtspunkt, daß er inhaltlich befriedigt,
stark genug, um die formalen Anstöße zu tragen ?

Es gibt gegenwärtig drei Positionen in der Frage nach der Echtheit des
Prologes:
1. Der Prolog als Ganzes stammt von einem Bearbeiter, der das von
    Euripides unvollendet hinterlassene Stück ergänzt hat.
2. Ein Teil des Prologes stammt von Euripides, ein Teil von einem Bear-
    beiter.
3. Der gesamte Prolog ist das Werk des Euripides.
*Wenn man die erste Position vertritt, gibt es zwei Möglichkeiten, die 'I.A.' zu
analysieren: entweder man beschränkt sich auf eine Behandlung dessen, was
man für Euripideisch hält - doch dies bedeutet, daß das Stück uninterpre-
tierbar ist, weil wichtige Grundlagen für sein Verständnis fehlen (vgl. die
Probleme, die die Erklärung des 'Phaethon' aufwirft), oder aber, man entschließt sich, da der Verfasser des Prologes inhaltlich das getroffen hat,
was auch Euripides hätte schreiben können, das Vorhandene als "ästhetische
Einheit" (etwa wie Mozarts Requiem mit Süßmayrs Ergänzungen) zu betrachten. Es ist in diesem Fall gleichgültig, wer den Prolog geschrieben hat, wichtig ist allein der Aspekt der "Werkästhetik". Folglich könnte bei diesem Verfahren der Prolog ebenso wie auch bei den übrigen behandelten Stücken untersucht werden.*

Schwieriger wird eine Interpretation der 'I.A.', wenn man die zweite Position einnimmt: einerseits besteht zwischen den Vertretern dieser Position keine Übereinstimmung darüber, ob die Anapäste oder die Jamben von Euripides stammen, andererseits ergibt weder die eine noch die andere Möglichkeit einen befriedigenden Prolog.

So ist hier eine Behandlung des Eingangs auch nur unzureichend möglich, da die Fundamente (d.h.die Antwort auf die Frage nach der Echtheit bestimmter Partien im Prolog) unsicher sind.

Am einfachsten gestaltet sich die Untersuchung des Eingangs, wenn man den gesamten Prolog für das Werk des Euripides hält. Es lassen sich für diese Ansicht durchaus beachtenswerte Argumente finden(1).

Aufgrund dieser Überlegungen erscheint es legitim, bei einer Betrachtung des Eingangs den *gesamten* Prolog heranzuziehen. Kommen wir nun zur eigentlichen Untersuchung.

§ 2 Gehalt und Bedeutung des Prologes

Zu dem Zeitpunkt, da die 'I.A.' beginnt, liegt bereits eine komplizierte Situation vor. Angesichts der Windstille, die von der Göttin Artemis verhängt wurde und die den Zug gegen Troia unmöglich macht, hat Agamemnon aufgrund der Weissagungen des Kalchas seine Tochter Iphigenie nach Aulis bestellt, damit sie der Göttin geopfert werde. Als Vorwand, sie dorthin zu locken, dient die Aussicht auf eine Vermählung mit Achill. Dies entspricht weitgehend der Schilderung des Vorgangs, die Euripides bereits in der 'I.T.' (V.15-22, 361-77) gegeben hatte. Dort waren die Ereignisse lediglich als Fakten, als Produkt eines Mechanemas dargestellt. Doch daß Iphigeniens Opferung auch Sujet einer Tragödie sein kann(2), deutet bereits Aischylos im Agamemnon' an (V.205-17), da der König die Last der Entscheidung zwischen dem Schwur, den er geleistet hat, und dem Leben der Tochter fühlt und sich schweren Herzens zur Opferung entschließt.

Euripides setzt nun in zweierlei Hinsicht neue Akzente:
1. Während in der 'I.T.' die Titelheldin zur Opferung geführt wurde, auch wenn sie sich betrogen fühlte und protestierte (V.361-77), opfert sie sich nun freiwillig. Damit dieses Opfer in seiner Größe erkennbar ist, arbeitet

---

1 Die m.W. ausführlichste Untersuchung zugunsten der Echtheit stammt von Knox (1986a), siehe auch Erbse (1984) S.269-78.
2 Anders sieht Kitto (1961) S.360 u. S.362 A.2 die Möglichkeiten des Stoffes, der die 'I.A.' eine "West-end half-tragedy" nennt.

Euripides heraus, wie sehr Iphigenie am Leben hängt (vgl. V.1250-2, 1279-1335). Es gibt eine - wenn auch kleine - Aussicht auf Rettung (V.1345-69),doch Iphigenie weist ein Opfer zu ihren Gunsten zurück (vgl. V.1418/9). Der wichtigste Faktor ist schließlich die Sache selbst, der Iphigenie ihr Leben hingibt: da ist die große Idee des panhellenischen Zuges (vgl. V.1259-75, 1375-1401), doch sind auch Nebentöne hörbar. Denn die Rolle des Heeres und die Motive der Feldherrn sind z.T. wenig erhaben, so daß von dieser Seite die Frage erlaubt ist, ob das Opfer für die große Idee angesichts der vorhandenen bedenklichen Momente gebracht werden sollte.

Daß Iphigenie in einer solchen Situation sich dennoch entschließt, ihr Leben zu opfern, obschon genügend Gründe gegeben wären, es nicht zu tun, macht ihre Größe aus(3).

2. Auch Agamemnon, der sich bei Aischylos nach Bedenken für die Staatsraison und gegen die Tochter entscheidet, gewinnt in der 'I.A.' an Profil: bei Aischylos gibt es für ihn, nachdem er sich nach schwerer Entscheidung (Ag. V.205-17)(4) unter das "Joch der Ananke" (V.218) gebeugt hat, kein Wanken mehr: ἔτλα δ' οὖν θυτὴρ γενέσθαι θυγατρός   (V.224/5)(5).
Euripides widmet einen Teil des Stückes der Frage, was in Agamemnon zwischen dem Entschluß, die Tochter zu töten, und der tatsächlichen Opferung vorgegangen sein könnte, eine Frage, die Aischylos gänzlich übergeht. Gerade den Prolog konzipiert Euripides als Antwort auf diese Frage: hierin

---

3 Man kann Iphigeniens Opfer mit den übrigen Opfern bei Euripides vergleichen: fast nirgends sonst erfordert die Situation so viel menschliche Größe dafür; für Makaria (Hcld.) und Menoikeus (Phoen.) ist die Sache, für die sie ihr Leben geben (Rettung der Familie bzw. der Stadt) ohne Tadel, Polyxena (Hec.) und die Herakles-Familie (H.F.) sehen sich einem unentrinnbaren Tod gegenüber (anders Strohm (1957) S.55), Euadnes Leben (Suppl.) ist zerstört durch den Tod ihres Mannes. Nur in der Alc. hat das Opfer eine ähnliche ursprüngliche Vermeidbarkeit und Größe, die auch dort z.T. gerade daraus erwächst, daß Admet weder einen Anspruch auf den Opfertod seiner Frau haben kann noch ohne jeden Fehler ist.
4 Siehe hierzu Snell (1928) S.48/9.
5 Es ist hier nicht der Ort, die Agamemnon-Interpretation Neitzels (vgl. z.B. Gn. 59, 1987, S.484-8) zu würdigen. Doch wie immer man sich in der Frage von Schuld und Verantwortlichkeit des aischyleischen Agamemnon entscheidet (ich folge Lesky (1974)), es gibt bei Aischylos keine δευτέρα φροντίς. Vgl. auch Snell (1928) S.48/9.

wird deutlich, daß der König schwer mit sich ringt; er bereut, daß er als Feldherr des Heeres über ein solches Opfer zu entscheiden hatte (vgl. 21-27, 85/6). Und er möchte nach langem inneren Kampf (vgl. 34-42) den Plan, mit dem Iphigenie zur Opferung nach Aulis gelockt wird, vereiteln (V.107-14).

Euripides stellt das Ringen des Königs mit sich selbst um das Leben seiner Tochter in dessen Gespräch mit dem alten Diener dar, das in einer bedeutungsvollen Szenerie angesiedelt ist: es ist kurz vor Sonnenaufgang(6), kein Wind ist zu spüren (V.6-11): eine friedliche, geradezu idyllische Stimmung wird erzeugt(7), vor der das Verhalten des ruhelosen Königs desto stärker auffällt (V.12/3). Doch nicht nur das: die Windstille ist kein Ornament, sie ist, so wird sich zeigen, Ursache des Opferplanes. Und noch ein drittes Moment ergibt sich aus dieser Szenerie: sie unterstreicht, daß Agamemnons Rettungsplan, den er nunmehr vor Tagesanbruch und in aller Stille in Werk setzt, geheim sein soll und muß (vgl. 144-8, 149-52), wenn er überhaupt eine Aussicht haben soll, den ebenfalls weitgehend geheimen Opferplan (V.106/7) zu verhindern.

§ 3 Welcher Chor ist möglich ?

Dieser Aspekt der Geheimhaltung der Intrigen ist für die Rolle des Chores nicht ohne Bedeutung: nur Kalchas, Odysseus, Menelaos (V.107)(8), Agamemnon und der Alte wissen am Ende des Prologes von der "Opferintrige", nur Agamemnon und der Alte vom "Gegenspiel". Agamemnons Bedrängnis aber besteht gerade in seinem Ringen um die Rettung seiner Tochter. Die Geheimhaltung macht einen "mitfühlenden" Chor unmöglich, der von Agamemnon in einem Amoibaion über sein Problem unterrichtet werden könnte.

Die selbstverständlichste Lösung für das Stück wäre ein Soldatenchor wie in den im Zeltlager spielenden Dramen 'Rhesus' und Sophokles' 'Aias', wie

---

6 Siehe dazu Housman (1914) als Reaktion auf Harry (1914) und dessen Antwort (1915).

7 Snell (1968) S.494, vgl. Page (1934) S.138.

8 Es ist wichtig, daß der Zuschauer rechtzeitig weiß, wer eingeweiht ist: ohne V.107 sind V.518/9 und 528-35 nur schwer verständlich. Möchte man also diesen Vers nicht missen, erhöht sich die Wahrscheinlichkeit, daß auch sein Kontext, just das Übergangsstück zwischen Jamben und Anapästen, echt ist.

vielleicht in der 'I.A.' des Sophokles(9); doch ein derartiger Chor müßte die Ponderierungen des Stückes zerstören. Er würde das Heer repräsentieren, das eine ambivalente Kraft im Drama darstellt. Einerseits ist es durch die erzwungene Untätigkeit zu einer leicht von Demagogen wie Odysseus beeinflußbaren Masse geworden, die in den Krieg will, sei es auch gegen Argos (V.528-35, vgl. V.1351/2)(10), andererseits ist es fähig, Griechenland von der Bedrohung durch die Barbaren zu befreien (vgl. V. 1398). Vor einem solchen Chor wäre z.B. die Auseinandersetzung zwischen Agamemnon und Menelaos (1.Akt) unmöglich, ebenso der Plan Achills (V.1330-68)(11).

Ein Chor von Hofdamen der Klytaimestra oder Dienerinnen Iphigeniens ist aufgrund der Ökonomie des Stückes nur schwer denkbar, da er Menelaos und Agamemnons Streit miterleben und sogleich an seine Herrin berichten müßte. Dies würde ein gänzlich anderes Drama erforderlich machen, in dem Szenen wie die zwischen Achill und Klytaimestra (3.Akt) unmöglich wären.

§ 4 Der Chor der Frauen aus Chalkis

So wählte Euripides einen Chor, der weder mit Agamemnon noch mit Klytaimestra verbunden ist. Frauen (V.176) aus Chalkis (V.168) ziehen ein, sobald Agamemnon die Bühne verlassen hat. Der Chor ist gänzlich ohne Verbindung zur Handlung des Prologes, sein Auftreten ist nicht vorbereitet. So muß er nach dem Websterschen Grundsatz(12) sein Erscheinen ausführlich begründen. Er tut dies V.164-91, d.h. über die Strophengrenze hinweg; hierbei finden sich eine Reihe von Parodos-üblichen Elementen:

1. Der Chor gibt an, woher er kommt, und gibt en passant eine Beschreibung jenes Ortes (V.168-70)(13).
2. Er nennt den Weg, auf dem er gekommen ist (V.164-7, 185/6)(14).
3. Er begründet, warum er gekommen ist (V.171-84, 189-91), wobei eine Brechung des "Rufmotivs" erscheint (V.176/7 ἁμέτεροι πόσεις ἐνέπουσ᾽).

---

9 Siehe dazu Skutsch (1968) S.161-5, vgl. auch Soph. F308 mit Radts Kommentar.

10 Diller (1971c) S.346 betont diese Eigenheit des Heeres in Aulis.

11 In Christoph Willibald Glucks Oper 'Iphigenie in Aulis' besteht der Chor aus Soldaten: sie fordern unerbittlich (besonders im 3. Akt) Iphigeniens Opferung, die Entscheidung wird davon nachhaltig beeinflußt. Siehe dazu Dahlhaus (1989) S.245/6.

12 Siehe oben S.41.

13 Vgl. z.B. Hel. 179-81, Phoen. 202, Ba. 64/5.

14 Vgl. Phoen. 208-13, Ba.13-22: dies spricht zwar Dionysos, doch der Chor der Mänaden hat denselben Weg (V.55) zurückgelegt.

Bei der Gestaltung dieser Elemente deutet Euripides eine Charakterisierung des Chores an: die Frauen heben ihre Reise durch "die Fluten des
Euripos" hervor, eine Fahrt, deren Länge bereits Hesiod mit einer gewissen
Selbstironie (Erga 650-3)(15) bemerkt. Chalkis wird τρόφος ἀγχιάλων ὑδά-
των τᾶς κλεινᾶς Ἀρεθούσας genannt. Die Stadt ist mit berühmten Mythen
und Gestalten nicht eben reich gesegnet. Elephenor wird es erst vor Troia
(II.2,536- 41) zu einer bescheidenen Berühmtheit bringen. So hebt der Chor
die Quelle Arethusa(16) heraus - was indes, da dieser Name nicht selten
ist(17), nur geringen Ruhm für die Stadt bedeutet. Die Frauen sind gekommen, um Heer (V.171 Ἀχαιῶν στρατίαν) und Flotte (V.172 πλάτας ναυσιπό-
ρους) zu sehen - hierin findet sich die touristische Neugier wieder, die uns
im 'Ion' begegnete, und die Attraktion, die ein Heer bedeutete, die auch die
Frauen in der 'Hypsipyla' aufbrechen ließ(18).

Bezeichnend ist es, daß die Frauen aus Chalkis erst von ihren Männern
über die Hintergründe des Zuges unterrichtet werden mußten (V.173-84).
Euripides skizziert mit diesen Elementen den Chor als liebenswürdig-schaulu-
stig und ein wenig hinterwäldlerisch-naiv: er hat keinen großen Erfahrungs-
schatz, stammt aus einem mythologisch unbedeutenden Ort, ist nicht weitge-
reist und ließ sich die Hintergründe der großen Heeresversammlung erklären.
Hierzu paßt es gut, daß er berichtet, wie er ehrfürchtig und scheu (V.187/8)

---

*15 West (1981) S.320 gibt die Entfernung mit "some 65 metres of water"
an. Man kann vermuten, daß Euripides den Chor einen Weg entsprechend den
zu seiner Zeit vorhandenen Straßen nehmen läßt. D.h. er überquert die Euri-
pos-Enge bei Chalkis (seit dem Jahre 410 v. Chr. gab es sogar eine Brücke,
siehe dazu Bakhuizen (1985) S.49-52) und folgt der Straße nach Anthedon
in östlicher Richtung, bevor nach Süden ein Weg abzweigt, der einerseits
nach Mykalessos, andererseits entlang der Küste (d. h. ἀμφὶ παρακτίαν ...)
nördlich vom heutigen Megalo Vourno nach Aulis führt. Vgl. dazu die Karte
bei Bakhuizen (1970) S.109 bzw. VII.*
*16 Diese sollte später bekannt werden, siehe Strabo I cap. 58 (Aly Bd.1
p.67, Sbordone Bd.1 p.119) = Poseidonios F12a Theiler (F87 Jacoby).*
*17 Im Artikel "Arethusa" (RE II,1 Sp.679-81) von Wagner finden sich 10 so
benannte Quellen angeführt.*
*18 Vgl. Thuk. 6,108,4: auch die Flotte, die nach Sizilien abgehen soll, lockt
Schaulustige (κατὰ θέαν ἧκεν) an, auch dort fasziniert die Pracht der Aus-
rüstung (παρασκευὴ... πολυτελεστάτη). Vgl. dazu Regenbogen (1961)
S.209/10.*

durch den heiligen Hain der Artemis zog(19). Wir finden in dieser Erwähnung die bereits aus 'Electra' und 'Ion' bekannte Technik, daß sich in den Worten des Chores mehr verbirgt, als dieser weiß: der Zuschauer erfuhr V.90/1, daß Iphigenie der Artemis τῇ τόδ' οἰκούσῃ πέδον geopfert werden soll. Daß der Hain von den Frauen als πολύθυτος(20) bezeichnet wird, evoziert die Vorstellung des dort geplanten Opfers beim Publikum(21).

Der Chor kommt, um zu sehen. Wir bemerken, wie frei Euripides mit der Zeit umgeht. Eben war es noch Nacht, nur die Wachen erfüllten ihre Pflicht (V.15). Nun tritt der Chor auf - und hat das Heerlager und die berühmten Helden (die freilich ihren Ruhm erst vor Troia erwerben müssen) bereits tätig gesehen.

§ 5 Der Inhalt der Parodos

Entsprechend der "Disposition" von V.171/2 schildert der Chor zunächst das Heer (V.189-230), dann die Flotte (V.231-95)(22). Gut "homerisch"(23) verkörpern die berühmten Streiter das Heer. In der Beschreibung der Frauen erscheinen sie paarweise:

Die beiden Aias (dieses Paar ist häufig in der Ilias zu finden: 4,274; 5,519; 16,555; 17,531; 17,732; 18,157), Protesilaos und Palamedes, die miteinander am Spielbrett sitzen(24): Protesilaos wird der berühmte erste Tote des Krieges sein (vgl. Il.2,698/9), Palamedes ist eine markante Figur des Lagers in Aulis, nach Soph. F380 erfand er als τερπνὸν ἀργίας ἄκος *das Würfelspiel.*

---

19 Nordheider (1980) S.83 weist auf die chiastische Bezugnahme von V.185/8 auf 164 hin.

20 Das Wort ist selten, die im LSJ s.v. angeführten Stellen (Pind. P.5,77, N.7,47, Soph. Trach. 756, Eur. Hcld.777) sind, so weit ich sehe, erschöpfend. Seine Bildung, vgl. φιλόθυτος, weist auf die Dichtersprache (vgl. Casabona (1966) S.144. Daß Euripides dieses Epitheton dem Hain beilegt, ist vielleicht ein Reflex des Epithetons der Artemis πολυθύσανε (siehe Hesych s.v.), das schon in der Antike unverständlich gewesen zu sein scheint.

21 So deutet Vitelli (bei England (1891) S.22 ad loc.) die Wirkung des Adjektivs.

22 Vgl. Wilamowitz (1984) S.610.

23 Zu Bedeutung und Rolle der πρόμαχοι in der Ilias siehe van Wees (1988).

24 Zum schema alcmanicum in ἡδομένους siehe England (1891) S.23 ad loc.. Wer dächte bei dieser Schilderung nicht an das Vasenbild auf der Amphora des Exekias, das Achill und Aias beim Brettspiel zeigt.

Beiden Helden gemeinsam ist, daß ihre Berühmtheit zu einem großen Teil der Tragödie (Euripides schrieb Dramen über beide) zuzuschreiben ist(25).

Diomedes, der sich am Diskuswerfen erfreut (26), und Meriones neben ihm bilden das nächste Paar. In der Ilias erscheinen häufig Idomeneus und Meriones als Freundespaar nebeneinander(27). So wirkt diese Zusammenstellung wie die folgende von Odysseus und Nireus (28) zufällig und dient vornehmlich dazu, einen Eindruck von der Vielzahl der berühmten Teilnehmer zu geben(29).

Achill und Eumelos beschreibt die Epode 1: diese Zusammenstellung ist gut erklärbar, da Eumelos für sein Pferdegespann in der Ilias gerühmt wird (Il.2,713-5)(30) und Achill aufgrund der Schnelligkeit seines Laufs das Epitheton ποδώχυς(31) bzw. ποδάρχης(32) erhält: so ist es ein schöner Einfall des Euripides, beide zusammen "trainieren" zu lassen(33).

Mit der Strophe 2 rückt der Chor die Flotte ins Blickfeld.

V.231-4 beschreibt er parallel zu V.185-91 seine Annäherung an das Schiffslager. Er beginnt mit der Schilderung der Aufstellung am rechten Flügel. Was er dabei sagt, hat z.T. deutliche Beziehungen zum Schiffskatalog im 2.Buch der Ilias: die Myrmidonen machen den Anfang (V.235-41, vgl. Il.2,683-5), es folgen (Gegenstr.2) die Argeier (bei Homer erscheinen sie als Achaier) unter

---

25 Selbstverständlich erschienen beide auch in den Kyprien, Protesilaos in F26 Bernabe (15 Bethe, aus Paus.4,2,7) bzw. argumentum Z.54 Cypria (Bernabe), Palamedes ebenda Z.32 u. Z.66 (Bernabe).

26 Dies ist ein homerisches Motiv: auch die zur Untätigkeit gezwungenen Myrmidonen vertreiben sich in der Ilias (2,773) die Zeit mit dieser Beschäftigung.

27 Il. 2,651, 7,166, 13,249, 16,342, 17,610. Siehe auch Kullmann (1960) S.104-6 und Michel (1971) S.67-71.

28 Vgl. Il. 2,673-5 und Kullmann (1960) S.107.

29 Vgl. auch Nordheider (1980) S.83, der die Auswahl der Helden als "repräsentativen Querschnitt" bezeichnet.

30 Daß ihm eben dieses Pferdegespann fast zum Verhängnis werden wird (Il. 23, 375-97), schwingt dabei zugleich mit. Vgl. Kullmann (1960) S.112.

31 Il.8,474, 13,113 u.ö..

32 Il. 1,121, 2,688 u.ö..

33 Breitenbach (1934) S.285 glaubt, daß Euripides in V.210-30 mit der Beschreibung Il. 2,763-5 wetteifern will. Diese Annahme scheint mir unangemessen, da die Homer-Passage zu kurz ist, um herausfordernd zu wirken.

Euryalos (hier wird er als Sohn des Mekisteus bezeichnet) und Sthenelos
(V.242-47 = II.2,564-6). Dem attischen Kontingent wird begreiflicherweise
eine eingehendere Schilderung als bei Homer zuteil (V.247- 52, vgl.
II.2,546-51). Es schließen sich (Str.3) die Boioter an (V.253-60 = II.2,494),
deren Schiffsvolk der Chor besonders hervorhebt. Phoker und Lokrer, bei
Homer ausführlich gewürdigt (II.2,517-35), werden kurz abgehandelt (V.261-
4)(34); Mykene (V.265-72 = II.2,569-72)(35) und Pylos (V.273-6 = II.
2,591- 601) folgen (Gegenstr.3). In der Epode 2 figuriert zunächst Guneus
als Anführer der Ainianer (V.277-9 = II.2,748-55), darauf erscheint das
Kontingent aus Elis (Euripides gibt hier "philologisch" einen Hinweis darauf,
daß das Ethnikon – Epeier – von der geographischen Bezeichnung verschieden
ist(36) = II.2,615-9).

V.282-4 halte ich in der bei Murray abgedruckten Form für unerträg-
lich(37). Zunächst gibt es eine mythographische Schwierigkeit: Eurytos ist bei
Homer der Vater des Thalpios(38), der am Zug teilnimmt (II.2,260/1), bei
Euripides erscheint er als Anführer der Epeier. Dann fällt ein syntaktisches
Problem ins Auge: in Murrays Text führt Eurytos den Zug der Taphier an,
die Meges befehligt (V.282-4)(39). Das ist unsinnig. In II.2,625-30 lesen wir,
daß Meges die von den Echinaden und Dulichium kommenden Schiffe kom-

---

34 Nach V.261 fehlen offenbar 2 Verse, für die der Schreiber von L Raum
ließ. Zwischen V.274 und 275 ist eine entsprechende Lücke anzusetzen, vgl.
jetzt den Text von Günther (1988).
35 Warum V.268/9 Adrast genannt wird, ist ein Problem: entweder ist an
einen "jüngeren" Adrast zu denken, einen Sohn des Polyneikes (Paus.
2,20,5), oder aber der Text zu ändern, so daß Adrast wie Kadmos (V.256)
als Abbild genannt wird Vgl. dazu Schöne (1847) S.101-4. Oder aber Ἄδρα-
στος ist nach Markland und Wilamowitz (1984) S.283 A.1 in ἀδελφός zu
ändern.
36 Vgl. RE 5,2 Spp. 2375-77, Elis (Swoboda) und Eusthatios, Com. ad Ilia-
dem pert. zu 2,615, p.470 Z.4/5 (van der Valk).
37 Günther (1988) setzt diesen Abschnitt in cruces.
38 Siehe dazu das Schol. (Ariston.) ad loc., Schöne (1847) S.104/5.
39 ἄγειν, ἀνάσσειν und ἄρχειν werden hier synomym verwendet, um den Befehlshaber zu bezeichnen. Es wäre nicht möglich, in V.284 ἀνάσσειν mit
"König sein" und in V.282 mit "Befehlshaber sein" zu übersetzen. So ist in
der Glasgower Variorum- Ausgabe des Euripides (1827) die von Markland
stammende Erklärung, es sei zu konstruieren Μέγης δὲ ἦγεν ἄρη Τάφιον ὢν
ἄνασσε, falsch.

mandiert. Dieser Sinn läßt sich in unseren Versen leicht herstellen, indem man mit Firnhaber in V.284 ἦγεν in ἦγον ändert(40). Damit bleibt nur noch das Problem in V.282. Am einfachsten ist es, hier eine Textverderbnis anzunehmen und den Sohn des Eurytos in irgendeiner Form in den Text zu setzen: Schöne(41) schlug vor: Εὐρύτου παῖς δ᾽ ἄνασσε τῶνδε· λευ-/ (- u - - u - u - u-), was metrisch V.277 entspricht. Dies behebt indes nur einen Teil der Schwierigkeit, da eine derartige Änderung nicht einen logischen Fehler vermeidet: τῶνδε in V.282 bezieht sich auf δυνάστορες, d.h. die vier (gleichberechtigten) Fürsten von Elis, deren einer just der Sohn des Eurytos ist. Hermanns Ergänzung (42) bricht damit zusammen, ebenso Schönes Text. V.282 scheint mir heillos gestört. Wenn man ihn nicht als (falsche) Glosse, die in den Text gedrungen ist, tilgt, muß er in cruces gesetzt werden(43).

Das Geschwader des salaminischen Aias beschreibt der Chor zuletzt (V.289- 93). Mit ihm schließt der linke Flügel an den rechten an: Aulis hatte zwei Häfen; der nördliche, kleinere war nach Strabos Zeugnis (IX,2,7/8) nur für die Aufnahme von 50 Schiffen geräumig genug. Der südliche, βαθὺς λιμήν genannt, galt als Port der griech. Flotte. Er ist fast kreisförmig, da

---

40 Dale (1981) S.146/7 übernimmt z.T. Hermanns Text: sie schreibt ἡγεμών statt ἦγεν ὧν und streicht ἄνασσε. Damit fehlt jedoch ein Verb, das nicht aus V.282 ergänzt werden kann, da dann das Objekt (V.283/4 usw.) im Genitiv stehen müßte. Wenn man Hermanns Vorschlag folgt, ist auch das von ihm in den Text gesetzte Verb aufzunehmen (ich zitiere nach Klotz (1840), app. crit. zu V.277-85):
Εὐρύτου δ᾽ ἄνασσε τῶνδ᾽
⟨ ἔκγονος κλυτός,
σὺν τρισὶν τέταρτος ὢν
ταξιάρχοισι. ⟩ λευ-
χήρετμον δ᾽ ⟨ ἔτασσε ⟩ Ἄρη
Τάφιον ἡγεμὼν Μέγης·
41 Schöne (1847) S.244.
42 Siehe oben A.40.
43 Stockert (1982), gefolgt von Jouan (1983) und Günther (1988), versucht, nach Hermann u.a. V.277-302 als Strophenpaar (Str.277-88, Gegenstr. 289-302) herzustellen. Zugegebenermaßen finden sich Klangresponsionen und z.T. metrische Entsprechungen. Die Anzahl der technischen Operationen, die dennoch erforderlich ist (Ansetzung einer großen Lücke, Streichungen in V.284, 290, 301), erscheint mir zu groß, um ein Strophenpaar anzusetzen.

sich Nord- und Südvorsprung der tief ins Land reichenden Bucht sehr nahe kommen(44). In V.290 liegt erneut eine nicht zu behebende Korruptel vor, der Sinn ist indes klar(45).

Mit einer Bemerkung des Zusammenfassens beendet der Chor die Beschreibung der Flotte (V.293-5). Daß er darauf hinweist, wie stark diese Flotte seiner Ansicht nach ist (V.296-300), hat eine Entsprechung in den Empfindungen der Athener bei der Ausfahrt ihrer Flotte nach Sizilien (Thuk. 6,31,1: ὅμως δὲ τῇ παρούσῃ ῥώμῃ διὰ τὸ πλῆθος ἑκάστων ὧν ἑώρων τῇ ὄψει ἀνεθάρσουν.).

Der Schluß des Chorlieds bedarf erneut der Besprechung, da die syntaktischen Bezüge schwierig sind. Die von mir eingesehenen Editionen (Glasgower Variorum, Klotz, Weil, Murray, Ebener, Jouan, Günther) interpungieren nach V.295 und lassen mit ᾧ τις eine neue Periode beginnen. ᾧ bezieht sich dabei auf λεών ναυβάταν (46) . Die Siegeszuversicht des Chores wird im Relativsatz V.299/300 begründet (οἷον bedeutet hier ὅτι τοῦτο (47)), der in V.301/2 eine Erweiterung erfährt(48). V.299-300 ist zu paraphrasieren: weil ich hier eine so starke Flotte gesehen habe und weil ich mich daran erinnere, was ich daheim über das Heer hörte, d.h. ἐνθάδ' entspricht κατ' οἴκους(49), εἰδόμαν wiederum σᾠζομαι, πόρευμα dem μνήμην συκλήτου στρατεύματος.

Es ist wiederholt bestritten worden, daß die gesamte Parodos von Euripides stammt(50). Mir scheint indes, daß die Ankündigung V.171/2, der Chor wolle Heer und Flotte sehen, sowohl Beschreibung der Helden als auch Schiffskatalog erforderlich macht(51). Ferner wäre mit V.230 kein eigentlicher Abschluß erreicht. Anders ist es mit der Partie V.293-302. Hier wendet sich

---

44 *Vgl. Wilamowitz (1984) S.283, siehe die Karte bei Bakhuizen (1970) S.109 sowie ebenda S.152.*

45 *Siehe dazu die Diskussion bei Stockert (1982) S.27-9 und Günthers (1988) Text.*

46 *Zu diesem relativischen Anschluß siehe K.-G. II Bd.2 S.435/6.*

47 *Siehe dazu Bond (1981) zu H.F. 817.*

48 *V.301/2 beginnt mit einem Demonstrativum, was häufig bei der Verbindung zweier Relativsätze geschiehtl, vgl. Soph. Aias 457/8 mit Jebbs Erklärung und Eur. Hel. 639-43.*

49 *Siehe auch Weil (1879) zu V.301.*

50 *Am eindrucksvollsten hat sich Page (1934) S.144-7 gegen die Verse 231-302 ausgesprochen.*

51 *Vgl. Nordheider (1980) S.82, Kranz (1933) S.233.*

der Chor von der Beschreibung ab und spricht von den Eindrücken, die das
Heer und die Flotte auf ihn machen. Und er kommt in seinem Worten gleichsam zum Beginn der Parodos zurück, da er von dem redet, was er zu Hause hörte (301/2 = 173-84).

Helden-Beschreibung und Schiffskatalog sind formal (die Epode V.206-30
bedeutet einen Einschnitt) und metrisch voneinander abgesetzt, auch die
Beschreibung ist verschieden. Beginnen wir mit dem Katalog: hier besteht die
Notwendigkeit, die drei Informationen Anführer, Volk und Schiffszahl auf
möglichst abwechslungsreiche Weise darzubieten(52). Hinzu kommt das
ekphrastische Element, die Beschreibung von Auffälligkeiten, die der Chor an
den Schiffen gesehen hat. Euripides vermeidet Wiederholungen dadurch, daß
er nicht nur die Möglichkeiten des homerischen Schiffskataloges (d.h. die
verschiedenen Möglichkeiten, Anführer, Volk und Schiffszahl zu verknüpfen,
Betonung von Herkunft des Anführers, Hervorhebung des Landes) ausschöpft,
sondern auch die ekphrastischen Elemente, den Schiffsschmuck (V.239-41,
249-52, 255-58, 268-72?, 275/6) einbezieht und so weitere Kombinations-
möglichkeiten schafft. So erscheint, obschon 11 Detachements genannt werden, keine einzige Verknüpfungsart doppelt. In diesem Schiffskatalog sind
homerische Wortfügungen selten(53). Doch dies ist auch nicht nötig, da der
Katalog als solcher Erinnerung genug an das berühmte Vorbild ist.

In der Heeresbeschreibung finden sich homerische Reminiszenzen hauptsächlich in den Epitheta der Helden(54). Hier liegt aber kein Katalog vor, vielmehr
malt der Chor (vgl. auch die Parodos des 'Phaethon') kleine Szenen: Protesilaos und Palamedes beim Brettspiel, Diomedes und Meriones beim Diskus-
wurf, Achill und Eumelos in einem privaten Wettrennen.

§ 6 Die Funktion der Parodos
Es ist zu fragen, welche Aufgabe die Parodos hat. Daß sie den Chor, der in
seiner Anlage im Verhältnis zum Stück ungewöhnlich ist, einführt, ist selbstverständlich. Hervorhebenswert ist der Kontrast, den die Schilderung des
Heeres in der Parodos zu der Situation des Prologes bildet: auf die Exposition eines mit sich ringenden Befehlshabers, der sich gerade anschickt, den
Heereszug zu vereiteln, da der Preis, der dafür von ihm eingefordert wird,

---

52 Siehe dazu die Aufstellung der bei Homer erscheinenden Möglichkeiten bei
Kirk (1985) S.170/1.
53 V.283 = Od.1,181. 273/4 = II. 2,336.
54 V.201/2 = II.2,540. 202 = Od. 11,287. 205 = II. 2,673/4. Siehe auch
Schöne (1847) S.87/8.

so entsetzlich ist, folgt die Exposition der Armee. Sie wird als eindrucksvoll und unüberwindlich geschildert (V.296-302), aber sie ist auch untätig, wie die Erwähnung von Brettspiel, Diskuswerfen und Wettlauf deutlich macht(55). Damit deutet sich der Faktor an, der das entscheidende Hemmnis für Agamemnons Bemühungen, das Leben seiner Tochter zu retten, werden soll: die erzwungene Untätigkeit der Soldaten und ihre Bereitschaft, alles zu tun, um endlich in den Kampf ziehen zu können. Doch auch, daß diese nicht etwa als zwielichtige Gesellen gezeigt werden, sondern der Glanz der Streitmacht und ihre Stärke betont werden, hat einen Sinn. Iphigenies Opfertod muß tatsächlich den Sieg der Griechen herbeiführen. Ohne eine Bemerkung, wie sie die Parodos beschließt, würde kein Hinweis auf einen Erfolg des Heeres im Stück existieren.

Doch hiervon wissen die Frauen von Chalkis nichts. Sie berichten lediglich die Eindrücke, die die Besichtigung von Heer und Flotte auf sie gemacht haben. Es findet sich damit in der Parodos der 'I.A.' die Technik, die auch im 'Ion' anzutreffen ist: das naive Referat des "Touristen"-Chores, die Ekphrasis, entfaltet für den Zuschauer im Verlauf des Stückes einen Sinn, den der Chor nicht erahnt, es informiert gleichsam unbemerkt vor dem Chor selbst über wichtige Faktoren, die in der Handlung selbst nicht unmittelbar in Erscheinung treten.

---

55 Vgl. Schöne (1847) S.93/4.

2. 17. Supplices, Troades, Hecuba, Bacchae

Die Eingangsteile von vier Stücken sind bislang noch nicht besprochen worden: da im 2. Band 'Supplices', 'Troades' und 'Hecuba' sowie die 'Bacchae'
eingehender analysiert werden sollen, braucht an dieser Stelle die Untersuchung des Eingangs dieser Stücke nicht über eine skizzenhafte Behandlung
derjenigen Elemente darin, die für eine Vergleichung mit den übrigen Stücken
relevant sind, hinauszugehen.

1. Supplices

*Der Eingang der 'Supplices' ist schlicht: auf die Prologrhesis der Aithra
(V.1-41) folgt die Parodos, deren drei Strophenpaare (V.42-86) der Chor allein bestreitet.*

Der Eingang der 'Supplices' unterscheidet sich von allen anderen erhaltenen
euripideischen Tragödien dadurch, daß er mit einer "Massenszene" beginnt:
der Chor (vgl. V.8) und sogar ein Nebenchor (vgl. V.106) sind anwesend. Der
Hauptchor, der aus den Müttern der gefallenen Sieben besteht, umlagert
bittflehend die Prologsprecherin Aithra. Diese erklärt in ihrer Prologrede, die
als Gebet stilisiert ist (vgl. V.1/2), die Situation. Dabei wird ihr Mitleid mit
den unglücklichen Mütter, die die Bestattung ihrer Söhne erreichen möchten,
erkennbar (vgl. V.11, 34/5).

Es folgt die Parodos, die streng genommen ein Standlied ist, da der Chor
ja längst eingezogen ist; das Lied hat zwei Themen: einerseits (Strophenpaar
1 und 2) bittet der Chor als Bittflehender um Aithras Hilfe. Er wendet sich
dabei besonders an das verstehende Mitleid der Mutter des Theseus, die wie
er selbst alt und Mutter ist (vgl. V.55-9). Andererseits (Strophenpaar 3) ist
das Lied der Klage um die toten Söhne gewidmet.

Es ist am Eingang der 'Supplices' auffällig, wie die regelmäßig beobachteten
Merkmale von einzelner Figur und Chor vertauscht sind: leidet sonst eine
einzelne Figur (Medea, Phaidra, Andromache usw.) und empfindet sonst ein
Chor Mitleid (vgl. 'I.T.', 'Helena'), so kennzeichnet in den 'Supplices' das
Mitleid Aithra und das Leid (vgl. besonders Strophenpaar 3) den Chor. Diese
Vertauschung ist ein Hinweis auf die besondere Rolle des Chores im Stück:
die 'Supplices' sind eine Chortragödie.

2. Hecuba und Troades

2.1. Hecuba

*Der Eingang der 'Hecuba' besteht aus drei Teilen: Der Prolog beginnt mit ei-
nem Monolog des Polydoros (V.1-58), auf den in Form einer anapästischen
Partie (teils rezitiert: V.59-67, 79-89, teils gesungen: V.68-72) der Monolog
Hekabes folgt. Daran schließt sich die Parodos des Chores an (V.98-152),
die gänzlich aus rezitierten Anapästen besteht.*

In der ersten Szene berichtet der Geist des Polydoros von den beiden
Schicksalsschlägen,die Hekabe treffen sollen: der Opferung ihrer Tochter
Polyxena und der Kunde, daß ihr in Sicherheit gewähnter Sohn Polydoros tot
ist und von ihr bestattet werden muß (V.45-50). In der zweiten Szene tritt
Hekabe auf und berichtet angsterfüllt von unglückverheißenden Träumen. In
dieser Situation der Sorge erscheint der Chor, der aus troischen Mitgefangenen besteht. Er bringt (wie ein Bote, vgl. V.105/6) eine Nachricht, die,
wenn auch in anderer Hinsicht, da statt von Polydoros von Polyxenas Schicksal geredet wird, Hekabes Befürchtungen Gewißheit werden läßt: Polyxena soll
Achill zu Ehren geopfert werden (V.107-43). In der Einleitung zu dieser
"Botenrede" legt der Chor dar, woher er kommt (V.99 von den Zelten seiner
Herren), welche Aufgabe er hat (V.100/1: Sklavin) und warum er erscheint:
er will berichten, was er gehört hat (V.105ff).

Auch hier findet sich also das Prinzip, daß der Chor deshalb erscheint,
weil er im außerszenischen Bereich etwas gehört hat. Zugleich offenbart der
Chor sein Mitgefühl mit der leidenden Hekabe: er tritt auf, weil er glaubt,
daß das, was er erfahren hat, für die alte Königin von großer Bedeutung ist.
Und er gibt ihr einen Ratschlag (V.144-52): der einzige Weg, das Leben der
Tochter zu retten, sei eine Hikesie an heiligem Ort, um so den Schutz der
Götter zu erlangen. Wir finden in der Parodos der 'Hecuba' also eine Reihe
sonst auch häufig erscheinender Elemente: 1. der Chor charakterisiert sich
selbst; 2. er erscheint in Reaktion auf etwas im außerszenischen Bereich
Gehörtes; 3. er hat Mitleid mit der Bedrängten; 4. er gibt ihr einen Rat (der
ebenso wie die übrigen Ratschläge nicht befolgt wird: Hekabe hat hier keine
Zeit mehr für eine Hikesie, da Odysseus zu schnell erscheint, vgl. V.216/7).

Eine Besonderheit hat die Parodos der 'Hecuba': der Chor fungiert als
Bote. Daraus resultiert das Metrum (da der Chorführer gewöhnlich nicht in
Jamben eine längere Rede halten darf, werden an deren Stelle rezitierte
Anapäste verwendet). Damit gewinnt die Parodos ein Moment, das die Hand-
lung vorantreibt: ist sie sonst der Ort, an dem der Chor auf eine Situation

mit seinem Mitleid reagiert (vgl. z.B. 'I.T.', 'Helena', 'Orestes'), so setzt sie
hier mit der Nachricht die Handlung in Gang.

2.2. Troades

*Der Eingang der 'Troades' besteht aus fünf Teilen. Der Prolog setzt sich aus
zwei Szenen (Monolog Poseidons V.1-47, Dialog Poseidon - Athene V.48-97)
zusammen. Der Parodoskomplex wird von einer Monodie Hekabes (V.98-152)
eröffnet, an die sich zunächst ein Amoibaion zwischen Hekabe und dem Chor
(Strophenpaar 1 V.153-96) und dann ein reiner Chorgesang (Strophenpaar 2
V.197- 229) anschließen. Das Amoibaion ist hierbei formal ungewöhnlich, da
Hekabe nicht mit dem Gesamtchor sondern in Strophe und Gegenstrophe getrennt mit jeweils einem Halbchor im Wechsel singt.*

Im Prolog zeigen Poseidon und Athene Mitleid mit dem untergegangenen
Troia und dem Geschick der überlebenden Frauen. Sie beschließen, die siegreichen Griechen für ihre Freveltaten bei der Eroberung auf der Heimfahrt zu
bestrafen.

Hekabes Monodie ist Ausdruck ihres Leides. Sie stellt darin ihre einstige
glanzvolle Stellung der jetzigen unglücklichen Situation gegenüber. Sie ist nun
eine Sklavin, die darauf warten muß, aus der Heimat deportiert zu werden
(vgl. V.138-42). Darauf ruft sie ihre Leidensgefährtinnen aus den Zelten, sie
will mit ihnen um Troia klagen (V.143-5).

Angstvoll (V.156, 176) erscheint zunächst der eine, dann der andere Halbchor. In dem jeweils entstehenden Wechselgesang mit Hekabe (Strophenpaar
1) ist die Furcht vor der ungewissen Zukunft das beherrschende Thema. In
dem sich anschließenden Gesang des Gesamtchores (Strophenpaar 2) erwä-
gen die Frauen mit mehr oder weniger Hoffnung, an welche Orte sie von den
Siegern verschleppt werden könnten.

Es ist an dieser Parodos bemerkenswert, daß hier hier sowohl die Figur,
zu der hingewendet der Chor erscheint, als auch der Chor selbst vom her-
eingebrochenen Leid betroffen sind und auch entsprechend dargestellt werden.
Es findet sich hier nicht eine mitleidsvolle Hinwendung des Chores zu einem
Leidenden. Ferner ist hier die Motivation für den Auftritt des Chores besonders deutlich als "Rufmotiv" gekennzeichnet, da Hekabe den Chor förmlich
herausruft.

3. Bacchae

*Der Eingang der 'Bacchae' besteht aus zwei Szenen: der Prolog hat eine ein-
zige Szene, den Monolog des Dionysos (V.1-63). Hieran schließt sich die Par-*

odos an, die von einer Proode, zwei Strophenpaaren und einer Epode gebildet wird (V.64 -169).

Dionysos, der Prologsprecher, entwickelt in seiner Rede seine Plan, Theben für seinen Kult zu gewinnen – auch gegen den Widerstand des Königs V.55-61 befiehlt er seinem Thiasos, der ihn aus Asien hierher begleitet hat, vor dem Palast und in der Stadt aufzutreten und die Handpauken zu schlagen.

Der Chor, der aus asiatischen Mänaden besteht, erscheint und singt ein Lied, in dem er sowohl seinen Gott preist als auch die Einwohner Thebens auffordert, sich dem neuen Kult anzuschließen (vgl. V.105ff.), wobei er ein anziehendes Bild der Glückseligkeit entwirft, die dem zuteil wird, der dem Gotte folgt (Epode).

Auch hier findet sich als Motivation für den Auftritt des Chores das "Rufmotiv": die Mänaden werden von ihrem Gott herbeibefohlen. Das Einzugslied selbst hat die Aufgabe, den Kult, um dessen Einführung im Stück gerungen werden wird, darzustellen. Gleichzeitig wird damit aber auch der Chor charakterisiert, da er ja diesem Kult bereits anhängt. All die beglückenden Eigenschaften des Eingeweihten, die die Mänaden schildern, treffen auch auf sie selbst zu.

2. 18 Zusammenfassung I

In der vorangegangenen Untersuchung wurden die Eingangsteile der euripideischen Tragödien in drei Gruppen untersucht. Die nun folgenden Bemerkungen sollen dazu dienen, die dabei gemachten Beobachtungen und gewonnenen Erkenntnisse zu ordnen und, so weit möglich, zu einem Gesamtbild zusammenzufügen.

§ 1 Fokalisation und Stimmungsbild

In der Einleitung(1) habe ich 'Phaethon', 'Ion', 'Phoenissae' und 'I.A.', weil dort der Chor nicht als Anteil nehmender Freund auftritt, von den übrigen Stücken getrennt. In diesen übrigen Stücken läßt sich die eingangs(2) herausgearbeitete Möglichkeit feststellen, daß der Chor als Instrument der "Fokalisation" verwendet wird. Denn der Chor wendet sich einer leidenden oder in Not befindlichen Person oder Personengruppe zu und lenkt damit die Aufmerksamkeit des Publikums auf diese. Hierbei ist zu unterscheiden, ob der Chor vornehmlich als Fokalisator oder als zusätzliches Instrument eingesetzt wird. Letzteres ist in den Stücken der Fall, in denen der Prologsprecher und die Figur in Not voneinander verschieden sind, also 'Alcestis' (Apoll), 'Medea' (Amme), 'Hippolytus' (Aphrodite), 'Hecuba' (Polydorus), 'Supplices' (Aithra)(3), 'Electra' (Auturg) und 'Troades' (Poseidon). In diesen Dramen beeinflußt bereits die mitleidsvolle Haltung (vgl. Med. V.20-8 usw.) oder wenigstens die Darstellung des Leides durch den Prologsprecher die Sichtweise des Publikums. Der Chor hat sodann in der Parodos die Aufgabe, die durch den Prologsprecher etablierte Sichtweise zu verstärken. Anders sind die Akzente in denjenigen Stücken gesetzt, in denen die leidende Figur selbst von ihrem schweren Geschick berichtet, also 'Heraclidae' (Iolaos), 'Andromacha' (Andromache), 'Hercules' (Amphitryon), 'I.T.' (Iphigenie), 'Helena' (Helena) und 'Orestes' (Elektra). Wenn sich der Chor Anteil nehmend und mitleidig diesen Personen zuwendet, bestätigt er deren Erzählung und wirkt auf das Publikum objektivierend. Denn die Person, die sich im Leid befindet, wird

---

1 Siehe oben S.45/6.

2 Siehe oben S.36.

3 Die Suppl. sind insofern ein Sonderfall, als hier die Parodos das Leid des Chores exponiert.

damit glaubwürdig, wie auch ihr Leid - mit zwei Ausnahmen: 'I.T.' und 'Helena'. In diesen Stückung ist dem Zuschauer durch eine kunstvolle Gestaltung des Eingangs deutlich, daß das Leid nur ein Schein-Leid ist, obwohl die jeweils davon betroffene Titelheldin aufrichtig seelischen Schmerz empfindet(4).

Eine gänzlich andere Funktion hat der Chor im Eingang von 'Phaethon', 'Ion', 'Phoenissae' und 'I.A.'. Hier ist der Chor mit den Sorgen der Figuren des Prologes nicht vertraut (Der 'Ion' bildet dabei eine gewisse Ausnahme, da dort zum Zeitpunkt der Parodos keine Situation des Leides vorliegt.), er kann deshalb auch nicht in der Parodos davon singen und so zur Fokalisation beitragen. In diesen Stücken findet sich eine andere Bedeutung des Eingangsliedes. Es dient der Ausmalung der Situation und der Stimmung. Dem Publikum wird durch die Macht von Wort und Musik im 'Phaethon' eine Morgenstimmung, die von gespannter Erwartung der Hochzeit getragen ist, im 'Ion' die Pracht der Tempelanlage zu Delphi, in den 'Phoenissae' die Atmosphäre im belagerten Theben nahegebracht und in der 'I.A.' der Glanz des griechischen Heeres beschrieben. Auch in den 'Bacchae', wiewohl sie aufgrund der Vorbereitung des Chorauftritts von mir mit 'Heraclidae', 'Troades' und 'I.T.' zusammengestellt worden sind, dient die Parodos vergleichbar einer Darstellung der Stimmung. Denn der Chor vermittelt mit seinem ekstatischen Werbelied einen Eindruck von dem neuen, mächtigen Kult, um dessen Einführung das Stück kreist, dem die Frauen Thebens bereits verfallen sind und den sie in der Form, die das Lied beschreibt, während des Liedes in den Bergen praktizieren.

§ 2 Entwicklungslinien

Wenden wir uns nun den einzelnen Gruppen zu. In der ersten Gruppe: 'Alcestis', 'Medea', 'Hippolytus', 'Andromacha', 'Hecuba', 'Supplices', 'Electra' ('Hypsipyla'), 'Hercules', 'Helena' und 'Orestes', ging es darum, daß in der Parodos einerseits der Chor in seiner dramatis persona vorgestellt und sein Erscheinen erklärt, andererseits eine Beziehung zwischen Chor und Situation im Stück hergestellt wurde. Die Untersuchung hat ergeben, daß das aus diesen beiden Forderungen entspringende gestalterische Problem von Euripides höchst unterschiedlich gelöst worden ist. Als Regel kann gelten, daß in amoibaiischen Parodoi die Situation und die Haltung des Chores zu ihr eingehend dargestellt wird. Dagegen wird der Chor als dramatis persona in monodischen

---

4 Es zeigte sich, daß hierfür Soph. El. das Vorbild war.

Parodoi besonders deutlich herausgehoben.

Zunächst zu den monodischen Parodoi: Der Chor präsentiert sich in der 'Alcestis' nachdrücklich als verunsicherte Trauergemeinde, im 'Hippolytus' als neugierige Schar Wäsche waschender Bürgersfrauen, in der 'Andromacha' als wohlmeinend törichte Gruppe von Frauen, die einen unangemessenen Ratschlag geben möchten, in der 'Hecuba' als aufgeregt herbeigeeilte Gruppe von Mitgefangenen, die etwas berichten wollen, in den 'Supplices' (die als Chortragödie einen Sonderfall darstellen) als trauernde Mütter und im 'Hercules' als kraftlose Greise, die nur durch ihre Anwesenheit ihr Mitgefühl ausdrücken können. Nun sind indes die Möglichkeiten einer so angelegten Parodos begrenzt, da der Chor gleichsam ganz aus sich selbst die Themen seines Liedes schöpfen muß und nicht, wie es in einem lyrischen Dialog möglich ist, beständig neue Anregungen von seinem Gegenüber erhält. Dies bedeutet, daß die Parodos von der vorgefaßten und nicht veränderbaren Meinung des Chores über die Situation geprägt ist. Euripides macht aus dieser Not eine Tugend im 'Hippolytus' und in der 'Andromacha', wenn er im 'Hippolytus' die Frauen falsche Vermutungen über Phaidras Leid und in der 'Andromacha' einen verfehlten Rat ausprechen läßt. Dieses Irren des Chores wird zum Instrument des Dichters, dem Publikum eine Wahrheit zu vermitteln: die tatsächliche Ursache für Phaidras Leiden scheint durch die Irrtümer des Chores erkennbar hindurch, und die Aufforderung, Andromache solle sich fügen, wirkt angesichts der Bedrohung für die Troerin deplaziert und verdeutlicht die Gefahr, in der sie schwebt.

Vor dem Hintergrund dieser Stücke erscheint die Parodos der 'Alcestis' wie eine Vorstufe der späteren Meisterschaft. Denn auch hier ist der Chor, wie im 'Hippolytus', seiner Sache nicht sicher, auch hier ergeht er sich in Vermutungen. Doch diese Vermutungen sind ohne inhaltliche Mehrdeutigkeit, sie lassen für das Publikum keine tiefere Wahrheit erkennen, gelten sie doch lediglich der Frage, ob Alcestis schon tot oder noch am Leben ist.

Verhältnismäßig simpel ist die Parodos der 'Hecuba'. Sie stellt lediglich einen Bericht des Chores dar, der nicht einmal lyrisch gestaltet ist. Dagegen sticht das Einzugslied der Greise im 'Hercules' hervor. Hier nun kreist das Lied fast ausschließlich um den Chor selbst, der sich ausführlich darstellt. Daß dabei die im Stück vorliegende Situation recht knapp, ja, fast marginal behandelt wird, muß bei aller Würdigung der aufgewendeten Kunstfertigkeit festgehalten werden.

Es will mir scheinen, daß Euripides sich der begrenzten Möglichkeiten dieses Typs einer monodischen, auf die konkrete Situation hin konzipierten Parodos bewußt war, eines Typs, der es nicht immer gestattete, die Situation des Stückes befriedigend zu berücksichtigen. Uns sind acht nach dem

'Hercules' entstandene Tragödien des Euripides erhalten. In keiner erscheint mehr diese Form des Einzugsliedes.

In den amoibaiischen Parodoi, die 'Medea', 'Electra', 'Hypsipyla', 'Helena' und 'Orestes' aufweisen, entsteht das Problem mangelnder Situations-Berücksichtigung nicht. Von der 'Medea' an ist es das wesentliche Kennzeichen dieser Parodoi, daß in einem Gespräch das Wissen des Chores ergänzt wird. Hierbei läßt sich nun eine Entwicklung beobachten, die in eine Richtung verläuft, die der Linie der monodischen Parodoi entgegengesetzt ist: der Chor, der in der 'Medea' quantitativ(5) und qualitativ gegenüber seinem Partner gleichrangig gewesen war, beginnt an Bedeutung einzubüßen. In der 'Medea' kommentiert er die Situation (vgl. V.148-59) und treibt die Handlung durch seine Vorschläge voran (V.173-83). In der Parodos der 'Helena' fungiert er in der Hauptsache nur noch als Instrument, die Klage Helenas zu variieren und zu intensivieren (V.213-28), im 'Orestes' schließlich hat er in der "Flüsterparodos" inhaltlich nichts mehr zu sagen und präsentiert sich nur noch als neugierige Schar von Mädchen. Wir sehen, wie bei diesem Parodos-Typ der Partner des Chores sowie die Behandlung der Situation ein Übergewicht über den Chor erhalten und ihn in den Hintergrund drängen.

Die zweite Gruppe, 'Heraclidae', 'Troades', 'I.T.' und 'Bacchae' steht der ersten insofern nahe, als in beiden Gruppen der Chor als Anteil nehmender Freund eingeführt wird(6), der indes - im Unterschied zu Gruppe 1 - herbeigerufen worden ist. Die Parodos dieser Stücke kann also vom Motiv der Begründung, warum der Chor erscheint, entlastet werden (dies erübrigt sich ja durch das Herbeirufen des Chores); dafür spielt ein anderes Moment eine größere Rolle: der Chor muß erfahren, warum er gerufen worden ist (Ausnahme: 'Bacchae'), und dies geschieht in der Form eines Amoibaions, eines lyrischen Dialoges zwischen dem Chor und der Figur, die ihn herbeigerufen hat (Ausnahme: 'Bacchae').
In den 'Heraclidae' ist dabei der Anteil des Chores am Gespräch zwar quantitativ nicht überragend, doch das, was er sagt und damit verkörpert, ist von Gewicht. Er mahnt den Herold, das Recht der Hikesie zu achten (V.101-4, 107/8). Daß ihm dieses heilig ist, charakterisiert ihn und macht ihn zum Sprecher des attischen Selbstverständnisses. Zugleich wird damit der

---

5 Vgl. S. 101 A.1.
6 Für die Ba. gilt dies nur bedingt, da der Chor, der eng mit dem Lyder als seinem Anführer verbunden ist, keine Gelegenheit hat, Anteil zu nehmen, liegt doch während der Parodos keine Situation der Not vor.

Widersacher der Herakliden gemaßregelt und die Situation definiert. Inhaltlich sind also diese Parodos und die Rolle des Chores darin durchaus bedeutsam. Doch etwas kommt gerade aufgrund der lebhaften Gesprächsführung und des häufigen Sprecherwechsels zu kurz: das Element des Lyrischen. Das Einzugslied des Chores, das in diesem Stück zwar die Handlung, im Gegensatz zu anderen Parodoi, energisch weiterführt, ist in der Tat zu einem "Handgemenge, angefeuert durch Musik"(7) geworden.

Es will mir scheinen, daß Euripides diese Schwäche eines derartigen Parodos-Typs bemerkte und Abhilfe zu schaffen suchte. In den übrigen drei Stücken dieser Gruppe wird nämlich das lyrische Element im Einzugslied verstärkt. So beschreitet Euripides in den 'Troades' den Weg, einzelne Partien im lyrischen Dialog zu vergrößern (vgl. Tro. 153-8, 168-75, 176-81, 190-6) sowie auf den amoibaiischen Teil der Parodos einen monodischen Chorgesang folgen zu lassen (V.197-229). Damit wird in den 'Troades' eine interessante Verbindung möglich: einerseits kann der Chor im Wechselgesang eingehend über die Situation, von der er bedroht ist, unterricht werden, andererseits kann in den längeren Partien und im monodischen Chorgesang das Pathos, das durch die Nachrichten frei wird, artikuliert werden.

In der 'I.T.' geht Euripides etwas anders vor: er verlängert die Partien des Wechselgesanges so weit, daß sie mit einem Umfang von jeweils 20 - 30 Versen (Chor V.123-42, Iphigenie V.143-78, Chor V.179-202, Iphigenie V.203-35) kürzeren Monodien gleichkommen(8). Ein lebhaftes Gespräch ist damit nicht mehr möglich, der Chor irrt sich zunächst und ist verunsichert (V.123- 42), erwidert dann aber nach Iphigeniens Bericht über den vermeintlichen Unglücks-Traum ihre Klage (V.179-202), und Iphigenie rundet schließlich den Threnos ab (V.203-35). Der Chor wird also auch hier ausführlich unterrichtet (V.143-78), doch die langen Partien, die an die Stelle der schnellen Wechselrede stehen, erlauben überdies, das Pathos auszudrücken und damit eine Atmosphäre des Leidens zu schaffen - die freilich von Euripides ironisch gebrochen wird. Aber dazu später(9).

In der Parodos der 'Bacchae' schließlich ist das dialogische Moment vollständig verschwunden. Auf den Befehl des Lyders erscheint der Chor und singt sein Werbelied. Es ist nicht nötig, daß der Chor über das hinaus, was in V.55-61 befohlen wird, unterrichtet wird, zumal die Situation im Stück denkbar einfach ist: Theben soll für Dionysos gewonnen werden (vgl. V.20-2),

---

7 Siehe oben S.111 A.15.

8 Zum Vergleich: die Monodie des Kindes in der Alc. V.393-415 umfaßt 20 Verse.

9 Siehe dazu unten S.178/9.

da genügt es, wenn der Chor mit seinem Lied die Freuden des neuen Kultes darstellt. Es lassen sich also inhaltliche Gründe für die in den 'Bacchae' vorliegende Form der Parodos finden. Zugleich aber muß betont werden, daß eben diese Form trefflich die Entwicklung der Parodoi in der Gruppe 2 fortsetzt. Denn das völlige Verschwinden des Dialogischen geht in den 'Bacchae' einher mit einer Steigerung der Ausdruckskraft des Liedes durch Musik, Tanz und Gesang – statt die Handlung voranzutreiben wie in den 'Heraclidae' ist die Parodos hier zur Gänze dazu angetan, für das Stück eine bestimmte Atmosphäre zu schaffen. Damit aber wird dieser Parodostyp dem der Gruppe 3(10) gleich: wie in 'Ion', 'Phoenissae' und der gleichzeitig mit den 'Bacchae' entstandenen 'I.A.' ist die Parodos nun, ungeachtet der Motivation des Chor-Auftritts, Instrument, eine bestimmte Stimmung und ein bestimmtes Kolorit zu schaffen.

Aus all dem ergibt sich, daß die eindrucksvollen monodischen Parodoi des euripideischen Spätwerks nicht einer Alterslaune zuzuschreiben sind, sondern vielmehr das Resultat einer langen Entwicklung darstellen. Am Ende seines Schaffens gibt der Dichter endgültig das Konzept auf, in der Parodos die Vorstellung des Chores, die Motivation seines Auftritts und das Eingehen des Chores auf die konkrete Situation in lyrischer Form miteinander in Einklang bringen zu wollen. Statt beständig zwischen den Klippen eines Zuwenig bei einem der vier Faktoren nach Kompromissen suchen zu müssen, gibt Euripides das Prinzip auf, der Chor müsse auf die Situation eingehen. Hiermit wird das Eingangslied frei vom einengenden Streben nach πιθανότης, dem euripideischen Grundsatz, nach dem der Chor nur das wissen darf, was seiner dramatis persona entspricht. Der Chor muß nun nicht mehr in lyrischem Wechselgespräch fragend erfahren, wie es um Bedrängte steht, was immer das künstlerische Risiko in sich birgt, daß der Chor von seinem Partner in den Hintergrund geschoben wird; und der Chor muß nicht mehr halb unwissend oder naiv monodisch von seinen Vermutungen singen, da er nicht wissen darf, was im Prolog geschehen ist. Stattdessen kann er nun die Atmosphäre des Ortes ('Ion', 'Phoenissae', 'I.A.') oder eine Stimmung ('Bacchae') lyrisch darstellen, ohne das Leid einer bestimmten Person berücksichtigen zu müssen. Es ist gut denkbar, daß die Parodos des 'Ion' Euripides' erster Versuch einer derartigen Konzeption gewesen ist. Denn in diesem Stück liegt zum Zeitpunkt der Parodos gar keine Situation des Leides vor, das Lied des Chores ist also durch die Anlage des Stückes von der Verpflichtung befreit, sich einem Leidenden zuwenden zu müssen. Nach dem Vorbild dieser Gestaltung der Parodos vermeidet es Euripides auch in 'Phoenissae' und 'I.A.',

---

10 Ich habe diese Gruppe oben S.166/7 charakterisiert.

unterstützt durch die dramatis persona des Chores und die Gestaltung der
Handlung, den Chor auf die schwierige Situation von Iokaste und Agamemnon
eingehen zu lassen, und fertigt stattdessen Stimmungsbilder an.

Euripides beschreitet damit einen Weg, der zu dem des Sophokles entge-
gengesetzt ist. Sein älterer Zeitgenossen verwendet in den drei erhaltenen
Stücken des Spätwerks ('Electra', 'Philoctetes', 'O.C.') konsequent die Form
einer amoibaiischen Parodos, läßt also den Chor deutlich auf die konkrete
Situation eingehen, wohingegen er in der Mitte seines Schaffens monodische
Parodoi bevorzugte, die dem euripideischen Spätwerk vergleichbare Stim-
mungsbilder (vgl. besonders die Parodos der 'Antigona', in der die Freude der
Stadt nach der überstandenen Gefahr zum Ausdruck kommt) zeichneten.
Beim späten Sophokles wird (oder bleibt) der Chor aufgrund seiner Einfüh-
rung in das Stück in die Handlung einbezogen, er ist ein Mitspieler. Bei
Euripides beginnt sich die Verbindung von Chor und Handlung in den späten
Stücken zu lösen, nicht etwa, weil der Dichter den Chor nicht mehr in die
Handlung einbeziehen konnte, schließlich spielt der amoibaiische eingeführte
Chor im 'Orestes' (408) durchaus eine Rolle als Mitspieler. Vielmehr scheint
ihn diese Funktion des Chores im Stück nicht mehr interessiert oder nicht
mehr befriedigt zu haben, und deshalb gab er sie zugunsten einer neuen
Konzeption auf.

Nach diesem Versuch, die Entwicklungslinien der euripideischen Parodoi
nachzuzeichnen, sollen nun bestimmte Einzelpunkte zusammengestelllt werden.

§ 3 Die Besonderheiten der einzelnen Parodoi

Gewiß gehörte das Einzugslied des Chores zu den markantesten Stellen
einer Tragödie; seine Gestaltung konnte für den Erfolg oder Mißerfolg eines
Stückes von nicht zu unterschätzender Bedeutung sein. Es läßt sich für die
aristophanische Komödie ohne Mühe zeigen, daß dort der Dichter bestrebt
war, dem Publikum mit der Parodos etwas Besonderes zu bieten. Es genügt,
dafür an so eindrucksvolle Chor-Auftritte wie in den 'Vespae' oder 'Aves' zu
erinnern. Die Untersuchung der euripideischen Parodoi hat ebenfalls in einigen
Stücken originelle (wenn auch nicht ganz so spektakuläre wie bei Aristophanes) Erfindungen zu Tage gefördert, die kurz in Erinnerung gerufen werden
sollen.

In einigen Stücken fällt vornehmlich die *Form* der Parodos ins Auge. So
wird in der 'Alcestis' ein Teil des Einzugsliedes auf Einzelstimmen verteilt,
wodurch die Unsicherheit der Männer von Pherai Verdeutlichung findet. In der
'Medea' ist die besondere amoibaiische Anlage hervorhebenswert. Zu dem
Dialog zwischen Amme (Sprechverse) und Chor (Lyrik) kommt die aus dem

Haus heraus gesungene lyrische Partie Medeas. Das besondere Merkmal der 'Supplices' ist es, daß es hier zu keinem Einzug des Chores kommt, sondern dieser vielmehr bereits während des Prologes anwesend ist. In den 'Troades' hebt sich die Parodos heraus, weil der Chor in Halbchören auftritt, die getrennt in Strophe und Gegenstrophe erscheinen.

An einer Reihe von Stücken besticht ein *inhaltliches Moment* in der Parodos. Im 'Hippolytus' war es die poetische Überformung des Trivialen, der Wäsche am Meer und der Neugier der Frauen, im 'Phaethon' die idyllische Morgenstimmung, die der Chor der Dienerinnen vermittelt, im 'Hercules' die Schilderung des Greisenalters im Lied, und dies in einer Weise, die als Reminiszenz an Aristophanes verstanden werden kann, in der 'I.T.' die getäuschte Erwartung des Chores, zu einem Artemis-Opfer gerufen worden zu sein, im 'Ion' die touristische Begeisterung der Dienerinnen Kreusas, die sich ihre Eindrücke von Delphi berichten, und in den 'Bacchae' die Präsentation eines exotischen Kultes durch einen exotischen Chor, eine Präsentation, die metrisch und musikalisch der in der Oper des 18.Jahrhunderts beliebten "Janitscharen-Musik" entsprochen haben dürfte.

Form und Inhalt gehen eine interessante Verbindung ein in den Parodoi von 'Heraclidae' ("Handgemenge, von Musik angefeuert") und 'Orestes' (Flüsterparodos).

Die *Erfindung* der dramatis persona des Chores erscheint mir in zwei Stückung besonders wirksam: die im belagerten Theben für den Zuschauer gänzlich unerwartet erscheinenden phönizischen Mädchen ('Phoenissae') und die Frauen von Chalkis, die voller Neugier das Lager der Griechen zu Aulis besichtigen, bringen ein Element in das Stück ein, das im eigentlichen Handlungsgefüge vom zugrundeliegenden Mythos nicht vorgesehen ist, und bereichern es auf diese Weise.

An fünf Stücken: 'Andromacha', 'Hecuba', 'Electra', 'Helena' und 'Hypsipyla' will mir im Vergleich zu den eben besprochenen Tragödien an der Parodos nichts als besonders hervorhebenswert erscheinen. Indes ist diesen Stücken eines gemeinsam. Sie haben eindrucksvolle Partien vor der Parodos: entweder selbständige Pathos-Monodien (Andr. V.103-16, Hec. V.59-89, El. V.112-66) oder aber Monodien, die sich überraschend als Teil der Parodos herausstellen werden (Hel. V.167-78 respondiert zu V.179-90, Hyps. F 1ii 1-14 ist Teil der Strophe). So läßt sich auch für diese Stücke ein Wille des Euripides feststellen, etwas Besonderes für den lyrischen Teil des Eingangs zu dichten.

§ 4   Die Bedeutung einzelner Themen der Parodos für das Stück

In der Untersuchung haben wir bemerkt, daß in der Parodos bisweilen Themen anklingen, die für das Stück als Ganzes von großer Bedeutung sind. So erwähnen in der 'Alcestis' die Männer von Pherai die Vortrefflichkeit der todgeweihten Alkestis (V.83- 5)(11), formulieren die attischen Greise in den 'Heraclidae' die nach attischem Selbstverständnis wichtige Idee von der Rechtlichkeit und der Verpflichtung zur Hilfeleistung für Bedrängte (V.104)(12), singen in den 'Phoenissae' die Mädchen vom Krieg und äußern Verständnis für Polyneikes (V.258)(13) und preisen in den 'Bacchae' die Mänaden die beglückende Wirkung des neuen Kultes. In der Weise, wie diese Themen jeweils vom Chor angesprochen werden, liegt nichts Auffälliges, da der Chor (auch wenn er natürlich noch nicht wissen kann, wie bedeutsam der von ihm ausgesprochene Gedanke in der Handlung werden wird) sich der Bedeutung seiner Worte bewußt ist.

Eine Variation dieser Technik bedeutet es, den Chor ein Thema nicht aussprechen, sondern verkörpern zu lassen. Dies geschieht im 'Hercules'. Denn dort symbolisiert der Chor mit seiner (bewußten) Hinwendung zur Herakles-Familie den Gedanken der Freundschaft, der am Ende des Stückes in der Verbindung von Herakles und Theseus aufgenommen werden wird(14).

Eine weitere Variationsmöglichkeit kann dann entstehen, wenn der Chor, ohne es selbst zu wissen, ein Thema andeutet. Und auch diese verwendet Euripides. Im 'Ion' beschreibt der Chor mit dem Tempelschmuck die Macht der olympischen Götter. Die Macht dieser Götter wird sich ungeachtet aller Wirrungen im Stück durchsetzen(15). In der 'I.A.' läßt der Chor sogar zwei Themen gleichsam unbewußt, doch für den Zuschauer erkennbar, anklingen: er erwähnt in der Schilderung seiner Reise den Hain der Artemis (V.185-8), in dem am Ende Iphigenie geopfert werden soll(16), und er beschreibt das griechische Heer, das im Stück eine ambivalente Rolle spielen wird, einerseits als gefährliche, manipulierbare Masse, andererseits als Instrument, Griechen-

---

11 Siehe dazu oben S.51 mit A.20.
12 Siehe dazu oben S.110.
13 Siehe dazu oben S.147.
14 Siehe dazu oben S97.
15 Siehe dazu oben S.137/8. Dies gilt unabhängig davon, ob man eine Büh-
nendekoration annimmt oder nicht.
16 Siehe oben S.155.

land zu schützen. Wenn der Chor das Heer in seinem Glanz gesehen hat und voller Bewunderung von ihm spricht, so dient dies eben zur Betonung einer der beiden Eigenschaften des Heeres, die sonst im Stück zu kurz kommen würde(17).

Schließlich findet sich auch noch ein Beispiel für die unbewußte Verkörperung eines Themas durch den Chor. Denn in der 'Electra' erscheint der Chor im Festgewand für ein Hera-Fest. Diese Erinnerung an die Schutzgottheit der Ehe ist während des Stückes beständig präsent und entwickelt eine Bedeutung im Agon in der Frage nach dem Verhalten von Klytaimestra und Aigisth(18).

Diese Zusammenstellung zeigt, daß Euripides häufig daran interessiert war, bestimmte Themen in seinen Stücken in der Parodos vorzubereiten, teils in einfacher Form (Alc., Hcld., H.F., Phoen., Ba.), teils geistreich-ironisch, indem er den Chor von der Bedeutung seiner Worte oder seiner Erscheinung nichts wissen ließ (El., Ion, I.A.).

§ 5 "Intertextualität" im Eingang(19)

Das euripideische Drama ist ein Spätprodukt der Gattung "attische Tragödie". Die Stoffe, die unser Dichter auf die Bühne brachte, waren meist bereits mehrfach von Vorgängern und Konkurrenten bearbeitet worden(20). Aufgrund der spärlichen Überlieferung ist es jedoch nur selten möglich, genau zu bestimmen, ob und wie sich Euripides mit Vorgängern und Vorlagen auseinandersetzt(21).

Unsere Untersuchung hat folgendes feststellen können: in der 'Electra' übernimmt Euripides bestimmte Züge des Milieus aus der Odyssee(22) und

---

17 Siehe dazu oben S.160/1.

18 Siehe dazu oben S.76.

19 Ich übergehe die Frage nach den Vorlagen für ein Stück, also etwa, ob Euripides den Stoff für seine Med. aus den Corinthiaca des Eumelos, den für die Hel. aus Stesichoros usw. entnommen hat. Siehe hierzu Stephanopoulos (1980).

20 Vgl. hierzu Fuhrmann (1982) S.171-9.

21 Ich halte es für verfehlt, in solchen Fällen den Begriff "Kritik" o.ä. zu verwenden, sondern eher ist Euripides' Umgang mit seinen Vorlagen als produktive Auseinandersetzung zu bezeichnen. Vgl. dazu auch Diller (1971a) S.310.

22 Siehe dazu oben S.74 A.4.

zitiert im Eingang die 'Choephori' des Aischylos(23). Im 'Hercules' legt er das Einzugslied des Chores so an, daß es an die Parodos der aristophanischen 'Vespae' erinnert(24). In der 'I.T.' konzipiert er das Stück so, daß es auf das sophokleische Thema vom Problem, den Willen der Gottheit zu erkennen, anspielt(25). In den 'Phoenissae'(26) bereitet er den Chor so vor, daß ein Chor wie in den 'Septem' des Aischylos erwartet wird(27). Die 2. Prologszene des 'Orestes' zitiert Sophokles' 'Electra'(28), und der umfangreiche Heeres-Katalog in der 'I.A.' fordert den Vergleich mit dem homerischen Katalog im 2. Buch der Ilias heraus(29).

Häufig spielt Euripides auch auf ältere eigene Stücke an: V.26 und 47 des 'Hippolytus' weisen auf das erste, durchgefallene Stück gleichen Namens zurück(30), V.129 des 'Orestes' auf die Umgestaltung der Helena-Figur in der 'Helena'(31), die Ankündigung des Chores im 'Orestes' V.131-3 auf die mitfühlenden Chöre in der 'Electra' und der 'I.T.'(32).

Es ergibt sich also ein dichtes Geflecht von Beziehungen in den Stücken, die zum Atriden-Mythenkreis gehören (Aisch. Orestie, Soph. El., Eur. El., I.T., Hel., Or., I.A.), und man könnte erwarten, daß sich ein ähnlicher Befund auch für andere Stoffe, die Euripides behandelt, feststellen ließe, wenn mehr Dramen aus dem Bereich der jeweiligen Mythen erhalten wären.

§ 6   Die typischen Elemente der Parodos

Die Untersuchung der Parodoi hat zwei häufig wiederkehrende Motive für

---

23 Vgl. S.72/3.

24 Siehe S.89.

25 Siehe S.116.

26 Es läßt sich nicht sicher ausmachen, ob mit dem Titel an das gleichnamige Stück des Phrynichos erinnert werden sollte, da wir nicht wissen, ob dieser Titel überhaupt von Euripides stammt, und, falls dies so ist, ob er vor der Aufführung entsprechend modernen Gepflogenheiten bekanntgegeben oder angeschlagen wurde, so daß er beim Publikum eine - dann freilich enttäuschte - Erwartung wecken konnte, es werde eine Auseinandersetzung mit dem alten Phrynichos-Stück erfolgen.

27 Siehe oben S.143.

28 Siehe oben S.103.

29 Siehe oben S.160.

30 Siehe oben S.60.

31 Siehe oben S.103.

32 Siehe oben S.103/4.

das Eingangslied festgestellt, das "Rufmotiv" und den "ethopoietischen Irrtum".

a) Das "Rufmotiv"
Die Betrachung des Eingangs hat ergeben, daß der Einzug des Chores häufig
damit zusammenhing, daß der Chor etwas hörte, was ihn auf die Bühne
führte. Ich habe dies das "Rufmotiv" genannt, um damit auf den vermutlichen
Ursprung dieser Motivation für den Chor-Auftritt hinzuweisen (Der Exarchon
ruft den Chor heraus.). Am klarsten fand sich dieses Rufmotiv in den Stük-
ken der Gruppe 2: 'Heraclidae' (V.69-72), 'Troades' (V.143-5), 'I.T.' (V.61-4,
138) und 'Bacchae' (V.55-61). Dem am nächsten kamen 'Medea' und 'Helena',
da dort der Chor die Rufe einer Person (Medea/Helena) im Haus bzw. auf
der Bühne hörte und erschien. Von dieser typologisch ursprünglichen Form
"Ruf auf der Bühne, Erscheinen des Chores" entfernen sich die Stücke, in
denen der Chor aufgrund einer Begebenheit, von der er im außerszenischen
Bereich gehört hat, auf die Bühne kommt: im 'Hippolytus' (V.130) hört er am
Waschplatz von der Krankheit Phaidras, in der 'Hecuba' (V.105/5) vom Plan,
Polyxena zu opfern, in der 'Electra' (V.171) vom Fest für Hera und in der
'I.A.' vom Heereszug der Griechen (V.176/7). Am weitesten vom Ursprung
enfernt ist die Verwendung des Rufmotivs ausgerechnet im frühesten erhaltenen Stück des Euripides, der 'Alcestis'. Denn dort erscheint der Chor und
wundert sich, daß er nichts hört (V.77/8)(33).

b) Der "ethopoietische Irrtum"
Als ein zweites häufig erscheinendes Element habe ich im Laufe der
Untersuchung das "Irren" des Chores herausgehoben: dieser Irrtum, der m.E.
zur Charakterisierung des Chores dient, kann auf verschiedenen Ebenen
liegen: i) der Chor weiß nicht, wie er sich verhalten soll ("comedy of manners"), 'Alcestis' V. 77-111, oder er sieht sich in seiner Erwartung getäuscht,
'I.T.' V.123-42.
ii) Der Chor befindet sich im Irrtum über den Charakter des Leidenden
bzw. über die Tiefe des Leides. Dies führt zu seinem aussichtslosen Trö-
stungsversuch ('Medea' V. 175-83, 'Electra' V.167-74, 190-7)(34), oder er
mißdeutet dessen Ursachen ('Hippolytus') und gibt einen falschen Rat ('Andromacha')(35).

---

33 Auch die früheste überhaupt erhaltene Tragödie, Aisch. Pers. V.14/5,
weist diese Umdrehung des Rufmotivs auf.
34 Vgl. Hypsipyla F 1iii V.18ff..
35 Dieser Irrtum hat zugleich andere Aufgaben, er dient zur Straffung der
Exposition.

iii) Bisweilen ist der Irrtum oberflächlich: der Chor geht im Hinblick auf die Herkunft des Leidenden fehl ('Heraclidae' V.82/3), oder er mißdeutet die Ursache des "Rufes" ('Helena' V.183-90).

In einer Reihe von Stücken verzichtet Euripides auf einen "Irrtum" des Chores. An seine Stelle als Instrument der Charakterzeichnung kann eine Darstellung des Greisenalters treten, die im 'Hercules' dem Chor ein markantes Profil gibt, oder eine "touristische" Neugier ('Ion', 'I.A.'), ein missionarischer Eifer ('Bacchae'), die Furcht von kriegsgefangenen Frauen vor ihrer ungewissen Zukunft ('Troades'), eine Hikesie ('Supplices'). Oder aber ein besonderes Geschick, wie ein zukünftiger Hierodule zu sein, bestimmt das Wesen des Chores ('Phoenissae').

In zwei Stücken geht Euripides gänzlich anders vor und setzt an die Stelle einer Charakterzeichnung einen ungewöhnlichen Gehalt der Parodos, der die Standard-Elemente überlagert: in der 'Hecuba' wird die Parodos zum Botenbericht, im 'Orestes' das Einzugslied zu einer "Flüsterparodos". Diese besonderen Elemente führen dazu, daß eine Charakterisierung des Chores nur indirekt erfolgt. So erscheint in der 'Hecuba' der Chor deshalb als mitfühlend, eben weil er die Nachricht eilends überbringt, und im 'Orestes' als neugierig, da er ein solches Interesse am kranken Orest zeigt.

§ 7 Vom Irrtum zur dramatischen Ironie

Unsere Untersuchung hat die Technik des Euripides herausgearbeitet, den Irrtum als Instrument der Charakterzeichnung zu verwenden. Aber auch eine zweite Art der Verwendung des Irrtums in der Parodos sowie ihre Entstehung läßt sich feststellen: der Irrtum wird zum Mittel, eine Situation in ironischer Brechung darzustellen. Ausgangspunkt ist wiederum die 'Alcestis'. Hier ist der Chor unsicher, wie er sich verhalten soll. Im 'Hippolytus' stellen die Frauen in einer unklaren Situation Vermutungen an, die völlig fehl gehen. In der 'I.T.' beklagen Iphigenie und der Chor aufgrund eines falsch gedeuteten Traumes den Tod des lebenden Orest, in der 'Helena' bejammern die Titelheldin und der Chor ein Leid, das aufgrund einer falschen Botschaft über Menelaos' angeblichen Tod unaufhebbar scheint. Diesen amoibaiischen Parodoi liegt also auch jeweils ein Irrtum zugrunde. Der bedeutende Unterschied zu 'Alcestis' und 'Hippolytus' besteht dabei darin, daß in den früheren Stücken das Nachsinnen des Chores eine Grundlage hatte. Denn Alkestis lag im Sterben, und Phaidra war krank. Daß die Frauen von Troizen Artemis für die Krankheit verantwortlich machten (V.145-50), ist lediglich ein - freilich von Euripides hintersinnig angelegter - Irrtum über die Hintergründe eines Faktums. In 'I.T.' und 'Helena' dagegen entbehren Klage und Verzweiflung jegli-

cher Grundlage. Der einfache Irrtum ist damit zur dramatischen Ironie ver-
feinert: der Zuschauer hört von den Figuren des Stückes ernst gemeinte und
genommene Totenklagen für Gestalten, von denen er weiß, daß sie im Stück
noch am Leben sind(36). Einerseits zeigt sich hierin Euripides' Kunst der
ironischen Brechung einer Situation in Vollendung, eine Kunst, die nach Karl
Reinhardt(37) nicht zur Alten Komödie, sondern zur klassischen Tragödie
gehört. Und andererseits offenbaren sich darin auch des Euripides zuneh-
mende Zweifel an der Fähigkeit des Menschen, Schein und Wahrheit unterscheiden zu können(38).

Anhang: Die Epiparodos

In zwei (Alc., Hel.) der erhaltenen(39) Dramen des Euripides zieht der Chor
während des Stückes aus (Metastasis), um bald darauf wieder einzuziehen.
Dieser erneute Einzug wird (nach Pollux, Onom. 4,108(40)) als Epiparodos(41)
bezeichnet.

Der Auszug des Chores hat zur Folge, daß dieser *nicht* Zeuge eines bestimmten Ereignisses wird. Dies dürfte wenigstens(42) für Euripides, Sopho-

---

36 Diese Kunst wurde dabei auch durch sophokleische Anregungen (vgl. dessen El.) gefördert.
37 (1975) S.62.
38 Vgl. dazu auch Burnett (1968) und Strohm (1968) S.388-90.
39 Bei den fragmentarisch bekannten Stücken erwägt Webster (1967) S.34
u. 36 für die Peliades Metastasis und Epiparodos (vgl. oben S.25/6), im
Phaethon sind Metastasis und Epiparodos (angenommen z.B. von Ritchie
(1964) S.118) unwahrscheinlich, siehe dazu Diggle (1970) S.149/50.
40 Eine Sammlung von Testimonien zur Epiparodos findet sich bei de Falco
(1958) S.1/2.
41 Ausführlich handelt hierüber de Falco (1958) S.1-55.
42 In Aisch. Eum. hat die Abwesenheit des Chores 231-44 den Zweck, einen
Ortswechsel dramatisch glaubhaft zu machen (ähnlich auch Soph. Aias). Es
ist möglich, daß im P.V. der Chor bald nach der Parodos (283) verschwindet
und 397 mit einem Lied seinen Platz in der Orchestra einnimmt, was im
weitesten Sinne als Epiparodos bezeichnet werden kann. Diese Metastasis/
Epiparodos-Konzeption ist indes von den übrigen verschieden, da sie nicht
inhaltlich, sondern technisch bedingt ist: der Chor verläßt sein Fahrzeug und
klettert hinter der Skene herunter, vgl. Griffith (1983) S.109 u. Taplin (1977)
S.256-60.

kles(43) und den Dichter des 'Rhesus'(44) der Grund gewesen sein, den Chor zu entfernen. Denn ein anwesender Chor kann dramatisch plausibel unmöglich dem Selbstmord des Aias (Soph.) beiwohnen und ebensowenig das Auftreten seiner Feinde Odysseus und Diomedes tatenlos hinnehmen (Rhes.)(45).

In der 'Alcestis' ist der Chor mit Admet ausgezogen, um Alkestis' Leichnam zu verbrennen (vgl. 739/40). Daher hat er nicht Herakles' Entschluß, Alkestis zu retten (840-54), miterlebt. Dieser Umstand bewirkt, daß er ebenso wie Admet von der Unabänderlichkeit der Katastrophe überzeugt und infolgedessen ein glaubwürdiger Gegenüber für Admets Klage ist (861ff.). Die Klage(46) prägt die Epiparodos (861-934), die deshalb als (halblyrisches) Amoibaion zwischen Chor und König angelegt ist. Hierbei hat der Chor die Aufgabe, tröstend auf Admet einzuwirken und zu versuchen, das Leid durch Interpretation und Relativierung erträglich zu machen.

In der 'Helena' zieht der Chor, von der Titelheldin aufgefordert (331-3), in den Palast, um von Theonoe über Menelaos' Geschick Auskunft zu erhalten. Damit ist die Szene frei für den auftretenden Menelaos, der nun getrennt von Helena und auch ohne die Anwesenheit des Chores exponiert wird (386-514). Denn träfe er statt auf die unverständige Türhüterin auf den mit Helena befreundeten Chor, entfiele nicht nur die Türhüterszene, die sowohl Menelaos' armselige Lage charakterisiert als auch die vom Eidolon ausgehende Täuschen (vgl. 470-99) darstellt, sondern auch der verzwickte Anagnorismos, bei dem die Täuschung durch das Eidolon mühsam überwunden werden muß(47). Denn der Chor könnte in Form einer Informationsstichomythie(48) Menelaos alles Erforderliche mitteilen und so auf Helena vorbereiten, daß der Charakter des Anagnorismos ein anderer wäre.

Die Epiparodos (515-27) besteht aus einem kurzen astrophischen Lied, in dem der Chor vor Helenas Auftrittsmonolog gleichsam lyrisch dessen Inhalt präludierend einen Teil der Auskünfte Theonoes referiert: Menelaos ist nicht tot, sondern irrt auf dem Meer umher. Helena wiederholt und ergänzt die Aussage des Gesanges; sie fragt sich, ob Menelaos unversehrt Ägypten erreichen werde(49).

---

43 *Der Chor ist in Aias 815-65 abwesend.*
44 *Der Chor ist in Rhes. 565-674 nicht anwesend.*
45 *Siehe dazu Ritchie (1964) S.119.*
46 *Siehe hierzu unten S.244/5.*
47 *Vgl. Kannicht (1969) Bd.2 S.122/3.*
48 *Siehe dazu unten S.160-2.*
49 *Schadewaldt (1926) S.242 A.3.*

Diese kurze Darstellung der euripideischen Epiparodoi zeigt eines: beide Lieder sind durch die Situation, in der sie gesungen werden, insofern bestimmt, als sie das, was sich im außer- bzw. hinterszenischen Raum zugetragen hat, weiterführen. So schwingt im Klage-Wechselgesang die Situation des Begräbnisses weiter, und im astrophischen Lied wird froh die Quintessenz der Weissagung mitgeteilt. Diesem Inhalt entspricht die Form: die Klage wird in eine epirrhematische Komposition, die Freude in ein äolisches Astrophon gefaßt(50).

---

50 Kannicht (1969) Bd.2 S.146.

3. Der Chor in der Handlung

3. 1. Der Chor in der Handlung der Tragödie

Innerhalb eines Stückes tritt der Chor (ich übergehe hierbei die Stasima und sonstigen unisono gesungenen Lieder) durch Beteiligung an lyrischen Partien und Sprechverspartien hervor. Wir wollen mit der Betrachtung der Rolle des Chores in den Sprechverspartien beginnen. Formal handelt es sich dabei um kurze Äußerungen des Chorführers(1) in jambischen Trimetern und trochäischen Tetrametern . Die Forschung hat nicht eben freundlich über diese Beiträge des euripideischen Chores geurteilt. Man hätte sie an vielen Stellen gerne missen mögen. So schreibt Richard Arnoldt, dem wir immerhin die bislang ausführlichste Beschäftigung mit diesen Versen verdanken: "Es ist in der Tat gerade so, als ob der Chorführer sich nicht enthalten könnte, allem und jedem, was auf der Bühne gesprochen wird, auch seinen Senf hinzuzugeben"(2). Ließ sich für Handlung und Gedankenführung, für die Ebene des Textes wenig mit derartigen Interloquien anfangen, so lag es nahe, ihre Funktion im Zusammenhang mit der Aufführung des Stückes zu sehen: Gilbert Norwood(3) kam auf den Gedanken, zwei Verse des Chorführers nach einer Rede eines Schauspielers gesprochen gäben dem Publikum Raum für Beifall, ohne daß etwas Wichtiges wie der Beginn einer folgenden Rede im Lärm unterginge. T.B.L. Webster(4) glaubte, ein Chorführerinterloquium sei für das Publikum wichtiger Hinweis für das Ende einer Rede.

In der neueren Forschung zum Chor des Sophokles, die prinzipiell vor demselben Problem einer Interpretation der Chorführerverse steht, ist mittlerweile von pauschalen Lösungen, wie sie Norwood und Webster vorschlagen, abgegangen worden. Insbesondere Cynthia P. Gardiner(5) bemüht sich darum, jeden einzelnen einschlägigen Vers zu würdigen und sowohl als Ausdruck für die Haltung des Chores in der jeweiligen Situation als auch als Beitrag zum jeweiligen Gespräch ernst zu nehmen. Ob ein solcher Ansatz auch für Euripides sinnvoll ist, muß geprüft werden. Bei einer solchen Prüfung, die im folgenden unternommen werden wird, ist aber auch der Webstersche Aspekt der Wirkung auf das Publikum zu berücksichtigen. Ich stelle deshalb folgende Fragen:

---

1 Siehe dazu Arnoldt (1878) S.313-8.
2 Arnoldt (1878) S.350.
3 Norwood (1960) S.79/80.
4 Webster (1970) zu V.317.
5 Gardiner (1987) S.21/2 u.ö..

1. Gliedern Chorführerverse?
2.a) Inwiefern sind sie Ausdruck der dramatis persona des Chores,
   b) in welchem Maße sind sie Bestandteil des Gesprächs, welche "dialogische Kraft" haben sie ?
3. Was bedeuten diese Verse für den Zuschauer ?

Ich wähle als Beispiel, an dem ich diesen drei Fragen nachgehen will, das
2.Epeisodion der 'Alcestis' (V.238-434). Formal läßt sich dieser Akt in 5
Abschnitte gliedern:
1. ein halblyrisches Amoibaion zwischen Alkestis und Admet
   (V.244-279)
2. ein Redenpaar der Eheleute (V.280-325 Alkestis, 328-68 Admet)
3. eine Stichomythie zwischen beiden (V.371-91)
4. die Monodie des Kindes (393-415)
5. die Rede Admets (420-34).

Der Chorführer markiert mit seinen Versen diese Abschnitte: a) er
eröffnet das Epeisodion mit 6 anapästischen Versen (238-43), b) zwischen
den Reden von Alkestis und Admet spricht er 2 jambische Trimeter (326/7),
c) zwischen Reden und Stichomythie tut er ein Gleiches (369/70), d) er
kommt mit einem einzigen jambischen Trimeter zwischen der Stichomythie
und der Monodie zu Wort (V.392). e) Vor der Rede Admets spricht er 4
iambische Trimeter (416-9).

Es ist deutlich, daß mit Ausnahme des Übergangs vom Amoibaion zu den
Reden (279/80) an den Gelenkstellen der einzelnen Abschnitte Chorführer-
verse zu finden sind, eine Gliederungsfunktion der Interloquien (siehe oben
Frage 1) ist also unübersehbar.

Wie steht es mit der "dialogischen Kraft" dieser Verse, sind sie ein Beitrag
im Gespräch, den die Schauspieler berücksichtigen ? Ich greife V.369/70
heraus: Admet hat in seiner Rede versprochen, nicht mehr zu heiraten und
überdies bewegt angekündigt, er werde sein zukünftiges Leben allein der
Trauer um Alkestis weihen. Der Chor versichert nun, er werde an dieser
Trauer um Alkestis teilhaben wie ein Freund, da sie einer solchen Trauer
würdig sei: er spricht damit nur zu Admet (σοι V.369) und bezieht sich auf
V.336 in dessen Rede (οἴσω δὲ πένθος - καὶ μὴν ἐγώ σοι πένθος συνοίσω).
er hebt den Gesichtspunkt der Freundschaft, deren Versagen Admet bei
seinen Eltern beklagt hat, heraus: ὡς φίλος φίλῳ wolle er dem König beiste-
hen. Das Chorwort dokumentiert damit ein aufrichtiges Mitfühlen mit Admet,
es dokumentiert eine Verbundenheit der Männer von Pherai mit ihrem Für-

sten. Die dramatis persona des Chores (siehe oben Frage 2a) kommt hier also kräftig zur Geltung.

Doch Alkestis' Antwort (V.371-3) geht in eine andere Richtung: sie ruft die Kinder als Zeugen für das Versprechen Admets an. Dieser bekräftigt darauf (V.374) noch einmal sein Gelübde. Auf die Worte des Chorführers wird damit nicht reagiert, sie sind für das Gespräch Admets mit Alkestis ohne Bedeutung, auch wenn sie eng an Gedanken in der Rede des Königs anschließen. In ihrer Rede V.280-325 bittet die sterbende Alkestis, nachdem sie ihr Opfer hervorgehoben hat (282-98), Admet solle keine neue Ehe eingehen, um so die Position ihrer Kinder zu sichern. Der Chorführer bemerkt dazu: ϑάρσει, sei unbesorgt, er wird dies tun, wenn er kein Tor ist (326/7). Doch Alkestis' Bitte war an Admet gerichtet, der Chor muß also ein Wort über seinen Zwischenspruch verlieren: πρὸ τούτου γὰρ λέγειν οὐχ ἅζομαι. Vergegenwärtigen wir uns die Situation. Die sterbende Ehefrau bittet ihren Mann um ein Versprechen, doch der Chor antwortet in dieser Situation für den Mann statt zu schweigen. Hat er Angst, Admet könne sich dem Wunsch der Frau, die für ihn in den Tod geht, entziehen, und will er dem durch sein Wort vorbeugen ?(6) V.328 antwortet Admet an Alkestis gewandt (ἐπεί σ' ἐγὼ...) Dies entspricht genau den Äußerungen des Chorführers: δράσει τάδ' = ἔσται τάδ', ϑάρσει = μὴ τρέσῃς(7), bedeutet aber nicht zwangsläufig, daß Admet hastig die Worte des Chorführers aufgreift. Denn beide sprechen, wie der Imperativ zeigt, vornehmlich zu Alkestis und versuchen, sie zu trösten. Natürlich kann die Annahme, der Chor zwinge implizit den widerstrebenden Admet dazu, das Versprechen zu leisten, nicht widerlegt werden. Doch dieser Abschnitt läßt sich auch ganz anders verstehen(8): der Chor ist tief bewegt von Alkestis' Rede (auch hier ist die dramatis persona des Chores also klar erkennbar), er antizipiert in seiner Haltung und mit seinen Worten die Antwort, die der ebenfalls erschütterte(9) Admet geben wird. Dies heißt aber, daß das Interloquium des Chorführers wie in V.369/70 kein Beitrag zum Dialog ist, obschon es prima facie so wirkt. Denn Admets Antwort setzt den Beitrag des Chores nicht voraus, sie würde ohne den Chorzwischenspruch nicht anders ausfallen können.

Wir bemerken die Technik, die Euripides bei diesem (und z.T. auch bei dem vorher besprochenen) Interloquium benutzt: Der Chorführer greift zen-

---

6 Weber (1930) S.120 ad loc. liest das Interloquium so.

7 Vgl. Hcld. 654 für die Synonymität der Ausdrücke.

8 Dale (1954) S.78 ad loc..

9 Die Erschütterung des Königs spiegelt sich in der wiederholten zeugmatischen Redeweise in V.329-33, vgl. Dale (1954) S.78 ad loc..

trale Gedanken der vorangegangenen Rede auf und formuliert eine Erwiderung, die angemessen ist. In V.392 stellt der Chor den Tod der Alkestis fest. Hier ist ein "Dialog" auch durch den Genitiv Ἀδμήτου ausgeschlossen. Diese Äußerung hat ebenso wie die Partie V.238-43 den Charakter eines Kommentars und einer Feststellung.

Deutlich verschieden davon ist der Abschnitt 416-9: hier versucht der Chorführer, Admet zu trösten (dieser Versuch charakterisiert den Chor, trägt also dazu bei, seiner dramatis persona Profil zu verleihen). Er benutzt dafür den Trostgedanken: "nicht dir allein ist solches widerfahren"(10). Hierauf geht der König sichtbar ein (V.420 ἐπίσταμαί τοι), er bittet den Chor schließlich sogar (V.422), an der Bestattung teilzunehmen. Die Bemerkung des Chorführers ist also Teil eines Gesprächs.

Zwei grundsätzlich verschiedene Typen von Chorführerbemerkungen sind damit zu finden: a) solche mit "dialogischer Kraft": sie geben einen Impuls, der vom Akteur auf der Bühne deutlich aufgegriffen wird, und b) solche, die von den Akteuren unberücksichtigt bleiben. Es läßt sich eine fast trivial wirkende Regel finden, nach der die beiden Typen bestimmt zu werden scheinen: ist der Chor mit einem Schauspieler allein, dient alles, was er sagt, dem Dialog. Ergreift er während eines Gesprächs zweier (oder mehrerer) Schauspieler das Wort (d.h. kommt das Chorführerinterloquium als weitere Sprechverspartie zu Sprechverspartien von zwei oder mehr Schauspielern), bleibt das, was er sagt, von diesen in ihren Reden unberührt(11). Der erste Teil der Regel ist eine Selbstverständlichkeit. Der zweite erklärt sich, wenn man bedenkt, wie selten bei Euripides das sog. Dreigespräch verwendet wird(12), das entsteht, wenn das Interloquium von den Akteuren auf der Bühne berücksichtigt würde(13).

Wir müssen nun fragen, welche Aufgabe die Worte des Chorführers ohne "dialogische Kraft" abgesehen von ihrer Gliederungsfunktion haben. Zunächst können sie die Ansicht und Haltung des Chores zu den Vorgängen bzw. Reden auf der Bühne darlegen. Damit wird der Chor charakterisiert. (Dies geschieht in V.369/70). Dann können sie dem Zuschauer wichtige Hinweise geben über Sachverhalte, die aus dem Gespräch der Schauspieler heraus nicht sicher durchschaubar sind (V.392). Oder aber der Chor kann durch sein Reagieren auf eine Situation die Reaktion des Zuschauers beeinflussen. Wenden wir uns V.238-42 zu: dieser Abschnitt, der das Epeisodion eröffnet,

---

10 Vgl. Hel. 253/4 mit Kannichts Parallelen.
11 Zu den Abweichungen von der Regel siehe Exkurs 2, unten S.187.
12 Siehe Seidensticker (1971) S.210/1.
13 Siehe dazu Dale (1969) S.219.

gehört zu den Auftrittsankündigungen(14), auch wenn die eigentliche Ankündigung bereits V.233/4 erfolgt. Es ist die Aufgabe einer solchen Versgruppe, den Zuschauer über den oder die Auftretenden zu informieren. Doch neben dieser Funktion kann noch anderes stehen: Dadurch, daß der Chor hier zunächst seine Trauer (V.234-7) hervorhebt und in den Anapästen das Leid, das aus einer Ehe beim Tod des einen Partners erwachsen kann, beschreibt, wird der Zuschauer auf den nun beginnenden Akt eingestimmt. Der Chor läßt so im Zuschauer eine Erwartung auf ein vom Leid bestimmtes Epeisodion entstehen.

Für den Zuschauer bedeutsamer ist die Reaktion der Chores in V.326/7. Denn die Verse des Chorführers sind, wie oben angedeutet, eine plausibele Antwort auf die Bitte der Alkestis. Es ist sicher nicht zu kühn anzunehmen, daß auch das Publikum, da ihm das große Opfer der Königin und ihr Wunsch, der so wohl begründet war, dargelegt worden waren, ähnlich empfunden hat. Admet solle das Versprechen leisten. Anhand des Interloquiums des Chorführers kann nun ein Zuschauer sein eigenes Empfinden kontrollieren und bestätigt fühlen. Zugleich entsteht bei ihm durch Rede und Interloquium eine Erwartung über die Antwort Admets - die dieser erfüllt. So dient dieses Interloquium dazu, eine Erwartungshaltung im Zuschauer aufbauen zu helfen. Zusammengefaßt ergeben sich drei Aufgaben für die Chorführerverse, die keine Funktion im Dialog haben:
a) sie charakterisieren den Chor,
b) sie informieren den Zuschauer,
c) sie helfen beim Aufbau einer Erwartungshaltung im Zuschauer.

Die Funktionen der "dialogischen" Interloquien sind weniger leicht allgemein zu fassen. Zunächst können auch sie den Chor charakterisieren, auch sie können informieren, sowohl einen Schauspieler im Gespräch als auch den Zuschauer. Und sie können, indem sie die Sicht des Chores zu einem bestimmten Problem vorbringen, die Schauspieler zur Auseinandersetzung mit dieser Sicht bewegen.

Wir fassen die anhand der Besprechung von 'Alcestis' V.238-434 gewonnenen Erkenntnisse über die Rolle des Chores zusammen.
1. Die Interloquien des Chorführers haben Gliederungsfunktionen;
2. a) In ihnen kommt die dramatis persona des Chores zum Ausdruck;
    b) Sie sind dann ein Bestandteil des Gesprächs, wenn *ein* Schauspieler mit dem Chor spricht. Ergreift der Chor während eines Gesprächs zweier Schauspieler das Wort, bleibt das, was er sagt, von diesen

---

14 *Siehe Hamilton (1978) S.69.*

unberücksichtigt, ist also undialogisch.

c) Eine Bedeutung für den Zuschauer haben die Chorverse insofern, als sie ihn über nicht sogleich erkennbare Sachverhalte unterrichten und (insbesondere die undialogischen Verse) die Erwartungshaltung des Zuschauers beeinflussen können.

Eine Untersuchung der Rolle des Chores in der Handlung kann nun auf zwei Wegen voranschreiten. Entweder ist nach dem Verfahren, das soeben auf das 2. Epeisodion der 'Alcestis' angewandt wurde, jedes Epeisodion in jeder Tragödie des Euripides zu untersuchen. Dies hätte den Vorteil, daß sämtliche Beiträge des Chores innerhalb der Handlung berücksichtigt würden, wiese aber den Nachteil auf, daß parallele Erscheinungen und interessante Abwandlungen in der Technik des Euripides, den Chor in der Handlung einzusetzen, nicht leicht zu erkennen oder wenigstens an z.T. weit auseinanderliegenden Orten zu behandeln wären.

Deshalb soll der andere mögliche Weg beschritten werden. Ein großer Teil der Beiträge des Chores in der Handlung läßt sich Gruppen zuordnen. So ist bei Auftrittsankündigungen, Szenen, in denen eine Figur unter Beteiligung des Chores unterrichtet wird, Botenberichten und im Agon die Rolle des Chores systematisch darstellbar. Die nächsten Abschnitte (3.2 -3.5) werden daher derartigen Partien gewidmet sein, wobei so vorzugehen ist, daß erst der jeweilige Normalfall behandelt, darauf Abweichungen davon untersucht werden sollen. Danach sollen häufig wiederkehrende Situationen, in denen die Rolle des Chores bedeutsam ist, besprochen werden: Gesangsnummern (3.6), Mordtaten im Bühnenhaus (3.7) sowie die Partien, in denen der Chor als Handelnder in das Stück eingreift (3.8) oder aber als Figur des Stückes ausgeschaltet werden soll (3.9).

Wenn auch bei dieser Vorgehensweise nicht sämtliche Äußerungen des Chores in jeder Tragödie des Euripides erfaßt werden können, so wird dies dadurch aufgewogen, daß einerseits die Beteiligung des Chores am Stück zu einem großen Teil systematisch untersucht und andererseits Entwicklungslinien in den verschiedenen Formen der Beteiligung (dies gilt besonders für 3.6 - 3.9) klarer herausgearbeitet werden können.

Exkurs 2: **Abweichungen von der Regel: die Chorführerverse sind "undialogisch", wenn durch sie ein Dreigespräch entstünde**

Mir sind folgende Ausnahmen von der Regel, wonach die Chorführerverse nicht im Gespräch der Schauspieler berücksichtigt werden, wenn durch sie ein Dreigespräch entstünde, bekannt:

1. 'Heraclidae' 274: (Siehe dazu unten S.297.) Der Einspruch des Chorführers hält den attischen König Demophon vor einem Gesandtenfrevel zurück.

2. 'Heraclidae' 1018/9, 1021: Eurystheus ist nach der Schlacht gefangen seiner Erzfeindin Alkmene, die ihn unbedingt töten will (958-60, 973, 975-80), übergeben worden(15). Er rechtfertigt und verteidigt seine Verfolgung der Herakliden, zugleich beruft er sich darauf, daß er nicht rechtmäßig getötet werden darf, da ihn das griechische Recht schützt (V.1010/1) und Athen begnadigt hat. Der Chorführer rät unter dem Eindruck der Rede des Argivers der Alkmene, sie solle ihn entlassen, zumal auch Athen dies beschlossen habe (1018/9). Alkmene deutet an, daß es einen Weg gebe, ihren Rachewunsch und den Beschluß der Stadt miteinander in Einklang zu bringen (1020). Der Chorführer betrachtet eine derartige Lösung als wünschenswert (1021), Alkmene stellt ihren Plan vor, selbst Eurystheus zu töten und dann den Leichnam der Stadt zu übergeben (V.1022-5). Eurystheus widersetzt sich nicht: er will die Stadt für ihren Edelmut belohnen und fordert den Chor auf (V.1030 θάψεθ'), ihn zu bestatten, damit er Athen schützen kann, wie es ein Orakel verkündet habe.
Es liegt in diesem Abschnitt eine bemerkenswerte Dialogführung vor: Eurystheus redet zu Alkmene (983-1017), der Chor zu Alkmene, die auf seine Worte eingeht (1018-25). Eurystheus spricht sowohl Alkmene (1026) als auch den Chor (1030) an. Damit liegt hier ein Dreigespräch vor, die Beiträge des Chores werden von den Schauspielern gehört und berücksichtigt. Es läßt sich ein inhaltlicher Grund geltend machen, warum der Chor hier am Gespräch Anteil hat: er ist Repräsentant der Stadt Athen, Eurystheus kann ihm das anraten, was Athen für ihn tun soll (1030).

3. 'Electra' 1292-1302: Nach dem Muttermord sind die Dioskuren erschienen. Kastor hat in einer Rede (1238-91) Anweisungen für die Zukunft gegeben. Es folgt ein Gespräch zwischen dem Gott und (sicher ab 1303) Elektra und Orest. Die Eröffnung dieses Gesprächs (1292-1302) ist problematisch.
Diggle läßt sie unter Benutzung der Änderungsvorschläge von Victorius,

---

15 Zur Zuweisung der Verse 961, 964, 966, 968, 970, 974 an einen Diener statt, wie überliefert, an den Chor, die Diggle nach Tyrwhitt vornimmt, siehe Zuntz (1955) S.125-8.

Orelli und Arnoldt (insgesamt wird zweimal eine Sprecherzuweisung geändert, einmal der Text; einmal werden Verse umgestellt) so beginnen: Der Chor fragt die Dioskuren, ob er mit ihnen sprechen dürfe (1292/3). Diese gestatten es ihm, da er nicht durch die Morde befleckt sei (1294). Der Chor möchte wissen, warum die Dioskuren nicht den Muttermord verhindert haben (1298-1300). Kastor erklärt dies mit der Moira und dem Gebot Apolls (1301/2). Nun möchte auch Elektra mit den Dioskuren sprechen (1303)...

Diese Textgestaltung ist inhaltlich akzeptabel. Formal aber (und deshalb wird sie hier erörtert) ist sie auffällig. Denn die Partie rückt in die Nähe eines Dreigesprächs, da Elektra V.1295 (κἀμοί) deutlich bekundet, daß sie vom Gespräch zwischen Kastor und dem Chor Notiz genommen hat. Ferner ist merkwürdig, daß der *Chor* mit den Dioskuren spricht – und dies, obgleich in der vorangegangenen Rede Kastors der Chor gar keine Rolle gespielt hat (nur wenn das vorher Gesagte wie auch immer für den Chor von Bedeutung wäre, könnte man eine Berechtigung erkennen, daß der Chor hier, was er sonst bei Euripides nie tut, mit dem Deus ex machina spricht).

Zusammmengefaßt: der bei Diggle gedruckte Text (der das Ergebnis von Änderungen ist) ist auffällig, weil

1. die Worte des Chores Teil eines Dreigesprächs sind;
2. der Chor seine Rede an die Dei ex machina richtet;
3. dieses Auftreten des Chores in einem Mißverhältnis zu der Bedeutung steht, die ihm in der Rede des Kastor zukommt.

Angesichts dieser drei Punkte sei die Frage gestattet, ob der überlieferte Text nicht weniger Anstoß erregt als der durch Änderung hergestellte(16). Betrachten wir die Überlieferung:

1292/3 wendet sich eine Figur an die Dioskuren und fragt, ob es ihr und mindestens einer anderen Person (ἡμῖν) gestattet sei, sich den Göttern zu nähern. Die Götter erlauben dies mit dem Hinweis, daß ihre Gesprächspartner durch die Morde nicht befleckt seien. Darauf (1295) bittet eine Person, die nicht zu der Gruppe gehört, die mit ἡμῖν bezeichnet war, am Gespräch teilhaben zu dürfen, was ihr (1296) erlaubt wird. Wenn man mit dem Laurentianus Orest die erste Bitte und Elektra die zweite zuweist, ergeben sich zwei Probleme:

1. Orest ist ein Befleckter: er hat ja die Mordtat begangen. Doch gibt es zwei Möglichkeiten zu erklären, wieso die Dioskuren ihn als οὐ μυσαρός bezeichnen könnten: a) die Dioskuren stehen über dem menschlichen Recht,

---

16 *Die Überlieferung verteidigen Steidle (1968) S.85-9 sowie Kovacs (1985) S.310-4.*

die Kategorie Befleckung ist für sie unwichtig(17); und/oder b) es gibt Anzeichen dafür, daß nach attischer Vorstellung auch die Trennung zwischen Anstifter (hier Apoll, vgl. 1300/1 und besonders 1266/7) und Ausführendem (Orest) letzteren vom Stigma der Befleckung entlasten konnte(18). Es ist also denkbar, daß V.1294 an Orest gerichtet ist.

2. Das ἡμῖν in V.1293 kann nicht Orest und Elektra bezeichnen, da sich die Schwester V.1295 zu Wort meldet. Ihr κἀμοί wäre überflüssig, wenn sie im ἡμῖν bereits eingeschlossen wäre(19). Doch läßt sich der Plural, den Orest verwendet rechtfertigen: er spricht von sich und Pylades, der ja anwesend ist und von dem in der Exodos mehrfach (1284-7, 1340/1) die Rede ist.

Wenn man die Probleme von geändertem Text und der Überlieferung gegeneinander aufwiegt, kann in Zweifel gezogen werden, ob die Änderungen wirklich nötig sind: mir scheint es nicht glaublich, daß der Chor das Gespräch mit den Dei ex machina eröffnet.

4. 'Orestes' 456-58: (Siehe dazu unten S.195.) Der Chorführer kündigt den Auftritt des Tyndareos an, Orest, der mit Menelaos spricht, hört diese Auftrittsankündigung.

Es läßt sich bei den drei sicheren Fällen ein besonderer Sinn für die Durchbrechung der Regel feststellen: In den 'Heraclidae' wird der Chor als Repräsentant Athens am Gespräch beteiligt, im 'Orestes' ergibt sich aus der Auftrittsankündigung eine interessante Möglichkeit für eine wirkungsvolle Szenengestaltung (siehe dazu unten S.195).

---

17 Denniston (1939) S.207/8.
18 Siehe dazu Adkins (1960) S.105, vgl. auch Or. 75/6 mit Willinks Kommentar.
19 Hier dürfte also Steidle (1968) S.86 irren, der annimmt, daß mit ἡμῖν Orest und Elektra gemeint sind.

3. 2. Die Auftrittsankündigung

Ich beginne die Untersuchung mit der einfachsten Gruppe der Chorführerinterloquien, den Auftrittsankündigungen. Ihre grundsätzliche Aufgabe ist es,
den Zuschauer bzw. den Akteur auf der Bühne über die Person (bzw. die
Personen) zu unterrichten, die sich anschickt aufzutreten. Ihre Gliederungsfunktion ist fast selbstverständlich, da mit dem Auftreten der angekündigten
Person ein neuer Abschnitt im Epeisodion beginnt(1).

Ich gebe im folgenden eine Aufstellung, aus der die Fundorte solcher
Ankündigungen ersichtlich sein sollen: ich unterscheide grundsätzlich drei
Fälle: a) unmittelbar im Anschluß an die Parodos oder ein Stasimon, b) im
Epeisodion entweder nach einem Dialog oder einer Stichomythie oder einer
Rhesis(2), c) unmittelbar im Anschluß an ein Amoibaion oder eine Monodie.
Weiterhin wird die Zahl der Akteure auf der Bühne (d.h. keiner, einer, mehr
als einer) berücksichtigt. Zugleich versuche ich, die m.E. vorliegende Funktion
der Auftrittsankündigung zu beschreiben: sie informiert, charakterisiert den
Chor und hilft beim Aufbau einer Erwartungshaltung im Zuschauer auf die
folgende Szene. Es ist hierbei zu beachten, daß die jeweils einfacheren
Aufgaben in den komplexeren eingeschlossen sind: so wird in einer den Chor
charakterisierenden Ankündigung auch informiert, und wenn der Chor von
seiner Furcht beim Erscheinen einer Person spricht, also die Erwartung auf
etwas Bedrohliches weckt, wird er auch charakterisiert.

Nach einem Chorlied(3)

a) nach der Parodos:
I) der Chor ist allein: (1) Phaeth.102-8,
(2) Alc.136-40, Hipp.170-5,
(3) -

---

1 Siehe hierzu die Bemerkungen Taplins (1977) S.53-60.
2 Hier sind bisweilen Unterscheidungen nur schwer möglich: manche Dialoge
enden mit einer kurzen Rede, manchen Reden folgt eine Stichomythie nach.
3 Im folgenden bedeutet (1), daß eine Auftrittsankündigung rein informierend
ist, (2), daß der Chor durch die Art seiner Ankündigung charakterisiert wird,
und (3), daß die Auftrittsankündigung auf die nächste Szene einstimmt, da
der Chor eine bestimmte Haltung gegenüber dem Auftretenden einnimmt. (a)
bedeutet dabei, daß der Chor Trauer oder Mitleid äußert, (b), daß er sich
überrascht zeigt und damit das Element des Unerwarteten in der nachfolgenden Szene betont, und (c), daß er Furcht angesichts des Auftretenden zeigt.

II) die Parodos ist trotz anwesender Personen monodisch:

                         (1) H.F.138/9,
                         (2) -
                         (3) -

III) die Parodos war amoibaiisch:

                         (1)
                         (2) -
                         (3)(b) Hyps. F1iv 10-4
                            (c) Tro.230-4,

b) nach einem Stasimon:

IV) der Chor ist allein: (1) Hipp.1151/2, Phoen.1308/9,
                            Or.1366-8, Or.1549-53,
                         (2) Ba.1165-8,
                         (3)(a) Andr.494-500, El.1172-6,
                            H.F.442-50, 1039-41,
                         (b) Suppl. 980-9,
                         (c) H.F.815-21,

V) während des Stasimons ist ein Schauspieler anwesend:

                         (1) Alc.1006/7,
                         (2) I.T.456-66,
                         (3)(a) Tro.568-76, 1118-22.

   Im Epeisodion

a) Ein Schauspieler ist neben dem Chor anwesend

VI) nach einer Rede: (1) Alc.611-3, Med.269/70,
                         (2) -
                         (3)(a) Suppl. 1114-22,
                            (b) Andr. 823/4

VII) nach einer Stichomythie:

                         (1) Alc.507/8, Hipp.899/900, 1156,
                            Hec.665/6, Or.851/2,
                         (2) -
                         (3) -

b) Mehrere Schauspieler sind neben dem Chor anwesend

VIII) nach einer Rede   (1) El.339/40, Phoen.443-5, Or.456-8,
                         (2) -
                         (3) (a) Hipp.1342-6, Andr.1166-72,

Phoen.1480-4,

(b) Tro.1256-9,

IX) nach einer Stichomythie (1) Hcld 118/9.

Nach einer Monodie oder einem Amoibaion

a) Der Chor ist mit einem Schauspieler allein

X)   (1) Suppl.1031-3, Or.1311/2,
                                Or.1503-5, Phaeth.311/2,
                            (2) -
                            (3)(a) Or.1013-7,
                                (b) Andr.1226-30;

b) Neben dem Chor sind mehrere Schauspieler anwesend

XI) der Chor ist an der Lyrik nicht beteiligt
                            (1) Andr.545/6, 879/80, Hec.216/7,
XII) der Chor ist an der Lyrik beteiligt
                            (1) Hec. 724/5,
                            (2) -
                            (3)(b) El.1232-7.

XIII Sonderfälle

In drei Fällen ist die Auftrittsankündigung nicht deutlich herausgehoben, da sie zum Chorlied gehört(4) (Alc.233, Ion 236(5), Phoen. 258-60(6)).

Eine besondere Gruppe bilden diejenigen Auftrittsankündigungen, die zu

---

4 Siehe zu derartigen Ankündigungen Taplin (1977) S.173/4.

5 Die Lücke, die nach diesem Vers mit Lloyd-Jones (vgl. Diggles app. crit.) angenommen werden muß, ändert nichts am Sachverhalt.

6 Im Falle von Phoen. 258-60 ist eine Erläuterung notwendig. Es handelt sich bei diesen Versen nicht um eine typische Auftrittsankündigung ("Da sehe ich Y kommen."), sondern vielmehr um eine Vorbereitung des folgenden Auftritts: der Chor singt von Polyneikes, und er erscheint. Ähnliches findet sich bei Aischylos: In den Choeph. 649-51 singt der Chor davon, daß eine Erinys den Sohn als Rächer ins Haus führen wird. In 652 erscheint Orest und klopft an das Palasttor (vgl. hierzu Kranz (1933) S.165).

einer formellen Begrüßung des Auftretenden durch den Chor führen: 'Electra'
988-97 (nach Dialog), 'Orestes' 348-55 (nach Stasimon), 'I.A.' 590-606(7)
(nach Stasimon). Auffällig ist bei diesen ausführlichen Ankündigungen die
Ironie, eine Diskrepanz zwischen Äußerungen des Chores, der bemüht ist, ein
gutes Omen auszusprechen(8), und der Situation:

In der 'Electra' begrüßt der Chor Kytaimestra emphatisch und preist sie
ob ihres Geschicks (V.996/7)(9). Doch gerade haben Elektra und Orest den
Beschluß bekräftigt, ihre Mutter töten zu wollen. Im 'Orestes' dienen die
Prädikationen des Chores über Menelaos dazu, diesem einen wahrhaft heroi-
schen Glanz zu verleihen(10) : mit tausend Schiffen zog er gegen Troia, er
erfüllte im Auftrag der Götter, worum er gebetet hatte, er verkehrt sogar
mit dem Glück. Das folgende Epeisodion zeigt indes genau, daß Menelaos vor
dieser glorreichen Vergangenheit nicht besteht: die Worte, die ihm Orest
nachruft (718-21) dokumentieren den Sturz von dem Podest, das die Auftrittsankündigung zu zimmern half. Hier ist es also die Aufgabe der Ankündigung des Chores, im Zuschauer die Erwartung zu wecken, ein strahlend-hel-
discher Onkel könnte, wie es Elektra im Prolog hoffte (V.67-70), den Bedrängten Hilfe bringen. In der 'I.A.' begrüßt der Chor die ankommenden
Iphigenie und Klytaimestra mit der zweideutigen Feststellung, sie seien zu
εὐμήκεις τύχαι, bedeutenden Geschicken geboren (595). Oder aber, wenn
man den zweiten Teil der Ankündigung für echt hält, der Chor ist rührend
darum besorgt, der scheuen Iphigenie und Klytaimestra keine Furcht zu
bereiten (V.603-6). Diese Sorge steht in deutlichem Kontrast zu dem im
vorangegangenen Epeisodion nach langem Disputieren im Beisein des Chores
endgültig gefaßten Beschluß Agamemnons, Iphigenie zu opfern, zu der laten-
ten, aber tatsächlichen Bedrohung, die vom Heer ausgeht (vgl.531-5).

Eine weitere Besonderheit findet sich in den 'Phoenissae' 296- 300: nachdem der Chor emphatisch Polyneikes begrüßt hat, ruft er (noch in den lyrischen Versen) Iokaste aus dem Palast: dies ist keine Auftrittsankündigung
mehr, sondern vielmehr eine Motivierung eines Auftritts, in der 'Electra' 750
findet sich eine vergleichbar abgeänderte Auftrittsankündigung durch den
Chor.

---

7 Barrett (1964) S.368 A.1 betrachtet V.590-7 und 598-606 als Doppelfas-
sungen. Günther (1988) athetiert diesem Gedanken folgend 598-606, Barrett
zweifelt an der Authentizität beider Abschnitte.
8 Vgl. Soph. O.R. 932.
9 Ich lese V.997 mit Diggles Ergänzungen (siehe dessen app. crit. ad loc.).
10 Vgl. damit die Ankündigung, die der Chor in Aisch. Ag. dem einziehenden
König zuteilwerden läßt (Ag. 783-809).

Fragen wir nach der "dialogischen Kraft" der Auftrittsankündigungen. Nach der oben aufgestellten Regel müßte diese in den Gruppen II, III, V, VI, VII, X vorliegen. Doch zeigt ein auch nur flüchtiger Blick auf die hier aufgeführten Passagen, daß fast nirgends der Schauspieler auf die Ankündigung reagiert. Vielmehr ist sogleich die angekündigte Person da und zieht die Aufmerksamkeit des bereits anwesenden Akteurs auf sich.

Zwei Ausnahmen verdienen Hervorhebung. Denn dort verstreicht jeweils zwischen Ankündigung und Auftritt geraume Zeit: im 'Orestes' 1311/2 meldet der Chor, daß er Schritte hört. Aber erst V.1321/2 erscheint Hermione. Dieses Intervall gibt Elektra Gelegenheit, auf die Worte des Chores, der nicht erkennen kann, wer kommt, aber gemäß der Aufforderung 1251/2 Meldung macht (vgl. auch V.1269/70 mit dem "falschen Alarm"), zu antworten: ὦ φίλταται γυναῖκες beginnt sie ihre kurze Rede (V.1313). Sie erkennt Hermione (1314) und gibt dem Chor Instruktionen, damit Hermione in die Falle gelockt werden kann. Die Auftrittsankündigung wird damit zur Gelegenheit, den Charakter des folgenden Dialogs zwischen Elektra und Hermione zu erklären und die Doppelbödigkeit in Elektras Freundlichkeit deutlich zu machen(11).

Vergleichbar ist auch die Auftrittsankündigung 'Orestes'456-8 für Tyndareos, nach der ebenfalls Zeit für eine Erklärung Orests bleibt (V.459-69), die der nachfolgenden Szene einen zusätzlichen Reiz verleiht: Orest schämt sich vor seinem Großvater. Diese Auftrittsankündigung weicht von der Regel ab, nach der Chorführerinterloquien unberücksichtigt bleiben, wenn sie in den Dialog zweier (oder mehr) Schauspieler hineingesprochen werden. Der Grund für diese Abweichung ist leicht erkennbar. Euripides erzielt hiermit einen raschen Wechsel der Situation. Eben hatte Orest nach einer langen Stichomythie (V.385-447) Menelaos flehentlich um Hilfe gebeten (V.448-55). Nun wäre eine Erwiderung des Spartaners zu erwarten, in der er entweder der Bitte seines Neffen entspricht oder sie abweist, was indes angesichts der Verpflichtung zu helfen (vgl. V.452-5) nur schwer denkbar ist. Doch bevor nun Menelaos antworten kann, kündigt die Chorführerin Tyndareos an. Orest ist entsetzt (V.459-69), es erfolgt eine Auseinandersetzung mit dem trauernden Großvater (der Chor macht mit V.457/8 auf den entsprechenden Habit des Alten aufmerksam), Menelaos' Antwort wird aufgeschoben, er ist aber so beeinflußt (Vgl. V.482-90), daß er später die Bitte Orests schimpflich zurückweist (V.632-716). Die Aufgabe des ungewöhnlich wirkungsvollen Chorführerinterloquiums ist es also, einen Redeverlauf zu unterbrechen, ja geradezu abzubrechen.

---

11 Vgl. Arnott (1982) S.42 und (1983) S.27.

3. 3 Der Chor in der Informationsstichomythie

Häufig nimmt der Chor an einem kurzen Gespräch teil, das dazu dient, eine der beiden anwesenden Parteien schnell über einen ihr unbekannten Sachverhalt zu unterrichten. Da der Chor gewöhnlich keine längeren Reden halten kann(1), vollzieht sich ein solches Gespräch zwischen Chorführer und Schauspieler meist in Form der Wechselrede, die man in diesem Fall als Informationsstichomythie(2) bezeichnet. Es finden sich nur zwei Partien, die nicht als - wie auch immer verkürzte - Stichomythie gestaltet sind: 'Andromacha' V.881-3 und 'Phoenissae' V.278-90. In der 'Andromacha' handelt es sich nur um eine Frage des unerwartet aufgetretenen Orest an den Chor (V.881/2), die dieser knapp beantwortet (V.883a) und mit einer Gegenfrage nach Orests Identität verbindet (V.883b), worauf dieser sich vorstellt. In den 'Phoenissae' fragt Polyneikes die Mädchen, wer sie sind (V.278-90), diese antworten in einer längeren (8 Verse) Rede (V.281-7), die mit einer Frage schließt, die Polyneikes beantworten muß (V.288-90). Trotz dieser formalen Ausnahmen stellte ich diesen Abschnitt unter die Überschrift "Der Chor in der Informationsstichomythie", da dies die beherrschende Form für ein informierendes Gespräch ist, an dem der Chor Anteil hat. Es gibt für ein derartiges Gespräch zwei Konstellationen:

    a) der Chor ist der Informant,
    b) der Chor wird informiert.

§ 1 Der Chor ist der Informant

Beginnen wir mit der Möglichkeit **a)** : der Chor unterrichtet einen auftretenden Akteur darüber, was dieser wissen möchte. Dies setzt voraus, daß der Chor ein größeres Wissen als der Akteur hat. Hierbei findet sich folgender typischer Ablauf: nach einer Gesangsnummer ist die Bühne leer. Ein Schauspieler tritt auf und fragt den Chor nach einer Person oder Örtlichkeit(3) (Andr.881-3 [formale Ausnahme, siehe oben], I.T.1153-6, Hec.484-7,

---

1 Siehe dazu oben S.17.

2 Zum Grundsätzlichen siehe Schwinge (1968a) 172-80.

3 Es handelt sich hierbei z.T. um ein einfaches Schema von Frage und Antwort, für das der Begriff Stichomythie im eigentlichen Sinne ungeeignet ist. Ich führe derartige Passagen dennoch hier an, da man sie formal als verkürzte Stichomythien (bzw. die Stichomythie als eine Erweiterung des Frage-Antwort-Schemas) verstehen kann.

Hec.658- 66, Hipp.1153-6, Ion 510-16. Es bedarf dabei nur einer knappen Antwort des Chores, da die gesuchte Person sogleich auftritt. Damit wird die Antwort häufig zu einer Auftrittsankündigung.

Dieses Schema kann dadurch erweitert werden, daß der Chor seinerseits den Auftretenden nach seinem Namen oder dem Grund des Erscheinens fragt. Hieraus ergibt sich der Stoff für eine Fortsetzung des Gesprächs (Alc.477-508, Andr.883-90; ein Sonderfall liegt in Phoen.278-90 vor, da sich hier sowohl Chor als auch Polyneikes vorstellen müssen). Ein längeres Gespräch ist ebenfalls nötig, wenn der Auftretende über die gegenwärtige Situation unterrichtet werden muß (Med.1293-1313, Hcld.120-9, Hipp.790-805, Andr.1047-65, Phoen.1310-31, Or.844-51).

Sonderfälle

Die Grundlage dieser Dialoge wird in bemerkenswerter Weise in drei Passagen verändert: ist sonst die Information, die der Chor vermittelt, einfach und unproblematisch, so wird in 'Electra' V.747-60 die Stichomythie dadurch interessanter gestaltet, daß sowohl Chor als auch Elektra über die Bedeutung des wahrgenommenen Lärmes unsicher sind(4) und damit an die Stelle einer Szene des Informierens eine der Unsicherheit und der bösen Ahnungen tritt. Diese Passage dient so dazu , die Spannung auf den Ausgang des Attentats auf Aigisth zu erhöhen(5).

Der Chor pflegt nach bestem Wissen und Gewissen die Information, die ein Auftretender von ihm verlangt, zu geben. Eine Ausnahme bildet 'I.T.' V.1284-1306: ein Bote tritt auf, der Thoas vom Entweichen des Freundespaares Orest und Pylades mitsamt Iphigeniens und dem Götterbild berichten will (1289-92). Der Chor, der in die Intrige eingeweiht war und diese unterstützen wollte (vgl.1075-7), versucht, den Boten in die Irre zu führen, um so zu verhindern, daß Thoas von der Intrige Nachricht bekommt (vgl.1295-7). Der Bote ist mißtrauisch (1298/9), er läßt sich durch den Chor nicht abweisen und kann schließlich doch zu Thoas sprechen. Da damit die Lüge des Chores offenbar wird (1309/10), gerät er in große Gefahr, aus der ihn erst Athene befreien wird (V.1467-9).

Diese "Lüge" in der Informationsstichomythie hat zwei Aufgaben: zunächst

---

4 Vgl. das οὐκ οἶδα in V.752 und 756. Siehe zu dieser kurzen Szene Winnington-Ingram (1969) S.131/2.

5 Arnott (1973) S.50/1 hebt eine weitere Eigenheit dieser Passage hervor: das Spiel mit der Konvention, da an dieser Stelle ein Bote erwartet wird, der aber (noch) nicht erscheint.

dient sie der Charakterisierung des Chores, da darin seine Anhänglichkeit zu
Iphigenie und Orest zum Ausdruck kommt. Zudem ist es ein eigenständiges
Handeln im Stück, was die Rolle und Bedeutung des Chores darin erhöht.
Dies schlägt sich darin nieder, daß sogar der Deus ex machina des Chores
gedenkt, ihn lobt (γνώμης δικαίας V.1469) und mit der Freiheit belohnt.
Andererseits spiegelt sich in der Informationsszene und deren Folgen das
Geschick von Orest und Iphigenie: ihre List schlägt fehl, sie geraten in eine
tödliche Gefahr, aus der sie erst die Göttin rettet. Dasselbe widerfährt dem
Chor, Lüge des Chores und Intrige des Geschwisterpaares bezeugen damit in
ihrem Scheitern übereinstimmend, wie unsicher menschliche Pläne sind.

Von großer Bedeutung für den Fortgang des Stückes ist die Informationsstichomythie im 'Ion' V.747-807. Kreusa möchte vom Chor erfahren,
welchen Spruch Xuthos von Apoll erhalten hat (747- 51). Doch darüber ist
der Chor unter Androhung des Todes von Xuthos zum Schweigen verpflichtet
worden (666/7). Der Chor sieht sich mit der Frage seiner Königin, der er
treu ergeben ist (vgl.566-8, 676-80, 695-713, 748: δούλευμα πιστόν), vor
eine "tragische" Entscheidung gestellt (756 τί δρῶμεν, 758 τί δράσομεν). Er
entschließt sich, sein Wissen preiszugeben (760) und veranlaßt Kreusa durch
seine Enthüllungen zu einer Gegenintrige. Mit dieser Passage ist wie auch in
der 'I.T.' der Bereich des einfachen Informierens verlassen. Diese Stichomythie, in der sich der Chor nur zögernd zum Sprechen entschließt (siehe 755-
62), hat eine Ähnlichkeit mit Phaidras Geständnis vor der Amme
(Hipp.310-52)(6), sie dient nicht nur der Charakterisierung des Chores,
sondern eröffnet auch einen nunmehr zentralen neuen Problemkreis im Stück.

§ 2 Der Chor wird informiert

Die Möglichkeit b) für Informationsstichomythien besteht darin, daß der Chor
weniger als der auftretende Akteur weiß. Dies ist besonders im Bereich der
Botenberichte(7) der Fall. Der Chor ist, wenn er allein ist, (mit Ausnahme
der Suppl.) der Empfänger. Der Bote wendet sich an ihn, wenn er ein "eigentlicher" Bote ist, d.h. mit dem Vorsatz auftritt, etwas zu berichten: in
'Supplices' V.634, 'Hercules' V.910, 'Ion' V. 1106, und 'Bacchae' V.604 findet
sich dementsprechend eine Anrede an den Chor(8). Es entwickelt sich daraus

---

6 Vgl. dazu Schwinge (1968a) S.183-5 mit weiteren Beispielen.
7 Zu den Botenberichten und der Rolle des Chores darin siehe unten S.201.
8 Vgl. Erdmann (1964) S.37. In Ba. 1024 steht statt der Anrede an den
Chor eine pathetische Apostrophe an die "Dynastie": ὦ δῶμ', vgl. Erdmann
(1964) S.18 A.5.

jeweils ein kurzer Dialog, der die Quintessenz des Berichtes, das "Was", vorwegnimmt und die Haltung von Chor und Boten zum Berichteten zum Ausdruck bringt(9). Von diesem Muster(10) weichen ab 'Alcestis' V.141-51 und 'Hippolytus' V.267-83. In beiden Fällen tritt kein eigentlicher Bote auf. Vielmehr wendet sich der Chor aus Neugier in der 'Alcestis' wie im 'Hippolytus' an die Dienerin bzw. die Amme. In der 'Alcestis' folgt auf den Dialog eine Rede über das Geschick der Alkestis. Der Chor reagiert hierauf mit einer Zwischenfrage nach Admet (V.199/200) und erhält auch hierauf Antwort. Im 'Hippolytus' gibt es für die Amme außer den im Dialog erzählten Gegebenheiten nichts zu berichten, da Phaidra über ihr Leiden schweigt (vgl. V.271,273). So führt diese Stichomythie statt zu einer Rede an den Chor auf Betreiben des Chores (V.282/3) zu einer Rede der Amme an Phaidra in der Absicht, ihr Schweigen zu durchdringen. Der Dialog nähert sich damit einer "Ratstichomythie"(11) an.

Sonderfälle

Innerhalb dieser Gruppe gibt es drei Szenen, in denen die Äußerungen des Chorführers dialogisch sind, obwohl sich zwei Schauspieler auf der Bühne befinden und formal die Situation eines Dreigesprächs entstehen könnte: In den 'Supplices' wendet sich der auftretende Bote V.634 an den Chor, obwohl Adrast (eine Sprechversrolle) anwesend ist(12). Doch Adrast bleibt völlig im Hintergrund. So kommt es V.634-649 zu einem Dialog zwischen Chor und Boten, bei der faktisch die Situation des Zweigesprächs vorliegt. Sobald Adrast hinzukommt, tritt der Chor wieder zurück (735). Nun ist es singulär, daß sich der Bote an den Chor wendet, wenn ein Schauspieler zugegen ist. Doch hier ist es inhaltlich erforderlich, da der Chor, die Mütter der Sieben, vom zu berichtenden außerszenischen Geschehen, der Bergung der Leichen ihrer Söhne, betroffen sind, nicht Adrast.

Im 'Hippolytus' sind V.267 Phaidra und die Amme auf der Bühne, als sich der Chor an die Amme wendet und mit ihr ein Gespräch beginnt (267-283). Doch es entsteht daraus kein Dreigespräch, vielmehr ist Phaidra in ihrer für die Amme so rätselhaften Krankheit versunken, so daß vor ihr Chor und Amme gleichsam a parte kommunizieren(13).

---

9 Vgl. *Erdmann (1964) S.23.*

10 Im Or. wird gänzlich auf einen Dialog bei der Einführung des Phrygers verzichtet (V.1369), vgl. *Erdmann (1964) S.18 A.1.*

11 Siehe dazu *Schwinge (1968a) S.114.*

12 Vgl. *Fraenkel (1963) S.72 A.2.*

13 Siehe dazu *Bain (1977) S.27/8.*

Im 'Ion' (V.747-807) sind sowohl der Chor als auch Kreusa und der Alte am Gespräch beteiligt. Aber sobald der dritte Part hinzukommt, wird eine Partie ins Lyrische transponiert: zunächst die des Chores (752, 754), dann die Kreusas (763). So entsteht hier kein Dreigspräch mit Beteiligung des Chores, sondern ein halblyrisches Amoibaion.

Eines ist diesen drei Szenen gemeinsam: in ihnen ist der Chor besonders bedeutsam. In den 'Supplices' ist das auf die besondere Anlage des Stückes zurückzuführen, in 'Hippolytus' und 'Ion' dient der Chor dazu, dem Stück einen wichtigen Impuls zu geben. Denn im 'Hippolytus' treibt er die Amme dazu, noch einmal auf Phaidra einzudringen. Und nun wird sie Erfolg haben und das schreckliche Geheimnis der Königin ergründen. So setzt diese Szene die eigentliche Handlung in Gang. Im 'Ion' bricht der Chor das von Xuthos befohlene Schweigen und läßt mit seiner Nachricht, daß Xuthos von Apoll einen Sohn erhalten habe, Kreusa verzweifeln, die sich nun vom Gott gräßlich betrogen fühlt. Diese Verzweiflung führt zu ihrem Wunsch nach Rache, ein Wunsch, der das Stück nun zur Tragödie macht, da sie ihren eigenen Sohn ermorden will.

3. 4 Der Chor und der Botenbericht

Ein Teil der im vorangegangenen Abschnitt besprochenen Passagen von "Informationsstichomythien" diente als Einleitung von Boten berichten. Fassen wir nun den Gesamtkomplex "Botenbericht" und die Rolle des Chores darin ins Auge. Eine Botenberichtsszene hat drei(1) Bestandteile: einen Eröffnungs-dialog zwischen dem Boten und dem Adressaten des Berichts, den Bericht selbst und eine Reaktion des Adressaten auf den Bericht. Zu unterscheiden sind hierbei zwei Gruppen von Berichten: die an einen Schauspieler als Adressaten und die an den Chor.

§ 1 Botenberichte, die an einen Schauspieler gerichtet sind

Ich beginne mit der ersten Gruppe und behandle das früheste Beispiel, 'Medea' V.1121-1250. Hier findet sich ein Dialog zwischen Medea und dem Boten (1121-35), der Bericht über das grauenvolle Ende der Braut Jasons und ihres Vaters (1136-1230) und eine Rede Medeas an den Chor - der Bote ist inzwischen abgegangen - (1236-50), in der sie den zweiten Teil ihrer Rache, den Kindermord, ankündigt. Der Chor kommt in dieser Sequenz nur einmal zu Wort: V.1231-5. Auf den ersten Blick sichtbar ist die Gliederungsfunktion dieses Interloquiums, das zwischen Botenbericht und Reaktion des Adressaten "interpungiert". Es ist ohne dialogische Funktion, es stellt vielmehr einen Kommentar des Chores zum Gehörten dar: zu recht (ἐνδίκως) scheint die Gottheit (ὁ δαίμων) Jason Schlimmes zuzufügen (1231/2): dieser Gedanke erschien nicht im Botenbericht, daß Jason durch das berichtete Geschehen leidet, erwähnte der Bote mit keinem Wort. Der Chorführer erinnert vielmehr mit diesem Kommentar an die Absicht Medeas, die dem Berichteten zugrunde liegt. Denn in V.767 hatte die Titelheldin angekündigt, ihren ungetreuen Ehe-mann zu bestrafen, in V.794, das gesamte Haus Jasons zu vernichten, in V.578 der Chor Jasons Verhalten als οὐ δίκαια δρᾶν bezeichnet.

Damit stellen diese Verse das Geschehen des Botenberichts in einen weiteren Rahmen: das, was geschah ist eine Strafe der Gottheit gegen Jason. Es scheint, als werde die Vorstellung von der Strafe durch die Gott-

---

1 Erdmann (1964) S.9/10 geht nach Rassow nur von zwei Bestandteilen aus. Es scheint mir der einzige Schwachpunkt der sonst vorzüglichen Arbeit zu sein, daß sie die Reaktion des Adressaten des Berichts unberücksichtigt läßt.

heit aus den Vorwürfen der Treulosigkeit, des Verrats und des Eidbruchs gespeist, die Medea wiederholt gegen Jason vorgebracht hat(2).

Doch kann dieser "Kommentar" befriedigen angesichts des grausigen Todes, den Kreon und seine Tochter erlitten haben ? Weil und besonders Page(3) (Diggle folgt ihm in seiner Edition) haben die Athetese der Verse 1233-5 empfohlen, sie seien der Zusatz eines sentimentalen Schauspielers, der empfand, daß der Chor nicht einfach zum Geschehen selbst schweigen könne(4). Es mag auf den ersten Blick befremdlich erscheinen, daß die Verse, in denen der Chor sein Mitleid mit der Ermordeten äußert, für unecht erklärt werden(5). Doch genau besehen bedeuten gerade diese Äußerungen einen an dieser Stelle unangebrachten Problembereich. Denn nunmehr strebt alles auf den Höhepunkt der Rache Medeas, den Kindermord, zu, alles Wegführende, mag es auch schmerzlich vermißt werden, hat zu unterbleiben.

---

2 Vgl. z.B. 492-5.

3 (1938) S.166 ad loc..

4 Siehe dazu Wilamowitz (1935b) S.24 A.1.

5 Page (1934) S.120/1, besonders S.121 A.1a, erklärt verschiedene Passagen ähnlicher Art als Interpolationen des 4. Jhs., da der Publikumsgeschmack eine stärkere Berücksichtigung des Geschicks junger Frauen in Tragödien verlangte. Von den so begründeten Athetesen ist Hcld. 529 bei Diggle nicht mehr erwähnt, zu Andr. 397/8 siehe Stevens (1971) S.143/4 ad loc.. Bestand hat nur Hel. 299-302 (was, wie Page selbst anzeigt, keine gänzlich überzeugende Parallele ist, Ähnliches gilt für Or. 957-9). Kurzum, eine solide Basis für Pages Gruppierung liegt nicht mehr vor. Blicken wir deshalb auf einen anderen Aspekt der hier vorliegenden Interpolation: die Interloquien des Chorführers fordern an sich nicht zu Erweiterungen durch Schauspieler heraus. Wenn dennoch hier eines erweitert wurde, dann deshalb, weil das, was ein Schauspieler (Bühnenbearbeiter) für fehlend hielt, nicht in den Schauspielerpartien der Umgebung untergebracht werden konnte: Medea ist ungeeignet für eine Äußerung des Mitleides, der Bote hat seine Rede gehalten, und jede weitere Äußerung würde seinen Abgang verzögern. So bleibt nur der Chor.

Außerdem muß jedoch hervorgehoben werden, daß diese Interpolationsform singulär ist. Die mir bekannten gegenwärtig allgemein akzeptierten Interpolationen in Interloquien verdanken ihre Entstehung anderen Gründen: Suppl. 252 ist eine Dittographie zu V.256 (vgl. Collard (1975) Bd.2 S.176 ad loc. und den app. crit. seiner Ausgabe (1984)), El. 1100/1 ist echt, jedoch im falschen Stück (vgl. Denniston (1939) S.185 ad loc.), Or. 957-9, wenn unecht, entspringt einer falschen anschließenden Personenverteilung (vgl. Willink (1986) S.239 ad loc.).

Fassen wir die Grundkonzeption eines Interloquiums nach einem Botenbericht, der nicht vor dem Chor als Adressatem gehalten wird, nach dem, was sich aus 'Medea' V.1231/2 ergibt, zusammen:

1. Es ist ein Kommentar zum Gehörten, der sich weniger auf die Details als die Bedeutung des Berichts bezieht.
2. Dabei wird zugleich angedeutet, daß eine göttliche Macht für das Geschehen verantwortlich ist.
3. Das Interloquium ist so konzipiert, daß es der folgenden Reaktion des Adressaten nicht im Wege steht.

Durchmustern wir nach diesen Grundzügen die einschlägigen Interloquien. Es finden sich alle drei Gesichtspunkte wieder in 'Hippolytus' 1255/6(6), 'Hecuba' 583/4, 'Phoenissae' 1425/6(7). Faßt man den Rahmen für Gesichtspunkt 2, Hinweis auf göttliche Einwirkung, weiter, lassen sich auch noch 'Bacchae' 775-7, 'Heraclidae' 867/8 und 'Phoenissae' 1200/1(8) subsumieren.

Eine zweite Möglichkeit, ein Chorführerinterloquium nach einem Botenbericht zu gestalten, ist es, darin den Chor zu charakterisieren, indem man ihn sein Mitleid äußern läßt.

Ich greife 'I.T.'1420/1 heraus: der Bote hat Thoas soeben von der aussichtslosen Situation Iphigeniens berichtet. Nun soll der König kommen, um sie gefangenzunehmen. Der Chorführer bemerkt hierzu: ὦ τλῆμον Ἰφιγένεια. In dieser Anrede drückt sich sein Mitgefühl aus, das auch bereits in seinem Versuch, den Boten zu belügen (1293/4, s.o.) Niederschlag gefunden hatte. Darauf führt er aus, was die wahrscheinlichste Folge des Berichteten sein wird: Iphigenie und ihr Bruder werden sterben(9). Vergleichbar ist 'Phoenissae' 1425/6, wo neben die Klage um Oedipus wiederum der Gedanke des

---

6 Hier findet sich statt des δαίμων eine μοῖρα.

7 Dieses Interloquium ist insofern ein Sonderfall, als es den ersten Teil des Berichts abschließt. Seine Bedeutung ist indes nicht von den übrigen verschieden (Anders verhält es sich mit Alc. 199/200, das die Fortsetzung des Berichts auslöst.).

8 Wie in Alc. 326/7 verwendet Euripides auch in Hcld. 867/8 und Phoen. 1200/1 die Technik, daß der Chorführer im Interloquium die Antwort des folgenden Sprechers antizipiert, ohne daß deshalb ein dialogisches Element im Interloquium liegt.

9 Daß diese Sicht korrekt ist, bestätigt die Ankündigung des Thoas V.1428-30. So findet sich in diesem Interloquium eine Variation der in A.8 beschriebenen Technik, die Erwiderung des nachfolgenden Sprechers vorwegzunehmen.

Eingreifens einer Gottheit tritt, indes mit der bemerkenswerten Nuance, daß der Gott die Verwünschungen des Blinden erfüllt.

Der Charakter des Chores zeigt sich nicht nur im Mitleid mit einer leidenden Person, er kann auch in der Freude des Chores mit dem Erfolg einer Person Ausdruck finden(10). In der 'Electra' hat der bang erwartete Bote Elektra von der geglückten Ermordung des verhaßten Aigisth berichtet (774-858). Elektra begrüßt dies erleichtert und begeistert mit einem Dank-Gebet und einer Aufforderung, ein Fest zu feiern (866-72). Der Chor rahmt mit einem strophischen Jubellied (V.860-5, 873-9) Elektras Rede ein. Hier mit nimmt er zunächst Elektras Freude vorweg, da er vor ihr auf die Botenrede begeistert reagiert, und unterstreicht sie dann nach ihre Rede mit der Gegenstrophe. Das Interloquium mit der anschließenden Reaktion des Adressaten nach dem Botenbericht sind damit ersetzt durch eine amoibaische Form, in der die Gefühle Elektras und des Chores wirkungsvollen Ausdruck finden.

Eine damit vergleichbare Konzeption könnte im Anschluß an den Botenbericht 'Orestes' V.866-956 vorliegen: wenn die Athetese von V.957-9 berechtigt ist und V.960-81 dem Chor zu geben sind, folgt auf den Botenbericht über die Verurteilung Orests und (11) Elektras durch die Volksversammlung zunächst ein strophisches Lied des Chores(12), in dem verschiedene bereits beobachtete Elemente der Chorreaktion auf einen nicht an ihn gerichteten Botenbericht zusammentreffen. Da ist das Mitleid mit den vom Unglück Heimgesuchten, das das Wesen des Chores beschreibt. Hier geht es soweit, daß er sogar die Trauerriten, das Zerkratzen der Wangen und Schlagen des Kopfes(13), beschreibend vollzieht (960- 70). Sodann beschreibt er die Konsequenz des Berichteten, das Ende des Pelopidenhauses (971-3)(14), inter-

---

10 In diese Rubrik gehört auch Hcld. 867/8.

11 Siehe zu dieser von Weil (1894) S.208/9 vorgeschlagenen Textbehandlung Reeve (1972) S.254 A.24. Willink (1986) S.240/1 schlägt eine andere Aufteilung vor: er athetiert V.957-9 und macht die Gesangspartie 960-1012 zu einem Amoibaion mit folgender Personenverteilung: Str.: 960-4 Elektra, 965-70 Chor, Gegenstr.: 971-5 Elektra, 976-81 Chor, Epode: 982-1012 Elektra. Gegen diese an sich bestechende Lösung spricht indes (was auch Willink selbst zugibt), daß damit Elektra auf den Botenbericht reagiert, ohne daß zuvor der Chor zu Wort gekommen ist. Dies wäre ohne Parallele, und ich folge daher Weil/Reeve.

12 Weil (1894) S.209 betrachtet es als 3. Stasimon.

13 Siehe dazu Willink (1986) S.241/2 ad loc..

14 Dies entspricht I.T. 1421.

pretiert dies als das Ergebnis eines φϑόνος ϑεόϑεν (974) und führt es auf eine μοῖρα zurück (978). Hieran schließt sich eine Klagemonodie Elektras an (982-1012). Chorlied und Monodie bilden damit eine von derselben Stimmung getragene Einheit.

Das gleiche Schema wäre auch im Anschluß an den Botenbericht 'Andromacha' V.1085-1165 denkbar. Doch Euripides zieht es hier vor, die Reaktion des Peleus und des Chores auf die Nachricht von der Ermordung des Neoptolemos mit der Klageszene an der Bahre des Toten zu vereinen. So folgt auf den Botenbericht V.1166-72 kein kommentierendes Interloquium oder eine lyrische Äußerung des Mitleids, sondern die Ankündiung des Leichenzuges an deren Stelle. 'Phoenissae' V.1480-4 entspricht dem genau.

Sonderfälle

Zwei Chorreaktionen auf einen Botenbericht müssen noch erwähnt werden: in der 'I.T.'260-339 berichtet der Hirte von der Gefangennahme der zwei ins Tauererland gelangten Griechen, wobei er besonderen Nachdruck auf den Wahnsinnsanfall des einen der beiden legt. Das Interloquium des Chorführers betont das Erstaunliche dieses Wahnsinns(15) und lenkt mit der Formulierung ὅστις ποτὲ ...ἦλϑεν noch einmal die Aufmerksamkeit des Zuschauers darauf, daß zwar Pylades' Name (vgl.249,285,321) genannt wurde, Orest aber unbekannt geblieben ist.

Es ist deutlich, warum Euripides im Falle dieses Botenberichts von den Standard-Formen des Interloquiums abweichen mußte: der Chorführer kann nicht die Bedeutung des Berichteten kommentieren, da der Rinderhirte ein simples Geschehen wiedergegeben hat, das zwar für den Fortgang der Handlung unentbehrlich ist, aber für den Handelnden auf der Bühne oder den Chor noch ohne Bezug zu dem, was er weiß, ist. Ferner ist eine emotional gefärbte Stellungnahme, die der Charakterisierung des Chores dient, unmöglich, da bisher keine Verbindung zwischen den Gefangenen und dem Chor bzw. Iphigenie besteht.

Der lezte Fall, 'Helena' V.1619/20 bietet die Gelegenheit, auf einen bisher ausgesparten Gesichtspunkt näher einzugehen: Bote und Adressat beziehen einen bestimmten Standpunkt zum Berichteten: sie freuen sich über das Geschehen, oder sie sind betrübt. In den meisten Fällen läßt das Interloquium des Chorführers erkennen, wo der Chor steht.

---

15 *Ich setze hierbei Kaehlers Änderung des V.340 überlieferten* φανένϑ' *in* μανένϑ' *als richtig voraus.*

Bote, Chor und Adressat stimmen überein in der Bewertung eines Ereignisses

    a) als erfreulich(16): Hcld.867/8, El.860-5 usw., Phoen.1200/1;

    b) als betrüblich: Andr.1166-72 (Auftrittsankündigung, siehe oben S.192),

              Hec.583/4, Phoen.1425//6, Or.960-81.

In 'I.T.' V.340/1 liegt keine explizite Situation für Trauer oder Freude vor, s.o.. Es zeigt sich dabei aber auch keine Abweichung des Chores von der Haltung des Hirten oder Iphigeniens.

In einer Reihe von Fällen gehen die Empfindungen von Bote und Adressat in unterschiedliche Richtungen: der Chor kann dann dem Boten folgen (Hipp.1255/6, Ba.775-7),oder dem Adressaten (Med.1231/2). Oder aber der Chor steht in Widerspruch zu beiden (I.T.1420/1). Dieser Gegensatz ist Ausdruck der besonderen Rolle des Chores im Stück, die sich in seiner Lüge gegenüber dem Boten zeigte (s.o.). Und es wird erneut auf die Bedrohung hingewiesen, die dieser Chor ausgesetzt ist (vgl.1431-3).

Auch in der 'Helena' denkt der Chor anders als Bote und Theoklymenos über die kühne Flucht des Menelaos mit seiner Frau. So müßte der Chorführer ein Resumee des Berichtes geben, das ähnlich prekär wie in der 'I.T.' wäre und den zürnenden König gegen ihn aufbrächte(17). Doch er tut es nicht - Euripides ist hier daran gelegen, daß Theoklymenos seinen Zorn allein auf seine Schwester richtet (1621-6). So dokumentiert das Interloquium V.1619/20 eine Verstellung, die sich einer Bewertung der Flucht enthebt: der Chor hätte nie gedacht, daß Menelaos unbemerkt anwesend gewesen sein könnte. Dies ist völlig unverfänglich. Jedoch unterscheidet sich das Interloquium damit auch von allen bisher genannten: es ist gänzlich auf die Situation hin konzipiert, es ist eine kurze "Trugrede", aus der allein das Interesse des Chores als "Mitspieler" spricht(18). Jede Kommentarfunktion, die bisher anzutreffen war, unterbleibt.

Es ist zu fragen, warum Euripides hier ein derartiges Interloquium einfügt. Ging es ihm nur darum, jeden Konfliktstoff, der vom Vorgehen des Theoklymenos gegen seine Schwester abführt, zu vermeiden ? Dies wäre denkbar, doch hätte in diesem Fall eine sentenziöse Bemerkung, etwa über die erstaunlichen Fügungen des Schicksals, genügt. R. Kannicht hat m.E. eine überzeugende Erklärung gefunden: der Chorführer weist mit seinem Interloquium darauf hin, daß der Chor immer noch als Mitspieler vorhanden ist.

---

16 Ich gebe im folgenden jeweils nur die Verse des Chores an.

17 Über die Situation in Ba. 775-7 wird in Band 2 zu sprechen sein.

18 Vgl. Kannicht (1969) Bd.2 S.420/1.

Diese Erinnerung ist wichtig, da der Chor V.1627-41(19) sogar *in* die Handlung eingreifen wird: er muß Theoklymenos festhalten(20) (1629). So ist es wohlkalkuliert, den Chor sich zunächst verstellen zu lassen, damit er desto wirkungsvoller und überraschender eingreifen kann.

§ 2 Botenberichte, die an den Chor gerichtet sind

Wenden wir uns nun den Botenberichten zu, die an den Chor gerichtet sind. Hier ergibt sich die interessante Frage, wie in diesem Fall eine "Reaktion" des Adressaten auf den Bericht aussehen kann. Denn die häufigste Form, in der ein Schauspieler auf einen Botenbericht antwortet, ist eine kurze Rhesis(22). Doch dies ist dem Chor per Konvention verschlossen. Durchmustern wir die formalen Möglichkeiten, die Euripides stattdessen verwendet:

1. Der Chor reagiert mit einen Lied auf den Bericht, das entweder strophisch - (Alc.213-37 (23)) - oder astrophisch - (H.F.1016-38, Ion 1229-49, Ba.1153-64) - ist.

2. Ein Schauspieler reagiert für den Chor auf den Bericht. Der Schauspieler war entweder während des Berichte anwesend (Adrast, Suppl.734-77) oder tritt erst anschließend auf (Orest, Or.1506- 1536).

Im Falle des 'Orestes' wirft der Umstand, daß sich der Chor nicht selbst in einer längeren Rede als Reaktion mitteilen kann, inhaltlich keine Probleme auf, schließlich war der Chor nur ein neugierig-interessierter Zuhörer des Phrygers. Es folgt nach dessen Arie eine Auftrittsankündigung durch die Chorführerin (vgl. Andr. 1166-72). Der Chor hat damit zur Gliederung der Partie beigetragen und kann zurücktreten.

In den 'Supplices' liegt die Sache anders. Denn der Bote berichtete über den Sieg des Theseus, der zur Folge hat, daß nun die Mütter, die den Chor bilden, die Leichen ihrer Söhne bestatten können. Diese Relevanz des Berichtes führt dazu, daß der Chor mit einem Interloquium antwortet (V.731-3), das formal typische Elemente in sich trägt, da es 1. wie im 'Orestes' Rede des Boten und Reaktion des Schauspielers voneinander absetzt, 2. das uns

---

19 Kannicht (1969) Bd.2 S.421-4 und Dale (1967) S.165/6 machen den Chorführer zum Widersacher der Königs (nach den Mss).
20 Siehe dazu unten S.290/1.
21 Kannicht (1969) Bd.2 S.423/4.
22 Vgl. Med. 1236-50, Hcld. 869-82 usw..
23 Auf dieses Lied soll im Rahmen der Behandlung der Chorlieder in Bd.2 näher eingegangen werden.

vertraute Motiv, daß ein Zusammenhang zwischen dem Berichteten und dem Willen der Götter hergestellt wird, vorträgt und 3. durch die in ihm zum Ausdruck gebrachte freudige Erleichterung die Stimmung der folgenden Rede antizipiert. Doch zugleich macht Euripides dieses Interloquium zu einer Aussage, die im Gegensatz zu anderen Chorworten nach Botenberichten so persönlich gehalten ist, daß sie ungeachtet der Kürze einer Rede eines auf den Boten reagierenden Schauspieler nahekommt. Denn der Chor bekennt hier, daß er durch das unerwartete Geschehen seinen Glauben an die Götter wiedergewonnen habe und sein Unglück leichter ertrage, da sein Widersacher bestraft sei. Hier wird nicht kommentiert, sondern die Konsequenz des Gehörten für den *Chor* selbst geschildert. Dieses Interloquium dokumentiert damit die besondere Rolle des Chores in den 'Supplices'.

Der Aspekt, für wen das Berichtete Bedeutung hat, verdient Beachtung: wenn ein Bote zu einem Schauspieler spricht, ist das Berichtete für diesen als dramatis persona relevant. Bei den Reden an den Chor verhält es sich ebenso in 'Supplices' und 'Bacchae', da hier der Chor aufgrund seiner besonderen Rolle im Stück jeweils Nutzen aus dem Geschehen zieht, das der Bote meldet.

Dem am nächsten kommt der 'Ion': der vereitelte Mordplan hat auch für den Chor unangenehme Folgen. Er ist Mitwisser des Anschlages gewesen (V.1115)(24). Überdies, das bleibt allerdings unausgesprochen, hat er das Schweigen gebrochen, was ihm Xuthos unter Androhung des Todes verboten hatte (666/7, 756). Daß dies Xuthos bekannt werden wird, ist zu erwarten.

Ferner hat sich der Chor den Plan Kreusas so weit zu eigen gemacht, daß er sich darin einschließt (1113/4): οὔτι που λελήμμεθα / κρυφαῖον ἐς παῖδ' ἐκπορίζουσαι φόνον. So rechnet er nach den ersten Ankündigungen des Boten auch für sich mit dem Tod (1120/1 εἰ θανεῖν ἡμᾶς χρεών/...εἶθ' ὁρᾶν φάος). Euripides erreicht auf diese Weise, daß, obschon der Bericht selbst nur von Konsequenzen gegen Kreusa spricht (1215-26), der Chor sich so sehr in die gescheiterte Intrige verstrickt fühlt, daß er die Strafe, die Kreusa treffen soll, als unvermeidlich auch auf sich zukommen sieht. Durch diese geschickte Verflechtung des Chores mit der Intrige kann das Lied V.1229-49(25) zwischen eigener Todesangst des Chores (V.1229/30), Fluchtwünschen (1238- 43) und Mitleid mit dem Geschick Kreusas (1237,

---

24 *Siehe Schmid (1940) S.553.*
25 *Ich fasse 1229-49 als Einheit auf; auf das äolische Lied 1229-43 folgt 1244-49 eine anapästische Partie, die in die Nähe einer Auftrittsankündigung gerät, da in ihr auf die bald herbeieilende Kreusa hingewiesen wird.*

1246-9) hin und her pendeln. Wir bemerken, daß sich in dieser Reaktion des Chores auf den Bericht wie auch in den 'Bacchae' V.1156-9 und 1163/4 eine Wiederholung des Gehörten findet (1231-4). Ferner liegt hier, wie auch in den kurzen Interloquien, ein besonderes Gewicht auf der Interpretation des Gehörten: gegen den Willen der Gottheit konnte der Anschlag nicht gelingen (V.1244/5), d.h. es liegt auch hier ein Hinweis auf das Wirken einer Gottheit vor(26); die Strafe, die Kreusa und dem Chor bevorsteht, ist gerecht (1246-9:...πεισόμεϑ' ὥσπερ τὸ δίκαιον).

Hiergegen fällt im Hinblick auf die Involvierung des Chores in das vorgetragene Geschehen das Lied im 'Hercules' V.1016-38 ab: für den Chor selbst als dramatis persona ist das Berichtete, das gräßliche wahnumfangene Wüten des Herakles gegen seine Familie, nur mittelbar von Belang, insofern er mit der Familie mitfühlt. Seine persönliche Situation wird anders als für den Chor in 'Supplices', 'Ion' und 'Bacchae' gilt, vom Geschehen nicht berührt. So werden nicht die Folgen des Gehörten für das eigene Geschick zum Thema des Liedes, sondern eine Darstellung der Anteilnahme sowie wiederum eine Interpretation des Geschehens. Diese Interpretation(27) unternimmt der Chor in Form eines Paradeigmas: Herakles' Tat übertrifft in ihrer Schrecklichkeit die Morde der Danaiden und Proknes. Und auch hier findet sich in der Interpretation ein Erklärungsmodell, das dem Menschen Entzogenes benutzt: wie im 'Hippolytus' V.1256 wirkte in der Mordtat des Herakles eine μοῖρα(28).
Der zweite Teil des Liedes (V.1025-38) verknüpft die Schilderung des "Tableaus"(29), des inmitten seiner gemordeten Kinder schlafen den Herakles, mit der von aufrichtigem Mitleid getragenen Klage um die Toten (hier als rhetorische Frage V.1025-7). Dieses Mitleid ist das Charakteristikum im Wesen des Chores, es zieht sich von der Parodos an (131-7, 448-50, 875-905) durch alle Äußerungen des Chores in Situationen, in denen es möglich ist.

---

26 Auch in Ba. 1153 und 1159 wird auf die Gottheit, die das berichtete Geschehen lenkte, hingewiesen.
27 Ich halte es für sinnvoller, die "exempla" V.1016-24 als Bewertung oder Interpretation des Gehörten zu lesen denn als "Trostrede" (Wilamowitz (1959), dagegen Bond (1981) S.324/5), da dies generell die Aufgabe von exempla sein kann (vgl. Med. 1283-93, Hipp. 545-64, vgl. Bond (1981) S.324/5) und ferner auch der Chor eine Interpretation oder einen Kommentar nach der Botenrede zu geben pflegt.
28 Das Adj. λυσσάς weist wohl auf V.887 zurück.
29 Zur Frage des Gebrauchs des Ekkyklemas siehe Bond (1981) S.329/30.

Das Prinzip, daß an die Stelle der unmittelbaren Betroffenheit des Adressaten durch den Bericht dessen Anteilnahme als Legitimierung dafür tritt, daß er nach der Rede das Wort ergreift, findet sich auch in der Alcestis' V. 213-37. Die Situation ist indes von der nach dem Bericht in 'Supplices', 'Hercules' und 'Bacchae' verschieden: die eigentliche Katastrophe, der Tod der Alkestis, ist noch nicht eingetreten(30). Nach der Rede der Dienerin - um die der Chor im Unterschied zu den übrigen Stücken selbst gebeten hat (V.139/40) - erscheint sie jedoch als unvermeidlich (vgl. z.B.147). So beherrscht nicht Freude wie in den 'Supplices' und 'Bacchae', nicht die Frage "Was nun ?" wie im 'Ion', nicht Mitleid und Trauer wie im H.F. die Reaktion des Chores, sondern die Frage nach der Abwehrbarkeit des Unvermeidlichen: die Männer von Pherai greifen zu einem Gebet - wie übrigens auch die Frauen von Korinth in einer analogen Situation der Spannung in 'Medea' V.1251-70. In diesem Gebet(31) äußert sich ihre Anteilnahme für Admet (V.221 ἔξευρε μηχανάν τιν' Ἀδμήτῳ κακῶν) die, vergleichbar dem 'Hercules', ebenfalls das Stück durchzieht(32) und damit den Chor als Adressaten rechtfertigt. Kaum noch der Erwähnung bedarf die Nennung der Götter in

---

30 Der tiefgreifende Unterschied der Rede der Dienerin in der Alc. zu den übrigen Botenreden liegt darin, daß sie keine Spannung abbaut, sondern sie trotz allen Informierens erhält: sie berichtet ja nicht von einer abgeschlossenen Handlung, sondern gibt einen "Situationsbericht".

31 Im Gebet mit Kullmann (1967) S.131 eine "unverkennbare Götterkritik" zu sehen, erscheint mir unglücklich. Denn der Chor selbst kritisiert gewiß nicht, er versucht auch nicht wie der Diener im Hipp. (Hipp. V.118-20), die Götter mit einem Sophisma (σοφωτέρους γὰρ χρὴ βροτῶν εἶναι θεούς) zu einem bestimmten Verhalten zu "zwingen", sie mit den Maßstäben einer menschlichen Moral zu messen. Stattdessen findet sich die Logik des Bittgebets: Apoll, hilf, denn du hast auch früher geholfen (καὶ πάρος γάρ, V.222). Natürlich liegt in der Hinwendung zu Apoll, der doch die Szene verlassen mußte, da er nicht helfen konnte (vgl. V.22/3), eine Ironie (vgl. die analoge Situation Tro. 884-8: auch dort ist übrigens wohl kaum eine Götterkritik zu vermuten). Doch muß nicht auch der Beginn des Liedes bei seiner Interpretation hinzugenommen werden ? Zeus wird nach einer λύσις τύχης gefragt. Und diese wird auch erscheinen (V.509:... ὦ Διὸς παῖ), angekündigt im Prolog (V.65-9). So soll also das Gottvertrauen des Chores (V.220: θεῶν γὰρ δύναμις μεγίστα) nicht ganz vergeblich bleiben. Auch dies, nicht nur die fruchtlose Hinwendung des Chores zu Apoll, kann ein Zuschauer, die einzige "Instanz", die eine Götterkritik wahrnehmen könnte, erkennen.

32 Vgl. z.B. 109-11 und die Einschätzung der Dienerin V.210-2.

dieser Reaktion des Chores. Auch daß er die Bedeutung des Gehörten erörtert, ist uns nicht fremd: V.226-32 nimmt seine Interpretation, die an die Worte der Magd V.197 anknüpft, Admet gerate durch den Opfertod seiner Frau selbst in die allergrößte Schwierigkeit, genau das vorweg, was den König nach dem Tod der Alkestis quälen wird (vgl.861-71, 878-88).

Abschließend sei auf die Überleitungsfunktion der Chorlieder nach dem Botenbericht hingewiesen: in den 'Bacchae' deuten die letzten Worte im Freudengesang des Chores (1160-4) auf die grauenvolle Situation der nächsten Szene, in der eine berauschte Agaue mit dem Haupt ihres Sohnes in Händen erscheinen wird. Im 'Ion' (1246/7) deutet der Chor auf Kreusa, die vom Tod bedroht werden wird, im 'Hercules' weist sein "ecce" und die Beschreibung des Tableaus der Leichen (1028-38) auf die folgende Klageszene, nicht anders antizipiert die mit der Auftrittsankündigung verknüpfte Klage in der 'Alcestis' (233-43) die Stimmung der Abschiedsszene des folgenden Aktes(33).

Exkurs 3: 'Phoenissae' V.1335-1581

Vielleicht sind die bisher herausgearbeiteten Eigenheiten bei Botenberichten dazu angetan, etwas Licht auf die ungewöhnliche Passage 'Phoenissae' V.1335-1581 zu werfen: V.1310 tritt Kreon auf, Iokaste zu holen, damit sie die Leiche seines Sohnes Menoikeus schmücke. Er erfährt vom Chor (Informationsstichomythie), daß sie auf das Schlachtfeld geeilt ist, um den Zweikampf ihrer Söhne zu verhindern (-1331). Ein Bote tritt auf (1332-4). Er berichtet in der Einleitung zu seiner Rede (1335-55) Kreon *und* dem Chor vom Tod der feindlichen Brüder und ihrer Mutter (Informationsstichomythie als halblyrisches Amoibaion).

Nach dem Bericht (er ist zweiteilig und wird durch ein Chorführerinterloquium 1425/6 gegliedert(34)) kündigt der Chorführer den von Antigone angeführten Leichenzug an (1480-4). Auf eine Klagemonodie, die Antigone singt (1485-1538), folgt schließlich ein Amoibaion zwischen Oedipus und seiner Tochter (1539-81), dann kommt nach einem Trennverspaar des Chorführers (1582/3) Kreon zu Wort und fordert Oedipus und Antigone auf, ihre Klage zu beenden (1584ff.).

---

33 Vgl. Lesky (1972) S.292.
34 Vgl. z.B. Alc. 199/200, siehe auch Erdmann (1964) S.7-10 zu den Abweichungen von der Regel der una continua oratio, die Rassow formuliert hatte.

Eduard Fraenkel(35) gebührt das Verdienst, die diesem Abschnitt innewohnenden Schwierigkeiten am klarsten hervorgehoben zu haben: der Bote
richtet seine Rede an Kreon (1339, 1349), doch der Bericht selbst ist in
keiner Weise auf Kreon hin ausgerichtet. Nach der Rede findet sich keine
Reaktion Kreons, er bleibt bis V.1584 stumm.

Fraenkels Lösung(36), Kreons Auftreten V.1310, die Hinwendung des Boten
zu ihm sei eine Interpolation, bei Euripides habe der Bote nur für den Chor
gesprochen, Kreons Auftritt sei ursprünglich erst V.1584 erfolgt, muß indes
als gescheitert gelten, da seine Argumente dafür strenger Überprüfung nicht
standhalten(37). Doch haben, so weit ich sehe, die Verteidiger der Echtheit
dieser Szene gegen Fraenkel es unterlassen zu fragen, welche dramaturgischen Gründe Euripides zu der ungewöhnlichen Konzeption veranlaßt haben.
Beginnen wir mit der Frage, welche Adressaten für den Botenbericht theoretisch zur Verfügung stehen: Iokaste muß auf dem Schlachtfeld Selbstmord
begehen, Antigone muß Polyneikes noch lebend vorfinden, um von ihm zur
Bestattung verpflichtet werden zu können (V.1447), Oedipus' Auftritt soll
noch verzögert werden, um V.1539 desto wirkungsvoller zu sein. Damit ist
V.1335 die paradoxe Situation erreicht, daß der Bericht, der den Untergang
der Dynastie melden soll, an kein direktes Familienmitglied gerichtet werden
kann. Man könnte meinen, der Chor sei nun prädestiniert, wie auch in anderen Stücken (s.o.) zum Adressaten zu werden. Doch anders als z.B. in
'Alcestis' oder 'Hercules' ist der Chor der phönizischen Tempelsklavinnen
nicht durch ein besonders tiefes Mitgefühl zu den Bedrängten ausgezeichnet,
das ihn nun den Bericht mit einer Anteilnahme, die einer eigenen Betroffenheit nahekommt, hören lassen könnte.

So bleibt noch Kreon. Aber auch dieser kann nicht mit leidtragenden
Akteuren wie Peleus (Andr.1070ff) auf eine Ebene gestellt werden. Gewiß, er
hat seine Schwester verloren, seine Neffen sind umgekommen. Doch dies
vernichtet nicht *seine* Existenz oder stürzt *ihn* ins Unglück. Der Schlag, der
ihn getroffen hat, war der Opfertod seines jüngsten Sohnes (V.1310-7)(38).
An der Katastrophe der Herrscherfamilie , von der der Botenbericht handelt,
ist er nicht beteiligt (auch wenn er als Erbe des Eteokles letztlich deren
Nutznießer ist), er nimmt nur Anteil. Kurzum, es ist unmöglich, die Botenrede

---

35 (1963) S.71-3.
36 (1963) S.76-86.
37 Ich verweise auf die einschlägigen Bemerkungen in der Rezension Dillers
(1971) S.411-3, sowie auf Mueller-Goldingen (1985) S.207-20.
38 Dieses Motiv wird benutzt , um seinen Auftritt zu motivieren (V.1310-31).

V.1356ff an einen wirklich unmittelbar Betroffenen zu richten(39).

So scheint es, als habe Euripides die fehlende Qualität durch Quantität ausgeglichen: Kreon und der Chor nehmen am Eröffnungsgespräch mit dem Boten teil. Und der Dichter benutzt lyrische Verse (V.1340, 1350/1) auf seiten der Adressaten, um eine der Nachricht angemessene Stimmung zu erzeugen. Die Reaktion des Kreon, die der Chor mit seinen Einwürfen verstärkt (1344, 1350/1), gewinnt damit eine Ähnlichkeit mit der Reaktion eines tatsächlich vom zu berichtenden Leid Betroffenen. Doch es bleibt nur eine Ähnlichkeit, die deutlich erkennbar wird, wenn man die Sequenz mit dem Bericht an einen wirklich Betroffenen vergleicht:

Der Bote
   V.1339: οὐκέτ' εἰσὶ τῆς ἀδελφῆς παῖδες ἐν φάει, Κρέον.
Andr.1073: οὐκ/ ἔστι σοι παῖς παιδὸς, ὡς μάθῃς, γέρον/ Πηλεῦ.

Der Adressat
   V.1341: μεγάλα μοι θροεῖς πάθεα καὶ πόλει (Kreon(40))
Andr.1077/8: οὐδέν εἰμ'· ἀπωλόμην./ φροῦδη μὲν αὐδή

   V.1352/3: ὦ τλῆμον, οἷον τέρμον', Ἰοκάστη, βίου
              γάμων τε τῶν σῶν Σφιγγὸς αἰνιγμοὺς ἔτλης.
Andr.1081/2: ὦ μοῖρα, γήρως ἐσχάτοις πρὸς τέρμασιν
              οἷα με τὸν δύστηνον ἀμφιβᾶσ' ἔχεις.

Aus der Klage um das eigene Geschick, das in der 'Andromacha' für Peleus aus den Worten des Boten resultiert, ist in den 'Phoenissae' ein Mitleid mit der Schwester geworden.

Daß Kreon mit einem οἰχόμεθ' (V.1336) auf den Boten antwortet, ist streng genommen unpassend (in Andr.1177 steht es in seinem eigentlichen

---

39 Vgl. van der Valk (1985) S.21.
40 Mastronarde (1988) gibt 1340/1 dem Chor nach einer Reihe von Mss.. Ich halte diese Zuweisung für nicht gerechtfertigt, da μοι und πόλει auf einer Ebene liegen. Der Sprecher sagt: "Du verkündest großes Leid für die Stadt (denn sie hat ihren Herrscher verloren) und für mich (denn ich, Kreon, habe meine Schwester und ihre Familie verloren)." Sowohl die Stadt als auch die mit μοι bezeichnete Figur sind also betroffen. Der Chor aber könnte sich nicht mit der Stadt auf eine Stufe stellen, da er nur auf der Durchreise ist. Vgl. auch Mueller-Goldingen (1985) S.211 A.19.

Kontext), ebenso seine Klage in V.1346(41) (vgl. Andr.1200), da Kreons Existenz durch das berichtete Geschehen eben nicht vernichtet ist. Doch auch diese Äußerungen dürften dem Bemühen des Euripides zuzuschreiben sein, seinen Adressaten so ergreifend und so intensiv wie möglich auf die Meldung der Katastrophe, die ihn nicht direkt betrifft, reagieren zu lassen.

Das Dilemma, einen weniger passenden Adressaten für den Bericht zu haben, verschwindet nach der Rede des Boten. Denn nun tritt Antigone auf, diejenige, die das in der Rede berichtete Unglück zu tragen hat. Sie kann nun wie ein Adressat nach dem Bericht agieren und anstelle des vielleicht "frostigen" Kreon auf die Katastrophe reagieren: sie singt eine Klagemonodie, in der nunmehr die bei Kreon vermißte enge Beziehung zu den Toten gegeben ist: V.1526-9: μᾱτρὸς ἐμᾶς ἢ διδύμοισι γάλακτος παρὰ μαστοῖς ἢ πρὸς ἀδελφῶν οὐλόμεν᾽ αἰκίσματα νεκρῶν.

Erwägt man, wie ein Kreon dagegen reagieren könnte, so wird deutlich, daß dieser nicht einfach durch das Auftreten des Leichenzuges mit Antigone an einer Stellungnahme gehindert wird(42). Denn diese hätte ohne Schwierigkeiten in Form eines Duetts zwischen Kreon und Antigone verwirklicht werden können. Nein, Kreon fungierte nur als "Platzhalter" vor dem Boten, er tritt nun beiseite, da wenigstens für die Reaktion auf den Bericht ein besserer Kandidat zur Verfügung steht.

Zusammengefaßt: die ungewöhnliche Struktur der Passage 'Phoenissae' V.1335-1581 läßt sich wie folgt erklären: aus verschiedenen Gründen kann den Botenbericht kein eigentlich Betroffener entgegennehmen. Daher führt Euripides Kreon dafür ein. Sein Erscheinen wird mit der Sorge, den Leichnam des Menoikeus zu schmücken, motiviert, was zugleich einen Schlußpunkt hinter die dazugehörige Opferhandlung setzt. Kreon hört nun zusammen mit dem Chor die Rede des Boten, die indes nicht auf ihn hin konzipiert ist, sondern gleichsam einen wirklich Betroffenen, der aber nicht anwesend ist,

---

41 Dieser Vers wird neuerdings wieder als genuin betrachtet, so von Craik (1988), siehe auch seine umsichtige Verteidigung durch Mueller-Goldingen (1985) S.212 A.20. Mastronarde (1988) athetiert ihn.
42 Mueller-Goldingen (1985) S.210 schreibt: "Kreons Schweigen scheint aber noch einen anderen Grund zu haben: Der Auftritt Antigones (1485ff.) läßt ihm keine Zeit zur Erwiderung...".

als Empfänger denkbar sein läßt(43). Dieser "Empfänger", obschon er die Rede nicht gehört hat (dies ist ja nicht nötig, da er dem Geschehen, das berichtet wurde, selbst beiwohnte) reagiert dann auf den Bericht. Es ist Antigone, die nun die Position, die Kreon nur so unvollkommen ausfüllte, mit ihrem Auftreten einnimmt. Ihre Klagemonodie erweitert Euripides durch das theatralisch wirkungsvolle Auftreten des blinden Oedipus zum Amoibaion (-1581), um so die Dimension der Katastrophe der Dynastie, die der Bericht meldete, aus doppelter Sicht (Antigone ist Schwester und Tochter, Oedipus Ehemann und Vater) der Betroffenen auszuleuchten.

---

43 Vgl. auch Mueller-Goldingen (1985) S.210/11, der darauf aufmerksam macht, daß wiederholte Hinweise auf die verwandtschaftlichen Beziehungen zwischen Kreon und Iokaste und ihren Söhnen künstlich wirken würden. Dies ist grundsätzlich richtig. Allerdings ist zu beachten, daß, wann immer ein Bote vor einem Schauspieler redet, im Schlußteil des Berichts der Adressat noch einmal erwähnt wird, sei es in einer Anrede, sei es nur mit einem Personalpronomen: Med. 1222, Hcld. 856, 883/4, Hipp. 1251, Andr. 1160, Hec. 580/1, El. 854, I.T. 336, 1417, Hel. 1609, Phoen. 1259-63, Or. 953/4, Ba. 769. Dies unterbleibt im hier erörterten Bericht völligt - denn Kreon darf nicht mehr erwähnt werden, damit am Ende des Berichts die Situation in der Schwebe ist und Antigones Reaktion nichts im Wege steht.

3. 5. Die Rolle des Chores im Agon(1)
"Wenig ist für den Leser so unerquicklich wie diese
Trivialitäten" (Wilamowitz(2))

In fast jedem(3) Stück des Euripides erscheint ein "Agon", eine Szene, in
der zwei Personen in längerer Rede und Gegenrede ihre Ansichten über ein
Problem entwickeln. Ein solches Nebeneinander von Reden kann verschiedene Formen annehmen:
1. Es kann ein Gegeneinander verschiedener Positionen sein, bei dem die
   Unterredner nachweisen wollen, daß der jeweils andere sich im Irrtum
   befindet, falsch handelt usw..
2. Die Unterredner können ihre Standpunkte vor einem Dritten darlegen, der
   wie ein Richter eine Entscheidung fällen soll.
3. Eine Mischform aus Möglichkeit 1 und 2 liegt dort vor, wo einer der
   Redner zugleich Richter ist, d.h. eine derartige Machtposition besitzt, daß
   er die erörterte Frage auch gegen die (möglicherweise überlegenen) Argumente seines Kontrahenten entscheiden kann.

Eine derartige Agonszene hat formal drei Bestandteile: eine Einleitung, ein
Redenpaar und eine Dialogpartie, in der die Unterredner in Wechselrede ihre
Auseinandersetzung abschließen(4) (siehe z.B. Med.446-64: Auftakt, Jason
erklärt sein Kommen; 465- 575: Reden Medeas und Jasons; 579-625:
Streitgespräch, bisweilen in Stichomythie). Der Chor kann dabei zwischen den
Reden (hier Med.520/1) und nach ihnen (Med.576-8) zu Wort kommen.

Für den Chor sind im Agon folgende Verhaltensweisen möglich: a) er kann
sich gänzlich neutral verhalten, b) er kann sich der Argumentation eines
Redners anschließen. Im letzteren Fall ergeben sich gerade im Hinblick auf

------

1 *Obwohl die Literatur zum Agon in der antiken Literatur und speziell der
Tragödie umfangreich ist, wird auf die Rolle des Chores darin entweder
überhaupt nicht (Froleyks (1973)) oder nur unter formalen Gesichtspunkten
(Duchemin (1968)) eingegangen.*
2 *(1959) Bd.3 S.60 zu V.236.*
3 *Strohm (1957) S.3 schreibt, in zwei Stücken fehle ein Agon, ohne sie jedoch zu nennen. Wenn er Hel. und I.T. meint, ist es insofern nicht ganz
richtig, als sich wenigstens in der Hel. (894-1029) ein Agon findet, wenn
auch ohne die charakteristische unversöhnliche Entzweiung der Unterredner.*
4 *Eine genauere Analyse der Bestandteile bietet Duchemin (1968) S.145-66.*

die Lenkung des Zuschauers interessante Verwendungsmöglichkeiten des Chores, die uns später beschäftigen sollen.

Die Reihenfolge der Reden in einem Agon ist ein wichtiger Faktor bei seiner Interpretation. Nehmen wir an, die Abfolge der Reden, die sich z.B. in den 'Supplices V.465-510 / 513-63 findet(5), bildete den "Normalfall": daß der Herold der Thebaner, der mit Krieg droht, wenn Theseus die Hikesie des Adrast annehmen sollte (V.474/5), eine nicht akzeptable Position vertritt, dürfte einem athenischen Zuschauer klar gewesen sein(6). Die Erwiderung des Theseus formuliert dagegen einen religiös-rechtlich und moralisch überlegenen Standpunkt, da der König die Bestattung der Leichen erreichen will. Der Chor verstärkt diesen Akzent der Auseinandersetzung durch seine Interloquien: zunächst beschreibt er das Verhalten der Thebaner als Hybris (V.512), dann ermutigt(7) er Theseus in einer seine Rede unzweifelhaft billigenden, ja loben den Weise (V.564/5): Theseus könne nicht getadelt werden, wenn (weil ?) er das "Licht der Dike" schütze. Wer könnte bezweifeln, daß Theseus in dieser Auseinandersetzung nicht "Schützer des Lichtes der Dike" ist ?

"Gut" und "Böse", "Gerecht" und "Ungerecht" sind in diesem Agon leicht auszumachen, die Interloquien des Chorführers könnten überflüssig wirken, käme in ihnen nicht die dramatis persona des Chores, der um die Bestattung ihrer Söhne ringenden Mütter,zum Audruck.

Eine derartig klare Abfolge von Rede des Bösewichts und Rede des Gerechten findet sich auch noch in 'Heraclidae', 'Andromacha', 'Hecuba', 'Hercu-

---

5 Es liegt hier ein Agon nach Typ 1 vor, die folgende Schlacht zwischen Thebanern und Athenern wird gleichsam den Streit entscheiden.

6 Siehe dazu Dover (1974) S.16.

7 Daß die Chorführerverse im Gespräch nicht berücksichtigt werden - es sind drei Schauspieler anwesend - bedarf keines Hinweises, siehe oben S.185.

les' und 'Bacchae'(8). Anders sind aber in diesen Stücken die Machtverhält-
nisse in den jeweiligen Agonszenen. So liegt in den 'Heraclidae' (V.134-235)
und der 'Hecuba' (V.1132- 1239) eine "Gerichtssituation" vor: der Herold des
Eurystheus und Iolaos sprechen vor Demophon, der über Hikesie und das
Auslieferungsbegehren entscheiden soll, der geblendete Polymestor und Hekabe vor Agamemnon, der über die Anklage des Thrakers befinden soll. Der
Chor kommt in diesen Agonen je zweimal zu Wort: nach der Rede des
Herolds in den 'Heraclidae' erinnert er lediglich an den Grundsatz "audiatur
et altera pars" (V.179/80). Hiermit wird keinerlei Wertung über die Forderungen des Herolds abgegeben, vielmehr bleibt die Situation gleichsam offen.
Wenn nach der Rede des Iolaos in den 'Heraclidae' der Chorführer von
seinem Mitleid mit den Herakliden und dem Unglück, das sie unverdient
(ἀναξίως) getroffen hat, spricht (V.232-5), ist dies zwar keine explizite,
doch immerhin eine implizite Bewertung der Positionen der Unterredner, eine
Bewertung, die für Iolaos und gegen den Herold spricht. Der Chor entscheidet sich damit nach dem Redenpaar für die Argumente des Iolaos, er antizipiert die Entscheidung des Demophon (V.236-52). In der 'Hecuba' ist die
Ausgangsssituation anders: der Chor steht durch seine Herkunft auf Seiten
der "Angeklagten", er wollte sogar an der Intrige, die verhandelt wird, mitwirken (Hec.V.1042/3). So bedingt es die dramatis persona des Chores, daß
er bereits nach Polymestors Rede gegen diesen Stellung nimmt (V.1183/4),
ohne aber darin seine Ansicht zur Sache zu bekunden. Nach Hekabes Rede
lobt er in Form einer Gnome (vgl. H.F.236/7), die Hekabes eigene Worte
widerspiegelt (Hec. 1189-94), deren Argumentation, spricht also für sie.
    Sowohl in den 'Heraclidae' als auch in der 'Hecuba' siegt augenscheinlich

---

8 Vergleichbar ist der 1.Agon in der I.A., in dem zunächst Menelaos
V.334-75 dem Agamemnon übersteigerten Ehrgeiz vorwirft, der ihn in die
schlimme Lage gebracht habe – der Chorführer reagiert darauf mit der Sentenz, Streit unter Brüdern sei etwas Schlimmes (376/7) –, Agamemnon aber
den Kampf um das Leben seiner Tochter mit dem Argument verteidigt, Menelaos wolle eine schlechte Frau um jeden Preis zurückhaben (378-401).
Hierauf bezieht der Chorführer Stellung: Agamemnons Rede sei gut, da sie
das Leben der Tochter retten wolle (402/3). Man kann in diesem Agon nicht
von "Gut" oder "Böse" sprechen. Es ist ein gegenseitiges Aufrechnen von
Fehlern, bei dem allerdings Agamemnon, wie auch der Chor bekundet, das
vertretbarere Ziel, nämlich das Leben seiner Tochter zu retten, verfolgt (vgl.
dazu Snell (1968) S.495).

das "Gute"(9) oder wenigstens das "Bessere"(10): Chor, Richter (und Publikum) stimmen überein in einer Entscheidung, die das moralisch Vertretbare-
re(11) begünstigt. Anders stellt sich die Lage dar in den Agonen 'Andromacha'
V.147-233, 'Hercules' V.140-239 und 'Bacchae' V.248-369. Denn der Gegenspieler der Akteure, die die "gute" Position vertreten (Andromache, Amphitryon und Teiresias/Kadmos), sind derart überlegen, daß ihre Rolle der eines
Richters gleichkommt. Wenn nun der Chor für das "Gute", den physisch
Unterlegenen, eintritt, so könnte dies ein für das Stück unerwünschtes
Konfliktpotential schaffen. Denn der Streit soll eigentlich zwischen den Unter-
rednern stattfinden. Wenn der Chor ein deutliches Votum gegen den Mächtigeren abgibt, das aber, da zwei oder mehr Schauspieler in der Szene beteiligt sind, unberücksichtigt bleibt, so müssen zugleich Umstände vorliegen, die
es dem Zuschauer dramatisch plausibel erscheinen lassen, wenn der Chor
übergangen wird und der Affront, den seine Stellungnahme bedeutet, ohne
Wirkung auf das Verhältnis zwischen ihm und dem Mächtigeren bleibt. In der
'Andromacha' kleidet der Chorführer seine Bemerkung zu Hermiones haßer-
füllter Rede in die Form einer Gnome: Frauen seien stets bereit zu hassen,
besonders ihre Nebenbuhlerinnen(12) (V.181/2). Das ist keine eigentliche
Bewertung, kein ἀδικεῖς an die Menelaos-Tochter. Aber immerhin klingt an,
was nach Ansicht des Chores Hermione treibt: φθόνος also eine negative
Eigenschaft. Doch ist diesem impliziten Vorwurf dadurch seine Schärfe genommen, daß der Neid und der Haß als gemeinsame Fehler aller Frauen
genannt werden. Kurz, in diesem Interloquium findet sich eine vorsichtige,
implizite Kritik an der ersten Sprecherin(13). Deutlicher wird die Position des
Chores nach der Gegenrede: In V.232/3 rät er Hermione zum Einlenken.
Einerseits entspricht dies seiner Grundstimmung im Stück. Denn ständig
versucht er, die Akteure zum friedlichen Ausgleich und zum Nachgeben zu
bewegen (vgl.135-40, 423/4, 643/4, 691/2, 955/6) - mag dies auch durchaus verfehlt sein. Andererseits bedeutet dieser Rat, daß Hermione ihre

---

9 Siehe dazu Wolf (1952) S.399.

10 Vgl. Wolf (1952) S.433/4.

11 Ich verwende bewußt den Komparativ, da im Agon der Hec. nicht "Gut"
und "Böse" zur Debatte stehen, sondern vielmehr Hekabe ihre Rachetat gegen den Schurken Polymestor verteidigt und dessen Argumente als heuchle-
risch entlarvt.

12 Zur aktivischen Bedeutung von ἐπίφθονος vgl. Aisch. Suppl. 201.

13 Ob diese Kritik, wie Erbse (1968) S.283 meint, die eigentlichen Gründe
für Hermiones Verhalten unterschätzt oder nicht, ist für unsere Fragestellung
unwichtig.

Position aufgeben soll, also im Unrecht ist. Euripides wählt damit in der
'Andromacha' den Weg, die Stellungnahmen des Chores im Agon so zu
gestalten, daß sie zwar für die moralisch überlegene Partei eintreten, aber
so vorsichtig formuliert sind, daß sie keinen Anstoß bei der physisch überlegenen Partei erregen müssen.

Durchaus ähnlich ist die Rolle des Chores im Agon des 'Hercules'. Hier
hält zunächst Lykos (V.140-6) eine Rede voller Niedertracht und erniedrigen-
den Hohnes(14) gegen Amphitryon. Ohne daß der Chor zuvor zu einem Interloquium kommt (dies deutet darauf, daß hier Rede und Gegenrede besonders
schnell auf einander folgen, daß also Amphitryon erregt, ohne zu zögern,
antwortet), spricht Amphitryon seine Gegenrede (V.170-235). Der Chor
quittiert sie mit dem Kommentar, die Rechtschaffenen, mögen sie auch keine
guten Redner sein, hätten gute Argumente (V.236/7)(15). Dies gibt implizit
Amphitryon recht, der Tyrann aber muß darauf nicht reagieren.

Der Agon in den 'Bacchae' ist von anderem Zuschnitt: Pentheus greift mit
seinen Beschuldigungen (V.248-62) nicht nur Teiresias und Kadmos an, die
sich gegenüber dem neuen Gott angemessen verhalten(16), sondern attackiert
mit dem Dionysischen zugleich den Chor der Mänaden. So ist es wie in den
'Supplices' erforderlich, daß der Chor, da es um seine Interessen geht,
deutliche Worte in den Interloquien findet, die Pentheus sofort unverhohlen
kritisieren (V.263-5) und Teiresias loben (V.328/9), damit er als dramatis
persona glaubwürdig bleibt. Die Diskrepanz zwischen der Kritik des Chores
am König und der Nicht-Beachtung seiner Worte im Gespräch nahm Euripides
offenbar hin. Aber auch in dem in dieser Hinsicht ähnlich gelagerten Fall in
den 'Supplices' V.511/2 wird das der dramatis persona des Chores entspringende Interloquium problemlos im weiteren Gespräch übergangen.

Eine beachtenswerte Nuance vermag unser Dichter dem Agon im 'Hippolytus' zu verleihen. Prinzipiell findet sich auch hier das Schema Rede des
Stärkeren (Theseus 936-80), Gegenrede des "Schwächeren", jedoch moralisch Überlegenen (Hippolytos 983- 1035). Doch Hippolytos, der Schwächere,
darf sich nicht wirkungsvoll verteidigen, weil ihn sein Schwur zum Schweigen
verpflichtet (vgl.1033). So ist die Rede, die er halten darf, den Anklagen
seines Vaters Theseus nicht gewachsen. Der Chor kennt die wahren Gründe
für Phaidras Freitod, ist aber ebenfalls durch einen Eid gebunden (V.713/4).
So liegt hier für das Interloquium des Chorführers ein doppeltes Problem

---

14 Vgl. Kroeker (1938) S.18-22.
15 Siehe zur Erklärung Kroeker (1938) S. 26 und 131, Bond (1981) S.124/5.
16 In Band 2 wird das Stück ausführlicher behandelt werden.

vor: es muß 1. gegen den König und 2. für den argumentativ unterlegenen
Sohn, von dessen Unschuld er weiß, aber nicht sprechen darf, eintreten. Die
Reaktion des Chores auf die Anklage des Theseus ist sentenziös- unverbind-
lich (V.981/2). Auf die Verteidigung des Hippolytos aber antwortet das Interloquium so deutlich wie möglich: Hippolytos' Schwur bei den Göttern sei ihm
Beweis genug für dessen Unschuld (V.1036/7). Mit diesem Votum begegnet
der Chor aber nicht nur den Erfordernissen der Situation. Denn durch die
Betonung des Schwures erinnert er den Zuschauer zugleich auch an die
Ursachen für die Zurückhaltung sowohl seiner selbst als auch des Hippolytos
bei der Verteidigung. Damit wird das Chorführerinterloquium zum Instrument,
auf den Zuschauer einzuwirken. Hier gibt es ihm gleichsam eine Erinnerungs-
hilfe.

Doch Euripides kennt noch andere Verwendungsmöglichkeiten. In einer
Reihe von Agonen ist es nicht leicht oder überhaupt nicht möglich auszumachen, welches die "bessere", welches die "schlechtere" Position ist. Oder
aber die "natürliche" Reihenfolge ist vertauscht. Beginnen wir mit diesem
letzteren Fall. Das wohl deutlichste Beispiel ist der Agon in der 'Medea'. Auf
Medeas Anschuldigungen hin formuliert der Chorführer im Interloquium eine
Sentenz, die keinerlei Bewertung in sich birgt: Streit zwischen φίλοι sei
schlimm (V.520/1). Erst nach Jasons Gegenrede bezieht der Chor Position:
Medeas Ehemann tue Unrecht (V.576-8). Ich möchte annehmen, daß dieses
Urteil des Chores dem Zuschauer bei seiner eigenen Urteilsfindung helfen
kann. Denn Jason sprach trefflich(17), wie der Chor zugibt (V.576). Doch der
Chor ließ sich nicht davon blenden, seine Meinung kann dem Zuschauer zur
Überprüfung der eigenen Ansicht dienen.

Man kann sich fragen, ob ein Agon mit einer derartigen Reihenfolge der
Reden eine besondere Absicht verfolgt: Medea formuliert berechtigte Vorwür-
fe(18), ebenso fleht Hekabe (Hec. V.251-95) mit großer Eindringlichkeit und
unter Berufung auf ihre Wohltat gegenüber ihrem Widersacher Odysseus um
das Leben ihrer Tochter, beruft sich Odysseus (Cycl. 285-312) auf göttliches
Recht und wirft Polyneikes (Phoen.469-96) seinem Bruder Betrug vor. Doch
die jeweiligen Widersacher, die die 2.Rede halten, entziehen sich jeweils den
Argumentationen ihrer Gegenüber, setzen ihre eigene, sophistisch abgesicher-
te egoistische Position dagegen. Mir will es scheinen, daß eine derartige
Abfolge von Reden den Gegenspieler des jeweils moralisch Überlegenen, der

17 Vgl. Strohms (1957) S.7-9 Analyse der Argumente.
18 Zu den rechtlichen Aspekten bei Treulosigkeit in der Ehe siehe Wolf
(1952) S.392.

in der ersten Rede berechtigte Ansprüche formuliert, desto deutlicher als Schurken charakterisiert. Jason (Med.), Odysseus (Hec.), Eteokles (Phoen.) und ihre Karikatur Polyphem (Cycl.)(19) werden durch ihre Vorredner so sehr in die Enge getrieben, daß ihnen nur eine Offenlegung ihrer Taten oder ihrer Gesinnung bleibt (vgl. das οὐδὲν ... ἀποκρύψας ἐρῶ des Eteokles in Phoen. 503, das seine Entsprechung in Hec.303, Med.548 und Cycl.322/3 hat), die sie mit einer unerhörten "Ethik" (am deutlichsten im Cycl.316-46) verteidigen. Wie bereits an den Interloquien in der 'Medea' sichtbar wurde, kann der Chor(20) dazu beitragen, die Argumentation eines derartigen ἥττων λόγος dennoch für den Zuschauer beurteilbar zu machen: in der 'Medea' nennt er Jasons Standpunkt ungerecht (Med.578), in der 'Hecuba' beschreibt er Odysseus' Ablehnung von Hekabes' Bitten mit dem charakterisierenden Begriff βία (Hec.V.333), Eteokles' Rede in den 'Phoenissae' erscheint ihm gar als bitter für die Gerechtigkeit (Phoen.527).

In 'Hecuba' und 'Phoenissae' läßt sich den Chorführerinterloquien nach der ersten Rede noch eine besondere Funktion beilegen: nach Medeas Rede (Med.520/1) entscheidet sich der Chor in keiner Weise, seine Bemerkung hält ebenso wie das "audiatur et altera pars" in 'Heraclidae' 179/80 (das allerdings den Chor als Vertreter des attischen Prinzipis der Rechtlichkeit kennzeichnet) die Urteilsfindung offen. In 'Phoenissae' und 'Hecuba' dagegen bezieht er sogar sehr deutlich Stellung: so nennt er Polyneikes' Rede vernünftig (ξυνετά Phoen.498), glaubt er, daß sich kein Mensch Hekabes erschütternden Worten entziehen könne (Hec.296-8). Durch eine derartige Billigung der ersten Rede wird dem Zuschauer der Eindruck vermittelt, die Sache sei entschieden. So kann dieser ein Einlenken des zweiten Redners erwarten. Wenn nun Eteokles oder Odysseus anders antworten, wenn sie die

---

19 Arrowsmith (1989) S.183-5 kommt zu einer anderen Interpretation dieses Agons, da er den Odysseus des Cycl. mit dem Odysseus der Hec. interpretiert und eine Ironie zu erkennen glaubt, die darin liege, daß sich Odysseus im Cycl. genau so wie sein Opfer Hekabe in der Hec. verteidigen müsse. Mir scheint es methodisch anfechtbar, ein früheres Werk als Schlüssel für die Interpretation eines späteren zu benutzen, da dies bedeutet, daß nur diejenigen Zuschauer, die die Hec. gesehen hatten, den Cycl. (im Sinne von Arrowsmith) richtig verstehen konnten. Auch in der Pindar-Philologie hat ein Arbeiten mit derartigen Methoden der Interpretation nicht überzeugen können, vgl. S. Radt, Gn. 46, 1974, S.115.

20 Dies gilt nicht für den Cycl., wo als Interlokutor im Agon statt des Chorführers Silen - in für den Redekampf untypischer Weise als Bomolochos - V.313-5 zu Wort kommt.

Argumente ihres Vorredners beiseite schieben, dann zerstören sie die Erwartungshaltung des Publikums, dem damit das Unmoralische in deren Argumentation leichter deutlich wird.

Eine wesentlich harmlosere Variante dieses Agon-Typs findet sich im 'Ion'
V.585-667. Hier lehnt zunächst Ion das Angebot seines "Vaters" Xuthos ab,
mit ihm nach Athen zu kommen und sein Nachfolger zu werden, da er einerseits die Schwierigkeit, als Zugewanderter nicht anerkannt zu werden,
fürchtet, andererseits seine "Stiefmutter" Kreusa nicht verletzen möchte
(V.613-20). Auf diese Rede reagiert das Chorführer-Interloquium zustimmend:
(V.648). Doch Xuthos wird in seiner Erwiderung alle Bedenken Ions wegwi-
schen: παῦσαι λόγων τῶνδ᾽, εὐτυχεῖν δ᾽ ἐπίστασο (V.650). Er glaubt, die Zeit
werde für ihn arbeiten, wenn er Ion erst nach Athen gebracht hat. Nun
verhält sich Xuthos natürlich nicht so gewissenlos wie die o.g. Widersacher
des vom Chor unterstützten Redners. Doch sein Rezept, durch ein Geheim-
halten seiner Vaterschaft seiner Gemahlin Kummer ersparen zu wollen, ist
eine nicht sonderlich edle Lösung für Ions Sorgen. Indes hat dieser Trick ,
den Euripides hervorhebt, indem er Xuthos' Rede an die zweite Stelle setzt,
eine Funktion im Drama: ist Xuthos, der seine Frau nicht verletzen will
(V.658) zum Verschweigen seiner "Vaterschaft" bereit, kann ihm am Ende
des Stückes von Athene ein gleiches Los zugedacht werden; so rät in
V.1601-3 die Göttin Kreusa zu einer durchaus vergleichbaren Geheimhaltung
ihrer Mutterschaft.

Aber der Chor dient hier nicht nur dazu, eine Erwartungshaltung beim
Publikum schaffen zu helfen, deren Zerstörung in der zweiten Rede auf die
bedenklichen Aspekte in dieser besonders aufmerksam macht, das Votum des
Chores ist Ausdruck seiner dramatis persona: den Dienerinnen liegt das Wohl
Kreusas besonders am Herzen (V.566-8), so ist ihr Lob der Rede Ions an
eine Bedingung geknüpft: es soll nur dann gelten, wenn Kreusa (οὓς ἐγὼ
φιλῶ V.648) in dem, was Ion lieb ist (d.h. Delphi) Glück findet(21).

Hier offenbart sich erneut die Anhänglichkeit des Chores zur Königin.
Interessant ist auch, daß der Chor nach der Gegenrede nicht zu Wort
kommt. Doch das ist auch gar nicht nötig, da Xuthos in einem an den Chor
gerichteten Wort (V.666/7) diesen vor die Wahl stellt, entweder zu schweigen oder zu sterben - allein diese Wahl läßt implizit deutlich werden, wie
der Chor zu Xuthos' Plan steht. Damit ist in dieser Agonszene in den Elementen 'Liebe des Chores zu Kreusa' und 'Redeverbot durch Xuthos' bereits

---

21 Vgl. die Paraphrase Biehls (1979) S.71: recte dixisti, si modo domina mea
in fano Phoebi felicem eventum inveniet.

das Thema des folgenden Chorliedes und der anschließenden Enthüllungsszene angelegt. Die Entscheidung des Agons wird so mittelbar zum Auslöser der Gegenintrige, die den Rest des Stückes prägt.

In subtilerer Form findet sich das Spiel mit Erwartungen des Zuschauers im 1.Agon der 'Troades'(22): das 2.Epeisodion des Stückes kreist um das Geschick der Andromache. Es läßt sich in drei Abschnitte gliedern: Wechselgesang zwischen Andromache und Hekabe (577-607), Agon zwischen beiden (610-705), Talthybios erscheint und führt Astyanax zur Hinrichtung weg (706-98). Der Chor, so wird aus dem Interloquium nach dem Amoibaion deutlich (608/9), glaubt, daß die Frauen in ihrer Klage Linderung des Leides gefunden haben. Die Rede der Andromache formuliert jedoch, um Tröstungsversuchen ihrer Schwiegermutter (vgl.632/3) zu begegnen, den Gedanken, daß es für eine Kriegsgefangene keine Hoffnung mehr gibt. Dies beeindruckt den Chor so sehr, daß auch er nun erst zur Einsicht in die Hoffnungslosigkeit der eigenen Lage gekommen zu sein glaubt (V.684/5). Hekabe hat in ihrer Gegenrede noch einen Trost parat: Andromaches Sohn Astyanax. Doch kaum hat sie geendet, erscheint Talthybios und führt diesen in den Tod. Wenn der Zuschauer die Empfindungen der Akteure auf der Bühne nachvollzieht, kann er mehrfach in seinen Erwartungen getäuscht werden: so kann er wie der Chor V.608/9 glauben, Hekabe und Andromache werden nach der Klage ihr Leid leichter bewältigen können - doch die eigentliche Enthüllung des Leides steht ihm mit Andromaches Rede noch bevor. Wenn er davon erschüttert wie der Chor glaubt (V.684/5), daß in der Tat die Situation für die Troerinnen hoffnungslos ist, kann er durch Hekabes Argument, wenigstens der Sohn lebe, doch noch einen Lichtblick erkennen - doch nur, damit dieser um so wirkungsvoller zerstört werden kann, sobald Talthybios Astyanax' Todesurteil verkündet. Die bescheidene Rolle des Chores im Agon wie auch im übrigen Stück dient damit dazu, dieses kunstvolle Spiel mit den Erwartungen des Zuschauer mitzutragen.

Das Chorführerinterloquium kann nicht nur dazu beitragen, dem Zuschauer die Beurteilung der Unterredner eines Agons zu erleichtern, es kann auch die Frage nach dem Verhalten des "Richters" herauszuarbeiten helfen. Dies findet sich vornehmlich in einer Sequenz, die ich "Bittreden-Agon" nennen möchte: ein oder zwei Unterredner wollen mit ihren Argumenten einen Richter inständig zu einer bestimmten Entscheidung bewegen (Suppl. 162-249,

---

22 Ich fasse mich hier kürzer, da ich diesen Agon im Abschnitt über die Tro. in Bd. 2 eingehender behandele.

Tro. 911– 1056, Hel. 865–1031, Or. 632–716, I.A. 1146–1275). In der 'Helena'
reagiert der Chor auf die Bittreden, die Helena und Menelaos an Theonoe
gerichtet haben, mit der Aufforderung, die Seherin solle so entscheiden, daß
sie die Billigung aller findet (996/7). Damit ergreift der Chor in keiner Weise
Partei, er betont lediglich die Bedeutung des Richteramtes(23). Die Seherin
wird die Bitte erhören. In allen anderen o.g. Stücken verstärkt der Chor den
Appell des (bisweilen zweiten) Redners: Theseus möge helfen (Suppl.193/4),
Menelaos soll Helena hinrichten lassen (Tro.1033-5), Orest schützen
(Or.680/1); Agamemnon seine Tochter verschonen (I.A.1209/10). Doch in
allen diesen Fällen weisen die "Richter" die Bitte zurück. Diese Abfolge von
klarem Votum des Chores und Ablehnung des Richters möchte ich auch als
Hinweis auf den Aufbau einer Erwartungshaltung beim Zuschauer sehen,
deren Zerstörung die Frage aufwirft, ob der Richter vertretbar entschieden
hat.

In einer Reihe von Agonen bleibt der Chor neutral (Alc.629-707,
Andr.590-746, Or. 481-629). Im Falle der 'Andromacha' fügt sich diese
Neutralität, die gepaart ist mit Mahnungen zur Beendigung des Streits zwi-
schen Peleus und Menelaos (V.691/2), in die Charakterzeichnung der auf
Ausgleich bedachten Frauen von Phthia, die in der Parodos entworfen wurde.

Interessanter ist das Verhalten des Chores in der bitteren Auseinander-
setzung zwischen Sohn und Vater in der 'Alcestis': denn hier haben beide
Unterredner z.T. recht, z.T. aber auch nicht. Admet kann, da er sein eigenes
Leben so sehr liebte, daß er das Opfer seiner Frau annahm, nicht von seinen
Eltern eine Leugnung ihrer eigenen Liebe zum Leben verlangen, wie Pheres
ihm vorwirft (vgl. Alc.700-4), aber auch der Alte überschreitet die Grenze
des Taktes, wenn er seinen Wunsch zu leben über alles andere stellt (vgl.
V.726)(24). Wenn der Chor in diesem Agon für einen der Redner Partei
ergriffe, würde dies den Eindruck, daß beider Positionen nicht unanfechtbar
sind, trüben und vielleicht den Zuschauer in unangebrachter Weise beeinflussen. Denn bei einem deutlichen Votum der Männer von Pherai entstünde der
Eindruck, es gebe im Agon einen "moralischen" Sieger: wäre dies Pheres,
verlöre das ἄρτι μανθάνω (V.940)(25) Admets, der erst nach der Bestattung
begreift, was Alkestis' Opfertod für ihn bedeutet, die Kraft, Dokument des
tragischen πάθει μαθών zu sein, da statt eigener Einsicht die "Niederlage" in

---

23 Vgl. Kannicht (1969) Bd.2 S.255 ad loc..
24 Vgl. Lesky (1972) S.298. Die letzte Behandlung dieser Szene durch Dyson
(1988) S.19/20 bestätigt diese Charakterisierung der Positionen.
25 Vgl. dazu Dale (1954) p.XXII.

der Auseinandersetzung mit seinem Vater den König zu einer Revision seiner Ansichten geführt haben könnte. Unterstützte der Chor Admet im Agon, so stünde der Eindruck, Admet sei mit seinen Vorwürfen im Recht, seiner späteren Reue (V.935-61) im Weg. So reagiert der Chor mit seinen Mahnungen zur Mäßigung im Agon (V.673/4, 706/7) durchaus angemessen im Sinne der Handlungsführung.

Aus ähnlichen Gründen bezieht auch im Agon 'Orestes' V.491-606 (26) der Chor keine Stellung zugunsten eines der Beteiligten. Denn hiermit verbände sich eine Entscheidung in der Frage, ob Orests Muttermord gerechtfertigt war oder nicht, eine Frage, die selbst der Täter zuvor nicht eindeutig zu seinen Gunsten hatte beanworten können (vgl. Or.288-93), die im gesamten Stück ohne Antwort bleibt(27). So bleiben auch die Interloquien des Chorführers (V.542/3, 605/6) unverbindlich-sentenziös.

Ein Agon muß noch besprochen werden: in der 'Electra' kommt es V.998-1146 zu einer großen Auseinandersetzung zwischen Klytaimestra und Elektra. Klytaimestra möchte in ihrer Rede nachweisen, daß Agamemnon ἐνδίκως (V.1050) von ihr getötet wurde, da er Iphigenie opferte (V.1011-50), Elektra kommt in ihrer Gegenrede (V.1060-96) zu dem Schluß, wenn Klytaimestra gerechterweise mordete, dann könnten auch Orest und sie selbst ihre Mutter billigerweise töten: εἰ γὰρ δίχαι' ἐχεῖνα, χαὶ τάδ' ἔνδιχα (V.1096). Diese Ankündigung muß Klytaimestra als Gedankenspiel, als vernichtende Kritik an ihrer Rechtfertigungsrede verstehen. Für Elektra – und den Zuschauer, der weiß, was geplant ist,– bilden jedoch diese Worte die Ankündigung der grausamen lex talionis, nach der das Geschwisterpaar handeln wird. Es ist nicht zu übersehen, daß bereits hier angedeutet wird, daß sich die Geschwister mit ihrem Mordplan auf dem Wege in eine persönliche Katastrophe befinden: "Wenn du deinen Mann zu recht getötet hast, werden auch wir dich zu recht töten", verkündet Elektra. Hat sie nicht in ihrer Rede durch den Nachweis der Beweggründe für Klytaimestras Tat deren "zu recht" zerstört ? Wo bleibt dann aber die Berechtigung für den Muttermord, die Elektra so eng mit Klytaimestras Gründen für den Gattenmord verbunden hatte ? So ist die Rechtfertigung des Muttermordes bereits vor der Tat mit Elektras Rede zusammengebrochen.

Welche Position kann dann der Chor in diesem Agon einnehmen ? Klytaimestras Rede vertritt einen nicht haltbaren Standpunkt. Dies kann der Chor-

---

26 Siehe zu diesem Agon auch die ausführliche Behandlung durch O'Brien (1987), der jedoch auf den Chor nicht eingeht.
27 Siehe dazu Eucken (1986) S.160.

führer mit seinem Interloquium andeuten (V.1051-4)(28). Klytaimestras Gerechtigkeit, die hinter ihrem Handeln steht, ist bedenklich. Die Begründung
für diese Feststellung, nämlich daß eine vernünftige Frau ihrem Mann alles
gestatten müsse, ist sentenziös und formuliert zeitgenössische Vorstel-
lungen (vgl. z.B. Tro.655/6, Andr.220-5)(29). Hierin äußert sich die dramatis
persona des Chores, der ja aus arglosen Mädchen vom Lande besteht. Doch
dies ist für die Wirkung des Chor-Votums nebensächlich. Wichtig ist allein,
daß der Chor sich implizit gegen Klytaimestra ausspricht, mag es auch trivial
begründet sein.

Bisher ließ sich das Prinzip beobachten, daß der Chor, tritt er gegen Rede
1 in einem Agon ein, für Rede 2 Stellung bezieht. Danach müßte er sich nun
für Elektra aussprechen. In der Überlieferung folgt auch mit V.1100/1 ein
Distichon des Chorführers: der Zufall regiere über die Ehen der Frauen, mal
gehe es gut, mal nicht. Dies ist keine Stellungnahme zu Elektras Rede, es
wird nicht klar, was der Chor über sie denkt. Ich möchte meinen, daß diese
unklare Aussage des Chores beabsichtigt ist – wenn diese Verse hierher
gehören. Doch darüber später. Denn Elektras Angriff auf die Mutter ist
gerechtfertigt, ihr Plan aber, sie umzubringen, problematisch. Da beides
unauflösich zusammenhängt, kann der Chor nicht Elektras Rede loben, ohne
zugleich implizit auch den Plan zu billigen. Doch damit könnte auch der Zuschauer auf den Gedanken gebracht werden, der Mordplan sei rechtens. Die
Indifferenz des Interloqiums läßt für den Zuschauer alles offen – und sie
eröffnet die Möglichkeit, den Chor in der Exodos verstärkt in die Handlung
einzubeziehen, ohne ein konsistentes Bild seiner dramatis persona aufgeben
zu müssen. Er nimmt hier nicht für Elektra Stellung – so kann er nach der
Tat seine Kritik am Mord äußern, ja Elektra sogar tadeln (1203-5):

> φρονεῖς γὰρ ὅσια νῦν τότ' οὐ
> φρονοῦσα, δεινὰ δ' εἰργάσω,
> φίλα, κασίγνητον οὐ θέλοντα.

---

28 Der Laurentianus gibt diese Verse Elektra. Nach Jacobs und Camper
werden sie von den Edd. dem Chor zugewiesen. Die Verteidigung des Überlieferten unternahm m.W. zuletzt Stoessl (1956) S.70 A.42 (eigentlich A.43
zu S.71). Zwar ist dieser von ihm angenommene "Auftakt" für Elektras Rede
gut denkbar, doch halte ich V.1052-4 für keinen so scharfen Angriff, daß
sich Elektra erst auf die Redefreiheit berufen müßte,um fortfahren zu können. (Man kann Aristoph. Ach. 516 als Richtigstellung während einer Rede
vergleichend heranziehen.)
29 Vgl. Dover (1974) S.96.

Aber über dieses Amoibaion wird später gehandelt werden(30). Diese Überlegungen über die Rolle des Chores im Agon der 'Electra' behalten ihre Gültigkeit, wenn man nach Hartung- wie es nun alle Editoren tun - V.1097-1101
athetiert(31). Denn dann bleibt Elektras Rede gänzlich ohne Stellungnahme
des Chores. Das ist zwar ungewöhnlich, aber nicht unerhört(32). Und auch
dies erfüllt natürlich den Zweck, keine Interpretationshilfen zu geben.

Ich habe in der Überschrift dieses Abschnitts ein wenig provokativ Wilamowitzens Satz über Interloquien im Agon zitiert: wenig sei für den Leser
so unerquicklich wie diese Trivialitäten. Ich glaube, daß der große Gelehrte
den Zusatz "für den Leser" mit Bedacht gewählt hat. Denn der Leser kann
nach einer Rede innehalten, er kann zurückblättern, die Argumentation über-
denken und sich so gründlich seine eigene Meinung bilden. Der Zuschauer
aber ist in einer anderen Lage: er muß während des Hörens prüfen und am
Ende der Reden seine Meinung gebildet haben. Wenn er diese Meinung anhand des Chorführerinterloquiums überprüfen kann, das, wie wir oben sahen,
die vertretbarere Ansicht unterstützt, ist dies hilfreich. Oder aber der Zuschauer kann durch ein Interloquium zunächst in seiner Ansicht bestätigt
werden, dann aber in der mit Hilfe dieser Bestätigung gebildeten Erwartung
über die Gegenrede getäuscht werden. Dies kann dazu führen, daß er zu

---

30 Siehe unten S.254-6.
31 Bei Stob. 4,22,122 (Bd.4 S.546 Hense) finden sich die V.1097-99 im Anschluß an F 464 aus den Cressae in einem Lemma. Wenn man annimmt, daß
es sich bei V.1097-9 um eine in den Text eingedrungene, urspr. am Rand
notierte Parallele (?) handelt (Denniston (1939) S.185 ad loc.), muß man
1100/1 auch streichen, da das Interloquium inhaltlich nur auf V.1097-99 bezogen werden kann.
32 Auch im Agon des Ion findet sich nach Xuthos' Rede kein Chorführerwort
(V.667), ähnlich fehlt auch im Cycl. 346 ein Interloquium des Silen.

einer bestimmten Einsicht über Reden und Redner gebracht wird. Die Interloquien sind damit, mögen sie auch trivial sein, innerhalb des Stückes ein
Instrument des Dichters, den Zuschauer zu beeinflussen(33).

---

33 Ich möchte kurz auf die Rolle des Chores im Agon bei Soph. hinweisen.
Bisweilen ist sie der des euripideischen Chores ähnlich: so raten die Soldaten
im Aias V.1091/2, 1118/9 und 1264/5 zur Mäßigung und bereiten damit die
später von Odysseus herbeigeführte Lösung des Konflikts vor. Ein Unterschied – und zwar ein gravierender –läßt sich allerdings zu Euripides in den
Agonen der El. finden: hier enthält sich der Chor sowohl nach dem Streitgespräch zwischen Elektra und Chrysothemis (369-71) als auch nach dem
Streitgespräch zwischen Klytaimestra und Elektra (610/1) jeder Stellungnahme, obwohl die moralisch überlegene Position erkennbar ist und obwohl
wenigstens im ersten Agon einem deutlichen Wort des Chores nichts im Wege stünde. In der Ant. spricht der Chor gar gegen die Titelheldin (V.471/2),
als sie sich gegen Kreon verteidigen muß. Auffällig ist weiterhin, daß bei Sophokles die Chorführerinterloquien von den Schauspielern berücksichtigt werden können: in El. 372 und O.C. 1348 greifen die nachfolgenden Sprecher die
Gedanken des Chores auf. Kurzum: diese Differenzen zeigen, daß der Chor
des Sophokles mehr als der des Euripides Mitspieler in der Handlung ist.

3. 6 Der Chor und der Gesang der Schauspieler
(Monodie, Epirrhematikon und Amoibaion)

3.6.1. Systematischer Teil

§ 1 Die Materie

Die lyrischen Partien in der Tragödie(1), die ganz oder teilweise von Schauspielern bestritten werden, sind nur schwer zu systematisieren, da es oft unmöglich ist, eindeutig zwischen Monodie, Einzelgesang,und Amoibaion, Wechselgesang, zu unterscheiden(2). Der Chor hat regelmäßig (wenn auch in verschiedenen Formen) an den lyrischen Gebilden Anteil.

Typologisch läßt sich folgende grobe Gliederung der lyrischen Partien vornehmen(3):

1. Monodie: eine dramatis persona singt, eine zweite Rolle (Schauspieler oder Chor) kann an bestimmten Stellen, festgelegt nach metrischen oder inhaltlichen Gesichtspunkten, mit kleinen Sprechverseinheiten (etwa 2 Verse) unterbrechen.

2. Epirrhematikon(4): die Sprechverspartien der zweiten Rolle nehmen an Umfang und Bedeutung zu, so daß sie einen Teil der Aussage des Abschnitts bilden.

3. Amoibaion: der Part der zweiten Rolle wird ins Lyrische transponiert und tritt formal ebenbürtig neben die erste Rolle.

An dieser Typologie ändert sich prinzipiell nichts, wenn zur zweiten eine dritte Rolle tritt: entweder hat diese dritte Rolle denselben Status wie die zweite oder einen weniger gewichtigen, d.h. sie erfüllt die Funktion der zweiten Rolle in Möglichkeit 1. oder 2..

Es ist zu betonen, daß die Übergangsbereiche zwischen den einzelnen Möglichkeiten der Gesangsnummer fließend sind: man kann von einem Spektrum ausgehen, an dessen einem Ende eine reine Monodie (z.B. Ion

---

1 Ich übergehe in diesem Abschnitt Eingang und Chorlied, da der Eingang oben S. 40-181 behandelt worden ist und das Stasimon in Bd. 2 untersucht werden soll.

2 Vgl. dazu Barner (1971) S.278/9 und 282.

3 Entwicklungsgeschichtliche Überlegungen blende ich dabei aus.

4 Ich folge der Definition von Popp (1971) S.222, nach der ein Epirrhematikon ein halblyrisches Amoibaion ist, in dem lyrische Passagen mit Sprechverspartien wechseln.

859-922), am anderen ein Amoibaion mit mehreren gleichwertigen Rollen
(z.B. El.1177-1232) steht. Es ist leicht ersichtlich, daß bei der Frage nach
den Aufgaben, die der Chor im Rahmen dieser Gesangspartien erfüllt, es von
großer Bedeutung ist, welche Rolle ihm zufällt: Wenn er die erste oder
zweite Rolle erhält, ist er in der Regel Mitspieler: seine Äußerungen sind
"dialogisch", die Schauspieler gehen auf sie ein. Partizipiert der Chor als
dritte Rolle an einer lyrischen Partie, ist diese Form der Beteiligung eher die
Ausnahme.

Die lyrischen Partien der Tragödie (natürlich mit Ausnahme der Chorlieder) charakterisieren sowohl deren Sänger als auch die Situation, in der
gesungen wird: sie sind ein Hinweis darauf, daß der Sänger aufgeregt ist.
Diese Aufregung kann ihre Ursache in drei verschiedenen Gemütszuständen
haben, der Trauer, der Freude oder einer Gespanntheit über den Ausgang
eines Geschehens. Bisweilen jedoch wird Lyrik verwendet, ohne daß eine der
drei seelischen Zustände bei dem Sänger festgestellt werden könnte: Ion (Ion
112-83)(5) singt – und sein Gesang vermittelt keinen Eindruck einer Aufregung in ihm, sondern charakterisiert sein Wesen. Vier verschiedene Funktionen hat also die Lyrik: sie bringt seelische Gestimmtheiten zum Ausdruck
und sie charakterisiert den Sänger.

Ich gebe nach diesen Vorüberlegungen eine Liste der lyrischen Partien in
den Tragödien des Euripides.

Monodie

Grundstimmung	Ort	1.Rolle	2.Rolle	3.Rolle
Trauer	Alc.393-415	Kind	Admet	[Chor](6)
Trauer	Hipp.669-79	Phaidra	[Amme]	[Chor]
Trauer	Hipp.811-55	Theseus	Chor	
Trauer	Hipp.1370-88	Hippolytos	[Artemis]	
Trauer	Hec.154-76	Hekabe	[Polyxena]	
Trauer	Hec.197-215	Polyxena	[Hekabe]	[Chor]
Trauer	Hec.1056-1108	Polymestor	Chor	
Trauer	Suppl.990-1030	Euadne	Chor	
Trauer	Tro.278-92	Hekabe	[Talthybios]	[Chor]
Hochzeitslied	Tro.308-40	Kassandra	[Hekabe]	[Chor]

---

5 Diese Partie wird in diesem Kapitel nicht behandelt, da sie zum Eingang
gehört, siehe oben S.133.
6 Mit eckigen Klammern werden Rollen gekennzeichnet, die nicht innerhalb
der jeweiligen Struktur, sondern unmittelbar vor oder nach ihr zu Wort kommen.

Trauer	I.T.868-99	Iphigenie	[Orest]	[Chor]
Trauer	Ion 859-922	Kreusa	[Greis]	[Chor]
Trauer	Hel.362-85	Helena		
Freude	Phoen.301-54	Iokaste	[Polyneikes]	[Chor]
Trauer	Phoen.1485-1538	Antigone		
Trauer	Phoen.1567-81	Antigone	[Ödipus]	[Chor]
Trauer	Or.982-1012	Elektra	[Chor]	
Spannung	Or.1302-10	Elektra	[Chor]	
Information	Or.1369-1502	Phryger	Chor	
Trauer	I.A.1279-1335	Iphigenie	[Klytaimestra]	[Chor]
Charakter-Monodie	I.A.1466-99	Iphigenie	[Klytaimestra]	[Chor]

Epirrhematikon

Grundstimmung	Ort	1.Rolle	2.Rolle	3.Rolle
Trauer	Alc.244-79	Alkestis	Admet	
Trauer	Alc.861-934	Chor	Admet	
Spannung	Hipp.565-600	Chor	Phaidra	
Trauer	Andr.825-78	Hermione	Amme	[Chor]
Trauer	Hec.680-725	Hekabe	Dienerin/Chor	
Trauer	Suppl.1072-79	Chor	Iphis	
Freude	El.860-79	Chor	Elektra	
Trauer	H.F.910-21	Chor	Bote	
Trauer	Tro.235-77	Hekabe	Talthybios	
Trauer	Tro.1216-50	Chor	Hekabe	
Trauer	I.T.644-57	Chor	Orest/Pylades	
Freude	I.T.827-67	Iphigenie	Orest	
Trauer	Ion 760-807	Kreusa	Greis/Chor	
Freude	Ion 1445-1509	Kreusa	Ion	[Chor]
Trauer	Phoen.1335-51	Kreon/Chor	Bote	
Freude	Ba.1030-42	Chor	Bote	

Amoibaion

Grundstimmung	Ort	1.Rolle	2.Rolle	3.Rolle
Trauer	Andr.501-44	Andromache	Kind	Menelaos/[Chor]
Trauer	Andr.1173-1225	Peleus	Chor	
Trauer	Hec.177-96	Polyxena	Hekabe	

Trauer	Suppl.798-836	Chor	Adrast	
Trauer	Suppl.1123-64	Kinder	Chor	
Trauer	El.1177-1232	Orest/Elektra		Chor
Trauer	H.F.875-909	Chor	Amphitryon	
Trauer	H.F.1042-88	Amphitryon	Chor	
Trauer	Tro.577-606	Andromache/Hekabe		[Chor]
Trauer	Tro.1287-1332	Hekabe	Chor	
Spannung	Hel.330-61	Helena	Chor	
Freude	Hel.625-97	Helena/Menelaos		[Chor]
Trauer	Phoen.1539-66	Oedipus/Antigone		
Trauer	Phoen.1710-57 (7)	Oedipus/Antigone		
Spannung	Or.1246-85	Elektra	Chor	
Spannung	Ba.576-603	Dionysos	Chor	
Freude	Ba.1168-99	Agaue	Chor	
(Dialog)	I.A.1500-09	Iphigenie	Chor	

Diese drei Listen sind zwar nach den üblichen Ordnungsprinzipien (Monodie, Epirrhematikon, Amoibaion) gegliedert, doch fragt es sich, ob durch diese starre Einteilung nicht bisweilen auch Zusammengehöriges auseinandergerissen wird.

§ 2 Der Chor ist nicht beteiligt

Ich beginne meine Betrachtung der o.g. Abschnitte mit denjenigen, in denen der Part des Chores unbedeutend ist. Bei einer Reihe von Passagen kommt der Chor weder innerhalb noch unmittelbar im Anschluß an die jeweiligen Schauspielerpartien zu Wort. Dafür können verschiedene Gründe vorliegen: entweder ist der Chor gar nicht anwesend - so während der Monodie Helenas (Hel.362-85), oder aber eine Monodie bzw. ein Wechselgesang gehört zu einer komplexeren lyrischen Komposition, an deren Ende der Chor das Wort ergreift:
1. 'Hecuba' 154-76: Monodie Hekabes, kein Chorführerinterloquium; 177- 96: Amoibaion Polyxena/Hekabe, kein Chorführerinterloquium; 197-215 Monodie Polyxenas, Chorführerinterloquium V.216/7.

---

7 In den Phoen. fehlt am Ende des großen Schlußamoibaions (1710-57), das wahrscheinlich nur bis V.1736 als euripideisch gelten kann (siehe dazu Friedrich (1977) S.96/7 und Mastronardes Text (1988)), ein Chorwort. Das ist wohl eine Folge der Überarbeitung des Stückes. Sicherlich unecht sind V.1764-6, siehe dazu Mueller-Goldingen (1985) S.266.

2. 'Troades' 235-77: Epirrhematikon Talthybios (spricht)/Hekabe, kein Chorführerinterloquium; 278-92 Monodie Hekabes, Chorführerinterloquium 292/3.

3. 'I.T.' 827-67: Epirrhematikon Iphigenie/Orest, kein Chorführerinterloquium; 868-99: Monodie Iphigeniens, Chorführerinterloquium 900/1.

4. 'Phoenissae' 1485-1538: Monodie Antigones, kein Chorführerintterloquium; 1539-66: Amoibaion Oedipus/Antigone, kein Chorführerinterloquium; 1567-81: Monodie Antigones, Chorführerinterloquium 1582/3.

Daß der Chor (gegen die Regel) nach 'Alcestis' V.279 und 'Hippolytus' V.1388 schweigt, könnte inhaltliche Gründe haben: in der 'Alcestis' wird dadurch, daß ein Interloquium des Chores fehlt, das Epirrhematikon (Alkestis singt, Admet spricht) eng mit dem folgenden Zwiegespräch der Eheleute verbunden. Hierdurch schreitet die Unterhaltung von der lyrischen Darstellung des Leides zur begründeten Forderung der Alkestis in Sprechversen (V.280-325) weiter: die Wirkung der Rede auf Admet wird nachhaltiger, das Verlangen der Alkestis unabweisbarer. Und zudem leitet eine Bemerkung des Chores V.238-43 das Epirrhematikon ein. Mit dieser Bemerkung wird bereits das, was der Chor im Anschluß an das Epirrhematikon als Kommentar sagen könnte, vorweggenommen: wir finden hier also einen "antizipierten Kommentar".

Im 'Hippolytus' liegt eine besondere Nuance darin, daß der Chor nach Hippolytos' Monodie nicht kommentiert und retardierend wirkt: Artemis antwortet sogleich auf das Lied des tödlich verletzten Titelhelden, das seinen Schmerz dokumentierte. Diese schnelle und mitleidsvolle Hinwendung der Göttin zu ihrem Liebling deutet an, daß auch die Göttin über dessen Geschick erschüttert ist. Und auch hier kommt der Chor zu Beginn der Partie zu Wort: in V.1342- 6 kündigt er den Auftritt des Zuges an, der Hippolytos hereinträgt. In dieser Auftrittsankündigung schwingt Mitleid mit, und sie kommentiert ebenso, wie ein Interloquium nach dieser Partie kommentieren könnte: es interpretiert das Unglück als gottgesandt (V.1346).

§ 3 Der Chor in der 3. Rolle

In einer großen Anzahl von Fällen kommt dem Chor die 3.Rolle zu, er fungiert als Kommentator: er äußert sich dabei in Sprechversen, deren Inhalt von den Schauspielern nicht berücksichtigt wird. Mit der Ausnahme weniger später zu besprechender Passagen hat der Chor hierbei keine Verse innerhalb der Monodie, des Epirrhematikons oder Amoibaions, sondern ergreift durch den Chorführer unmittelbar im Anschluß daran das Wort. Ein solches Chorführerinterloquium hat offensichtliche Gliederungsfunktion. Inhaltlich lassen sich für diese Interloquien folgende Typen feststellen:

1. Sie bilden eine Auftrittsankündigung und leiten damit eine neue Szene ein:
   nach einer Monodie: Hec.216/7,
   nach einem Epirrhematikon: Andr.879/80
   nach einem Amoibaion: Andr.545/6.
2. Das Interloquium formuliert einen (trivial wirkenden) Kommentar, der den Gesamteindruck des vorangegangenen Abschnitts widerspiegelt. Dies kann entweder ein Ausdruck des Mitleides des Chores sein:
   nach einer Monodie: Hipp.680/1, Ion 923/4,
                              Phoen.1582/3, I.A.1336/7,
   nach einem Epirrhematikon: - ,
   nach einem Amoibaion: -.
Oder das Interloquium betont die Freude und das Element der Überraschung, das mit der Begebenheit, die der Schauspielerlyrik zugrundeliegt, verbunden ist:
   nach einer Monodie: I.T.900/1,
   nach einem Epirrhematikon: Ion 1510/1,
   nach einem Amoibaion: Hel. 698/9.
Es handelt sich bei den hierher gehörenden Interloquien um Kommentare des Chores zu einer Wiedererkennung(8).

3. Eine Sonderform des Kommentars findet sich nach Iokastes Monodie 'Phoenissae' V.301-54: die alte Mutter hat in ihrem Lied den Sorgen und dem Kummer um den verbannten Sohn, den sie nun unerwartet in den Armen hält, Ausdruck gegeben. Der Chorführer erläutert in seinem Interloquium (V.355/6) die Ursache der Mutterliebe, die Iokastes Haltung prägt, den Schmerz des Gebärens. Dies ist eine, so weit ich sehe, im späten 5.Jahrhundert gängige Vorstellung über die Mutterliebe (vgl. Soph. El. 770/1, Aristoph. Lys.884, Eur.I.A.910 und F 103 N)(9). Ebenfalls einen Erklärungsversuch stellt das Chorführerinterloquium 'Troades' V.608/9 (Amoibaion) dar, das die Wirkung der Klage von Hekabe und Andromache beschreiben will.

---

8 Interessanterweise findet sich in der frühesten euripideischen Wiedererkennungsszene, El. 487-584, kein Gesang der Schauspieler, sondern ein kurzes Lied des Chores, der damit die glückliche Begebenheit kommentiert. Siehe hierzu Solmsen (1934) S.396/7 und 403 sowie Diller (1971a) S.311 A.11.
9 Ob hier, wie Mueller-Goldingen (1985) S.78 ohne Angaben von Belegen meint, eine alte Gnome vorliegt, scheint mir zweifelhaft. Mir ist in der Literatur vor Sophokles bzw. Euripides kein Zeugnis für die Annahme einer solchen Ursache für die Mutterliebe bekannt.

Die Kommentare der Abschnitte 2 und 3 wirken handlungsfern, ja geradezu aus der Perspektive des Zuschauers gesprochen.

4. Der Chor als dramatis persona äußert sich in einem Interloquium in folgenden Passagen: 'Troades V.292/3 (Monodie)und 'Troades' V.341/2 (Monodie): im ersten Fall möchte der Chor etwas über sein künftiges Geschick erfahren, im zweiten ermahnt er Hekabe, Kassandra zur Vernunft zu bringen. In beiden Fällen haben die Worte des Chorführers keinen Einfluß auf das jeweils folgende Gespräch, doch immerhin sind die jeweiligen Verse unverwechselbar aus der Sicht gefangener Troerinnen gesprochen.

5. Formal gehört auch 'Alcestis' V.416-9 hierher. Der Chor ergreift nach einem Schauspielergesang das Wort, wodurch ihm eine gliedernde Funktion zufällt. An der unmittelbar vorangegangenen Partie waren Admet (Sprechverse 404/5) sowie das Kind (Monodie 393-403, 406-15) beteiligt. Doch da das Kind unmittelbar nach dem Gesang in den Hintergrund tritt, ist faktisch V.416 der Chor mit Admet allein. Seine Wort haben damit dialogische Kraft und stellen eine Trostrede dar(10). Die Chorverse beschließen also im Gegensatz zu den in 1.-4. besprochenen Fällen nicht einen Abschnitt, sondern eröffnen einen neuen, der nicht mehr zur lyrischen Partie gehört.

§ 4 Dialogische Chorverse

Wir kommen nun zu denjenigen Partien, in denen sich der Chor im Zusammenhang mit Gesangsnummern in Sprechversen äußert, die eine "dialogische Kraft" haben, sie beeinflussen die Reden der Schauspieler.
Ich beginne mit einem Beispiel, bei dem, wie ich meine, eine Übergangsstellung zwischen undialogischen und dialogischen Chorversen vorliegt: Nachdem in der 'Hecuba' Hekabe Polymestor geblendet hat, tritt sie aus dem Zelt und kündigt den Auftritt ihres Opfers an, nicht ohne hinzuzufügen, daß sie selbst ihm aus dem Wege gehen werde (Hec. 1049-55). Der Chor befindet sich durch diesen Rückzug Hekabes (der kein Abgang ist, da V.1122 die alte Königin von Agamemnon angesprochen werden kann) in einer Situation des Zwiegesprächs mit dem Thraker. Es läßt sich aber nicht sicher feststellen,ob das Interloquium während der Monodie (V.1085- 7)(11), das Schuld und Strafe gegeneinander abwägt, in irgendeiner Form dem Lied einen Impuls

---

10 Siehe dazu oben S.185.
11 Ich folge Mueller-Goldingen (1985) S.296 A.50 in der Verteidigung des Verses 1087.

gibt. Der Thraker singt zwar von Troerinnen, die ihn geblendet haben (1095/6), doch kann dies nicht den Chor bezeichnen, da dieser an der Tat nicht beteiligt war. Das auf die Monodie folgende Interloquium (V.1107/8) hat, weil es die Lyrik abschließt und Polymestor nichts erwidern kann, keine dialogische Funktion; Die Bemerkung des Chores ist lapidar und wohl nur auf den Zuschauer berechnet, sie betont die Größe des Schmerzes, den Polymestor erleidet, und dokumentiert damit, wie wirkungsvoll und grausam sich Hekabe gerächt hat.

Für die Monodie bedeutsamer ist das Interloquium des Chorführers in den 'Supplices' V. 1009-11, da hier Euadne erfährt, wo sich der Scheiterhaufen ihres Mannes befindet, in den sie sich stürzen wird. Auch wird durch die Aufnahme des ὁρᾷς, mit dem der Chorführer die Witwe aufmerksam macht (V.1009), in ὁρῶ (V.1012) der Impuls, den der Chor gibt, verbal kenntlich. Die Auftrittsankündigung für Iphis (V.1031-3) beschließt die Monodie, wie auch in 'Hecuba' V.1107/8 hat dieses Interloquium keine Funktion im Dialog.

Die Rolle des Chores während der Phrygerarie im 'Orestes' V.1369-1505 kommt den 'Supplices' am nächsten: der Chorführer beeinflußt hier mit seinen Fragen (V.1380, 1393/4(12), 1425, 1452, 1474) entscheidend den Gedankengang der Monodie, die einen Botenbericht ersetzt. An ihrem Ende steht wie in den 'Supplices' eine undialogische Auftrittsankündigung (V.1503-5).

Deutlich ist die dialogische Funktion des Chorführerinterloquiums im Anschluß an Elektras kurzes, haßerfülltes Lied im 'Orestes' V.1299/1300, 1302-10: mit einem σιγᾶτε σιγᾶτ᾽ (V.1311/2) beendet der Chorführer Elektras Monodie und kündigt zugleich einen Auftritt an.

Die Rolle des Chores anläßlich Elektras Monodie im 'Orestes' V.982-1012 wird uns zur Gruppe der Amoibaia/Epirrhematika überleiten. Im 'Orestes' singt Elektra ein Klagelied(14), in dem sie ihre gegenwärtige schlimme Lage als Ergebnis eines über ihrer Familie schwebenden Fluches interpretiert. Daß der Chor dieses Lied mit einer Auftrittsankündigung beschließt (V.1013-7), ist aufgrund der Parallelen kaum ungewöhnlich. Bedeutsam ist indes die "Einführung", die der Chor zu Elektras Monodie gibt: er singt ein strophisches Lied (V.960-81), in dem er mit einem κατάρχομαι στεναγμόν (V.960) das Thema vorgibt. Die Monodie wird so zum Teil einer größeren lyrischen Klagepartie

---

12 V.1394 ist zu athetieren, vgl. Willink (1986) S.312 ad loc. und Biehl (1955) S.83.

13 Vgl. Hipp. 565, wo Phaidra den Chor ähnlich zum Schweigen bringt.

14 Formal beginnt das Lied als "Entrückungswunsch", vgl. das μόλοιμι V.982, das einem εἴθε γενοίμαν entspricht, siehe auch Willink (1986) S.246 ad loc..

zwischen Chor und Elektra – auch wenn formal "Chorlied" und Sologesang
getrennt sind. Bereits 20 Jahre früher hat Euripides eine ähnliche Struktur
verwandt: die Monodie des Theseus im 'Hippolytus' (V.817-51) wird einge-
rahmt durch kurze, metrisch verwandte (Dochmien und Jamben prägen beide
Partien) Chorlieder (V.811-6 und 852-5). Wie im 'Orestes' beginnt auch hier
der Chor mit der Klage, die Theseus mit seiner Monodie aufnimmt. In der
Fuge zwischen Strophe und Gegenstrophe des Liedes spricht der Chorführer
(vgl. Suppl.1009-11) ein Interloquium: auch dies ist der Situation der Klage
angepaßt und formuliert den Topos "non tu solus"(15).

Von einer derartigen Aufgabe des Chores im Zusammenhang mit einer
Monodie ist es nur ein kleiner Schritt zum Wechselgesang der Klageszene,
ein Szenentyp, in dem die Rolle des Chores im lyrischen Miteinander mit den
Schauspielern am bedeutsamsten ist und der daher am meisten Aufmerksamkeit verdient. Doch zuvor wollen wir versuchen, die übrigen Passagen der
Listen einzuordnen: in einer großen Zahl von Szenen beschäftigen sich zwei
oder mehr Figuren mit der Bedeutung eines Ereignisses, das unmittelbar
zuvor stattgefunden hat oder das soeben berichtet worden ist. Diese Beschäftigung vollzieht sich in Form eines Dialoges, in dem *eine* Partie ins
Lyrische transponiert ist. Das besondere Kennzeichen derartiger Szenen ist
es, daß ein lebhaftes Wechselgespräch ohne Regelmäßigkeiten in der Gesprächsführung entsteht. Gewöhnlich erhält diejenige Figur unter den Anwesenden die lyrischen Verse, für die das Berichtete von größtem Belang ist.

Zum einen handelt es sich bei den hierher gehörenden Passagen um
Einleitungen von Botenberichten: 'Hercules' V. 910-21: der Chor, der der
Adressat des Berichtes ist, erhält die lyrischen Verse; 'Phoenissae' V.
1335-51: Kreon und der Chor, die als Adressaten fungieren, singen(16);
'Bacchae' V. 1030-42: der Chor als Adressat singt. Auch in den Szenen, in
denen kein eigentlicher Botenbericht vorliegt und die Neuigkeit in anderer
Form mitgeteilt wird, findet sich ein ähnliches Prinzip: 'Hecuba' V.680-725
(Hekabe singt), 'Ion' V. 760-807 (Kreusa singt).

Zwei Szenen weichen davon ab: 'Hippolytus' V. 565-600 und 'Supplices'
V. 1072-79: hier singt der Chor, obgleich sein Dialogpartner (Phaidra bzw.
Iphis) der vom eingetretenen (Suppl.: Euadnes Tod) oder bevorstehenden
(Hipp.: die Amme gibt Phaidras Geheimnis preis) Unglück Betroffene ist.

15 Vgl. Kassel (1958) S.6.
16 Siehe dazu oben S.213.

Eine erweiterte Form einer derartigen Vertauschung der Rollen findet sich in der 'Electra' im Anschluß an den Bericht von der Ermordung Aigisths: der Chor reagiert hierauf mit einem strophischen Freudengesang (V.860-65, 873-79), der mit Elektras Rede zwischen Strophe und Gegenstrophe eine epirrhematische Fügung bildet. Im Chorgesang ist leicht erkennbar, daß die unbändige Freude, die das Lied prägt, Elektras Stimmung spiegelt: der Chor fordert die Titelheldin auf, zu tanzen (Str.) und (in Erwiderung auf deren Rede) sich zu schmücken (Gegenstr.). Von sich selbst und seinen Regungen spricht er nicht. Diese im Vergleich zu den übrigen Stücken breitere und intensivere Darstellung der Gefühle über eine Nachricht ist dadurch gerechtfertigt, daß durch das berichtete Ereignis Elektra von Not und Erniedrigung, die im Stück eingehend (vgl. den Eingang) dargestellt worden sind, frei geworden ist.

In den Amoiboia 'Hercules' V.886-909 und 'Bacchae' V. 576-603 dient der lyrische Dialog (beiden Partien geht jeweils ein reiner Chorgesang voran) dazu, dem Zuschauer die Vorstellung eines "Erdbebens" und der Zerstörung des Palastes, Erscheinungen, die auf der Bühne selbst nicht dargestellt werden können, durch die Macht von Musik, Tanz und Wort zu vermitteln.

§ 5 Sonderfälle

Drei Passagen müssen noch besprochen werden, die an sich singulär in der euripideischen Tragödie sind und Zeugnis davon ablegen, wie vielfältig lyrische Formen vom Dichter eingesetzt werden:

1. 'I.T.' V.644-57 (Epirrhematikon): hier spricht der Chor voller Mitleid mit Orest und Pylades. Daß dabei der Part des Chores ins Lyrische transponiert ist, hat einen formalen und einen inhaltlichen Grund: einerseits wird durch die epirrhematische Form ein Dreigespräch vermieden, andererseits charakterisiert die Lyrik das Mitleid des Chores als intensiv. Hierdurch wird dessen ungewöhnliche Sympathie für Orest und Iphigenie angedeutet, die in der Intrige eine besondere Rolle spielen wird(17).

2. 'Orestes' V.1246-85: hier liegt eine "Wachszene" in Form eines Amoibaions zwischen Elektra und dem Chor vor, eine Szene, die deshalb lyrisch gehalten ist, weil damit einerseits die Spannung der Situation ausgedrückt werden kann, andererseits aber auch die Szene in Sophokles' 'Electra' 1398-1421, die als Vorbild betrachtet werden kann, übertroffen werden soll(18).

---

17 *Siehe dazu unten S.197 u. 298.*
18 *Siehe dazu unten S.276.*

3. 'I.A.' V.1500-1509: es handelt sich hierbei um ein kurzes Amoibaion zwischen Iphigenie und dem Chor, das die Aufgabe hat, eine Überleitung zwischen Iphigenies Monodie (V.1474-99) und dem Chorlied (V.1510-31) zu bilden und auf diese Weise Monodie und Chorlied hinsichtlich des Inhalts und der Stimmung zu verbinden(19).

3. 6. 2. Die rituelle Klage

§ 1 Die Klage im Drameninnern bei Euripides

In der attischen Tragödie wird der Tod eines Menschen häufig in lyrischer Form beklagt. Chor und Schauspieler finden dazu in einem Epirrhematikon oder Amoibaion zusammen. Bei diesem Zusammenwirken kommt das Drama der im Leben üblichen rituellen Totenklage nahe. Dem Chor fällt in derartigen Szenen umfang- und bedeutungsmäßig eine wichtige Rolle zu. Er ist ein vollgültiger Partner der Schauspieler. Diese Bedeutung des Chores rechtfertigt eine eingehende Untersuchung der rituellen Klage bei Euripides. Folgende Partien sind zu behandeln(20):

Fundort	Leidender	Partner b.d.Klage	Gegenstand d.Klage
Alc.861-934	Admet	Chor	Tod der Alkestis
Hipp.811-55	Theseus	Chor	Tod der Phaidra
Andr.1173-1225	Peleus	Chor	Tod des Neoptolemos
Suppl.798-836	Chor	Adrast	Tod der Söhne
Suppl.1123-64	Chor/Enkel		Tod der Söhne/Väter
H.F.1042-88	Amphitryon	Chor	Tod der Familie
Tro.1209-50	Hekabe	Chor	Tod des Astyanax
Tro.1287-1332	Hekabe/Chor		Untergang Troias
[Phoen.1539-81	Oedipus/Antigone		Tod der Söhne/ Iokastes]

Die rituelle Klage bestand, soweit rekonstruierbar(21), aus einem Nacheinander von Klagerede/ -gesang des Trauernden und Jammern der Trauerge-

---

19 Formal findet sich eine Parallele in Hec. 154-215: Monodie Hekabes (154-76), Amoibaion Hekabe - Polyxena (177-96), Monodie Polyxenas (197-215).

20 Es bleiben in diesem Abschnitt Stasima mit Klageelementen ausgeschlossen, da diese in Bd.2 untersucht werden sollen. Die Parodoi werden unten S. 245/6 behandelt.

21 Ich folge hierbei Alexiou (1974) S.131-40.

meinde. Zwei verschiedene Formen dieses Wechselgesanges lassen sich feststellen(22): a) auf eine längere Klagepartie (gesprochen oder gesungen) folgt ein Klagegeschrei der Klageweiber (vgl. z.B.Il.24,746); oder b) die Totenklage wird als Wechselgesang durchgeführt (vgl. z.B. Od.24,58-61).

Bei Euripides finden sich Klageszenen, die sowohl dem einen als auch dem anderen Typus nahestehen, sowie auch Mischformen aus beiden. So zähle ich

zur Gruppe a) 'Alcestis' V.861-934, 'Hippolytus' V.811-55(23),

zur Gruppe b) 'Supplices' V.798-836, 1123-64, 'Hercules' V.1042 - 88, 'Troades' V.1287-1332(24).

Als Mischformen können 'Andromacha' V.1173-1225 und 'Troades' V.1209-50 betrachtet werden(25).

Wenn wir nun darangehen, die einzelnen Klageszenen und die Rolle des Chores darin zu untersuchen, müssen wir zunächst bedenken, welche zusätzlichen, die besondere Situation des betreffenden Stückes kennzeichnenden Elemente Euripides in die jeweilige Klage eingefügt hat. Diese Elemente, obgleich sie für sich betrachtet interessant sind, müssen natürlich vom Vergleich ausgeschlossen werden, da es das Ziel sein soll, das Typische der euripideischen Klageszenen herauszuarbeiten.

In 'Troades' V.1287-1332 findet sich eine verbale Szenenmalerei, ein Brand Troias (V.1295-1301), in 'Troades' V.1209-50 wird Astyanax während der Klage zur Bestattung vorbereitet (V.1246- 50), die Klage 'Hercules' V.1042-88 ist eine "Flüsterszene" und mit den einschlägigen Verhaltensweisen durchsetzt(26), 'Supplices' V.1123-64 prägt die doppelte Perspektive,da hier sowohl Mütter um ihre Söhne als auch Söhne um ihre Väter trauern. Zugleich wird hier das Thema des Epigonen-Zuges entwickelt (V.1145-51).

---

22 *Siehe dazu Nilsson (1951) S.83.*
23 *Hier läßt sich in beiden Fällen das in Il. 24,746 Ausgesagte wiederfinden: die Reden des Admet bzw. die Monodie des Theseus machen den Kern der Klage aus.*
24 *In diesen Partien konstituiert sich die Klage aus jeweils im Wechsel gesungenen Partien ihrer Teilnehmer.*
25 *Wir finden hier ein Nebeneinander von geschlossener Klage des Leidenden (Andr. 1173-96, Tro. 1218-25, 1240-50) und Wechselgesang (Andr. 1198-1225, Tro. 1226-39).*
26 *Siehe dazu die Bemerkungen zur Parodos des Or. oben S.105/6.*

Die rituelle Klage hat eine feste Sprachform. Sie bringt das Leid und den
Schmerz des Trauernden in Klagerufen zum Ausdruck, sie würdigt den Toten
und klagt über das Los der Hinterbliebenen.

In der 'Andromacha' (1173-1225) fehlen zusätzliche Elemente im o.g. Sinn
in der Klageszene. So kann diese Partie in besonderem Maße dazu dienen,
die typischen Elemente festzustellen. In der einleitenden Monodie läßt Euripides Peleus das Außmaß des Verlustes, den der Tod seines Enkels darstellt,
klagend erklären: dessen Tod bedeutet die Vernichtung des Alten, seiner
Dynastie und des Staates (V.1176/7). Dieser Gedanke des οἰχόμεσϑα findet
sich auch in anderen Klagen (vgl. Alc.897-902, Hipp. 839- 946, Tro.1320/1).
Peleus redet sich pathetisch selbst an (V.1179 vgl. Hipp.817/8, Suppl.805/7,
H.F.1075, Tro.1328), er fragt verzweifelt, worauf er nun hoffnungsvoll schau-
en solle (1179/80 vgl. Alc.864, Hipp.826/7, Suppl.1134-7). Er redet den
Toten an (1181 vgl. Hipp.848, Suppl.802-4, 1042, Tro.1218, 1232, 1301, 1312),
wobei in der Synekdoche, die Mund, Kinn und Hände anstelle des Namens
anführt, das Element einer liebvoll-zärtlichen(27) Erinnerung an den Toten
sichtbar wird (vgl. Hipp.848/9, Suppl.1137, Tro.1178). Wenn sich Peleus im
Anschluß daran wünscht, sein Enkel hätte vor Troia fallen sollen (V.1182/3),
was, wie das Chorführerinterloquium in der Fuge zwischen Str. und Gegenstr. den Gedanken fortsetzt (V.1184/5), sowohl für Neoptolemos als auch
seinen Großvater ein besseres (εὐτυχέστερον) Geschick bedeutet hätte, so ist
auch das ein Topos der Klage. Ein derartiger Wunsch, dessen Verwirklichung
zur Folge gehabt hätte, daß den Trauernden das gegenwärtige Leid erspart
geblieben wäre, findet sich auch 'Alcestis' V.880/1, 'Supplices' V.821-3 und
'Hercules' V.1078-80.

Die gesamte Gegenstr. (V.1186-96) gilt dem Versuch, das Unglück zu
erklären (was auch hier die Form eines Wunsches annimmt), eine Ursache
oder einen Schuldigen dafür zu finden: Peleus nennt die Hochzeit mit Hermione als Grund für den Tod seines Enkels. Vergleichbare Erklärungsversuche
finden sich auch in anderen Klageszenen: 'Alcestis' V.865 (Admet fühlt sich
als βαρυδαίμων), 'Hippolytus' V.831-3 (Theseus macht eine τύχη δαιμόνων
verantwortlich für Phaidras Tod), 'Supplices' V.834 (eine Erinys aus dem
Haus des Oedipus vernichtete die Sieben)(28), 'Troades' V.1214 (Helena trägt
die Schuld für den Tod des Astyanax).

---

27 *Mund, Kinn und Hände waren diejenigen Körperteile, an denen durch Kuß*
oder Berührung Zuneigung bekundet wurde. Siehe dazu Sittl (1890) S.33
(Kinn), 34 (Hand), 37 (Mund).
28 *Vgl. H.F.1077.*

Der darauf folgende eigentliche Kommos V.1197-1225 formuliert keine neuen Gedanken, sondern variiert oder intensiviert bereits Vorgebrachtes. Auffällig ist hierbei, daß der Chor, obschon man vielleicht eine vom Leidenden verschiedene Perspektive erwarten könnte, in all seinen Äußerungen die Situation des Peleus aufgreift und ebenso darstellt, wie auch dieser selbst es tun könnte: so formuliert der Chor V.1208 einen Todeswunsch für ihn, den Admet (Alc.866/7) und Theseus (Hipp.836/7)(29) als Trauernde selbst ausgesprochen hatten, so konstatiert der Chor die Einsamkeit und Hilflosigkeit des Alten (V.1214/5,1221), ja verwendet V.1215 dabei sogar die Form der rhetorischen Frage, die Peleus selbst V.1179/80 gebrauchte. Den Gesichtspunkt der Vergeblichkeit (hier der Hochzeit), des μάτην (V. 1218) bringen hier die phthiotischen Frauen vor, wie ihn z.B. später Peleus selbst (V.1219) oder Hekabe in 'Troades' V.1188 mit dem Gedanken des φροῦδα ausdrücken.

Inhaltlich ist also die Rolle des Chores der des Klagenden angeglichen. Daß sich ein Analogon auch auf der Ebene der Gestik annehmen läßt, möchte ich aufgrund der Verse 1197-1201 vermuten. In V.1197/8 kündigt der Chor an, er wolle die Klage um Neoptolemos anstimmen(30) entsprechend dem Ritus (τῷ νόμῳ). Peleus erwidert, daß er im Anschluß an den Chor (διάδοχα [adv.] ‹σοι›) weine. Diese Ankündigung hat ihre Parallele in der Aufforderung des Adrast (Suppl.798-801) an den Chor der Mütter: ἀπύσατ' ἀντίφων' ἐμῶν/ στεναγμάτων κλύουσαι. In beiden Fällen (zum Vergleich ließe sich auch Suppl.72 heranziehen)(31) wird mit der Ankündigung der kommatische, antiphonische(32) Klagegesang eingeleitet, in dem zwei Gruppen (oder zwei Personen) gleichberechtigt miteinander klagen. Ich möchte nun annehmen, daß Chor und Peleus auch in ihren Bewegungen, den Trauergesten (vgl. V.1209-12), einander entsprechen, zumal das Verb zu διάδοχα (V.1200) δακρύω (V.1201) ist und damit eine Aufnahme der Gesten des Chores zeigt.

Fassen wir kurz die Rolle des Chores in der Klageszene der 'Andromacha' zusammen: er nimmt in seinen Äußerungen einen Standpunkt ein, der sich nicht von dem des Trauernden unterscheidet, er wiederholt, variiert, ergänzt (V.1184/5) und bereitet Themen der Klage vor, die auch in Peleus' Mund gelegt werden können. Er führt ebenso wie Peleus die Klagegesten durch.

---

29 Vgl. auch Adrasts Wunsch Suppl. 829-31.
30 Zur sprachlichen Form κατάρξω δεσπόταν γόοις statt γοήσομαι δεσπόταν siehe Stevens (1971) S.239 ad loc. mit Hinweis auf Phoen. 1549.
31 Vgl. Phoen. 1038.
32 Siehe dazu Alexiou (1974) S.13 und 132.

Dies alles hat die Aufgabe, auf der Ebene des dramatischen Spiels den Trauernden zu einer möglichst intensiven Klage zu bewegen und seinen Gefühlen gleichsam die Schleusen zu öffnen, auf der Ebene der Wirkung auf den Zuschauer die Klage so ausdrucksstark wie möglich zu machen.

Wenn wir nach diesem Ergebnis die übrigen Klageszenen durchmustern, findet sich eine ähnliche Beziehung zwischen Trauerndem und Chor im 'Hercules' (1042-88; auch hier stimmen Chor und Schauspieler in ihren Bewegungen überein, da die Flüsterszene dies verlangt) und in den 'Troades' (1287-1332; eine Gleichheit der Bewegungen von Chor und Hekabe ergibt sich aus V.1305-9). Mit Modifizierungen gilt sie auch für die Kommoi der 'Supplices' (hier liegt insofern eine Besonderheit vor, als auch Adrast bzw. die Söhne der Sieben ihre Angehörigen betrauern, also jeder jeweils die Klage aus einer bestimmten Perspektive heraus formuliert.)und 'Troades' (1209-50, hier schiebt sich der Wunsch, die Leiche zu schmücken, in die Klageszene; zugleich aber findet sich auch hier das aus der Andr. bekannte Verhalten des Chores, V.1225-31, 1235-38).

Das Ergebnis, der Chor wirke in einem Teil der Klageszenen als Verstärker der Ausdruckskraft, mag banal wirken. Doch benötigen wir dieses Ergebnis, das möglicherweise den "Normalfall" darstellt, um die Unterschiede, die sich aus den Klageszenen in 'Alcestis' und 'Hippolytus' dazu ergeben, besser erkennen zu können. Denn dort findet sich eine Komponente, die verhindert, daß Trauernder und Chor eins werden: der Chor versucht zu trösten. In der 'Alcestis' ist das unübersehbar. Hier zeigt der Chor sein Mitgefühl für Admet (872-7); er bezeugt ein Verständnis für die Größe des Verlustes, den der König erlitten hat (πέπονθας ἄξι' αἰαγμάτων V.873; δι' ὀδύνας ἔβας, σάφ' οἶδα V.874; τὸ μήποτ' εἰσιδεῖν V.876/7). Doch in der Hauptsache mahnt und tröstet er: Admet solle ins Haus gehen (872), seine Trauer sei nutzlos (875)(33), da - dies wird erst V.889 erläutert - das Schicksal unabänderlich sei. Dies ist ein alter Gedanke der Trostrede, ebenso wie das folgende οὐ σὺ πρῶτον ὤλεσας (V.892/3)(34), das in der Str.2 (V.903-11) durch ein Exempel eine ergänzende Veranschaulichung erfährt. Abschließend wägt der Chor sogar das, was Admet verblieben ist, gegen das Leid ab (V.926-9). Daraus erwächst der Trosttopos, Admet habe nichts

---

33 Dies entspricht dem Konsolationstopos "nihil proficitur maerendo" (Cic. Tusc. 3,64), der als Gedanke bereits in der Il. 24,524-6 erscheint. Siehe dazu Johann (1968) S.56 mit Parallelen in A.221 und Kassel (1958) S.70.
34 Zu diesem Topos, der dazu dient, das Leid zu relativieren, siehe oben.

Ungewöhnliches erlitten, Frau und Ehe sind dahin – τί νέον τόδε; (V.931)(35) – denn vielen habe schon der Tod die Frau geraubt.

Es kann schwerlich behauptet werden, der Chor werde in seinen Worten mit dem Trauernden eins. Er wahrt vielmehr die für die Trostrede erforderliche anteilnehmende Distanz.

Ein ähnliches Verhältnis zwischen Chor und Trauerndem findet sich auch in der Klageszene des 'Hippolytus': zwar beginnt der Chor mit einem "Lamento"(36) (V.811-6), in dem sich eine Reihe der o.g. Klageelemente findet (rhetor. Frage und "Schicksalsmotiv" in V.816), doch im Zentrum der Klagemonodie des Theseus versucht ein Chorführerinterloquium (V.834/5), den König mit dem Gedanken des "non tu solus" zu trösten. Am Schluß der Monodie bezeugt der Chor sein Mitleid (V.852-5), doch ist es das Mitleid des Konsolators, der Anteil nimmt. Verstärkt wird die Distanz durch die düstere Ahnung, die der Chor hegt (V.855) und die sogleich Wirklichkeit werden soll (V.856ff).

Zusammengefaßt: in den hier untersuchten Klageszenen kann der Chor zwei verschiedene Funktionen ausüben: er kann die Klage intensivieren, indem er sich wie der Trauernde verhält, oder aber durch Trost aus einer Distanz heraus die Trauer herabzustimmen versuchen. Zweierlei bleibt zu fragen:

1. Läßt sich eine derartige Dichotomie auch für die Parodoi mit Klageelementen vornehmen ?

2. Wie halten es Aischylos und Sophokles mit dem Chor in Klageszenen ?

§ 2 Die Klage in den Parodoi des Euripides

Kommen wir zunächst zu den Parodoi: in 'I.T.' (vgl. V.179-85) und 'Orestes' (vgl.131-3) wird programmatisch angekündigt, daß der Chor an der Klage teilnehmen wird. Im 'Orestes' wird noch stärker als im 'Hercules' die Klage durch die "Flüsterszene" überlagert, so daß hier die Klageelemente nur schemenhaft (Schicksalsmotiv V.154, 160) erkennbar sind. In 'I.T.' und 'Helena' klagt der Chor jeweils deutlich vom Blickpunkt der Trauernden aus (I.

---

35 Zu diesem Gedanken des "mors aequat omnia" siehe Seneca, ep.mor. 77,12 sowie Kassel (1958) S.12 mit Parallelen und S.69, Curtius (1978) S.90, v.Moos (1972) Testimonien-Band S.113, Testimonien 528-31,
36 Vgl. Barrett (1964) S.318.

T.179-202, Hel.211-28). So ist für 'I.T.', 'Helena'(37) und 'Orestes' eine Intensivierung der Klage durch den Chor festzuhalten. In der Parodos der 'Electra' liegt eine konsolatorische Tendenz in den Äußerungen des Chores, der Elektra zur Teilnahme an einem Fest überreden will.

§ 3 Die Klage bei Aischylos

Findet sich die Dichotomie zwischen intensivierender und konsolatorischer Aufgabe des Chores auch in Klageszenen der beiden anderen Tragiker ? Daß der Chor in der großen Klageszene der 'Persae' des Aischylos (V.909-1077)(38) die Klage intensiviert, ist offensichtlich. Deutlich werden Trauernder und Chor eins (vgl. z.B.1008/9, 1040/1). Eine weitere umfangreiche Klageszene liegt in 'Septem' V. 875-1004 vor. V.875-960 singen hierin zwei Halbchöre im Wechsel, V.961-1004 (mit Ausnahme von 975-7 und 986-8) in Stichomythie, bisweilen sogar in Antilabai, zwei Partner, deren Identität in der Forschung umstritten ist: entweder ist diese Partie auf Antigone und Ismene zu verteilen, wie es z.T. der Rollenverteilung im Laurentianus entspricht (vgl. V.961 u. 968)(39), oder aber ebenfalls auf die beiden Halbchöre(40).

Durchdenken wir kurz beide Möglichkeiten (keine von beiden, so scheint mir, kann ausgeschlossen werden) und die Bedeutung des Chores in ihnen:

1. Auf der Bühne befinden sich die Leichname von Eteokles und Polyneikes, bei ihnen sind Antigone und Ismene. Der Chor beginnt in Halbchören entsprechend seiner Ankündigung in V.873/4 mit der Klage, die indes weniger den Toten als der Ursache des Unglücks gilt(41) (vgl. 885/6, 894, 898/9, 910

---

37 In Hel. 253/4 formuliert das Chorführerinterloquium einen Trostgedanken. Dies widerspricht aber nicht der Beschreibung der Aufgabe des Chores in der Parodos, die ich gebe, da mit diesem Interloquium die Thematik des 1.Aktes eingeleitet wird, in dem der Chor Helena den wichtigen Vorschlag macht, sich an Theonoe zu wenden. Die Rollen des Chores in Parodos und 1.Akt sind grundverschieden: dort steigert er die Klage, hier hilft er mit seinem Rat der Bedrängten weiter. siehe unten S.292.

38 Siehe die Behandlung dieser Passage bei Broadhead (1960) S.315-7 sowie Nilsson (1951) S.85/6.

39 Es befürworten diese Verteilung Lloyd-Jones (1959) und Erbse (1974).

40 Hierfür treten ein nach Wilamowitz (1914) S.93 Taplin (1977) S.179 und Hutchinson (1985) S.178-81, der konsequent auch nach Bergk V.861-74 streicht.

41 Vgl. Erbse (1974) S.197.

usw.). Natürlich finden sich auch hier die charakteristischen Elemente der Klage (vgl. V.900-2, 920/1 als Hinweise auf die Trauer der Stadt und des Chores), doch ist dies eingebettet in die Interpretation, die der Chor für das Geschehen und die Katastrophe gibt: der Tod der Brüder ist das Resultat des schlimmen Fluches ihres Vaters. Der Chor ist damit in der Klage Interpret, nicht Konsolator oder Instrument zur Steigerung des Ausdrucks. Deutlich wird dies auch in seiner Rolle während des Amoibaions zwischen Antigone und Ismene, die in ihrem lebhaften, antiphonischen Wechselgesang den einander gegenseitig beigebrachten Tod der Brüder unter größter Betroffenheit betrauern (vgl.964, 967, siehe auch den häufigen Gebrauch der Klagelaute). Denn in zwei Ephymnien (V.975-5 u.986-8) nennt der Chor die Mächte, die hinter dem Geschehen stehen, - ohne daß dies als Trosttopos aufzufassen ist.

2. Wenn der Chor allein die Klage bestreitet, bedeutet dies, daß kein Trauernder im Sinne der bei Euripides vorkommenden Klageszenen vorhanden ist(42): der Chor muß damit eine doppelte Aufgabe übernehmen, die des Trauernden (V.961-1004) und die der Trauergemeinde. Da der Chor nicht sich selbst trösten oder mit sich selbst eins werden kann, d.h. die "gewöhnlichen" Verhaltensweisen eines Klagechores ihm verschlossen sind, gibt Aischylos ihm eine neue Aufgabe, nämlich zu interpretieren. Daß dies just am Ende des Stückes besonders sinnvoll ist, bedarf keiner weiteren Ausführung(43).

§ 4 Die Klage bei Sophokles

Daß bei Sophokles die rituelle Klage stärker in der Handlung aufgeht, ist oft festgestellt worden(44). Beginnen wir mit einer Aufstellung der mir relevant erscheinenden Partien: 'Aias' V.891- 991; 'Electra' Parodos, V.823-70; 'O.R.'

---

42 Siehe dazu Hutchinson (1985) S.180.
43 Broadhead (1960) S.311 führt in seiner Aufstellung der Threnoi bei Aischylos auch das große Amoibaion Choeph. 306-478 an - unberechtigt, wie ich glaube, da hier die Invokation, das Gebet an den Toten, nicht etwa die Klage um ihn, das zentrale Thema ist. Vgl. Garvie (1986) S.122. Nilsson (1951) S.86 und Reiner (1938) S.15 A.4 führen auch noch das Amoibaion Aisch. Ag. 1072-1177 an. Ich übergehe es, da mir durch das Frage- und Antwortschema, in das die Klageelemente eingebettet sind, eine Art Botenbericht (im Sinne der Phrygerarie in Eur. Or.) ante eventum vorzuliegen scheint.
44 Vgl. Nilsson (1951) S.86/7, Reiner (1938) S.15 A.4.

V. 1297-1368; 'Trachiniae' V.871-98; 'Antigona' V. 806-883, 1261-1346; 'O.C.'
V.1670-1750. Nirgendwo bei Sophokles findet sich eine Szene, die so aus-
schließlich der rituellen Klage gewidmet ist wie in Aischylos' 'Persae' oder
Euripides' 'Andromacha'.

Wir beginnen mit der Klageszene 'Electra' V.823-70. Der alte Pädagoge
hat soeben die Nachricht vom Tode des Orest bei einem Wagenrennen über-
bracht und Klytaimestra ihn ins Haus gebeten. Elektra hält eine Rede an den
Chor, in der sie ihre Verzweiflung, da nun alle ihre Hoffnungen dahin sind,
formuliert (V.804-22). An dieser Stelle folgt in zwei Strophenpaaren ein
Amoibaion zwischen Chor und Elektra (823-70), in dem der Chor auf verschiedene Weisen versucht, Elektra zu trösten: a) durch Hinweis auf die
Gerechtigkeit der Götter (823-6)(45); b) durch ein mythologisches Exempel
(836-41); c) durch den Topos, daß alle sterben müssen (860). Der Chor der
'Electra' verhält sich damit wie der Chor in Euripides' 'Alcestis' – doch der
Trauernde reagiert anders: während Admet von den Männern von Pherai
allenfalls Stichworte für seine Klage erhält (vgl. Alc.878), sonst aber, ohne
auf den Chor einzugehen, jammert, versucht Elektra, die ihr zugedachten
Trostgedanken zu widerlegen (833-6, 846-8, 861-3). Damit ist sie so erfolgreich, daß der Chor am Ende vom Trösten abrückt und sich an der Klage
beteiligt (864, 866). Just dieses Prinzip findet sich auch in der Parodos der
'Electra' (V.121-250), auch hier versucht der Chor zu trösten (V.153 οὔτοι
σοὶ μούνᾳ, V.173-84: Elektra soll auf Zeus' Gerechtigkeit vertrauen), wird
aber von Elektra widerlegt und schließt sich der Klage an (V.193-200)(46).

Die Klageszene im 'Aias' ist insofern interessant, als sie zeigt, wie stark
Sophokles die rituelle Situation zum Teil des dramatischen Spiels machen
kann: die Klage erwächst aus einer Suchszene, an deren Ende der Chor auf
die an der Leiche des Aias jammernde Tekmessa aufmerksam wird
(V.891-5). Die in Klagen oft gemachte Feststellung "ich bin vernichtet durch
den Tod meines Angehörigen" (vgl.Andr.1176) wird im 'Aias' mit neuer Bedeutung erfüllt. Wenn Tekmessa dies in V.896 äußert, so hat es eine unmittel-
barere Bedeutung, da ihr nun ein schlimmes Los droht (vgl.496-505 und
944/5). Zugleich ist der Chor, das Schiffsvolk von Salamis, bedroht

---

45 Mit Kaibel (1911) S.210 (vgl. auch Kells (1973) S.155 und Kamerbeek
(1974) S.114) verstehe ich diese Verse in dem Sinne: "Sei ruhig, die Götter
sehen dies alles und werden einschreiten. Denn wenn sie es nicht tun, gibt
es weder Zeus noch Helios. Da sie aber existieren, werden sie es tun."
46 Ich folge hier Winnington-Ingrams ausführlicher Analyse der Parodos
(1980) S.335-9.

(vgl.158/9 und 721-30, da Teukros bedroht wird), zumal er seine Existenz
mit dem Geschick seines Herrn so eng verbunden sieht, daß er nach dessen
Tod seinen eigenen Untergang befürchten muß (V.900-2). So ist der Chor
hier weder Konsolator noch Instrument, das Pathos zu verstärken, sondern
trauert und jammert als vom Tode des Helden betroffene dramatis persona.

Antigones Klage, 'Antigona' V.806-83, und die Rolle des Chores darin führt
in einen vielschichtigen Problembereich, die Frage nämlich, ob sich in den
Äußerungen des Chores mehrere Sinnebenen feststellen lassen(47). Für
unsere Frage reicht es indes aus, nur die Ebene des dramatischen Spiels zu
betrachten, ohne auf etwaigen Hintersinn oder andere Sinnebenen zu achten:
V.801-5 beschreibt der Chor in einer Auftrittsankündigung, wie Antigone zum
Felsengrab geführt wird, in dem sie sterben soll, wobei er sein Mitleid bekundet (V.802/3:... ἴσχειν/ δ᾽ οὐκέτι πηγὰς δύναμαι δακρύων). Antigone
stellt nun mit ihrem Gesang, den sie ausdrücklich an den Chor richtet (V.806
ὁρᾶτε μ᾽, ὦ γᾶς πατρίας πολῖται) nachdrücklich ihre bevorstehende Katastrophe mit all ihren Aspekten einer mors immatura vor Augen (V.806-16). Dies
könnte Auftakt für eine kommatische Klage zwischen Todgeweihter und Chor
sein. Oder aber der Chor könnte ein Preislied über Antigones edle Motive,
die ihr den Tod bringen, anstimmen. Doch der Chor reagiert anders: statt zu
klagen oder die Tat der Titelheldin anzuerkennen - wie sie es implizit in
V.806 fordert - versucht er zu trösten: doch dieser Trost, den der Chor
spendet, ist gerade für Antigone nicht akzeptabel(48): sie werde berühmt
werden, weil sie αὐτόνομος ζῶσα, d.h. aufgrund eigener Bestimmung, sterbe.
Doch das blendet die Tat und das Unrecht an Antigone völlig aus. So versucht nun Antigone, mit einem exemplum(49) den Chor zu einer Anerkennung
ihres Geschickes zu bewegen: sie sieht sich in einer ähnlichen Situation wie

---

47 Siehe hierzu Rösler (1983) S.113/4 u. 118/9.

48 Ich folge hier Schwinge (1971) S.314-8.

49 Es ist hervorzuheben, daß Sophokles das exemplum, das ja in das klassische Repertoire der Konsolation gehört, zum Instrument macht, die Konsolation erzwingen zu wollen (allerdings bleibt Antigone erfolglos). Dies ist unge-
wöhnlicher als das von Eur. in der Hyps. (siehe oben S.84/5) angewandte
Prinzip: exemplum des Chores als Trostversuch (F 1iii 18ff.), Gegenbeispiel
der Hypsipyle (F 1iv 1-5). Stilistisch liegt hier wie auch in der Hyps. das sog.
"hyperbolische exemplum" vor, d.h. eine Person vergleicht sich (oder jemand
anderen) mit z.B. einer Leidensfigur par excellence des Mythos und deutet
dabei an, daß ihr Leid noch größer als das der Figur des exemplums ist.
Siehe dazu Davies (1985).

Niobe (822-33). Sie fordert damit implizit den Chor auf, für sie Mitleid zu
empfinden, wenn ihn Niobes Leid berührt habe. Doch der Chor weicht aus.
Er sieht einen großen Unterschied zwischen Niobe und den gewöhnlichen
Menschen (zu denen er implizit Antigone zählt), die alle einmal sterben müßten (834-8), und entzieht sich damit Antigones Argumentation. Antigone muß
erwidern οἴμοι, γελῶμαι. Ich kann die Paraphrase abbrechen. Es ist deutlich
erkennbar, wie sich Chor und Antigone immer weiter auseinander bewegen,
so daß die Titelheldin schließlich ihren eigenen Kommos singen muß: ἄκλαυ-
τος, ἄφιλος... ἄγομαι (V.876). Für das Verhalten des Chores sind zwei
Interpretationen gegeben worden: a) der Chor ist Gefolge des Tyrannen und
vertritt einen entsprechenden Standpunkt(50), oder b) der Chor hat Angst
vor dem Tyrannen, die seine Äußerungen diktiert(51). Wie auch immer man
sich hier entscheidet, unabweisbar ist die Feststellung, daß damit das Klage-
amoibaion anstelle Ausdruck von Pathos zu sein, eine Erörterung des zentralen Problems der 'Antigona' bildet, also in die Handlung des Dramas integriert
ist. In geringerem Maße gilt das auch für das o.g. Amoibaion der 'Electra',
da auch dort die Dialogstruktur und der Umstand, daß der Chor von Elektra
überzeugt wird, das Rituelle überlagert und die Handlung weiterträgt.

Eine Gemeinsamkeit wohnt den Klageszenen 'Trachiniae' V.871-98 und
'Antigona' V.1261-1346 inne: in die Klage wird jeweils ein Bericht über das
Unglück geschoben. So tritt in den 'Trachiniae' nach Deianeiras Selbstmord
die alte Amme aus dem Haus und berichtet dem Chor das Geschehen. Dabei
geht eine Dialogpartie in Sprechversen (871-8) dem Wechselgesang voraus;
die Elemente, die sich der Klage zuordnen lassen (Schicksalsmotiv V.893-5;
Mitleidsbezeugungen V.877/8, Fragen V.878, 882, 890) sind in die Ge-
sprächssituation integriert: Was z.B. in Euripides' 'Alcestis' V.863 oder
'Hippolytus' V.816 als rhetorische Frage unbeantwortet bleibt und vornehmlich
Ausdruck von Verzweiflung oder Hadern mit dem Schicksal ist, gewinnt in
den 'Trachiniae' Bedeutung für die dramatische Entwicklung, da die Fragen die
Amme zum Bericht über das Geschehene bringen (V.878, 880 usw.). Die
Klageszene wird damit zum Auftakt des Botenberichts, nicht etwa, wie bei
Euripides, Reaktion auf denselben.

Man kann z.B. Euripides' 'Hercules' V.910-1088 neben die Passage Sophokles' 'Trachiniae' V.871-983 stellen. Obschon formal fast identische Bauteile
anzutreffen sind (Exangelos tritt aus dem Haus und beginnt mit dem Chor
ein Gespräch in Form eines Amoibaions: Trach.871-95 = H.F.910-21; es folgt

---

50 Rösler (1983) S.120.
51 Schwinge (1971) S.320/1.
52 Bereits in der Auftrittsankündigung klingt dies an: V.1259/60.

ein Bericht: Trach.896-946 -H.F.922-1015; darauf ein Chorlied mit Auftrittsankündigung am Schluß: Trach.947-70 = H.F.1016-41; dann ein Flüsteramoi-
baion: Trach. (Greis/Hyllos) 971-83 = H.F. (Amphitryon/Chor) 1042-88),
haben diese Bauteile im jeweiligen Kontext gänzlich verschiedene Funktionen:
bei Euripides steht die Handlung still, das Gespräch zwischen Exangelos und
Chor hat vornehmlich die Aufgabe, auf die Stimmung, die den Bericht trägt,
hinzuführen, es ist der ins Lyrische und damit ins Emotionsgeladene transpo-
nierte Eröffnungsdialog vor der Botenrede (vgl. Ba.1024-42). Die analoge
Szene in den 'Trachiniae' ist mehr als das, sie ist zugleich die Klage um
Deianeira, eine Klage, für die an anderer Stelle kein Raum ist, da sogleich
nach dem Chorlied die Herakles-Szene beginnt.

Noch kunstvoller ist die Klageszene am Ende der 'Antigona' V.1261 kehrt
Kreon mit der Leiche Haimons zum Palast zurück, er klagt um seinen Sohn
(V.1266-8). Nun tritt ein Bote heraus und vermeldet den Selbstmord der
lokaste, jedoch nicht en bloc, sondern in Abschnitten, (V.1278-80, 1282/3
usw.), zwischen denen Kreon sein Unglück beklagt. Auch hier sind Informationen und Klage ineinander geschoben, wobei bemerkenswert ist, daß nunmehr
eine "Doppelklage" um Frau und Sohn entsteht (vgl.1300). Diese Doppelung
ist es auch, die die Klageszene zum Element der Handlung macht, da erst
durch den Bericht des Exangelos in ihr das Stück an seinen Schlußpunkt
gelangt: im Amoibaion und der Rede des Boten vollendet sich zugleich mit der
Klage die Vernichtung Kreons. Die Rolle des Chores ist dabei klein. Aber sie
trägt wesentlich dazu bei, daß Bedeutung und Sinn des Leides deutlich werden. Zunächst weist ein Chorführerinterloquium (V.1270) Kreon die Schuld
explizit zu(53), die er sich auch selbst in seinem Jammern beimißt. So-
dann(54), nachdem dem Tyrannen das zweite Unglück seines Hauses gemel-
det ist und Kreon sich auch hierfür verantwortlich sieht (V.1317-30), seine
Vernichtung bekennt (V.1325) und hinweggeführt werden will (V.1324), lobt
der Chorführer diesen Entschluß, da es nützlich sei - wofern in Kreons Lage
von Nutzen gesprochen werden könne, - wenn das gegenwärtige Leid so
schnell wie möglich beendet würde. Dies erinnert ebenso wie die folgenden
Chorworte, Kreon solle die Zukunft abwarten und sich um das Gegenwärtige
kümmern (1334/5), er solle nicht um den Tod beten, da dieser vom Schicksal verhängt sei (V.1337/8), an Trostworte, die vom Topos "necessitas
ferendae condicionis humanae"(55) ausgehen. Doch der Chor tröstet nicht, er

---

53 *Ich sehe keinen Grund, V.1293 gegen die Mss. dem Chor zu geben.*
54 *Zur Erklärung von V.1327 siehe Jebb (1900) S.233 ad loc..*
55 *Vgl. dazu Johann (1968) S.70/1 (§ 138).*

zwingt Kreon gleichsam, sein Leid auszuschöpfen, da er ihm die Rechtfertigung des Todeswunsches entzieht. Wir finden hier ein von Euripides gänzlich
verschiedenes Verhalten des Chores in der Klage: er steigert nicht das
Pathos, er tröstet nicht, stattdessen hilft er, die Schuld des Leidenden
herauszuarbeiten, der nun gänzlich vernichtet ist und dessen Leben leer und
sinnlos sein wird. Wenn Antigones Tod ihr Schicksal "erfüllte", ist Kreons
Überleben ein Gegenbild dazu(56). Daß dieses Gegenbild deutlich wird, bewirkt
der Chor durch die Verweigerung von Mitleid und Trost für Kreon.

In ähnlicher Weise trägt auch der Chor im 'O.R.' V.1307-68 dazu bei, den
Sinn des Stückes zu erschließen. Der 'O.R.' ist die Tragödie eines Mannes,
der sein Schicksal durch seine Verstandeskraft meistern zu können glaubt
und durch kluge Maßnahmen dem ihm von den Göttern Bedeuteten entrinnen
will. Doch er scheitert: seine erfolgreichen Nachforschungen über den "Mord-
fall Laios" erweisen sich nicht als Triumph des menschlichen Geistes, sondern demonstrieren die unbezwingliche Macht der Götter. Oedipus muß am
Ende seiner scharfsinnigen Untersuchungen erkennen, daß über ihn genau das
hereingebrochen ist, was er mit seiner Intelligenz vermeiden wollte(57). Die
Katastrophe ist geschehen. Der blinde König wird aus dem Haus geführt,
begleitet von einer anapästischen Auftrittsankündigung des Chores (1297-
1306), die Entsetzen und Neugier zugleich prägen. Innerhalb der Klage des
Oedipus kommt der Chor über Interloquien des Chorführers in iambischen
Tri- bzw. Dimetern zu Wort. Wiederum ist er weder Tröster noch steigert
er das Pathos: stattdessen distanziert er sich. Dies geschieht in Form eines
Gesprächs: der Chor antwortet auf Oedipus' Frage (1313), fragt selbst
(1327/8), stimmt dem König zu (1336), äußert seine eigenen Ansichten
(1319/20, 1356, 1367/8). In dem bei Euripides der Gleichförmigkeit unter-
worfenen Instrument des Interloquiums erzeugt Sophokles eine derartige
Vielfalt des Ausdrucks, daß ein tatsächliches Gespräch entsteht. Hierin weist
der Chor auf das Ausmaß der Katstrophe und die Berechtigung, darüber zu
klagen, hin (V.1319/20). Doch geschieht dies, ohne daß der Chor das Pathos

---

56 Reinhardt (1976) S.102/3.
57 Diese knappen Bemerkungen fußen auf Lesky (1972) S.226-8, Winnington-Ingram (1980) S.179-204 und Knox (1986b) S.96-111. Neben diese traditionelle Deutung sind unlängst zwei Interpretationen getreten, die eine Schuld
des Königs, die seine Katastrophe rechtfertigt, herausarbeiten wollen:
Schmitt (1988) und Lefevre (1987).

verstärkt: er wünscht vielmehr, Oedipus niemals gekannt zu haben (1348)(58), ja unterstützt gar dessen Wunsch zu sterben (V.1356, 1367/8). Ein Funken von Mitleid zeigt sich nur in V.1347: δείλαιε τοῦ νοῦ τε συμφορᾶς ἴσον; Oedipus sei bedauernswert wegen seiner Verstandeskraft (die ihn sowohl Scheinauswege aus dem verhängten Geschick als auch die grausige Wahrheit um die eigene Ohnmacht finden ließ) und seines Unglücks (das die Folge seiner Verstandeskraft ist(59)). Damit dient der Chor auch hier dazu, indem er die Intelligenz des Königs und dessen Katastrophe nebeneinander stellt und damit in eine Beziehung bringt, die Ursachen der Katastrophe leichter erkennbar zu machen.

Die noch zur Besprechung ausstehende sophokleische Klageszene im 'O.C.' V.1670-1750 möchte ich dazu benutzen, die bisher herausgehobenen Eigenheiten des Sophokles zusammenzufassen:
1. Der Chor versucht, Antigone und Ismene tröstend aufzurichten (1736 φίλαι, τρέσητε μηδέν), doch er muß im Gespräch mit Antigone erkennen, daß sein Trost verfehlt ist: in V.1746 und 1747(60) erkennt er die Größe des Unglücks an, das die Schwestern getroffen hat.
2. Traditionelle Elemente der Klage werden wieder mit Bedeutung erfüllt: wenn Admet (Eur. Alc.864) ποῖ βῶ ruft, ist dies eine pathetische, aber auch rhetorische Frage des Leidenden. Antigones Frage ποῖ μολῶμεν (O.C.1748) entspringt dagegen der Situation im Drama: die Geschwister sind ja tatsächlich heimatlos.
3. Die Klage um den Toten wird durch einen zweiten Themenkreis erweitert, der zur Einbettung der Klage in die Handlung beiträgt: nach dem Tod des Vaters müssen Antigone und Ismene um ihr eigenes Geschick Sorge tragen (1734-50).
4. In der Klage wird der Sinn des Stückes erschlossen: Oedipus' Tod, den Antigone und Ismene beweinen, war beneidenswert (V.1678), er hatte ihn in dieser Form ersehnt (V.1705). Der Chor nimmt wie in 'Antigona' und 'O.R.' wiederum eine andere Position als der Trauernde ein. Hier tröstet er (V.1693-6) und weist vor allem darauf hin, daß Oedipus'Tod ὀλβίως ist

---

58 Ich lese das σε als Objekt zu γνῶναι (wie es die communis opinio tut, vgl. Kamerbeek (1967) S.246 ad loc., Burton (1980) S.181 und Dawe (1982) S.233 ad loc.).
59 Burton (1980) S.181 stellt dieses logische Verhältnis zwischen den beiden Genitiven her, worin ich ihm folge.
60 Siehe den Text von Dawe (1985), bei Pearson (OCT) ist 1747 zu Unrecht in den Apparat verschwunden.

(1720-4). Damit wird dieser Tod zum Schluß- und Höhepunkt im Schicksal des Oedipus, auf den Niedergang im 'O.R.' folgt sein Wiederaufstieg im 'O.C.'(61). Der Chor trägt in der Klageszene dazu bei, das gottgefällige Ende der Oedipus-Geschichte herauszuheben.

§ 5 Ein Sonderfall: Euripides' 'Electra' V.1177-1232

Haben wir uns nun eine genauere Vorstellung darüber gemacht, wie Sophokles seine Klageszenen in das Drama integriert und in welcher Rolle der Chor dabei mitwirkt, so können wir nun darangehen, eine bisher ausgeklammerte Klageszene bei Euripides zu betrachten: 'Electra' V.1177-1232. Orest hat soeben unter Elektras Ermahnungen (vgl. 1224-6) seine Mutter umgebracht. Daß Klytaimestra ob ihres Gattenmordes den Tod verdiente, steht außer Frage(62). Doch daß gerade ihre eigenen Kinder sie umbringen, wirft ein Problem auf, das sich als unlösbar erweisen soll. Diesen Gegensatz zwischen an sich gerechter Tat und unheiligen Tätern herauszuarbeiten, hilft das Amoibaion V.1177-1232. Der Chorführer kündigt V.1172-76 die aus der Hütte tretenden Geschwister an. Die Leiche Klytaimestras wird (vielleicht auf einem Ekkyklema) ebenfalls auf die Bühne gebracht(63). Der nun folgende Wechselgesang zwischen Orest, Elektra und Chor pflegt zum großen Kommos in Aischylos' 'Choephori' (V.306-478, besonders 423-55) in Beziehung gesetzt zu werden(64). Wir wollen jedoch dieses Amoibaion vor dem Hintergrund sophokleischer Klageszenen betrachten.

Die Situation entspricht, als Orest und Elektra aus dem Haus treten, durchaus einer Klage: da sind eine Leiche, zwei Angehörige und der Chor. Und es finden sich auch die charakteristischen Gedanken der Klage: das "ecce", das Götter und Menschen zu Zeugen des Unglücks anruft (V.1177/8 -Tro.1288-90), die pathetischen Fragen, wohin die Angehörigen nun gehen, was sie tun sollen (V.1194-1200 -Alc.864), der Gedanke an Zärtlichkeiten des Toten- wenn auch mit einer bemerkenswerten Abwandlung- (V.1206-9,1214-7 - Suppl.1153), die Anrede an ihn (V.1186 -Hipp.848-50), die Sorge um den Leichnam (V.1227-32 -Tro.1232-4). Auch ein formales Element, die Parallelität der Klageruf findet sich: V.1221 ἐγὼ μὲν... , V.1224 ἐγὼ

---

61 Siehe dazu Seidensticker (1972).
62 Vgl. den Kommentar des Chores in V.1147-64.
63 Daß auch Aigisth dabei ist (V.1179), übergehe ich, da es für das Amoibaion unwichtig ist.
64 Vgl. z.B. Münscher (1927) S.165/6 und Basta Donzelli (1978) S.196.

δέ...(65). Doch all diese Bestandteile der rituellen Klage sind nicht mehr oder minder formelhaft-pathetischer Ausdruck von Trauer und Schmerz, sie sind aufgrund der vorliegenden Situation im Stück mit einem unmittelbaren Sinn erfüllt: 1. Im "ecce" (V.1177) ruft Orest die Götter an, die er um Hilfe für die Rache angefleht hatte (V.671, 678)(66) : sie sollen das Ergebnis ihrer Hilfe, den Muttermord sehen. 2. Die Fragen Orests und Elektras, wohin sie nun gehen sollen, sind insofern berechtigt, als sie durch den Muttermord befleckt sind und deshalb kein Mensch mit ihnen in Berührung kommen darf (Euripides wird dieses Motiv in seinem Or. weiterverfolgen.). 3. Der Gedanke an die Zärtlichkeit der Toten bringt das Entsetzliche der Tat zur Geltung: er ist nicht, wie z.B. in 'Troades' V.1180-9, wehmütige Erinnerung an Vergangenes, sondern ein Zurückdenken an den Augenblick des Mordes, in dem die Mutter um ihr Leben flehte. 4. Daß der Leichnam der Mutter verhüllt wird, ist nicht Ausdruck der Sorge, sondern Eingeständnis, daß die Mörder die Konsequenzen ihrer Tat nicht zu ertragen vermögen. 5. Die Parallelstruktur (V.1221/1224) ist nicht Instrument, die Ausdruckskraft der Klage zu steigern, sondern unterstreicht auch formal, daß beide Geschwister an der Tat beteiligt waren.

Neben diese Veränderung traditioneller Elemente, die wir auch bei Sophokles feststellten, tritt eine besondere Rolle des Chores(67) , die von der der übrigen euripideischen Klageszenen abweicht. Denn der Chor kann hier nicht einfach das Pathos steigern, wie er es z.B. in der 'Andromacha' tut, oder wie in der 'Alcestis' trösten — die Situation ist dafür ungeeignet: ein Trost für Muttermörder, eine Beteiligung am Lamento ihrer Reue über die Tat wäre hier ebenso unangebracht wie eine entsprechende Beteiligung des Chores in den Schlußkommoi von Sophokles' 'Antigona' und 'O.R.'. So nimmt der Chor in Euripides' 'Electra' eine Haltung ein, die mit der der sophokleischen Chöre vergleichbar ist: die einer Distanz, aus der heraus seine Äußerungen dazu beitragen, das Problem, das nun entstanden ist, deutlich zu machen.

Orest und Elektra sind unsicher geworden, ob ihre Tat zu verantworten war. So ruft Orest angesichts der Leichname Ge und Zeus an (V.1177-81), zweifelt er an Apolls Weisungen (V.1190-3). Die Folgen der Tat, der Ausschluß aus der Gesellschaft, stehen den Geschwistern nun deutlich vor Augen (V.1194-1200). Schließlich erinnern sie sich mit Grausen der Einzelheiten der

---

65 Vgl. dazu Reiner (1938) S.27.
66 Vgl. Basta Donzelli (1978) S.189.
67 Ich lege hierbei die Aufteilung der Partien im Wechselgesang zugrunde, die sich in Diggles Ausgabe findet.

Tat und der Reaktionen der Mutter (V.1206-9, 1214-8, 1221-6) und müssen den Leichnam verhüllen, da sie dessen Anblick nicht länger ertragen können, anstatt ihn als Beweis für den Triumph der Gerechtigkeit präsentieren zu können.

Der Chor trägt zu diesem "Läuterungsprozeß" in den Geschwistern bei, indem er zunächst Klytaimestra bedauert - aber auch zugleich auf die Gerechtigkeit der Tat hinweist (V.1189 steht δικαίως betont am Vers- und Strophenende), dann aber sehr genau den eingetretenen Sinneswandel Elektras charakterisiert sowie deren Verantwortung für das Handeln des Bruders betont.(V.1201-5).

Als Orest beginnt, von der schrecklichen Tat zu berichten, scheint der Chor ihn trösten zu wollen: σάφ' οἶδα· δι' ὀδύνας ἔβας (V.1210). In der 'Alcestis' V.874 will der Chor mit diesem Satz, der Verständnis dokumentiert, Admet aufrichten. Doch die Fortsetzung in der 'Electra': ἰήιον κλύων γόον/ ματρὸς ἃ σ' ἔτικτεν legt den Finger sogleich wieder auf die Wunde: Orest ist ein Muttermörder. Mit der nächsten Äußerung (V.1218-20) bringt der Chor die Geschwister dazu, im Bericht fortzufahren. Doch auch hier schwingt in τάλαινα und ματρὸς ἐκπνεούσας ein Unterton mit, der auf die Gräßlichkeit der Tat hinweist.

So ist der Chor ein nicht unwichtiger Faktor im Prozeß der Ausbildung von Reue in den Geschwistern, der sich im Amoibaion dokumentiert. Indem der Chor eine distanziertere Haltung zu den Leidenden, die hier zugleich Täter sind, einnimmt, kann er auf die Schwere der Tat hinweisen. Er kommt hierdurch den sophokleischen Chören in den Schlußamoibaia von 'Antigona' und 'O.R.' gleich.

3. 7. Der Chor und das Nicht-Inszenierbare

Als dramatis persona nimmt der Chor an der Handlung teil, er ist eine Gruppe von Personen im Stück, deren Verhalten dramatisch plausibel während des Geschehens ablaufen muß.

In einer Reihe von Stücken vollzieht sich ein wichtiger Abschnitt der Handlung im Bühnenhaus: einer Person wird dort ein Leid zugefügt oder sie gar umgebracht. Daß dieser Ort das Geschehen den Blicken der Zuschauer entzieht, ist z.T. notwendig, um der Konvention Genüge zu leisten (Mord auf offener Bühne wird im attischen Drama bekanntlich gemieden), ist z.T. auch aus theatertechnischen Gründen erwünscht. Denn ein "Toter" auf der Bühne blockiert einen der drei Schauspieler. Im Bühnenhaus aber kann eine Puppe vorbereitet sein, die später dem Publikum präsentiert wird(1).

§ 1 Das Vorbild: Aischylos' 'Agamemnon'

Es ist nicht zu übersehen, daß die Einführung des Bühnenhauses (für uns zuerst faßbar in der Orestie des Aischylos(2)) einen bemerkenswerten Fortschritt für die Gestaltungsmöglichkeiten eines Theaterdichters bedeutete. Gewalt und Tod konnten bis dahin nur als Bericht (vgl. z.B. Aisch. Sept. 803-21) vermittelt werden oder aber in einer Bühnenhandlung, die das Ärgste, Blut und Tod, vermied, realisiert werden (vgl. Aisch. Suppl. 825-910(3)). Das Haus aber ermöglichte es, mit einem "hinterszenischen"(4) Bereich zu operieren, der zwar der Sicht der Zuschauer entzogen ist, sich aber in Hörweite befindet. So kann der Dichter sein Publikum wenn nicht zum Augenzeugen, so doch wenigstens zum Ohrenzeugen einer furchtbaren Gewalttat machen(5). Allerdings ist es dabei erforderlich, dem Zuschauer, dem ja das visuelle Element fehlt, zusätzliche Hinweise auf das im Bühnenhaus ablaufende Geschehen zu geben. Wenn allein ein Schrei und ein dumpfer Schlag zu hören sind, ist dies nicht immer aussagekräftig genug, um die Phantasie des

---

1 Siehe dazu P.Arnott (1962) S.134-8, vgl. zu den möglichen rituellen Hintergründen Matthiessen (1964) S.145 A.4.

2 Vgl. Newiger (1979) S.449, 454-60, 462-66.

3 Das eigentlich Schreckliche an dieser Szene ist bezeichnenderweise nicht eigentlich die Gewalt, sondern der Altarfrevel.

4 Ich folge der Terminologie von Joerden (1971) S.369.

5 Vgl. Taplin (1977) S.323.

Zuschauers in erforderlichem Maß zu beflügeln. Aischylos, der im 'Agamemnon' den ersten(6) für uns faßbaren Mord im Palast konzipierte, verwendete
eine wirkungsvolle Technik, dem Zuschauer das Nicht-Sichtbare nahezubringen: Die Ermordung Agamemnons ist eingebettet in einen Abschnitt, der die
Tat ankündigt (Kassandras Prophezeihungen V.1214-41 und Erläuterungen
V.1246ff dienen dazu), und einen Abschnitt, in dem die Täterin neben ihren
Opfern präsentiert wird und den Hergang der Tat und die Motive ihres
Handelns enthüllt (V.1372-1406). Den Mord selbst verdeutlicht der Dichter,
indem er das Opfer nicht einfach einen Schmerzensschrei ausstoßen, sondern
das sog. "Zetergeschrei" erheben läßt(7). Ein derartiger Schrei ist zugleich
Ruf nach Hilfe und Feststellung, daß ein Unrecht zugefügt wird. Dieser Schrei
hat damit den Vorzug, durch die Angaben, die in ihm gemacht werden müssen, das Publikum akustisch das hinterszenische Geschehen miterleben zu
lassen. Weiterhin wird, um jede Möglichkeit einer Mißdeutung auszuschließen,
der Chor dazu eingesetzt, gleichsam für den Zuschauer das hinterszenische
Geschehen aufgrund der Schreie zu interpretieren.

Doch diese Technik, Nicht-Spielbares "akustisch" zu inszenieren, bringt
auch ein Problem mit sich: sie läßt sich nur dann ohne Gefahr für eine
plausible Handlungsführung verwenden, wenn die Ohrenzeugen des Geschehens
ein Interesse an der hinterszenischen Tat haben. Oder aber die Ohrenzeugen
müssen in irgendeiner Weise begründetermaßen von einer Hilfeleistung oder
einem Eingreifen zurückgehalten werden.

Vergegenwärtigen wir uns den Ablauf der entsprechenden Szene in Aischylos''Agamemnon' V.1343-71(8): Zunächst ertönt ein Weh-Ruf aus dem Palast.
Agamemnon (V.1343) gibt darin zu erkennen, daß er eine tiefe Wunde empfangen hat(9). Der Chorführer reagiert darauf mit der Frage, wer gerufen
hat (V.1344). Erst nach einem zweiten Schrei (V.1345), mit dem der König
einen zweiten Hieb gegen sich bekundet, erkennt der Chorführer die Identität
des Angegriffenen (V.1346 βασιλέως οἰμώγμασιν) und stellt zugleich dessen
Tod fest (τοὖργον εἰργάσθαι δοκεῖ μοι).

---

6 Dem Philostratos (Vita Apoll. 6,11 p.113/ S.291 Kayser) galt Aischylos als
der Erfinder des τὸ ὑπὸ σκηνῆς ἀποθνήσκειν - wobei allerdings bezweifelt
werden muß, ob Philostratos genaue Kenntnisse über die Frühgeschichte des
attischen Theaters hatte, da er als Begründung für die Erfindung des Dichters anführt: ὡς μὴ ἐν φανερῷ σφάττοι.

7 Siehe dazu Schulze (1933) S.179-84.

8 Siehe dazu Arnott (1982) S.38/9.

9 In V.1343 bereitet das ἔσω Schwierigkeiten, siehe Fraenkel (1950) S.653
und Denniston/Page (1957) S.193 ad loc..

Der zweifache Ruf des Opfers, bisweilen Anlaß für eine Parodie(10), ist
in einer derartigen Szene durchaus berechtigt: der erste Schrei schafft für
Chor und Publikum eine unerwartete Situation. Die Frage des Chorführers
V.1344 bezeugt dies. Wenn bereits hier der Chor genau wüßte, wer ange-
griffen wird, wenn er bereits jetzt den Tod des Königs konstatierte, müßte
der Eindruck entstehen, daß der Chor die hinterszenische Gewalttat erwartet
hat. Die Abfolge von erstem Ruf und Unsicherheit des Chores, zweitem Ruf
und Erkennen der Situation durch den Chor vermeidet nicht nur diesen Eindruck, sondern gibt auch dem Zuschauer die Gelegenheit, das hinterszenische
Geschehen bewußt mitzuerleben; ein einzelner Schrei könnte ihn überraschen,
der zweite Schrei, auf den das σῖγα des Chorführers V.1344 vorbereitet,
kann ihn erschaudern lassen, da er ebenso wie der Chor wenig später weiß,
was in diesem Augenblick Agamemnon widerfährt.

Nun aber entsteht im 'Agamemnon' das Problem, wie plausibel vermieden
werden kann, was angesichts der Schreie des Königs notwendig wäre: ein
Zug des Chores zum Palast, ein Abgang ins Bühnenhaus. Dies ist theater-
technisch unerwünscht, da damit eine Auseinandersetzung im hinterszenischen
Raum zwischen Chor und Mördern beginnen müßte, die dem Zuschauer
verborgen bliebe. Der Chor hat folglich in der Orchestra zu bleiben, bis die
Mörder aus dem Palast treten. Aischylos benutzt dafür einen Kunstgriff: in
V.1347 schlägt der Chorführer vor, man solle gemeinsam beraten, um einen
sicheren Beschluß fassen zu können. Nun folgt eine formal beispiellose Sequenz: in zwölf Distichen kommt jeder Choreut zu Wort(11), um seine Meinung vorzutragen. Dies hat zwei Funktionen: natürlich trägt es zur Charakterzeichnung des Chores bei, der in seiner Mehrheit gegen die Mörder vorgehen will. Und es überbrückt eine geraume Zeit - Klytaimestra kann unmittelbar, nachdem der letzte Choreut geendet hat, auftreten, die Auseinandersetzung kann für den Zuschauer sichtbar stattfinden.

§ 2 Euripides' 'Medea' und 'Hercules' (886-909)

Euripides benutzt die Konstellation, die wir in Aischylos' 'Agamemnon'
festgestellt haben, in zwei Stücken: in der 'Medea' 1270a - 1282 und im
'Hercules' 886-909 empfindet der Chor Mitleid mit den Personen, die im
hinterszenischen Bereich zu Tode kommen. In der 'Medea' war die Titelheldin
nach der Enthüllung vor dem Chor, sie werde ihre Rache mit der Ermordung

---

10 Siehe Housman (1959).
11 Vgl. Wilamowitz (1914) S.174/5.

der Kinder vollenden und dann fliehen, ins Haus gegangen (V.1236-50). Der Chor ist allein (wie auch im 'Agamemnon') zurückgeblieben und beginnt ein Stasimon in zwei Strophenpaaren. Die Situation ist hier viel klarer als im 'Agamemnon': der Kindermord ist angekündigt, der Chor bezieht sich in seinem Lied auf ihn. So fleht er zunächst Ge und Helios, Medeas Großvater, an(12), sie möchten eingreifen und das Unglück verhindern (Str.1). In der Gegenstr.1 sieht er die Tat allerdings als so unabänderlich an, daß er bereits Medea, die sich um den Lohn ihrer Mühen beim Aufziehen ihrer Kinder bringt, bedauert und nach der Ursache des Unglücks fragt. Vor der Str.2 findet sich im Straßburger Tragödienlieder-Papyrus ein ωμ[οι(13). Mit Recht geben diesen Ausruf die Editoren als V.1270a einem der Söhne Medeas, der sich im Haus seiner zum Mord bereiten Mutter gegenüber sieht. Wie in Aischylos' 'Agamemnon' V.1343 hat dieser erste Schrei vornehmlich die Funktion, die Szene einzuleiten und Aufmerksamkeit zu erregen. Dementsprechend reagiert der Chor am Beginn der Str.2 mit einem zweifachen ἀκούεις (V.1273), einer Aufforderung an sich selbst und implizit auch an das Publikum. Zugleich läßt er mit dem Objekt βοὰν τέχνων keinen Zweifel an der Identität des Rufenden. Wenn Euripides nun im Verhältnis zu Aischylos' 'Agamemnon' die Zahl der Rufe, die, da es zwei Kinder sind, dialogisch gestaltet sind, erhöht, so dient dies der Verdeutlichung des hinterszenischen Geschehens: Chor und Zuschauer erfahren von der Ausweglosigkeit der Kinder, die ihrer Mutter nicht entrinnen können (V.1271/2), sie hören von dem Schwert, das sich den Opfern naht (V.1278). In dieser Situation ist es um einer plausiblen Handlungsführung willen nötig, den Chor etwas unternehmen zu lassen: so läßt der Dichter V.1275/6 den Chor(14) den Entschluß fassen, den Kindern zu helfen: ἀρῆξαι φόνου/ δοχεῖ μοι τέχνοις.

Was nun szenisch geschieht, ist unsicher. Bleibt der Chor trotz dieses Entschlusses in der Orchestra, verharrt in Untätigkeit und beklagt er die Hartherzigkeit Medeas (V.1279-82) ?(15) Oder zieht er zum Haus und versucht vergeblich, die Tür zu öffnen (die ja verriegelt ist, V.1314/5), um darauf in die Klage V.1279-82 auszubrechen ?(16)

---

12 Vgl. Langholf (1971) S.28.
13 Snell (1937) S.37.
14 Der Singular in παρέλθω, einer deliberativen Frage, könnte daraufhinweisen, daß hier ein einzelner Choreut zu Wort kommt. Sicher ist es indes nicht, siehe dazu Kaimio (1970) S.114/5.
15 So interpretiert Lesky (1972) S.309 diesen Abschnitt.
16 So liest Murray (1957) S.136/7 diese Passage.

Eine Entscheidung in dieser Frage ist zugleich eine Entscheidung über die Rolle und den Charakter des Chores, den Euripides für die 'Medea' konzipiert hat. Bleiben die Frauen von Korinth gänzlich untätig, so ist ihr Verhalten in der Tat kläglich. Aber ist das sinnvoll ? Euripides würde damit den Chor, den er von der Parodos an(17) als gutmütig gezeichnet hatte, kurz vor Ende des Stückes mit dem Stigma der feigen Untätigkeit zeichnen – ohne daß dies irgendeine Funktion im Stück hat. Damit läge hier ein Fall der von Aristoteles getadelten πονηρία μὴ ἀναγκαία (Poet.1454a28/9) vor. Doch was im Falle von Menelaos und Helena im 'Orestes' im Sinne der Handlungsführung noch vertretbar ist(18), hier wäre es ein "blindes Motiv". Ob man solches Euripdes in der 'Medea' zutraut, hängt von dem jeweiligen Bild ab, das man von ihm hat. Ich möchte Murrays Interpretation folgen und nehme daher einen, wenn auch bescheidenen, Versuch des Chores an, ins Haus zu gelangen(19).

Der hinterszenische Kindermord ist mit dem Ende der Str.2 vollzogen. Wie im 'Agamemnon' ist es nun auch in der 'Medea' notwendig, daß noch etwas Zeit verstreicht. Jason sollte nicht unmittelbar nach dem letzten Schrei seiner Söhne erscheinen, damit ein plausibler Zeitraum für Medea verbleibt, die Leichen ihrer Kinder auf den Drachenwagen zu schaffen. So wird tech-

---

17 Vgl. oben S.56/7.

18 Ich hoffe, in anderem Zusammenhang auf die Funktion der "unnötig schlechten Charaktere" bei Euripides ausführlicher eingehen zu können. Siehe vorerst die Zusammenstellung der einschlägigen antiken tadelnden Äußerungen durch Elsperger (1907) S.35-45.

19 Nur Ammendola (1951) S.173 hat, so weit ich sehe, bisher auf die merkwürdig Anrede Jasons an den Chor hingewiesen (V. 1293): γυναῖχες, ἃ τῆσδ' ἐγγὺς ἕστατε στέγης. Dieser hätte ebenso wie Medea V.214 die gebräuchliche Anrede Κορίνθιαι γυναῖχες (vgl. Hipp.373, Andr. 1047) oder nur γυναῖχες (vgl. Hipp. 790, Suppl. 634) wählen können. Doch stattdessen nennt er ihren Aufenthaltsort in der Anrede. Dies scheint mir daraufhinzuweisen, daß der Chor nicht dort ist, wo er sich immer befindet, d.h. in der Orchestra, sondern vielmehr näher am Haus, wo er nach seinem Rettungsversuch geblieben ist. Eine weitere Anrede, in der der Relativsatz mit Ortsangabe nicht ohne Bedeutung ist, findet sich in der Andr. V.117. Ferner darf nicht übergangen werden, daß auf die Frage, ob der Chor zum Haus gehen solle (1275(6), ein Kind mit einem verzweifelten "Ja" (1277) antwortet. Der Chor wird also geradezu dazu ermuntert, seinem in der Frage 1275/6 erkennbaren Impuls zu helfen zu folgen. Auch dies deutet eher darauf, daß der Chor zum Hause zieht.

nisch die Gegenstr. 2 als Mittel, das Verstreichen eines unbestimmten Zeit-
raums anzuzeigen, durchaus benötigt. Was kann der Chor in dieser Situation
singen ? Er kann sich nur mit dem Kindermord beschäftigen. Er könnte
Medea anklagen, doch das müßte einen Teil der Rede Jasons vorwegnehmen.
So bleibt ihm der Versuch, die Tat zu würdigen. Er tut dies durch ein Paradeigma; der Gebrauch von Paradeigmata in Chorliedern ist an sich nichts
Ungewöhliches: so hat der Chor im 'Hippolytus' zwei Beispiele für zerstörerische Liebe parat (Hipp.545-64), in Sophokles' 'Antigona' 944-87 oder 'Trachiniae'497-530(20) werden ebenfalls mehrere Paradeigmata angeführt. Das
"Schatzhaus der griechischen Sagenwelt"(21) gewährte für alle Situationen
des menschlichen Lebens Parallelen in Fülle. So könnte der Chor an dieser
Stelle der 'Medea' von anderen mythischen Kindesmörderinnen singen: Althaia,
Agaue oder Prokne(22) - doch nichts davon läßt ihm der Dichter in den Sinn
kommen: μίαν δὴ κλύω μίαν, eine einzige Parallele für Medeas Tat können
die Frauen von Korinth anführen. Allein der Gesichtspunkt, daß hier die Fülle
der Mythen gleichsam versagt, hebt Medeas Mord als etwas Besonderes
hervor: nur eine einzige Parallele gibt es. Und wiewohl der Ino-Mythos manche Ähnlichkeit mit der Medea- Version des Euripides aufweist(23), in einem
wichtigen Punkt weicht er ab: Ino mordete μανεῖσα ἐκ θεῶν (V.1284)(24).
Medea aber hat keineswegs aus gottgesandtem Wahnsinn gehandelt, das
Paradeigma greift also nicht, sondern dient statt als Parallele - und damit
als Relativierung - des Kindermordes als Kontrast. Die Unerhörtheit und das
Entsetzliche der Mordtat tritt damit noch stärker hervor.

Im 'Hercules' ist das Problem, das Nichteingreifen des Chores in das
hinterszenische Mordgeschehen zu erklären, befriedigender als in 'Agamemnon' oder 'Medea' gelöst: denn die thebanischen Alten werden zunächst
Zeugen des Auftretens von Iris und Lyssa, das sie in Schrecken versetzt
(V.815-21), sie erfahren, daß das Unglück Wille einer Göttin ist (V.822-73).
Der Versuch zu helfen wäre also sinnlos. So beginnen sie ein dochmisch-äo-
lisches Lied (V.875-85), in dem sie ihre Trauer über das nunmehr Unabänderliche zum Ausdruck bringen. Es folgt der erste Ruf Amphitryons aus dem
Haus (V.886)(25), der Chor antwortet darauf mit der Anrufung des Zeus,

---

20 Vgl. Kranz (1933) S.217.
21 Fränkel (1969) S.558 A.1
22 Newton (1985) S.499.
23 Siehe dazu Newton (1985) S.499/500.
24 Vgl. das Schol. zu V.1284.
25 Ich lege für die Verteilung der Partien Diggles Text zugrunde.

dessen Sohn nun Schlimmes widerfährt(26). Damit ist wie im Falle von 'Medea' 1273 die Bedeutung des nun ablaufenden hinterszenischen Geschehens klar. Im Verhältnis zur 'Medea' (und natürlich zu Aischylos' 'Agamemnon') ist eine Intensivierung der akustischen Inszenierung erkennbar: insgesamt sechsmal ruft Amphitryon, aus seinen Schreien lassen sich die Vorgänge im Haus erschließen: zunächst bezeugen sie nur sein Entsetzen (886, 888, 891). Dann fordert er seine Enkel auf zu fliehen (894) - vergeblich, wie der Ruf αἰαῖ κακῶν (V.899) anzeigt. Darauf verkündet seine Stimme das für den Zuschauer unsichtbare Auftreten und Eingreifen Athenes (906-9). An dieser Passage ist besonders deutlich erkennbar, wie der Chor dazu dient, dem Zuschauer das Verständnis des hinterszenischen Geschehens zu erleichtern. Denn der Chor kommentiert die Rufe des Alten; auffällig ist dabei, daß er Begriffe und Bilder des bakchantischen Taumels verwendet(27), um das Wüten des Herakles gegen seine Familie zu beschreiben(28). Die Chorverse liefern zu den Rufen des Amphitryon ergänzende Hinweise. So folgt auf des Alten ἰὼ δόμοι ein κατάρχεται χορεύματ' (889), das den Beginn des Wütens des Herakles anzeigt, auf die Aufforderung an die Kinder zu fliehen (894) die Erwähnung, daß der rasende Vater sie verfolgt (896 κυναγετεῖ τέκνων διωγμόν). Wenn der Chor auf das resignierende αἰαῖ κακῶν des Amphitryon mit einem trauernden ὡς στένω (900) und der Klage, daß alle Mühen um die Kinder vergeblich waren (901/2), antwortet, so verdeutlicht dies, daß nunmehr die Kinder tot sind. Das Wechselspiel von hinterszenischem Ruf und Kommentar des Chores liefert dem Zuschauer ein deutliches Bild der im Haus ablaufenden Vorgänge.

Besonders benötigt wird dieses Zusammenspiel von Chor in der Orchestra und Schauspieler im Bühnenhaus schließlich, um den komplizierten Schluß der Szene verständlich zu machen: das von Lyssa angekündigte Erdbeben (V.864), das wie vergleichbare Ereignisse im 'Prometheus' und den 'Bacchae'(29) allein in Bewegungen und Worten des Chores stattfindet, und das unmittelbar folgende Eingreifen Athenes wird als Nacheinander zweier gänzlich

---

26 Anders als Langholf (1971) S.46 sehe ich in den Versen 887ff. kein Gebet um Hilfe, vielmehr wird die Gottheit implizit als Zeuge für das Unglück angerufen.

27 Siehe dazu Bond (1981) S.301/2.

28 Hierin kann man eine traditionsgegebene Assoziation sehen, die die Einwirkung Lyssas, die zum ungewollten Mord an Familienangehörigen führt, mit bakchantischem Rasen verbindet, vgl. Aisch. F 169 (aus den Xanthriae) und Eur. Ba. 977.

29 Hierüber wird in Bd.2 zu sprechen sein.

verschiedener Vorgänge dadurch erkennbar, daß erst der Chor seine Sinnes-
wahrnehmung des Erdbebens beschreibt (V.904/5), darauf Amphitryon hin-
terszenisch die Göttin anredet und ihre Wirkung darlegt (V.906-9).

§ 3 Das Vorbild: Aischylos''Choephori'

Jeglicher Zwang, auf ein Zetergeschrei zur Hilfe herbeizueilen, entfällt für
den Chor in denjenigen Stücken, in denen er den "Tätern" wohlgesonnen ist.
Hier kann im Gegenteil sogar mit der Möglichkeit gespielt werden, der Chor
könne ins Haus ziehen, um bei der Gewalttat behilflich zu sein. Der für uns
faßbare Archeget eines derartigen Szenentyps ist Aischylos' 'Choephori' V.
855-74. Dem eigentlichen hinterszenischen Schrei geht hier wie im 'Agamemnon' eine anapästische Chorpartie voraus (V.855-68); Der Chor der
'Choephori' aus troianischen Sklavinnen ist in die geplante Tat eingeweiht und
befürwortet sie. So findet sich hier anstelle der dunklen Befürchtungen des
'Agamemnon' des hoffnungslosen Gebets der 'Medea' oder der Verzweiflung
im 'Hercules' ein Gebet um Erfolg des Mordplans. Aischylos verzichtet auf
eine akustische Inszenierung der Tat. Nur einmal schreit Aigisth. Wie er
umkommt, ist nicht erkennbar (V.869). Aber dies ausführlich darzustellen,
verbietet die Ökonomie der 'Choephori'. Denn daß Aigisth getötet wird, ist
nur der Auftakt des Rachegeschehens(30). So dient der hinterszenische
Schrei vornehmlich dazu, die Aufregung und Angst des V.875 herausstürzen-
den Dieners begreiflich zu machen. Dieses Angstgeschrei ist schließlich
Auslöser für Klytaimestras Auftritt (vgl. V.885), der ins Zentrum der Rache
führt. Diese Überlegungen machen auch die im Vergleich zum 'Agamemnon'
knappe Reaktion des Chores auf den Schrei verständlich. Denn er kann hier
noch nicht resümieren und die Folgen der Tat abwägen, da das Rachege-
schehen eben noch nicht mit dem Tod des Aigisth abgeschlossen ist. So
bleibt dem Chor als Antwort auf den Schrei die Frage, welche Bedeutung
dieser Schrei hat (V.871)(31), und die Vermutung, daß die Tat vollzogen ist
(V.874)(32). Dies hat, wie in den zuvor besprochenen Szenen, die Aufgabe,
den Zuschauer in seiner Deutung des Gehörten zu bestätigen. Zwischen
diese Elemente der "Rufszene" fügt Aischylos etwas ein, das zunächst wie
der Ansatz eines ethopoietischen Elements wirkt: der Chor will sich von der
Tat distanzieren, um nicht mit ihr in Verbindung gebracht zu werden

---

30 Vgl. auch Arnott (1973) S.55.
31 Vgl. Aisch. Ag.1344, Eur. Med. 1273; Arnott (1982) S.38.
32 Vgl. Aisch. Ag.1346, Arnott (1982) S.38.

(V.872/3)(33). Äußerte sich in der Bereitschaft des Chores im 'Agamemnon' zum Eingreifen sein unbeugsamer Charakter, so erscheint hier das Bild furchtsamer Sklavinnen. Darüber hinaus aber deutet die Furcht des Chores an, daß das Gelingen von Orests gesamtem Plan noch immer nicht sicher ist. Sie dient damit zur Aufrechterhaltung der Spannung. Ferner ist der mit ἀποσταϑῶμεν verbundene geistige Rückzug des Chores erstes Anzeichen für die bald folgende Situation der Einsamkeit für den Muttermörder.

Zwei Entwicklungsmöglichkeiten bietet diese Szene der 'Choephori' mit der Sympathie des Chores für die Täter im hinterszenischen Raum: A) es kann stärker herausgearbeitet werden, daß die Tat im Haus nur Teil eines umfassenderen Planes ist. Die "Ohrenzeugen" der Tat werden damit zu Wächtern, die vor unliebsamen Überraschungen warnen sollen (Soph. El., Eur. Or.).
B) Oder aber das Gewicht der Tat kann erhöht werden, so daß sie wie z.B. im 'Agamemnon' das allein bedeutsame Element ist. Die "Ohrenzeugen" können sich dementsprechend ganz auf das zu Hörende konzentrieren (Eur. Hec., El., H.F., Cycl.).

§ 4 Euripides' 'Hecuba', 'Electra', 'Hercules' (791-25) und
        'Cyclops'

Beginnen wir mit der Gruppe B): der eigentlichen hinterszenischen Gewalttat geht in den Stücken dieser Gruppe eine Szene voraus, in der Opfer und (Mit-)Täter nebeneinander stehen. Beachtenswert ist in dieser Szene die Ironie. Denn sowohl Polymestor in der 'Hecuba' (953-1017) als auch Klytaimestra in der 'Electra' (998-1138), Lykos im 'Hercules' (701-25) und Polyphem im 'Cyclops' (519-89) fühlen sich als Herren der Situation, als unangreifbar. Ihre Gegenüber operieren in diesen Szenen mit einer Schein- Unterlegenheit oder Verstellung (vgl. Hec.990, El.1122, H.F.719, Cycl.573-5), die der Zuschauer durchschaut, dem der Plan bekannt ist, der alsbald im hinterszenischen Bereich durchgeführt werden wird(34). Die "Schein-Unterlegenen" bewegen ihre Widersacher dazu, ins Haus zu gehen, bleiben aber selbst noch einen Augenblick zurück, um dem Chor - und dem Publikum- kurz einen Hinweis auf das nun Folgende zu geben (El. 1139-46, H.F. 726-33, Cycl.

---

33 Ich folge in der Deutung dieser Verse Garvie (1986) S.284/5 und möchte nicht annehmen, daß sich mit ihnen ein Rückzug des Chores in eine der Eisodoi verband.
34 Vgl. dazu auch die vergleichbare Szene Ba.912-76, auf die in Bd.2 eingegangen werden wird.

599- 607: Odysseus betet für den Erfolg seines Plans. In der Hec. findet sich in den Schlußworten (1018-22) der alten Königin lediglich eine besonders kräftige Ironie.). Nun folgt eine Chornummer, an die die Schreie des Opfers im Haus anschließen (Hec., El., Cycl.(35)), oder in die die Schreie (wie in der Med.) integriert sind (H.F.). Dieses Lied hat jeweils die Aufgabe, die Bedeutung der bald folgenden Gewalttat zu umreißen und anzudeuten, daß sie gerechtfertigt ist(36). So hebt der Chor im 'Hercules' die unverhoffte (vgl. V.745/6) Wendung des Geschickes hervor: der Bösewicht Lykos (vgl. V.739-41) wird dem wiedererstandenen rechtmäßigen Herrscher Herakles büßen. Gerechtigkeit (Dike) und Gebot der Götter nennt der Chor in der 'Hecuba' (vgl. 1029-31) im Zusammenhang mit der zu erwartenden Bestrafung des Polymestor(37), in den Chorliedern des 'Cyclops' genügt der Hinweis, daß Polyphem gegen das Gastrecht frevelt (V.610, 658), um die detailliert ausgemalte Rache zu rechtfertigen.

Die ausführlichste Aufrechnung der Schuld des Opfers findet sich in der 'Electra', bezeichnenderweise ist hier die Rachetat am fragwürdigsten. Denn Klytaimestra präsentierte sich in der vorangegangenen Auseinandersetzung mit ihrer Tochter als eine vom Schicksal gezeichnete Frau (1011-50), die an der Richtigkeit ihres Verhaltens gegenüber der Tochter zweifelt (1105/6), nicht etwa so schurkisch wie Lykos im 'Hercules' oder Polymestor in der 'Hecuba'. Der Agon zwischen ihr und Elektra ist offener als andere Streitgespräche bei Euripides(38). Daher hat das Lied des Chores V.1147-64 eine wichtige Aufgabe: es rechtfertigt die unmittelbar folgende Tat - doch wohlgemerkt: nur die Tat. Euripides läßt den Chor des Mordes an Agamemnon gedenken, wobei sogar die ultima vox des todgeweihten Königs wiedergegeben wird (V.1151-54). Klytaimestra wird in diesem Lied als brutal und bedenkenlos geschildert (V.1159/60, 1163/4). So ist unter diesen Voraussetzungen auch hier der Gedanke, die Gerechtigkeit, Dike, stehe hinter der Rachetat, angemessen (1155).

---

35 Der Cycl. weist hier eine Variation auf, da zwischen Chornummer und Schreie eine Szene eingeschoben ist (V.624-62), an die sich eine weitere kurze Chornummer anschließt.

36 Auch hierfür findet sich ein Vorbild bei Aischylos: in den Choeph. V.935-71 singt der Chor ein Lied über die Dike, die die Bestrafung Klytaimestras, die nun vollzogen wird, herbeigeführt hat, vgl. Matthiessen (1964) S.148.

37 Daß der Chor hier irrtümlich sogar mit dessen Tod rechnet, ist dramatisch erforderlich, da er Hekabes Racheplan nicht genau kennt, vgl. Pohlenz (1954) Bd.2 S.118 (A. zu Bd.1 S.282 Z.5).

38 Siehe dazu oben S.226-8.

Oliver Taplin hat auf die Bedeutung von Spiegel-Szenen, mirror scenes, für die griechische Tragödie hingewiesen: ein Dichter kann durch Betonung von parallelen Erscheinungen die Ähnlichkeit und das Verbindende zweier Situationen verdeutlichen, zugleich auch das Trennende zwischen ihnen herausarbeiten(39). Eine einer Spiegelszene vergleichbare Technik liegt in 'Electra' V.1147-64 und 1165-71 vor: der Mord an Agamemnon und der Mord an Klytaimestra werden nachdrücklich miteinander verbunden. Zwar kann der Dichter keinen der beiden Vorgänge auf die Bühne bringen, doch ist der lange zurückliegende erste Mord durch die Schilderung des Chores präsent; der zweite Mord, ebenfalls nicht sichtbar, ist gedanklich in der Schilderung des ersten vorbereitet und wiederholt in seiner Durchführung das charakteristische Merkmal des ersten, das der Chor erwähnt hat: die Sühne für die Ermordung des Mannes besteht im Tod der Täterin. Beide stoßen vor ihrem Tod einen bedeutungsvollen Schrei aus (V.1151-4 = 1165). Eine zweite Parallelität bleibt dagegen unausgesprochen: Klytaimestra mordete ihren Mann, besessen, wie eine Löwin (V.1161-4)(40). Über ihre Mörder aber fällt kein Wort. Dies ist ungewöhnlich für eine derartige Chornummer (vgl. Hec. 1034, H.F.735/6, im Cycl. finden sich V.656-62 sogar Anfeuerungen für die Täter). Diese Aussparung ist gut erklärbar. Sie gibt die Möglichkeit, die Berechtigung und Notwendigkeit der Tat im Lied herauszuheben, was in so eindeutiger Form nicht geschehen könnte, wenn der Chor bereits das Problem der Täter berührte.

Dieses Problem kündigt sich im ersten Schrei Klytaimestras (1165) an: ὦ τέκνα, πρὸς θεῶν, μὴ κτάνητε μητέρα. Wir finden hier den uns bereits vertrauten Beginn einer "akustischen Inszenierung" der Mordtat durch mehrere Schreie. Werfen wir rasch einen Blick auf die drei übrigen Stücke dieser Gruppe: in 'Hecuba' (V.1035, 1037, 1039-41) und 'Cyclops' (V.663, 665-8) wird in den Rufen die Blendung und das verzweifelte Herumtappen des Opfers erkennbar, das seine Peiniger ergreifen möchte. Im 'Hercules' stellt Euripides in den Rufen des Lykos ein anderes Moment in den Vordergrund: statt des hinterszenischen Vorgangs wird der Charakter der Tat indirekt beleuchtet. Lykos ruft V.755 in seinem Zetergeschrei ganz Theben an (ὦ πᾶσα Κάδμου γαῖ'), es verbirgt sich darin der Anspruch auf Hilfe(41) - doch stellvertretend für die Stadt antwortet der Chor καὶ γὰρ διώλλυς (V.756). Niemand hilft - Lykos ist ein verhaßter Tyrann. Ähnlich ist auch Klytaimestras Ruf in der 'Electra' 1165 zu verstehen: nicht der Vorgang an

---

39 (1978) S.122.
40 Zur Bedeutung von V.1161 siehe Denniston (1939) S.192.

sich, sondern seine Bedeutung wird mit ihm hervorgehoben. Hinter der Bühne
geschieht ein Muttermord(41).

Der Chor reagiert in drei der vier Stücke uneingeschränkt freudig auf das
hinterszenische Geschehen: in der 'Hecuba' möchte er sogar dabei helfen
(Hec. 1042/3), im 'Hercules' wollen die Greise bereits vor der Tat ins Haus
ziehen, um die Erfüllung ihres Wunsches sehen zu können (V.747/8). Damit
deutet sich auch hier die Möglichkeit an, der Chor könne ins Bühnenhaus
ziehen. Doch Euripides - spielt er mit der Erwartung des Zuschauers ?(43)
- läßt es nicht dazu kommen: in der 'Hecuba' tritt die alte Königin aus dem
Zelt (V.1044) und bezeugt mit ihrer Rede an den geblendeten Thraker, daß
alles bereits vorüber ist, im 'Hercules' dringen bereits die Schreie des Lykos
(V.750) aus dem Palast, so daß auch hier dem Ansinnen des Chores zuvor-
gekommen wird(44). Im 'Cyclops' spielt Euripides in anderer Weise mit der
Regel, daß der Chor nicht ins Bühnenhaus darf: hier ist zwischen das Chorlied (V.608- 23), das auf den Abgang des baldigen Opfers Polyphem folgt
und in dem die Satyrn ihre Freude über das zu erwartende Geschehen
kundtun, und die hinterszenische Gewalttat eine Szene geschoben (V.624-55),
in der Odysseus heraustritt und den Chor auffordert, ihm in die Höhle zu
folgen und bei der Blendung behilflich zu sein (V.630/1). Doch die Satyrn, die
kurz zuvor noch prahlerisch bereit waren, Gefahren auf sich zu nehmen
(V.469-71, 473-5), verhalten sich zögerlich und weichen aus (V.637-41). So
erkennt Odysseus, daß er auf derartige Verbündete nicht zählen kann, und
bittet sie, wenigstens ein Anfeuerungslied für die Tat zu singen (V.649-53).
Für die 'Medea' habe ich die Annahme von Feigheit und Versagen des Chores
abgelehnt, da es dort dramatisch unnötig scheint. Im 'Cyclops' aber ist ein
derart kläglich agierender Chor kein "blindes Motiv", sondern Bestandteil der
Gattung: Satyrn pflegen feige zu sein(45), dies ist ein Element der Komik.
Dies geschieht gewöhnlich in der Weise, daß die Satyrn angesichts einer
recht harmlosen Begebenheit in Furcht verfallen. Ursache und Wirkung auf
die munteren Gestalten stehen in einem komischen Mißverhältnis zueinander

---

41 Vgl. Schulze (1933) S.183.

42 Man kann sich die Frage stellen, welche Art, auf dieses grauenvolle Geschehen und seine Implikationen hinzuweisen, die wirkungsvollere ist: die des
Aischylos, der in den Choeph. Klytaimestra ihren Sohn in einer Stichomythie
auf die Bedeutung seines Vorhabens aufmerksam machen läßt (Choeph.
908-30), oder die des Euripides, der einen einzigen Schrei dafür verwendet.

43 Siehe dazu Arnott (1973) S.53/4 und Bond (1981) S.259 zu V.747f..

44 Siehe Bond (1981) S.259 zu V.747f..

45 Vgl. Seidensticker (1979) S.237.

(vgl. z.B.. Aisch. F78c, 53(46) und Soph. F314, 131-71). Anders ist es indes im 'Cyclops': hier sind es die leicht zu erkennenden Ausreden, das Staubkorn im Auge (V.641), der Krampf im Bein (V.638/9), die erheiternd wirken. Damit gelingt es Euripides im 'Cyclops', das Moment der Konvention, das Gebot, den Chor nicht ins Bühnenhaus ziehen zu lassen, das in den bisher betrachteten Stücken bisweilen zu einer nur mit Umwegen aufrecht zu erhaltenden Plausibilität der Handlung führte (Aisch. Ag., Eur. Med.), so zu wenden, daß daraus eine lustige und dem Stück angemessenen Szene ensteht.

Die Feigheit der Satyrn schränkt natürlich ihre Zustimmung zur Rache des Odysseus nicht ein, sie begrüßen dessen Plan (V.465), finden dann Gefallen am Wehklagen des Zyklopen (V.664) und treiben ihren Spott mit dem Geblendeten (V.669-88). Im 'Hercules' beginnt der Chor nach dem Tod des Tyrannen Lykos (V.760/1 wird dieser festgestellt(47)) mit einem Freudengesang (V.763-814), in der 'Hecuba' wird die Sympathie des Chores mit Hekabe hinreichend in seiner Überlegung zu helfen deutlich (V.1042/3). Die 'Electra' weicht in diesem Punkt von den drei übrigen Stücken ab. Denn hier antwortet der Chor auf Klytaimestras Todesschrei (1167) nicht mit Beifall, sondern mit Mitleid: ὤμωξα κἀγὼ πρὸς τέχνων χειρουμένης (V.1168). Hiermit beginnt die Umorientierung im Stück, nunmehr rückt die Frage nach den Tätern ins Zentrum; der Chor verbindet diese noch mit der Schuld Klytaimestras (V.1170/1). Mit der Auftrittsankündigung für die Mörder (V.1172-6) steht nunmehr nur noch das Problem, wie Orest und Elektra ihre Mordtat bewältigen, im Blickpunkt(48). Das ist der Beginn eines Reue-Amoibaions

---

46 Vgl. Seidensticker (1979) S.213.

47 Zur Bedeutung einer derartigen Feststellung durch den Chor siehe Arnott (1982) S.38 u. 40.

48 V.1168ff. weist deutlich auf Aisch. Choeph. zurück: auch dort beginnt der Chor, da Klytaimestra von ihrem Sohn getötet werden wird, Mitleid zu empfinden (V.931 στένω... τῶνδε [= Klytaimestra und Aigisth, vgl. Garvie (1986) S.302/3] συμφορὰν διπλῆν), er singt während der Tat ein Lied, in dem er die schlimmen Geschicke des Atridenhauses erwähnt und auf einen guten Ausgang hofft (Choeph. 935-71, vgl. El. 1175/6). V.972 tritt Orest auf und fordert angesichts der Leichen auf, das Resultat seiner Rache zu sehen (ἴδεσθε). In der El. ruft Orest ebenfalls auf zu sehen - doch dies ist nunmehr die Verzweiflung über die Tat, die er begangen hat (El. 1177-82).

(V.1177-1232)(49). Damit hat hier der Chor statt der Funktion, die hinterszenische Gewalttat und die damit geschaffene Befreiung herauszuarbeiten, die Aufgabe, die tragischen Folgen der Tat anzudeuten und den abschließenden Problemkreis des Stückes vorzubereiten.

Exkurs 4: Antiopa

Betrachten wir unter dem Eindruck der an den vier besprochenen Stücken beobachteten Regelmäßigkeiten nun ein Stück, von dem just die uns interessierende Szene auf einem Papyrus-Bruchstück erhalten ist: die wohl zwischen 409 und 407 aufgeführte 'Antiopa'(50), deren Schlußteil (bei Kambitsis F48, F IV Arnim, Suppl. Eurip. S.18-22) der Flinders-Petrie Papyrus Nr.1 bietet. Hier haben die Zeus-Söhne Amphion und Zethus die Königin Dirke, die ihre Mutter Antiope als Sklavin mit ihnen selbst zur Bestrafung fortführen wollte, getötet. Amphion legt nun vor dem auf seiner Seite stehenden Chor seiner Mutter dar, daß auch König Lykos, Dirkes Gemahl, sterben muß, da sonst ein Entkommen unmöglich ist (F48, 4-9). Zugleich "verpflichtet" er Zeus zur Hilfeleistung bei diesem Vorhaben (F48, 11-16). Vom Chorführer angekündigt (F48, 17/8) erscheint Lykos mit Bewaffneten vor der einsamen Hütte im Gebirge (die Szenerie ähnelt also der euripideischen El.). Er fragt (den Chor ?) sogleich nach Antiope und ihren Komplizen, die er ergreifen möchte (F48, 19ff). Antiope und ihre Söhne befinden sich folglich bereits in der Hütte. Hier bricht der Papyrus (A bei Mahaffy(51)) ab, das nächste Bruchstück (B bei Mahaffy) setzt etwa 30 Verse später ein: Lykos befindet sich im Gespräch mit einer Person, die ihn dazu bringt, seine Bewaffneten von der Hütte fortzuschicken (F48, 35/6)(52) und mit ihr allein einzutreten, um dort die Widersacher, die er wehrlos wähnt, zu töten (F48, 38- 45). Es ist unklar, wer dieser Gesprächspartner des Lykos ist und woher er kommt. Denn bei Lykos' Ankunft scheint nur der Chor anwesend zu sein(53). Zwei Figuren sind als Unterredner für Lykos denkbar: der Rinderhirt, der am Beginn des Stückes beim Anagnorismos zwischen Mutter und Kindern als deren Ziehvater eine wichtige Rolle gespielt hat, oder Amphion. Auf den Rinderhirten deutet das Schol. zu Apollonios Rhodios 4, 1090 (Wendel): μεταπεμψάμενοι δὲ τὸν Λύκον, ὡς ἐκδώσοντες τὴν 'Αντιόπην, σφάττειν ἔμελλον (sc. Amphion und

---

49 Siehe dazu oben S.254-6.
50 Siehe dazu Kambitsis (1972) p.XXXI - XXXIV.
51 Mahaffy (1891) Tafel I.
52 Zu vergleichen sind Aisch. Choeph., in den es der Amme - auf Anraten des Chores V.770-3 - auch gelingt, Aigisth von seinen Mannen zu trennen.
53 Vgl. Kambitsis (1972) S.107 zu V.19 und p.IXX.

Zethos). Sie lassen den König zu sich kommen, was wohl nur vermittels des
Hirten als Boten denkbar ist(54). Für Amphion hat Webster(55) spieltechni-
sche Gründe geltend gemacht: zwei Schauspieler würden für den Hirten und
Lykos benötigt, der Hirte gehe nicht ab, könne aber auch nicht in die Hütte
gehen, da die Schlußszene in der Hütte die Zwillinge und Lykos allein be-
streiten müßten. Damit, so Websters Schluß, sei kein Schauspieler für den
Deus ex machina Hermes mehr frei. So sei es angeraten, Amphion Lykos in
die Hütte locken zu lassen. Dies scheint mir nicht zwingend: Natürlich kann
der Hirte mit Lykos in die Hütte gehen. Bald werden die Brüder (Zethos ist
dabei persona muta) Lykos aus der Hütte zerren. Der Schauspieler, der den
Hirten spielt, hat von V.48-66 Zeit, die Maske des Hermes anzulegen und
als Deus ex machina auf dem Theologeion zu erscheinen. Auch im 'Hercules'
und der 'Electra' sind die Szenen so angelegt , daß alle Schauspieler ins
Bühnenhaus gehen und der jeweils nicht mehr benötigte (die Rolle des Lykos
im H.F., die Klytaimestras in der El.) für das alsbald erscheinende göttliche
Wesen (Lyssa/Iris, Kastor) frei wird. Doch auch wenn man wie Kambitsis
eine Entscheidung umgeht, steht fest, daß der Abschnitt V.28-47 diejenige
Szene ist, in der das zukünftige Opfer in einer vom Zuschauer durchschau-
baren Scheinüberlegenheit gezeigt wird (vgl. Hec.953-1017, El.998-1138,
H.F.701-25, Cycl.519-89).

Ein Vergleich mit den analogen Szenen der vier besprochenen Stücke
ermöglicht m.E. eine Zuweisung der Verse 46/7: Wilamowitz gab sie dem
Chorführer(56), von Arnim dem Unterredner des Lykos, Page (und Kambitsis)
dem Chor. Zunächst der metrische Befund: es handelt sich bei V.46/7
wahrscheinlich um reine iambische Trimeter. V.48-50 sind dochmisch(57),
gehören also sicherlich dem Chor. Nun ist es grundsätzlich möglich, daß
vollständige iambische Trimeter ein Lied oder wenigstens eine Strophe eröffnen, die nicht durchweg iambisch ist (ich notiere als Beispiele hierfür Soph.
Phil. 135 und 676, O.C. 1724/5). Insofern ist es durchaus denkbar, daß in
unserem Fragment der Chor V.46 zu singen beginnt. Und auch für die selte-
ne Erscheinung, daß einem Chorgesang eine Sprechverspartie des Chorführers vorangeht, lassen sich Beispiele finden (Eur. Hcld. 73/4 [hier setzt das

---

54 Wecklein (1924) S.65 rekonstruiert entsprechend, ohne indes auf das
Schol., das er sonst (S.52-4) auf Euripides zurückführt, in diesem Zusammenhang zu verweisen.
55 (1966) S.96.
56 Bei Mahaffy (1891) S.8.
57 Siehe dazu Kambitsis (1972) S.111.

folgende Lied ebenfalls dochmisch ein] und Cycl. 654/5(58)). Damit sind
diese beiden Zuweisungen der Verse 46/7 wohl denkbar. Ich trete dennoch
für von Arnims Lösung ein, da in keiner der Szenen in den vier zuvor betrachteten Stücken das Opfer und der "Täter" bzw. der "Mitverschwörer"
zugleich das Haus betreten. Stets geht das Opfer zuerst, der Täter aber
erhält die Möglichkeit, an den Chor einige Worte zu richten, in denen deutlich
wird, was alsbald geschehen soll (Hec. 1018-22, s.o., El.1139-46; H.F.726-33;
Cycl. 590-607). Dies ist m.E. auch die Aufgabe der Verse 46/7: der Hirte
bleibt einen Augenblick hinter Lykos zurück und spricht diese Verse, die in
Chor und Publikum die Erwartung auf die bevorstehende Gewalttat ausrichten.
Doch in der Formulierung des Hirten, die so unabänderlich nach Mord klingt,
verbirgt sich bereits das Ende des Stückes:

[ὅδ' ἀρχύων ἀί]δρις, ἂν θεὸς θέλῃ,

[πληγεὶς πεσείται] τήνδ' ἀνὰ στέγην τάχα(59)

"Wenn ein Gott es will..." - V. 67 wird Hermes den Mord verhindern.

Die Bühne ist leer, der Chor beginnt das uns vertraute Lied, in dem er die
Tat rechtfertigt (V.48-50): hier wird ebenfalls eine Gottheit angeführt (in
V.50 scheint mir die Ergänzung [θε]όν akzeptiert zu sein), die den Übeltäter
zu Fall bringt(60). Es folgt ein erster Schrei des Opfers (V.50), der die
"akustische Inszenierung" einleitet. Der Chor kommentiert, wie auch sonst
beobachtet, und erleichtert dem Zuschauer das Verständnis der hinterszenischen Handlung (V.52, 54). Lykos ruft nach seinen Wachen (V.53) - ein
vergleichbarer vergeblicher Schrei nach Personen, die nicht anwesend sind,
wird uns auch in Sophokles' 'Electra' V.1409 und Euripides' 'Orestes' V.1301
begegnen -, darauf stößt er das "Zetergeschrei" aus(61), das hier Theben
zum Zeugen der an ihm verübten Gewalttat macht (vgl. Eur.Or.1296). Der
Chor beginnt nunmehr von der Gerechtigkeit zu singen, die den Bösewicht
endlich straft (V.56-8). Nach unseren bisherigen Erfahrungen mit derartigen

---

58 Die von Kambitsis (1972) S.110 angeführte Parallele H.F.740/1, an die
schon Wilamowitz (bei Mahaffy (1891) S.8) gedacht haben mag, ist m.E. untauglich, da im H.F. der Chorführer (wohl nicht, wie der Laurentianus angibt,
Amphitryon) mitten im Lied spricht.
59 Ergänzungen nach Schaal (1914) S.39.
60 Ich weise für V.48/9 auf Diggles vorzüglichen Vorschlag (Rez. Kambitsis,
Gn.47 1975, S.290) hin, der das Erforderliche und zu Erwartende ausdrückt:

[τυραννίδων μαχα]ρίων σθένος βρόχοισι

καταβεῖ θεὸς ῥᾳδίως].

61 Vgl. Schulze (1933) S.183.

Szenen (und man darf vielleicht hinzufügen: nach den Erfahrungen der Zuschauer des Euripides, die seine Hec., El., den H.F. und Soph. El. gesehen haben und die vielleicht von Aisch. Ag. und Choeph. wissen) könnte nun ein Todesschrei, der den Vollzug der Rache anzeigt, folgen. Doch stattdessen beginnt ein erregter stichomythischer Dialog (V.59- 66) zwischen Lykos und einem geradezu zynisch triumphierenden Amphion, der sein Opfer von der Ermordung der Gattin wissen läßt (V.60, 62), ohne aber über seine Motive Auskunft geben zu wollen (V.64, 66). Dieses Gespräch trägt in keiner Weise den Charakter einer "akustischen Inszenierung", es ähnelt vielmehr den Dialogen zwischen Orest und Klytaimestra in Aischylos' 'Choephori' V.892- 930 und Orest und Aigisth in Sophokles' 'Electra' V.1470ff, die auf offener Bühne stattfinden. Da zudem der V.67 erscheinende Hermes, soll die Szene nicht ungewollt komisch wirken, einem Treiben auf der Bühne Einhalt gebieten müßte(62), Lykos gar V.104 mit einer längeren Rede beginnt, sollten die Kontrahenten V.67 sichtbar sein. So dürften sie zwischen V.56 (χλύεις) und V.59 auf die Bühne kommen: Wilamowitz stellte sich vor, daß Amphion und Zethos Lykos aus dem Haus zerren, Webster(63) dachte an den Gebrauch des Ekkyklemas, Schaal(64) vermutete, daß Lykos von den Brüdern verfolgt aus der Hütte flieht. Wie dem auch sei, Euripides variiert in jedem Fall die Technik einer "Mordszene im Haus" durch dieses Heraustreten von Opfer und Täter in interessanter Weise: denn Chor und Zuschauer müssen nun mit einer Ermordung des Tyrannen auf offener Bühne rechnen. So hebt wohl V.66 Amphion das Schwert zum tödlichen Streich:...ἐν νεχροῖς πεύσει θανών.

Wir wissen aus Plutarch (2,5,998e, Moral.VI,1 p.110 Hubert), daß eine ähnliche Konstellation in Euripides' Cresphontes (F456 N = 74 Harder = 616 M) Furore machte: Merope war dort bereit, ihren schlafenden Sohn Kresphontes mit einem Beil auf offener Bühne(65) zu erschlagen. Dort wie auch hier ließ Euripides die schier unausweichliche, für die attische Bühne unerhörte Tat im letzten Moment vereitelt werden. Im 'Cresphontes' hält der Alte die Mutter auf, hier gebietet Hermes Einhalt.

---

62 Vgl. I.T. 1437 u. Hel. 1642 für derartige Befehle eines Deus ex machina, die eine Handlung stoppen. Natürlich kann sich eine Gottheit auch an Abwesende wenden (I.T. 1446), doch geschieht dies erst in zweiter Linie nach einer Ermahnung der Anwesenden.
63 (1966) S.96.
64 (1914) S.42/3.
65 Siehe dazu die ausführlichen Überlegungen von Harder (1985) S.114-7 sowie Hourmouziades (1965) S.105.

Wir finden also in der 'Antiopa' die Technik, daß der Dichter die Zuschau-
ererwartung durch die Standard-Elemente einer "hinterszenischen Mordtat"
(das Opfer geht in die Falle, enthüllende Worte, sobald das Opfer im Haus
ist, Rechtfertigung der Tat durch den Chor, Schreie des Opfers) auf die
"Norm" einer derartigen Sequenz hinlenkt, dann diese Erwartung in eine neue
Richtung bringt, indem er Täter und Opfer aus dem Haus treten läßt und die
Tat scheinbar auf offener Bühne geschehen lassen will, und schließlich die
Erwartung gänzlich "enttäuscht", als Hermes den Mord im letzten Augenblick
vereitelt. Der Chor spielt dabei zwar eine unauffällige, aber nichts destoweni-
ger wichtige Rolle, da er mit seinen kurzen, für einen solchen Zusammenhang
aber typischen Liedern und mit seinen Kommentaren zu den hinterszenischen
Schreien zum Aufbau der Erwartungshaltung im Zuschauer beiträgt.

§ 5 Sophokles' 'Electra' und Euripides' 'Orestes'

Wir kommen nun zu den Stücken, in denen das Motiv des Aufpasssens
während der hinterszenischen Tat in seiner Bedeutung verstärkt ist: Sophokles' 'Electra' und Euripides' 'Orestes'. Bei Sophokles unterscheidet sich
bereits der Auftakt der Tat von den vier zuletzt besprochenen Stücken.
Statt eines ironischen Gesprächs zwischen Täter und Opfer steht hier die
Planung der Tat als letzte Szene, bevor sich die Bühne leert (V.1326-83).
Darauf folgt ein kurzes Chorlied (V.1384-97), das allein dazu dient, Spannung
zu erzeugen. Sein Kerngedanke ist: nun betreten die Rächer das Haus, wobei
es sie sich als κύνες ἄφυκτοι μετάδρομοι κακῶν πανουργημάτων (V.1387/8),
d.h. als Erinyen, vorstellt(66). Dieses Chorlied gehört damit zu denjenigen
Liedern, die sich eine gleichzeitig im hinterszenischen Bereich ablaufende
Handlung ausmalen, jedoch kurz vor dem End- und Höhepunkt dieser Handlung die Beschreibung abbrechen(67). Dieser Endpunkt der Handlung wird dem
Publikum in anderer Form vermittelt: als Botenbericht (Eur. Ba.) oder als
"akustische Inszenierung" (Eur. Hipp.). Sophokles wählt in der 'Electra' den
zweiten Weg. Und er verstärkt sogar noch die Möglichkeiten der "akusti-

---

66 Siehe dazu Kamerbeek (1974) S.178/9 zu V.1386 u.1387. Hiermit kommt
das in den Liedern an diesem Ort einschlägige Motiv einer Gerechtigkeit, die
der Tat innewohnt, zum Ausdruck, vgl. Seale (1982) S.74.
67 Vgl. Eur. Hipp. 732-775 (die Beschreibung endet in dem Moment, da
Phaidra sich die Schlinge um den Hals legt), Ba. 977-1023 (die Beschreibung
endet an dem Punkt, da Agaue ihren Sohn sieht und ihre Gefährtinnen gegen
ihn aufhetzt, wobei im Refrain 991-6 erkennbar ist, wie das Ergebnis ihrer
Anfeuerung aussehen wird).

schen Inszenierung", indem er unvermutet Elektra aus dem Haus treten läßt (V.1398). Damit erreicht er zweierlei: a) er kann nochmals den Wissensstand des Zuschauers über den Ablauf der hinterszenischen Handlung ergänzen. Denn Elektra weiß V.1400/1 dem Chor zu berichten, wie unmittelbar vor der Tat die Akteure im Haus postiert sind. So wird kurz vor dem entscheidenden Augenblick dem Zuschauer ein Bild dessen geliefert, was er nicht sieht.

b) Dadurch, daß eine Person, die eigentlich an der Tat im Haus beteiligt sein müßte, auf der Bühne steht, kann ihre Reaktion auf die hinterszenischen Vorgänge für den Zuschauer die Gefühle der Täter stellvertretend darstellen. Besonders deutlich wird dies V.1415/6: "Wehe, ich bin getroffen", schreit Klytaimestra. "Schlag, wenn du kannst, doppelt," erwidert Elektra. "Weh, wiederum getroffen," ruft Klytaimestra. Die hinterszenische Handlung erscheint so gleichsam von der Person auf der Bühne gesteuert, da deren Anfeuerungen sogleich umgesetzt werden(68). Damit ist von Sophokles gleichsam ein Teil des hinterszenischen Geschehens auf die Bühne gebracht worden.

Doch damit Elektra mit dieser Aufgabe betraut werden kann, muß ihr Fernbleiben bei der Tat motiviert werden: V.1402/3 erfährt der Chor den Grund für ihr Auftreten: sie soll Wache halten, damit nicht Aigisth unvermutet erscheint und die Tat vereitelt. Ansonsten finden sich in dieser Szene bereits vertraute Elemente. Das Opfer ruft mehrfach (V.1405/6, 1409, 1410/1, 1415, 1416). Der Inhalt der Rufe dient auch hier dazu, die besondere Dimension der Tat zu umreißen: es ist Muttermord (V.1410/1) - doch wird das Gewicht dieses Schreis reduziert durch den vorangegangenen, in dem die Todgeweihte nach Aigisth rief (V.1409). Hiermit klingen die Vorwürfe Elektras aus V.266-76 wieder an. Klytaimestra hat die Ehe gebrochen, fürchtete aber in den Armen des Aigisth keine Erinys(69) - hier sieht sie sich den Rächern gegenüber, das Bild, das der Chor von ihnen V.1384ff gezeichnet hat, das der Erinys, gewinnt nun plötzlich an Beziehungsreichtum. Denn voller Angst ruft Klytaimestra nach ihrem Beschützer, der nun nicht hilft, da sie sich ihren Erinyen gegenüber sieht.

Der Chor hat in dieser Szene die Aufgabe, das Unheimliche und Schicksalhafte der Situation herauszustellen. Er schaudert (V.1407), und er interpretiert das Geschehen: das böse Geschick von Stadt und Dynastie geht nun vorbei (V.1413/4)(70), die Flüche der Toten töten die Übeltäter (V.1419-21).

---

68 Vgl. Seale (1982) S.74/5.

69 Vgl. dazu Winnington-Ingram (1980) S.230-2.

70 Zur Erklärung des Verspaares siehe Kamerbeek (1974) S.182 ad loc., jegliche Unsicherheit ist damit jedoch nicht ausgeschaltet, vgl. Dawes Bemerkungen im app. crit. seiner Ausgabe (1984) ad loc..

Im Anschluß an diese "akustische Inszenierung" treten die Täter aus dem Haus (V.1422/3), Elektra wird von Orest beruhigt (V.1424- 8). Nun konzentriert sich die Aufmerksamkeit auf Aigisth, dessen Erscheinen der Chor (der nunmehr implizit die Rolle des Wächters spielt) V.1429 ankündigt. Seine Bestrafung füllt den Rest des Stückes aus.

Daß Euripides diesen Abschnitt aus Sophokles' 'Electra' kannte, als er seinen 'Orestes' abfaßte, scheint sicher(71): Ausgangspunkt ist auch bei ihm Planung der Tat und Zug der Verschwörer ins Haus, wo Helena umgebracht werden soll (Or. -1245). Doch keine Rechtfertigung des geplanten Mordes durch den Chor folgt. Stattdessen erweitert Euripides das Motiv des Aufpassens, das Sophokles verwandt hatte, um Elektras neuerlichen Auftritt zu motivieren. Im 'Orestes' ist es eigentlich unangebracht, da der Palast ja keineswegs einsam wie bei Sophokles ist, sondern, wie man in V.444 erfährt, sogar bewacht wird, um ein Entweichen der Muttermörder zu verhindern(72). Doch um der V.1246 folgenden Musiknummer willen ist das nun unwichtig. Elektra bleibt auf der Bühne, als Pylades und Orest abgehen. Sie redet den Chor in gewählten Worten an (V.1246/7, vgl. Soph. El.1398) und heißt ihn an den beiden vom Palast wegführenden Wegen (also an der rechten und linken Eisodos) auf Wachposten ziehen (V.1251/2). Auf die erstaunte Frage des Chores nach dem Sinn eines solchen Manövers (V.1253/4, vgl. Soph. El.1402) erklärt Elektra ihre Furcht, jemand könne die Mörder überraschen (V.1255-7 - auch dies ist eigentlich nicht plausibel, da die Geschwister von jedermann gemieden werden(73), vgl. V.46-8). Der Chor bezieht nun Posten, in Halbchöre geteilt (V.1258/9 u.1260). So wird das, was bei Sophokles Nebengedanke und Motivierung eines Auftritts war, bei Euripides zum Hauptmotiv des Amoibaions: das Wachen ist der zentrale Gedanke des Wechselgesangs zwischen Elektra und den beiden Halbchören. Zugleich ist hierdurch auch das, was die Spannung ausmacht, verlagert. Bei Sophokles war es das Abbrechen der Schilderung im Chorlied kurz vor der Tat. Hier nun ist es die Furcht, überrascht zu werden, eine Furcht, die anhand eines "Fehlalarms" verdeutlicht wird (V.1269/70) - Elektra wähnt nun alles verloren (V.1271). Und noch eine weitere Änderung gegenüber dem sophokleischen Vorbild hat Euripides parat: Chor, Elektra - und der Zuschauer erwarten den

---

71 Siehe Willink (1986) S.293 zu V.1286-1310, Krieg (1934) S.60. Wilamowitz (1972) S.186 spricht pointiert davon, daß Elektras Wachestehen und Belisten Hermiones fast eine Parodie der parallelen sophokleischen Szene sei.
72 Soll angedeutet werden, daß die Wächter näher kommen könnten ?
73 Möglicherweise liegt in V.1255-7 eine Korruptel, vgl. Willink (1986) S.289/90.

Schrei, der den hinterszenischen Mordanschlag bezeugt. Doch nichts geschieht. 50 Verse lang (V.1246-95) ist nichts zu hören. Der Chor ruft
schließlich sogar ins Haus hinein: "Was zögert ihr zu töten ?" (V.1284/5).
Dieses Hinauszögern des zu Erwartenden, das Euripides dem Zuschauer
durch die Ungeduld von Chor und Elektra nahebringt, ist ein charakteristi-
sches Element dieses Dichters, Spannung zu erzeugen(74). Und nun führt
Euripides scheinbar zum Wachmotiv zurück. Elektra, die selbst an der Fähigkeit Orests und Pylades, ihren Plan durchzuführen, zu zweifeln begonnen hat
(V.1286/7) befiehlt dem Chor, das Spähen zu verstärken (V.1289-92). Dieser
gehorcht umgehend und ändert gemäß der Anweisung durch eine Drehung
mindestens seine Blickrichtung(75), rückt vielleicht sogar von seinem Posten
ab, damit der eine Halbchor an die Stelle des anderen zieht. Bei dieser
Bewegung müssen sich die Halbchöre wiederum in der Mitte der Orchestra
treffen, so daß zu dem Zeitpunkt, da Helena schreit, die Halbchöre gleichsam
zufällig sich so nahe sind, daß sie den Gesamtchor bilden, der für das weitere Geschehen benötigt wird(76). Hier, da eine Wiederaufnahme des
"Wach-Themas" vorbereitet ist(77), schreit Helena überraschend aus dem
Haus um Hilfe(78) (V.1296). Der Chor erläutert, wie gewohnt, den hinter-
szenischen Vorgang und identifiziert den Rufer (V.1297/8). Elektra fleht Zeus
(auch dies ist nicht ohne Ironie, da er Helenas Vater ist) um Hilfe für die
Tat an (V.1299/1300). Helena schreit erneut, diesmal nach Menelaos (vgl.
Klytaimestras Ruf nach Aigisth in Soph. El.1409). Und wie bei Sophokles
feuert Elektra nun die "Täter" im Haus an: φονεύετε, καίνετε, ὄλλυτε
(V.1302/3) - Helena sei für Griechenlands Unglück verantwortlich
(V.1305-10).
    Nunmehr erfolgt die zweite überraschende Entwicklung in dieser Sequenz:
σιγᾶτε σιγᾶτ' befiehlt der Chor (V.1311). Denn nun erscheint wirklich eine
Person auf dem Weg. So wechselt rasant die akustische Inszenierung mit

---

74 Siehe dazu Arnott (1973) S.52/3.
75 Willink (1986) S.294 empfiehlt van Gents Konjektur ἐκεῖσε λεύσσετε für
ἐκεῖσ' ἐλίσσετε. Dies würde bedeuten, daß auf Elektras Befehl hin der Chor
bewegungslos bliebe, wohingegen der überlieferte Text choreographische
Möglichkeiten wahrscheinlich macht, vgl. hierzu Weil (1879) S.777 ad loc. und
Di Benedetto (1965) S.245/6 ad loc., dem ich folge.
76 Diese Erklärung für V.1293ff, der ich folge, gibt West (1986) S.271/2 ad
loc..
77 Zum überraschenden Wechsel der Themen in dieser Szene siehe Arnott
(1983) S.25.
78 Vgl. Schulze (1933) S.183.

dem "Wachmotiv". Dieser rasche Wechsel hat eine besondere Funktion. Er schiebt die Tat im Haus gleichsam beiseite, ohne daß der Zuschauer bemerkt, daß ein wichtiges Element der "akustischen Inszenierung" fehlt: der Todesschrei des Opfers. So mag er aufgrund seiner Kenntnis vergleichbarer Szenen glauben, Helena sei tot - und kann V.1494 von den Mitteilungen des Phrygers überrascht werden. Doch kehren wir zur Ankündigung einer Person durch den Chor V.1311/2 zurück. Es ist Hermione, wie Elektra sogleich feststellt. Diese wird von ihr ins Haus gelockt. Hier findet sich das aus 'Hecuba', 'Electra', 'Hercules' und 'Cyclops' bekannte Motiv, daß das ahnungslose Opfer ins Haus geführt wird.

Vergleicht man nun die sophokleische und die euripideische Szene miteinander, so steht der stringenten Handlungsführung in der 'Electra' des Sophokles eine bühnenwirksame Szene im 'Orestes' des Euripides gegenüber. Dementsprechend verschieden gelagert ist auch die Rolle des Chores in beiden Stücken. Bei Sophokles ist er Interpret des Geschehens (vgl. Soph. El. 1384-97, 1413/4, 1419- 21), bei Euripides Manövriermasse, um optisch die Wirkung der Szene abzurunden (vgl. die Chorteilung und den Zug der Hälften zu den Eisodoi, Or.1258/9, die Drehung und den Rückmarsch V.1295/6). Kurz, bei Sophokles trägt er dazu bei, den Gehalt des Stückes herauszuheben, bei Euripides, dessen Bühnenwirksamkeit - das besondere Kennzeichen des 'Orestes' - zu erhöhen.

§ 6 Euripides' 'Hippolytus' V.776-89 und   seine   sophokleischen
    Vorbilder

Ließen sich in den bis jetzt besprochenen Stücken die verschiedenen Ausprägungen der "akustischen Inszenierung" und der Rolle des Chores darin von aischyleischen "Archetypen" herleiten, so bedarf die letzte noch zu besprechende Szene aus dem Werk des Euripides einer anderen Herleitung: 'Hippolytus' V.776-89. Wenn für die hier vorliegende Form der Szene ein "Archetyp" rekonstruiert werden soll, kann dies mit Hilfe von Sophokles' 'Antigona', 'O.R.' und 'Trachiniae' erfolgen(79). Der entscheidende Unterschied zu den auf Aischylos zurückführbaren hinterszenischen Handlungen liegt in den o.g. Stücken des Sophokles darin, daß dort eine Person nicht etwa Opfer einer von anderer Hand zugefügten Gewalttat wird, sondern vielmehr selbst Hand an sich legt. So begehen Deianeira (Trach. 871ff), Eurydike (Ant.1278ff) und lokaste (O.R.1235ff) im Haus Selbstmord, Oedipus (O. R.1268ff) blendet sich selbst. Wenn nun hinter dem Tod im Haus ein freiwil-

---

79 Vgl. hierzu Matthiessen (1964) S.149/50.

liger Entschluß steht, entfällt das wichtigste Moment der "akustischen Inszenierung", das Zetergeschrei. Chor und Publikum müssen folglich auf andere
Weise über das Geschehen informiert werden. Zu diesem Zweck tritt nach
der schrecklichen Tat ein Exangelos aus dem Haus und berichtet das Vorge-
fallene (Trach. 871-946, Ant.1278-1316, O.R.1237-96). Gemeinsam ist diesen
Szenen, daß der jeweilige Selbstmord etwas Unerwartetes bedeutet. Sophokles läßt im Stück zwischen Abgang der Frau und Auftritt des Exangelos
sich ein Thema entfalten, das die Ursache für die hinterszenische Tat darstellt, aber das Interesse und die Aufmerksamkeit des Zuschauers von der
Frage, was die gerade Abgegangene nun tut, weglenkt. In einfachster Form
vollzieht sich dies in den 'Trachiniae' : Hyllos hat hier soeben seiner Mutter
schwerste Vorwürfe gemacht. Sie habe Herakles heimtückisch vergiftet
(V.749-812). Der Chorführer weist nun darauf hin, daß Deianeira schweigend
ins Haus geht (V.813/4)(80). Hyllos geht nach einer kurzen, zornerfüllten
Rede(81) ebenfalls ab (V.816-20), der Chor singt das 3. Stasimon
(V.821-62)(82), in dem er über Herakles' schreckliches Ende, mit dem sich
ein Orakel erfüllt (Str.1), und Deianeiras verzweifelte Tat, durch die sie ihre
Ehre retten wollte (Str.2), nachdenkt: der Zuschauer wird so von der Über-
legung, was Deianeira nun im Haus tun könnte, weg(83) auf die Hintergründe
der Katastrophe des Herakles gelenkt. Dieses Lied ist eng mit der vorange-
gangenen Anklageszene verknüpft, es ersetzt die Verteidigungsrede, die
Deianeira nicht geben wollte (vgl. V.813/4), und entlastet sie so von den
Vorwürfen des Hyllos. Und obgleich der Zuschauer gänzlich vom hinterszenischen Geschehen weggeführt wurde(84), ist nun die folgende Szene des
Exangelos insofern nicht unvorbereitet, als das Chorlied in Str.2, seinem
Schlußteil also, an Deianeira dachte. Der eigentlichen Verkündung des Selbst-
mordes geht eine kurze Überleitung voraus, eine "Lauschszene": In Sprech-

---

80 Vgl. die analogen Äußerungen des Chores in Ant. 1244/5 und O.R.
1073-5.
81 Vgl. Oedipus' Rede im O.R. 1076-85.
82 Zu den Problemen, die dieses Lied stellt, siehe Burton (1980) S.65-73.
83 Vgl. T.v.Wilamowitz (1917) S.157.
84 Im O.R. lenkt ebenfalls der Chor vom hinterszenischen Geschehen weg,
indem er im 3.Stasimon (1086-1103) die Frage nach den Eltern des Oedipus
aufwirft, eine Frage, die im folgenden Akt beantwortet werden soll und deren
Antwort Iokaste bereits kennt. In der Ant. schiebt sich vor die Frage, was
Eurydike im Haus tut, Kreons Auftritt (1257-76), der mit der Leiche seines
Sohnes erscheint.

versen berichtet ein Mitglied des Chores (vielleicht ein Halbchorführer(85))
von einem undeutlich aus dem Haus wahrgenommenen Jammern (οἶκτος
V.864), ein anderes (vielleicht der zweite Halbchorführer) bestätigt und
präzisiert dies: es sei ein unglückverheißendes Wehklagen (δυστυχῆ/κωκυτόν
V.866/7). Ein drittes (der Koryphaios ?) kündigt schließlich den Auftritt der
Amme an, deren Haltung ein Unglück anzeigt (V.868-70). Wir haben in
dieser kurzen Überleitung also zwei Komponenten vor uns: am Schluß steht
eine Auftrittsankündigung, in der auf die Stimmung der Trauer über Deianeiras Freitod, die den folgenden Bericht der Amme prägen wird, hingeleitet
wird, da die Adjektive ἀγηθής(86) und συνωφρυωμένη, die die Chorführerin
der Amme beilegt, diese andeuten(87). Das Lauschen, der sich bestätigende
Eindruck, daß im Haus etwas Ungewöhnliches und Schlimmes geschieht, führt
zu diesem Problemkreis hin. Es ist nicht eine Form der "akustischen Inszenierung", da der vom Chor vernommene οἶκτος bereits den Selbstmord
voraussetzt.

Wenn man prinzipiell zwei Motive für einen Selbstmord unterscheiden kann,
Selbsttötung, weil eine bestimmte Situation vorliegt, oder Selbsttötung, um
durch diese Tat ein bestimmtes Anliegen durchzusetzen(88), so scheint mir
in den drei genannten Selbstmorden bei Sophokles das Hauptgewicht in der
Darstellung auf dem ersten Motiv zu liegen: die drei Frauen töten sich, weil
ihr Leben vernichtet, sinnlos geworden ist(89). Der Gedanke, daß ihr Selbstmord auch Strafe sein könne, entweder für sie selbst (Deianeira) oder für
denjenigen, dessen Handlungen sie in den Selbstmord getrieben haben (so
verflucht Eurydike Kreon in Ant. 1305(90)) findet in den Stücken keine weitere Entfaltung. In Euripides' 'Hippolytus' werden die beiden Motiv-Schichten
des Selbstmordes kunstvoll miteinander verbunden. Denn hier hat die Tat
Phaidras selbst nichts Überraschendes. Die Königin ist aufgrund ihrer hoffnungslosen Liebe schon lange zu sterben bereit (vgl. V.400-2), um ihre Ehre
zu bewahren und ihren Kindern keine Schmach zuzufügen (vgl. V.403-30).
Doch der gescheiterte Versuch der Amme, ihr zu helfen (V.565-668), zer-

---

85 Siehe dazu Burton (1980) S.74 und Kamerbeek (1959) S.189.
86 Ich übernehme M.Schmidts Konjektur anstelle des überlieferten ἀήθης,
siehe dazu Easterling (1982) S.184 zu V.869.
87 Siehe S. 192 (IV.3) die Liste mit vergleichbaren Auftrittsankündigungen.
88 Siehe dazu Seidensticker (1982a) S.121.
89 Seidensticker (1982a) S.121-4 arbeitet die jeweilige Verknüpfung der beiden Motive heraus.
90 Seidensticker (1982a) S.121/2 legt m. E. zu viel Gewicht auf diesen Fluch
bei seiner Einordung von Eurydikes Tat.

stört diesen Zweck des Selbstmordes, wie Phaidra in ihrer Monodie voller Verzweiflung bekundet (V.669-79). So muß sie etwas Neues ersinnen (V.688), um ihrem Freitod die gewünschte Wirkung zu verleihen (vgl. V.717-21). Damit ist die Tat an sich angekündigt (V.723), nur die mit ihr verbundenen καινοὶ λόγοι bleiben geheimnisvoll – wenn auch ihre Zielsetzung angedeutet ist (V.728/9). Die Königin geht ins Haus, der Chor singt ein Lied (V.732-75).

Ich behandele dieses Lied eingehender, da die Frage nach seinem Aufbau einen Hinweis auf seine Funktion geben kann. Wilamowitz(91) schrieb: " Das Lied hat keine Einheit, weder inhaltlich noch formell, sondern die beiden Strophenpaare stehen ganz für sich. Das zweite ist für diese Stelle gemacht, ein gewöhnliches glattes Stück euripideischer Chorik ohne Seele. Die Frage, woher das Unheil Phaidra betroffen habe, hat nur rhetorischen Wert, und daß der Chor ihren Selbstmord durch Erhenken als selbstverständlich hinnimmt und genau beschreibt, spart dem Dichter einen lästigen Botenbericht, ist aber doch nichts als ein bequemes Mittel läßlicher Dramaturgie." Barrett(92) modifizierte dieses Urteil beträchtlich: "These (sc.die Strophenpaare) are not merely (as in other odes of the play) sharply divided from one another, but on the surface are entirely unrelated." Doch die Schilderung der schönen Orte bewirke eine Veränderung im Zuschauer: seine Aufregung und sein Mitleid seien dadurch so gemindert, daß er, wenn das Lied von Phaidras Leid handele, nur noch eine resignierende Melancholie empfinde.
Beginnen wir unsere Überlegungen mit der Frage nach dem Aufbau: Strophenpaar 1 ist ein Entrückungswunsch des Chores: die Frauen von Troizen möchten als Vögel(93) zum sagenumwobenen Fluß Eridanos(94) und zum Land der Hesperiden gelangen. Strophenpaar 2 beschreibt Phaidras Brautfahrt von Kreta nach Athen und ihren bevorstehenden Selbstmord. Dies sind zwei gänzlich verschiedene Themen. Dennoch verbindet sie Euripides mit der Art,

---

91 (1891) S.216.
92 (1964) S.297.
93 Es ist ein typisches Element in Liedern mit Entrückungswünschen, daß sich der Chor die Entrückung als Flug, sich selbst als Vogel vorstellt, vgl. Suppl. 620/1, I.T. 1138-41, Hel. 1478-86. Siehe auch Andr. 861-5 und Ion 797-9, wo Schauspieler diesen Wunsch äußern.
94 Vickers (1973) S.19 macht darauf aufmerksam, daß in dem Bild der um Phaethon trauernden Schwestern (V.734-41) eine Beziehung zum Stück vorliegt: Phaethon starb bei einem Unfall mit dem Wagen, auch Hippolytos wird so umkommen.

in der er sie darstellt: die auffälligste Verbindung ist die beschriebene Bewe-
gung(95): der Chor wünscht sich aus der gegenwärtigen Situation weit fort
an einen Ort des Glücks (vgl. V.750/1 ὀλβιόδωρος... χθών). Phaidra gelangt
von einem Ort des Glücks (V.75 ὀλβίων ἀπ' οἴκων) nach einer weiten Reise
in ein Unglück. Neben diese Gegenläufigkeit der Bewegungen (vom Unglück
zum Glück in Str.1, vom Glück zum Unglück in Str.2) tritt eine Parallelität in
dem Geschehen, das am Zielort stattfindet: im 1. Strophenpaar führt die
Bewegung an den Ort des ἱερὸς γάμος von Zeus und Hera(96) (hier umschrieben mit Ζηνὸς παρὰ κοίτας V.749), im 2. Strophenpaar fährt Phaidra
über das Meer, um Theseus zu heiraten(97). Ferner bemüht sich Euripides,
dasjenige, was jeweils die Bewegung ausführt, einander anzugleichen: der
Chor unternimmt seinen Gedankenflug als Vogel (V.733), das Schiff, das
Phaidra über das Meer bringt, wird unter Gebrauch einer Vogelmetaphorik
beschrieben: es ist λευκόπτερος (V.752)(98), es wird δύσορνις genannt(99).

Welche Wirkung hat eine derartige Gestaltung des Liedes für den Zuschauer ? Er wird aus der Gegenwart des Stückes, die unaufhaltsam auf
den Tod Phaidras zusteuerte, in ein fernes Land, in dem Glückseligkeit
herrscht und es sich die Götter wohl sein lassen, gelenkt und vom glückli-
chen Kreta wieder in die Gegenwart des Stückes zurückgeführt. Ich weiß
nicht, ob der Blick in den Garten der Hesperiden die Gefühle der Zuschauer
läutert(100), wie Barrett annimmt. In jedem Fall aber bedeutet der gedankli-
che Vogelflug an einen Ort stiller Heiterkeit für einen Augenblick ein Nach-
lassen der Spannung(101), eine Atempause zwischen psychischer und physi-
scher Katastrophe der Königin. Es ergibt sich daraus ein Unterschied zur

---

95 Daß sich die Modi der Verben unterscheiden, im Entrückungswunsch der
Optativ, im erzählenden 2. Teil der Indikativ herrscht, ist selbstverständlich.
96 Siehe dazu Barrett (1964) S.304/5 ad loc..
97 Siehe dazu Padel (1974) S.228.
98 Ob hiermit die Ruder oder die Segel gemeint sind, ist schwer auszumachen, vgl. Padel (1974) S.228 A.1.
99 Hier herrscht Uneinigkeit, ob das Wort auf das Schiff (Padel (1974)
S.229) oder auf die Königin zu beziehen ist (Barrett (1964) S.308/9 ad
loc.). Selbst wenn es auf Phaidra zu beziehen ist, ändert dies nichts am
Metaphernbereich, ja, dann wird in Analogie zum ersten Strophenpaar die
Person, die ihren Ort ändert, mit einem Vogel verglichen.
100 Kritik an der Barrettschen Funktionsbestimmung äußert auch Vickers
(1973) S.20/1.
101 Siehe dazu Lattimore (1958) S.117.

Technik des Sophokles in 'Trachiniae', 'Antigona' und 'O.R.', das Intervall
zwischen dem Abgang der Person, die sich töten will, und dem Bekanntwer-
den ihres Todes zu füllen: Sophokles entfaltet zwischenzeitlich eine Thematik,
die zwar die Aufmerksamkeit des Zuschauers vom hinterszenischen Bereich
ablenkt, aber nichts destoweniger zur Ursache des Selbstmordes hinführt.
Euripides konzipiert mit dem Fluchtwunsch die Ablenkung als inhaltlich be-
langloses Intermezzo, das aber, indem es als Kontrast zur dramatischen
Realität gestaltet ist, dazu dient, deren Wucht deutlicher hervortreten zu
lassen(102). Und doch weist auch Euripides, allerdings indirekt, auf die Hintergründe von Phaidras Tat hin: in der Str.2 wird das nun im Haus ablaufende Geschehen als das Resultat einer Entwicklung gesehen, die von Beginn
an(103) unter bösen Vorzeichen stand, in der Gegenstr. 2 führt der Chor
seine Deutung weiter:infolge der bösen Omina bei ihrer Ankunft (ἀνϑ'
ὧν)(104) sei Phaidra durch eine schlimme Krankheit(105) verderblicher Liebe,
die von *Aphrodite* herrührt (οὐχ ὁσίων ἐρώτων...'Αφροδίτας)(106), in ihrem
Gemüt zerbrochen worden.

Auch wenn der vom Chor hergestellte Zusammenhang zwischen ungünsti-
gen Omina und Vernichtung wie die Erklärungsversuche für Phaidras Leid in
Parodos unrichtig und naiv ist, so erinnert den Zuschauer die Nennung Aphrodites, die hier nicht metonymisch für das Abstractum "Liebe" stehen kann,
an den im Prolog verkündeten Plan(107): Phaidra, die vor Liebe vergeht,
werde ihr Schweigen brechen (V.38-40) und sterben (V.47/8). Dieser implizite Hinweis auf den "Tragödienrahmen", auf die Macht Aphrodites, die das
Geschehen an diesen Punkt hat gelangen lassen, ist nicht zufällig. Euripides
wiederholt ihn nach dem Bericht über die Katastrophe des Hippolytos, da der
Chor darauf ein Preislied auf die Macht der Aphrodite singt (V.1268-81), das
thematisch gänzlich unverbunden neben der Botenrede steht, aber den Zuschauer an Aphrodite als Lenkerin des Geschehens, das zum Untergang des

---

102 *Siehe dazu auch Vickers (1973) S.18: "juxtaposition (sc. einer bedrohli-
chen Handlung neben einer Sequenz der Ruhe) is not relief (how could it be)
but an intensification."*
103 *Kranz (1933) S.215 weist auf den Gedanken der* ἀρχὴ κακῶν *hin, der in
dieser Strophe ausgedrückt wird.*
104 *Siehe Barrett (1964) S.310 zu V.764-6.*
105 *Bereits in der Parodos beschreibt der Chor V.131 Phaidras Zustand als
Krankheit, vgl. auch V.176, 179.*
106 *Zur Konstruktion der beiden Genitive siehe Barrett (1964) S.310 zu
V.764-6.*
107 *Eine ähnliche Aufgabe erfüllt auch die Feststellung Phaidras V.725-7.*

Hippolytos führte, erinnert(108). Euripides wählt also statt der expliziten Darlegung der Zusammenhänge, die zum Selbstmord führen, wie sie sich in Sophokles' 'Trachiniae' V.821– 62 im Chorlied, im 'O.R.' V.1110-85 im Dialog und 'Antigona' V.1257-76 im Auftreten eines Trauerzuges finden, den Weg, den Chor ganz dem Horizonte seines Wissens entsprechend(109) unzutreffende Vermutungen anstellen zu lassen, in denen aber eine für den Zuschauer erkennbare Wahrheit anklingt. Im Schlußteil des Liedes (V.768-75) stellt sich der Chor vor, was Phaidra zu tun im Begriffe ist: sie wird sich im Brautgemach erhängen, um ihre Ehre zu retten und von ihrer Liebe frei zu kommen. Auch dies weicht von der sophokleischen Technik ab, die jeden Hinweis auf das hinterszenische Geschehen meidet.

Wir fassen die Ergebnisse unserer Betrachtung des Stasimons zusammen: das Lied hat zwei Themen, die in jeweils einem Strophenpaar entwickelt werden: einen Entrückungswunsch des Chores und eine Schilderung von unglücksschwangerer Brautfahrt und daraus resultierendem Untergang Phaidras. Das Strophenpaar 1 und die Strophe 2 werden gedanklich verbunden, indem in ihnen eine Bewegung beschrieben wird, die aus dem gegenwärtigen Leid an einen Ort des Glücks und von einem Ort des Glücks in das gegenwärtige Leid führt. Dieses kurzfristige Wegführen aus der Gegenwart des Stückes hat die Aufgabe, einen Ruhepunkt, eine Entspannung für den Zuschauer zu erzeugen. Nach einer derartigen Entspannung tritt mit der Gegenstr.2 Phaidras Selbstmord, dessen Durchführung sich der Chor detailliert vorstellt, desto drastischer und nachhaltiger hervor. Der Chor deutet das Geschehen als Folge eines mißachteten Omens. Das ist falsch. Da er dabei aber Aphrodite als Verantwortliche nennt, erinnert er zugleich den Zuschauer an den Plan der Göttin im Prolog und die tatsächlichen Zusammenhänge bei Phaidras Freitod.

Das Lied bricht in dem Moment ab, da sich die Königin in der Beschreibung des Chores die Schlinge um den Hals legt. Diese Technik, kurz vor dem wichtigsten Moment die Schilderung des gerade im hinter- oder außerszenischen Bereich ablaufenden Geschehens im Lied zu beenden, habe ich bei der Behandlung von Sophokles' 'Electra' V.1384-97 hervorgehoben(110). Ein "dem Dichter lästiger Botenbericht" (Wilamowitz) kann damit allerdings nicht eingespart werden, da just die Vollendung der zu berichtenden Handlung nicht

---

108 Vgl. dazu die treffenden Bemerkungen Wilamowitzens (1891) S.234/5.
109 In Soph. Trach. wird dieser Horizont, wo erforderlich, vom Dichter vernachlässigt, siehe dazu T. v.Wilamowitz (1917) S.157 A.1.
110 Siehe oben S.274.

geschildert wird. Da nun Euripides aus Gründen, über die später zu sprechen ist, keinen Botenbericht, wie ihn Sophokles in den 'Trachiniae' V.899-946 einfügt, gebrauchen konnte, mußte der Zuschauer auf andere Weise über den Fortgang des Geschehens informiert werden. In den 'Trachiniae' hatte der Chor V.863-70 undeutliche Klagen aus dem Haus heraus gehört. Euripides erweitert diese Laute, die bei Sophokles lediglich auf den Auftritt der Amme hinführen sollen, zu einer "akustischen Inszenierung": aus dem Palast dringt der dreifache Ruf einer Dienerin(111), aus dem für Chor und Zuschauer das gerade im hinerszenischen Bereich ablaufende Geschehen erkennbar ist. Nur ist dabei im Vergleich zum Typus solcher Szenen, wie er sich in Aischylos' 'Agamemnon' und 'Choephori' zeigt, die Perspektive anders. Denn statt des Opfers, das hier natürlich nicht um Hilfe rufen kann, schreit die Dienerin als auf die Tat Reagierende(112). Wie die Dienerin in Sophokles' 'Trachiniae' V.927-31 hat sie gesehen, daß ihre Herrin Hand an sich gelegt hat und ruft nun alle, die es hören können, mit einer Art Zetergeschrei herbei (V.776/7). Wir bemerken, daß in ihrem ἐν ἀγχόναις δέσποινα die Schilderung der Gegenstr.2 des Liedes (V.768-70) ihre Fortsetzung findet. Und es läßt die Möglichkeit offen, daß Phaidra vielleicht noch nicht tot ist(113), eine Möglichkeit, die die verzweifelten Rufe an die Helfer, sich zu beeilen (V.780/1) und das Seil zu durchschneiden, unterstreichen. Doch dann ergeht die Weisung, den Leichnam niederzulegen (V.786/7, vgl. O.R.1265-7). Hieraus ergibt sich zusammen mit den Kommentaren des Chores ein deutliches Bild dessen, was im Haus geschieht. Zunächst mag der Zuschauer wie der Chor V.778/9 auf den ersten Ruf hin mit dem Tod der Königin auf die im Lied geschilderte Weise rechnen. Darauf erfolgt der zweite Ruf, der den Chor verunsichert. Der Chorführer befragt wie in Aischylos' 'Agamemnon' V.1347 den Chor, ob man eingreifen solle. Während dort jeder Choreut mit einem Distichon seine Bereitschaft zu helfen bekundet, ist hier nur eine Stimme zu vernehmen: das sei nicht Aufgabe des Chores, man solle sich besser zurückhalten (V.784/5). Man kann eine derartige Passivität peinlich finden(114), aber es ist auch zu bedenken, daß der Chor Phaidras Lage als hoffnungslos ansah (V.680/1) und ihrem Selbstmordplan, den er anfänglich sogar lobte (V.483), nicht energisch

---

111 Zur Frage, wer diese Person ist, die nur gehört, aber nicht gesehen wird, siehe Barrett (1964) S.312.
112 Diese Perspektivverschiebung hat zur Folge, daß der Zuschauer vor seinem geistigen Auge nicht den Selbstmord, sondern den Rettungsversuch der Dienerin sieht.
113 Siehe dazu Barrett (1964) S.312 zu V.777.
114 Vgl. z.B. Lesky (1972) S.319.

widersprochen hat (V.724). Wenn der Chor also V.784/5 von einem Eingreifen absieht, so fügt sich das durchaus zu seinen bisherigen Ansichten über den Plan der Königin. Nachdem die Dienerin vom "unglücklichen Leichnam" gesprochen hat (786), findet die "akustische Inszenierung" ihren Abschluß, als der Chor den Tod Phaidras feststellt (788/9).

Wir halten nun die Besonderheiten des Abschnitts 'Hippolytus' V.732-89 fest: nachdem Phaidra mit dem Entschluß zu sterben ins Haus gegangen ist, sorgt der Chor in seinem Lied mit dem Entrückungswunsch für eine kurze Phase der Entspannung, um darauf Phaidras Vorbereitung für den Selbstmord desto nachdrücklicher schildern zu können. Das Lied endet jedoch kurz vor dem entscheidenden Punkt. Dieser wird nunmehr in einer "akustischen Inszenierung" dargeboten. Euripides läßt den Zuschauer den schrecklichen Vorgang aus der Perspektive einer verzweifelten Dienerin miterleben. Der Chor sorgt dabei mit seinen Kommentaren dafür, daß die Rufe aus dem Haus vom Zuschauer richtig gedeutet werden. Diese Koppelung von Chorlied und "akustischer Inszenierung" ist so aussagekräftig, daß sie, hier ist Wilamowitz rechtzugeben, in der Tat einen Botenbericht überflüssig macht.

Wir müssen nun fragen, ob diese Ersetzung einen tieferen Grund hat. Kommen wir zurück auf die zwei Motivschichten eines Freitodes: die kausale (Freitod, weil die Existenz vernichtet ist) ist aufgrund des vorangegangenen Aktes deutlich. Der finale Motivbereich ist aber von Euripides absichtlich unklar belassen: erst V.856, da Theseus die Tafel an der Leiche seiner Frau findet, wird er in unerwarteter Weise deutlich. Phaidras Plan, Hippolytos durch eine Lüge über ihren Freitod zu Fall zu bringen, soll bis dahin verborgen bleiben. Wenn aber ein Botenbericht über den Selbstmord der Königin eingeführt würde, müßte dieser auf alle Handlungen Phaidras im Haus eingehen (vgl. Soph. Ant.1301-5 1312/3, 1315/6, O.R.1239-51, Trach.900-31) und notwendigerweise auch von der Abfassung des Schriftstückes berichten. Wenn nun der Chor von dieser Schrift wüßte, könnte die Klageszene zwischen ihm und Theseus weniger abrupt und effektvoll in eine Anklageszene umbrechen.

3. 8 Der Chor als Handelnder

In der attischen Tragödie hat der Chor im allgemeinen keine aktive Rolle:
er kommentiert oder reagiert auf das Geschehen auf der Bühne sowie auf
Berichtetes, aber er bewegt nicht seinerseits die Schauspieler zu bestimmten
Handlungen. Bisweilen jedoch lassen die Dichter den Chor aus solcher Passivität ausbrechen. Am sichtbarsten wird dies in den "Chortragödien": Aischylos
führt z.B. in seinen 'Supplices' einen Chor ein, der den König Pelasgos dazu
nötigt, ihm Asyl zu gewähren. Doch sollen uns derartige Dramen (Aisch.
Suppl., Eum., Eur. Suppl.), in denen die Aktivität und die Interessen des
Chores Voraussetzung der Handlung sind, hier nicht beschäftigen(1). Denn
auch in den übrigen Stücken finden sich wenigstens einzelne Szenen, in
denen der Chor auf die Schauspieler einwirkt; diesen wollen wir uns im
folgenden zuwenden.

Die Einwirkung des Chores ist in Aischylos' 'Agamemnon' (V.1577-1653)
als spektakuläre Konfrontation zwischen Aigisth mit Gefolge und dem Chor
gestaltet, sie kann aber auch leise erfolgen wie in den 'Persae' V.215-25, da
der Chor Atossa rät, zu den Göttern zu beten und den toten Dareios um
Hilfe anzuflehen, ein Rat, den die alte Königinmutter V.524 befolgt. Und der
Chor kann eine Rolle in der Intrige spielen: in den 'Choephori' legt er der
Amme nahe, Aigisth ohne Wachen herbeizubitten (V.766-82). Dies ist für
Orests Plan unabdingbar, und der Chor sichert durch sein Einwirken auf die
Amme, das gänzlich von ihm allein ausgeht, dessen Gelingen.

So finden sich bei Aischylos drei Formen, in denen der Chor als Handelnder im Stück auftritt: in Konfrontation, in Rat und in aktiver Teilnahme an
der Intrige.

a) Der Chor in der Konfrontation
Auch Euripides kennt und verwendet die drei aischyleischen Formen.
Wir beginnen mit der Konfrontation zwischen Chor und Schauspieler. Im

---

1 Hierüber wird in Bd.2 gehandelt werden.

'Hercules' hat Lykos V.238-46 befohlen, rings um den Altar, an den die
Herakles-Familie geflohen ist, Reisig zu legen und zu entzünden. Dann wendet
er sich an den Chor, kündigt ihm, da er seinem Willen nicht unterwürfig ist,
eine schlimme Strafe an und will die Alten so daran erinnern, daß er als
Tyrann über sie als Sklaven herrscht (V.247-51). Diese kurze Rede läßt
Lykos unwiderruflich als Despoten ohne Rücksicht auf Recht und Brauch, als
reinen Gewaltherrscher erscheinen. Er gleicht damit Aigisth in Aischylos'
'Agamemnon', der sich zwar zunächst bemüht, seine Tat zu rechtfertigen
(Aisch. Ag.1577-1611), dann aber, sobald er erfahren muß, daß der Chor
keinsweg bereit ist, diese Rechtfertigung zu akzeptieren (V.1612-16), seinen
Ton ändert und sich ebenfalls zu schlimmen Drohungen flüchtet, die den Chor
einschüchtern sollen (V.1617-24)(2). Die Auseinandersetzung nimmt an Schärfe zu, in kurzer Rede und Gegenrede zwischen drohendem Aigisth und mu-
tig-vorwurfsvollem Chorführer kommt es schließlich dazu, daß sich Aigisths
Leibwache mit gezückten Schwertern und der Chor mit drohend erhobenen
Stäben gegenüberstehen (V.1650-3). Nur das Eingreifen Klytaimestras verhindert einen Kampf (V.1654- 61). Auch im ' Hercules' führt die unerhörte
Provokation des Despoten(3) (V.251 δοῦλοι γεγῶτες τῆς ἐμῆς τυραννίδος) zu
einer gewichtigen Antwort des Chores. Denn der Chorführer(4) reagiert mit
einer 23 Verse langen Rede(5). Dies ist an sich ungewöhnlich, da es dem
Chor bzw. dem Chorführer als seinem Sprecher sonst verwehrt ist, sich in
längeren Sprechverspartien zu äußern(6). Doch bisweilen wird diese Regel
außer Kraft gesetzt(7). Hier nun gibt der Chorführer seiner Entrüstung
Raum, er fordert seine Gefährten auf, mit ihren Stäben gegen Lykos vorzugehen (V.252-67). Doch muß er erkennen, daß ihnen die Kraft dazu fehlt

---

2 Vgl. dazu Denniston/Page (1957) S.217/8 zu V.1617-24.

3 Siehe dazu Wilamowitz (1959) Bd.3 S.64/5.

4 Obschon die Handschrift V.252-74 dem Amphitryon zuweist, wird diese
Partie aus guten Gründen (siehe Bond (1981) S.128/9) seit Stephanus dem
Chorführer gegeben.

5 Cropp (1982) S.70 A.12 u. S.73 erwägt, daß Interpolationen Ursache für
die ungewöhnliche Länge der Äußerung sein könnten.

6 Siehe dazu Dale (1969) S.211.

7 Mannsperger (1971) S.154 A.38 verweist auf Aisch. Pers. 215-25 und Eur.
Hel. 317-29. Hinzugenommen werden muß - gegen Dale (1969) S.215 -
Aisch. Ag. 489-502, eine Auftrittsankündigung, deren besondere Länge dazu
dient, Spannung zu erzeugen. Siehe dazu Taplin (1977) S.294-9.

(V.268-74)(8). Man kann sich die Frage stellen, warum Euripides eine einzige, dafür aber lange Rhesis des Chorführers wählte, statt der von Aischylos
verwendeten Form einer Abfolge von kurzen Erwiderungen des Chorführers(9)
auf Bemerkungen des Aigisth, eines Dialoges, der an Schärfe stetig zunimmt.
Bei Aischylos ist das Streitgespräch Ausdruck dafür, daß die neue Herrschaft
auf Widerstand stößt, daß mit der Ermordung des rechtmäßigen Königs
Agamemnon noch nicht alle Probleme aus dem Weg geräumt sind. Die Wi-
dersetzlichkeit des Chores, deren Ursache mit Klytaimestras Eingreifen ja
keineswegs aufgehoben ist (vgl. Aisch. Ag.1665-71), bereitet die 'Choephori'
vor. Gänzlich anders ist die Aufgabe der Chorführerrhesis im 'Hercules'.
Denn sie deutet nicht etwa an, daß die Auseinandersetzung mit dem Despoten noch nicht abgeschlossen ist, sondern bringt einen letzten Versuch, sich
gegen ihn zur Wehr zu setzen, und zugleich Resignation und Hoffnungslosigkeit zum Ausdruck. Diese beiden Elemente könnten durch eine Bemerkung
des Lykos voneinander getrennt werden, hierdurch entstünde eine Aischylos'
Agamemnon vergleichbare Struktur der Passage. Doch Euripides war offensichtlich nicht an einer weiteren Verstärkung der Elemente des Streites
interessiert. Stattdessen läßt er den Chor aus eigener Einsicht heraus erkennen, daß er machtlos ist. Diese Einsicht(10) aber ist angesichts des
frevelhaften Verhaltens und der Schmähungen des Lykos, auf die der Chor
so empört und ausführlich reagiert (V.252-67), erschütternder als ein Zu-
rückweichen vor den Speeren einer Leibwache des Despoten, da Resignation einen Widerstand endgültiger niederschlägt als Unterdrückung(11). Die
Herakles-Familie ist nach dieser Aufgabe des Chores gänzlich ohne Hoffnung
auf Rettung, Megara wird nunmehr nach einem kurzen Dank an die Greise
(V.276) verkünden, daß sie bereit ist, sich umbringen zu lassen.

---

8 *Dies weist auf die in der Parodos dargestellte Hinfälligkeit der Greise zurück, vgl. oben S.88/9.*
9 *Vielleicht ist es kein Zufall, daß bei Euripides und Aischylos vom Umfang
her die Sprechverspartien des Chores gleich sind: auch bei Aischylos spricht
er von 1577-1673 23 Verse.*
10 *Es scheint mir wichtig, daß anfänglicher Kampfesmut und Resignation von
einer Person, dem Chorführer, der den Chor repräsentiert, geäußert werden.
Bei einer Verteilung auf vier Sprecher, wie sie West (1981) S.61 vorschlägt,
käme es zu einem unpassenden Neben- und Gegeneinander von Mut und
Kraftlosigkeit im Chor. Doch der Chor soll als Ganzes resignieren !*
11 *Vgl. Kroeker (1938) S.28 A.2.*

Doch neben der diametral entgegengesetzten Funktion dieses Engagements des Chores gibt es auch eine Übereinstimmung: der Chor selbst erweist sich in diesen Szenen als edelmütig, der Widersacher des Chores wird in beiden Szenen in ein überaus ungünstiges Licht gestellt(12), sein Vorgehen gegen den in beiden Stücken ehrenvollen, aufrechten Greisen-Chor und dessen mutige Reaktion macht ihn unwiderruflich zum Despoten. Diese Zeichnung dient der jeweiligen Ökonomie des Stückes bzw. der Trilogie. Denn die Despoten Lykos und Aigisth dürfen alsbald umgebracht werden, ohne daß diese Tat in irgendeiner Hinsicht unangemessen erscheint(13), die Dichter können den Wahnsinn des Retters (H.F.) und den Muttermord (Choeph./Eum.) mit ihren Problemen stattdessen ausführlich darstellen.

In 'Agamemnon' und 'Hercules' bleibt das (versuchte) Eingreifen erfolglos. Es gibt aber auch den in der Konfrontation siegreichen Chor: in Euripides' 'Helena' hat Theoklymenos von einem Boten erfahren, daß ihn Helena und Menelaos überlistet haben und entkommen sind (V.1526-1618). Zornentbrannt kündigt der König an, da Helena und ihr Mann ihm entkommen sind, Rache an der eigenen Schwester, der Seherin Theonoe, nehmen zu wollen, weil diese ihm die Anwesenheit des Menelaos listig verschwiegen hatte (V.1621-6). Er schickt sich an, in den Palast zu stürmen, um Theonoe umzubringen, da tritt ihm die Anführerin des Chores(14), vielleicht begleitet von einigen

---

12 Vgl. Kroeker (1938) S.29.

13 Vgl. Newiger (1986) S.498: "L'eliminazione di Egisto non e un problema...".

14 Die Mss. geben die Partie V.1627 usw. den Chor, einige Editoren (darunter Murray) seit Clark dem Boten oder einem Diener. Ich folge Dale (1967) S.65/6 und Kannicht (1969) Bd.2 S.421-4 in ihrer Verteidigung des Überlieferten (Stanley-Porter (1977) nimmt in seiner insgesamt beachtenswerten Kritik daran zu scharfe Abgrenzungen zwischen dem Verhalten des Chores in Hel. und Soph. O.C. vor.). Ansatzpunkt für eine Zuweisung der fraglichen Verse an eine männlich Figur waren die Partizipien ὤν V.1630 und ἐχόντων V.1640. Langholf (1977) hat jedoch mit seiner grundlegenden Aufarbeitung des einschlägigen Materials dargelegt, daß Partizipien mit ντ-Stämmen im Nom. und Gen. die maskuline Form annehmen können, wenn sie sich auf Femina beziehen. Damit dürften die inhaltlichen Gründe hinreichend sein, diese Verse, die ein Wissen widerspiegeln, das nur der Chor haben kann, dem Chor zuzuweisen.

ihrer Gefährtinnen(15), in den Weg und hält ihn fest (V.1629). Auch in dieser Szene zeichnet sich der Widersacher des Chores selbst als Despoten: denn auch wenn er die Tat, die er plant, zunächst einen Befehl der Gerechtigkeit nennt (V.1628), im hitzigen Wortwechsel mit der Chorführerin sind aus seinem Mund nur Äußerungen zu hören, die einen Tyrannen charakterisieren: er fühlt sich so gekränkt, daß er unfähig ist, auf die Erwiderungen des Chores einzugehen. Denn dieser hebt hervor, daß Theonoe fromm (V.1632) und gerecht (V.1633) gehandelt hat(16), daß sie Helena ihrem rechtmäßigen Gatten zurückgab (V.1635). Nach dem Vorwurf des Verrats der Schwester gegen ihn (V.1633), den der Chor so gut parieren kann, seinen Ansprüchen, die der Chor widerlegt (V.1634-6), bleibt Theoklymenos schließlich nur noch die Berufung auf seine Macht (V.1636/7) und die Drohung, seine Widersacher zu töten (V.1639). Dies ist reinste Tyrannenmanier(17), das mutige Einschreiten des Chores eröffnet also die Möglichkeit, in einer turbulenten, theaterwirksamen Szene zu zeigen, wie sehr der König im Unrecht ist.

Edelmut auf seiten des Chores und Tyrannenart seines Widersachers werden auch in einer analogen Szene in Sophokles' 'O.C.' zueinander in Kontrast gesetzt. Hier hat Kreon dem nun hilflosen Oedipus Antigone entrissen und läßt sie unter den Protesten des Chores (V.831 nennt er Kreons Tat οὐ δίκαια, Kreon beruft sich auf seine eigenen Ansprüche V.832) von seinen Schergen wegführen. Auch hier findet sich das "Tyrannensignal": Kreon droht mit Krieg, um die Alten einzuschüchtern (V.837). Der Chor stößt ein "Zetergeschrei" aus (V.841-43), doch Antigone wird fortgeschleppt. Kreon verhöhnt den zurückbleibenden Oedipus (V.848-55). Allein dies genügte, Kreon als Bösewicht darzustellen. Doch Sophokles verstärkt diese Zeichnung noch. Denn da sich der Bösewicht anschickt, seinen Männern zu folgen, verstellt ihm wie dem Theoklymenos in der 'Helena' der Chorführer den Weg (V.856) und hält ihn fest (V.857): ein neuerlicher Streit entbrennt. Wieder droht Kreon (V.858/9). Er wolle nun auch noch Oedipus selbst fortschleppen. Er nimmt schließlich sogar den Vorwurf hin, seine Tat sei Hybris (V.883). Man kann fragen, warum Sophokles diese zweite Szene hinzugefügt hat, wo

---

15 Ich nehme hier eine Bühnenhandlung an, wie sie Schneidwin/Nauck (7. Aufl.) für einen vergleichbaren Abschnitt im O.C. des Soph. ansetzen, vgl. deren Notiz zu O.C. 856. Denn die Chorführerin allein scheint mir nicht glaubwürdig einen tobenden Barbaren aufhalten zu können.
16 Mit den Begriffen εὐσέβεια und δίκαιον erinnert der Chor an die Motive, die die Seherin selbst in ihrer Rede für ihre Entscheidung, Helena und Menelaos zu helfen, genannt hatte (V.998, 1002/3).
17 Vgl. z.B. Soph. Ant. 738 (Berufung auf Macht), 754 (Drohung mit Gewalt).

doch die böse Art Kreons bereits in der ersten deutlich wurde. Zunächst einmal läßt sich ein Erfordernis der Handlungsführung als Grund für die Verdoppelung der Szenen nennen: Antigone soll fortgeschleppt, Kreon aber von Theseus verhaftet werden. Die Entführung Antigones kann aber nur dann reibungslos vor sich gehen, wenn Theseus nicht in der Nähe ist. So muß Kreon am Tatort genügend lange verweilen, bis Theseus ohne Gefahr für die Entführung auftreten kann. Dies motiviert der zweite Streit(18). Daneben aber gibt die zweite Szene dem Chor mehr Profil: trat er in der ersten als Vertreter der Gerechtigkeit auf (V.831), so kommt nun attischer National-stolz (V.862, 879) hinzu.

Alle vier besprochenen Szenen weisen damit eine gemeinsame Funktion auf: sie setzen den Gegenspieler des Chores in ein überaus ungünstiges Licht, er präsentiert sich als Despot. Dagegen erscheint der Chor als Ver-treter der Gerechtigkeit, er zeichnet sich durch seine Rechtschaffenheit und die Bereitschaft aus, für die "gute" Sache einzutreten.

Gänzlich davon verschieden ist eine fünfte Konfrontationsszene der Tragö-die: im 'Rhesus' jagt der Chor der Soldaten Odysseus (V.675-82), in dem er (zu Recht) einen Feind vermutet. Die Soldaten feuern sich in einer lyrischen Partie an, ihre Speere zu werfen und zuzuschlagen (V.675/6). Odysseus gelingt es in einer Tetrameterpartie mit Mühe, die Soldaten von ihrem Vor-haben abzubringen. In dieser Sequenz wird nicht die gerechte Haltung des Chores und die tyrannische Art des Widersachers herausgearbeitet, vielmehr verdeutlicht sie die große Kaltblütigkeit des Odysseus(19), der, als er von den Soldaten gestellt worden ist, kühn und einschüchternd antwortet: "Meine Identität geht dich gar nichts an, denn du wirst heute sterben, weil du schlecht gehandelt hast." (V.683). Das ist die Sprache des Adligen, des "Offiziers", der die einfachen Soldaten barsch anfährt, eine Sprache, die ein Thersites (II.2,246-64) verstünde. Der Chorführer verlangt drohend das Losungswort, die Situation spitzt sich zu: erneut steht Odysseus dicht davor, von den Soldaten erschlagen zu werden (V.684/5). Und wiederum reagiert er kühn. Er verdächtig den Chor seiner eigenen Tat(20): "Hast Du Rhesos umgebracht ?" (V.686)(21). Bis zum letzten Moment führt Odysseus dieses

---

18 Vgl. Kamerbeek (1984) S.127 zu V.856.

19 Vgl. die Charakterisierung der Rolle des Odysseus in dieser Szene, die Hartung (1852) zu V.664 u. 666 gibt.

20 Vgl. Ebener (1966) S.17.

21 Hartung (1858) läßt durch eine Konjektur Odysseus noch dreister werden: ἦ σὺ δὴ Ῥῆσον κτενεῖς; "Ja, wirst du also (mich) den Rhesos töten ?" - Odysseus gibt sich als sein Opfer aus.

Katz- und Maus-Spiel fort, dann nennt er das Losungswort (V.688). Die
Soldaten hat er so sehr beeindruckt, daß sie sich nunmehr ohne Aufhebens
in die falsche Richtung schicken (V.689- 90), ja sogar sich einen Befehl von
ihm geben lassen (V.690/1). Wir sehen, wie sich in dieser Konfrontationsszene die Gewichte verschoben haben: alles ist darauf ausgerichtet, dem
Widersacher des Chores Profil zu geben, der Chor selbst, der lediglich seine
Pflicht erfüllt, gewinnt in ihr nichts, er ist lediglich die Folie für die Kaltblütigkeit des Odysseus.

Man pflegt diese Szene des 'Rhesus' über die Parodie in Aristophanes'
'Acharnenses' (V.280-346)(22) mit Euripides' 'Telephus' in Verbindung zu
bringen(23). Nun läßt sich aus den kärglichen Fragmenten dieses Stückes für
eine derartige Szene nahezu nichts Sicheres gewinnen(24). Wenn aber Telephos, wie Dikaiopolis in den 'Acharnenses', in einer Situation der Konfrontation mit dem Chor als letzte Rettung zur Geiselnahme griff, so kann diese
Konfrontation nicht zum zuerst beschriebenen Szenentyp gehören, sondern
hob auch dort wie im Rhesus einen besonderen Zug im Wesen des "Gegenspielers" heraus, wohl seine Verzweiflung und die Fähigkeit, in einer schier
aussichtslosen Lage einen Weg zur Rettung zu finden.

Zusammengefaßt ergibt unsere Betrachtung zwei verschiedene Typen von
Konfrontationsszenen: 1. Der Chor reagiert auf eine böse Rede, einen bösen
Vorsatz seines Widersachers entweder erfolgreich (Eur. Hel., Soph. O.C.)
oder erfolglos (Aisch. Ag., Eur. H.F.). Die Auseinandersetzung stellt den Chor
als Exponenten einer gerechten Gesinnung, den Widersacher als Despoten
dar. 2. Der Chor "jagt" seinen Widersacher und droht ihm mit dem Tode
(Rhes., Eur. Telephus (?)). Eine solche Szene läßt bestimmte Eigenschaften
des Widersachers besonders deutlich werden, der Chor dient als Instrument,
seinem Kontrahenten mehr Profil zu geben.

---

22 Siehe dazu Rau (1967) S.26/7, zur Parodie in den Thesm. siehe ebenda
S.47.
23 Ritchie (1964) S.129/30.
24 Siehe dazu die Überlegungen Handleys in Handley/ Rea (1957) S.30-2.
25 Handley/ Rea (1957) S.36/7. In der jüngsten Rekonstruktion des Stückes
von Heath (1987) erscheint eine derartige Szene nicht: vielmehr vermutet
Heath für den zweiten Akt eine Szene, in der Telephos vom Chor bewacht
wird, für den dritten Akt die Geiselnahme in Gegenwart von Agamemnon und
Klytaimestra.

b) Der Chor gibt einen Rat

In der euripideischen Tragödie finden sich verschiedene Formen, in denen der
Chor auf einen Akteur einzuwirken versucht: er kann ihm Fragen stellen und
in den Fragen seine Ablehnung zu bestimmten Verhaltensweisen oder Handlungen zum Ausdruck bringen. Oder er kann ihn um bestimmte Dinge bitten;
die direkteste Art einer ratenden Einwirkung des Chores ist es, wenn er
mahnend auftritt und explizit einen Rat gibt: so soll Demophon (Hcld.232/3)
die Herakliden schützen oder Menelaos und Peleus (Andr. 691/2) ihren Streit
beilegen. Doch derartige Ratschläge, da sie als Interloquien im Gespräch
zweier Schauspieler gesprochen sind, finden keine Berücksichtigung im Fortgang des Gesprächs(26). Sie haben also keine Bedeutung für die Handlung,
der Chor als Ratgeber, als eine Figur, die Einfluß ausübt, ist hier ohne Relevanz. Anders verhält es sich mit Passagen, in denen der Chor zu einem
einzigen Schauspieler spricht: hier zeitigt der Versuch des Chores, auf den
Akteur einzuwirken, ein Ergebnis, da die angesprochene Figur auf den Chor
eingeht und sich mit seiner Ansicht auseinandersetzt. Die grundsätzlichste
und der Tragödie gemäßeste Weise einer solchen ratenden Einwirkung ist das
Bemühen des Chores, einen Leidenden zu trösten. In der 'Alcestis' V.416-9
spricht der Chor zu Admet, dieser solle sich seinem Schicksal fügen, denn
nicht als erster erleide er den Verlust der Gattin. Dies ist der μῦϑος εὐμε-
νὴς φίλων (Eur. F962,2 N), seine Topik läßt sich weit zurückverfolgen(27).
Doch diese Form des Rates findet sich seltener in Sprechverspartien, oft ist
sie Element der rituellen Klage(28).

Häufiger wirkt der Chor in anderer Form auf einen Akteur ein: er veranlaßt ihn mit einer Frage, seine Ansichten, Pläne und Maßnahmen darzulegen
und zu erläutern.

So bitten die die Männer von Pherai verwundert darüber, daß Admet
unmittelbar nach dem Tod seiner Frau Herakles gastlich aufnimmt, ihren
König um Auskunft darüber (Alc.551/2). Es liegt eine deutliche Kritik in
diesen Fragen: "Was tust du ? Du bringst es über dich, angesichts eines
solchen Unglücks Gäste zu beherbergen? Warum bist du so töricht ?" Derartige Fragen zwingen Admet dazu, sein Handeln ausführlich zu erklären
(V.553-60, darauf folgt eine Nachfrage des Chores 561/2, Admet fährt fort
563-7).

---

26 Siehe dazu oben S.185.
27 Siehe dazu Kassel (1958) S.4-7.
28 Siehe dazu oben S.244/5.

Vergleichbar mit dieser Abfolge "Einwand des Chores" - "Begründung der Position durch den Akteur" ist 'Medea' V.811-19: Hier beschwört der Chor Medea, ihren Racheplan aufzugeben (811- 3), diese erläutert daraufhin ihre Haltung (814/5, 817, 819). Hierbei weist der Chor durch seine Zwischenbemerkungen auf die Konsequenzen des Planes hin: der Kindermord wird auch Medea unglücklich machen - doch dies kümmert die Titelheldin nicht (ἴτω V.819).

Ähnlich ist auch die Rolle des Chores im 'Hippolytus' V.722-31: Phaidra hat, nachdem der Plan der Amme so fatal gescheitert ist, nur noch eine Möglichkeit, ihre Ehre zu retten (V.715-21). Die Chorführerin fragt, da die Königin ihren Weg nur angedeutet hat, welche schlimme Tat sie plane (722)(29). Diese Frage läßt Phaidra ihre Selbstmordabsichten deutlich erklären und dunkle Andeutungen über den zweiten Aspekt ihres Freitodes machen (V.723-31).

In V.887-90 des 'Hippolytus' verflucht Theseus seinen Sohn, da er ihn aufgrund des Briefes an der Leiche Phaidras für schuldig hält, die Ehre seiner Frau verletzt zu haben. Der Chorführer bittet ihn (V.891/2), den Fluch rückgängig zu machen, da er seinen Irrtum später erkennen werde. Aus diesem Rat spricht natürlich das Wissen um die tatsächlichen Zusammenhänge von Phaidras Tod, ein Wissen, das jedoch nur dem Zuschauer erkennbar sein darf. Theseus reagiert mit einer Zurückweisung der Mahnung des Chores (V.893 οὐκ ἔστι) und verschärft sogar noch die seinem Sohn zugedachte Strafe (V.893-98)(30).

Allen diesen Passagen ist eines gemeinsam: der Chor bewegt durch seine Frage, seinen Rat oder seine Bitte seinen Gegenüber nie dazu, seine Haltung zu ändern. Admet wird Herakles bewirten lassen, Medea ihre Kinder morden, Phaidra sich umbringen und Theseus seinen Sohn vernichtet. Aber der Chor veranlaßt den Akteur jeweils dazu, seine Position in kurzer Rede vor der Folie seiner eigenen, "vernünftigeren" Ansicht zu entwickeln. Der Chor hat damit die Aufgabe, dazu beizutragen, daß die besondere Haltung des Gegenüber durch die Kontrastwirkung dem Zuschauer deutlich zu Bewußtsein kommt.

Ausgeprägter und von größerer Relevanz für die Handlung des Stückes ist die Rolle des Chores als Ratenden im 'Ion' V.1250-60: Kreusa ist nach dem gescheiterten Anschlag auf Ion auf der Flucht. Ihre Lage ist, da die Verfolger

---

29 Ich folge der Interpretation des Verses von Barrett (1964) S.296, δὲ δὴ τί δρᾶν zu lesen und "But what ill beyond remedy is it that you intend ?" zu verstehen.

30 Zur Funktion dieser Verschärfung siehe Barrett (1964) S.334.

nahe sind, verzweifelt (V.1250-4). Der Chor, die ihr treuen Dienerinnen, gibt
ihr daher den Ratschlag, als Bittflehende an einen Altar zu flüchten
(V.1255-60). Kreusa folgt dem Rat.

Doch derartig folgenreiche Bemerkungen des Chores *innerhalb* eines Stükkes sind bei Euripides sonst nicht zu finden. Dafür präsentiert sich der Chor
häufig im Eingang einer Tragödie als Figur, die der Handlung durch seinen
Rat einen wichtigen Impuls gibt. Blicken wir kurz zurück auf Aischylos' 'Persae': dort tritt nach der Parodos Atossa auf (V.155-8 kündigt der Chor sie
an) und berichtet von schweren Sorgen, sie möchte den Rat des Chores
(V.170-2). Sie schildert ihren Traum, der ihr ein böses Omen zu sein schien
(V.176-214). Der Chorführer gibt ihr in einer kurzen Rhesis von 11 trochäischen Tetrametern den Rat, zu den Göttern um Schutz zu beten und den
toten Dareios um Hilfe anzuflehen (V.215- 25). Der Chor ist hier also eine
Figur, die durch ihren Hinweis aus einer Situation der Aporie, der Unsicherheit, herausführt.

Bei Euripides begegnet uns eine analoge Funktion des Chores zuerst in der
'Medea': hier bittet der Chor in der Parodos V.173- 83 die Amme darum,
Medea aus dem Hause zu holen, weil er sie trösten zu können hofft. Mit
dieser Bitte an die Amme macht der Chor den ersten Schritt aus der Situation der verzweifelten Untätigkeit heraus, die den Eingang bis dahin geprägt
hat. Denn nunmehr kann die Titelheldin auftreten und die Handlung beginnen.

Im 'Hippolytus' herrscht eine vergleichbare Situation der Aporie bis weit in
das 1.Epeisodion hinein. Hier ist der Chor zunächst Zeuge, wie die Amme
vergeblich versucht, Phaidra zur Auskunft über ihr Leid zu bewegen
(V.170-266). Als die Amme ob ihrer Erfolglosigkeit ratlos ist, bittet der
Chorführer sie in einem Gespräch (V.267-83), noch einmal auf die Königin
einzudringen; die Amme kommt dieser Bitte nach (V.284-7) und hat Erfolg:
Phaidra gesteht schließlich ihre Liebe zu Hippolytos, die eigentliche Handlung
des Stückes kann beginnen.

In der 'Andromacha' (802-24) werden diese Rollen von Chor und Diener-
figur im Vergleich zu 'Medea' und 'Hipplytus' vertauscht. Hier tritt eine Dienerin aus dem Haus und bittet den Chor, hineinzugehen und Hermione von
einem Selbstmord abzubringen. Der Chor soll also die Aufgabe übernehmen,
aus einer verzwickten Situation herauszuführen. Käme er der Bitte nach,
müßte er ins Bühnenhaus ziehen. Doch was in der 'Helena' (s.u.) erfolgen
wird, unterbleibt hier, da Hermione, angekündigt vom Chor, aus dem Palast
stürzt.

Auch Sophokles war die Technik nicht unbekannt, den Chor als Instrument einzusetzen, in einem Stück eine Situation der Ratlosigkeit zu überwinden. Doch wandelt er diese Technik in bemerkenswerter Weise ab: im O.R. herrscht zu Beginn des Stückes Ratlosigkeit darüber, wer Laios getötet und so die Seuche in Theben heraufbeschworen hat. Oedipus verflucht in seiner großen Rede nach der Parodos den Mörder (V.216-76). Der Chor möchte nun einen Rat geben, wie der Täter gefunden werden könnte (V.284-6): Oedipus solle Teiresias befragen. "Aischyleisch" und "euripideisch" würde ein Oedipus für diesen Rat danken und stracks nach dem Seher schicken lassen. Nicht so bei Sophokles: "Ich war nicht faul, habe ich doch auf Kreons Rat zweimal ihn rufen lassen..." (V.287- 9), läßt er den König antworten. Die Technik ist hier den Erfordernissen der Charakterzeichnung angepaßt: der "kluge Oedipus" darf nicht erst durch den Chor auf einen klugen Gedanken gebracht werden, er wußte schon zuvor einen Weg aus der verzwickten Lage.

Eine Sonderform des Rat gebenden Chores findet sich in den 'Heraclidae' V.274. Hier hat sich die Auseinandersetzung zwischen Demophon und dem Herold so erhitzt, daß zu befürchten ist, der attische König könne sich am Herold vergreifen. Das würde einen Gesandtenfrevel darstellen. In dieser Situation ergreift der Chor das Wort. Er schickt den Herold fort und mahnt den König zur Zurückhaltung. Dieses Eingreifen kommt dem Verhalten des Chores in einer Konfrontationsszene(31) nahe, wobei freilich gleichsam die Vorzeichen vertauscht sind: statt ein Opfer zu schützen bewahrt der Chor den Täter vor einem Frevel. In den 'Heraclidae' trägt dieses Verhalten des Chores zu seiner Charakterzeichnung bei, da es ihn als Figur darstellt, die das göttliche Recht respektiert und schützt.

Ich habe drei verschiedene Aspekte der Rolle des Chores als Ratgeber herausgearbeitet: mit seinen Ratschlägen kann der Chor konsolatorisch wirken, er kann durch seine Fragen einen Akteur veranlassen, seine Haltung zu erklären und damit für den Zuschauer beurteilbar zu machen, oder aber aus einer Aporie herausführen. In einer einzigen Szene finden sich alle drei Funktionen beisammen: 'Helena' V.253-329. Dort versucht der Chorführer zunächst, Helena über ihr Geschick, das in der Parodos lyrisch dargestellt worden ist, zu trösten (V.253/4). Doch dieser Trost, man müsse sein Los so gut wie möglich tragen, hilft Helena nicht. Sie legt ihre Verzweiflung und Hoffnungslosigkeit in einer längeren Rede dar (V.255-305). Darauf beginnt der Chorführer in einer Stichomythie zu fragen: hatte der Fremde (Teukros) die Wahrheit gesagt ? Dies weiß die Titelheldin auch nicht (V.306-12; Helena

---

31 Siehe oben S.287-93.

erkennt hiermit selbst, daß die Grundlagen ihrer Haltung nicht unanfechtbar sind.). So macht der Chorführer den Vorschlag, Helena solle ins Haus gehen, um die Seherin Theonoe über das Geschick des Menelaos zu befragen (V.317-29 hier findet sich wiederum eine Rhesis des Chorführers), ein Rat, den die Tyndareos-Tochter gern befolgt (vgl. 330). Chor und Helena ziehen nun ins Haus, eine Situation der Ratlosigkeit und Verzweiflung ist überwunden(32).

c) Der Chor in der Intrige

Die häufigste Aufgabe eines Chores in einer euripideischen Intrige ist es zu schweigen(33). Damit ist er zumeist als "Mitspieler" in einer Intrigenhandlung ausgeschaltet, er ist auf die Rolle des Kommentators beschränkt. In vier Fällen jedoch ist die dramatis persona des Chores von großer Bedeutung in der Intrige: in der 'Electra' begrüßt er Klytaimestra, die dabei ist, in die Falle ihrer Kinder zu gehen, ausgewählt feierlich (V.988- 97). Er wiegt damit das Opfer in Sicherheit(34). In der 'I.T.' versucht er, Orest und Iphigenie zu retten, indem er den Boten täuschen möchte (I.T. 1293-1306)(35), in der 'Helena' will er Theonoe vor der Rache des Theoklymenos schützen (Hel.1627-41)(36). Doch der Chor kann nicht nur Helfer in einer Intrige sein, er kann sie auch vereiteln: so bricht er im 'Ion' sein Schweigen, das ihm Xuthos befohlen hat (V.666/7), und berichtet Kreusa vom "Anagnorismos" und der scheinbaren Begünstigung ihres Mannes durch Apoll (V.753-807)(37). Diese Interventionen in einer Intrige haben eine Gemeinsamkeit: der Chor begünstigt mit ihnen stets die Schwachen, auch wenn er dafür ein Schweigegebot brechen muß.

---

32 *Angesichts des Befundes dieses Abschnitts scheint mir die Formulierung Patzers (1987) S.118:"Die Äußerungen des Chores richten sich entweder an keine Dialogperson als Redepartner oder, wenn dies doch einmal der Fall ist, ohne Absicht eines Handlungsimpulses auf sie." korrekturbedürftig.*
33 *Vgl. das "ille tegat comissa des Horaz (A.P.200) sowie zum Schweigegebot unten S.299.*
34 *Siehe zu dieser besonderen Form der Auftrittsankündigung oben S.194.*
35 *Siehe zu dieser Einleitung eines Botenberichts oben S.197/8.*
36 *Zu dieser Konfrontationsszene siehe oben S.290/1.*
37 *Siehe dazu oben S.199/200 u. 305/6.*

3. 9 Der Chor und das Schweigegebot(1)

Behandelte der vorangegangene Abschnitt die Möglichkeiten eines Tragö-
diendichters, den Chor als dramatis persona zur Geltung zu bringen, so ist
nun von dem komplementären Vorgang zu sprechen: den Verfahren, den Chor
als Mitspieler auszuschalten. Der einfachste Weg dabei ist es, die Anwesenheit des Chores von den Akteuren ignorieren zu lassen: im 1. Epeisodion von
'Bacchae' und 'I.A.' nehmen die Personen auf der Bühne keinerlei Notiz vom
Chor. Daß diese Methode dramaturgisch unbefriedigend wirken kann, braucht
nicht weiter ausgeführt zu werden(2). Und sie kann auch nur dort angewandt
werden, wo der Chor im gesamten Stück als dramatis persona nicht benötigt
wird.

Ein gänzlich anderes Verfahren wird erforderlich, wenn der Chor als Mitspieler gebraucht wird, aber im Stück die Akteure ein Ansinnen äußern, das
in irgendeiner Gestalt bedenklich ist, das, wird es bestimmten Personen
hinterbracht, für seine Urheber Gefahren heraufbeschwört. Hier gibt es nun
eine Reihe von Wegen, die ein Dichter beschreiten kann, um Plausibilität der
Handlungsführung und den anwesenden Chor miteineinander zu vereinbaren.

In dem ältesten uns erhaltenen Stück, in dem eine "Intrige" eine wesentliche Rolle spielt, in Aischylos' 'Agamemnon', unterläßt es der Dichter überhaupt, den Plan, Agamemnons Ermordung, von den zukünftigen Tätern Aigisth
und Klytaimestra vor der Tat coram choro entwickeln zu lassen. Stattdessen

---

*1 Es finden sich Betrachtungen über das Schweigegebot bei Matthiessen
(1964) S.45/6 und Arnott (1984/5) S.152-55. Wiewohl beide Abschnitte ge-
dankenreich sind und ich ihnen wichtige Anregungen verdanke, scheint es mir
doch notwenig, das Motiv nochmals zu untersuchen, da Matthiessen sich
hauptsächlich mit dem Verhältnis von I.T. zu Hel. beschäftigt und Arnott das
Wechselspiel von Konvention und Überraschungsmoment herausarbeitet.*
2 Hierüber soll in Bd.2 ausführlicher gehandelt werden.

folgt auf die Tat eine nachträgliche Enthüllungsrede Klytaimestras (V.1372ff),
der Chor aber kann seiner Empörung über den Mord eindrucksvoll Ausdruck
geben (V.1399/1400, 1407-11 usw.). Durch die Unwissenheit des Chores
ergibt sich also die Möglichkeit, in dessen emphatisch-ablehnender Reaktion
auf die Tat deutlich herauszuarbeiten, wie rechtsbrecherisch und rücksichts-
los Klytaimestra und Aigisth vorgegangen sind.

Im folgenden Stück der Trilogie, den 'Choephori', dient die Tat, die Orest
plant, einer von Apoll befohlenen Rache. Der Chor wird hier also zum Mitwisser einer gerechten Sache gemacht. Orest entwickelt V.554-83 seinen
Plan für den Anschlag auf Aigisth vor dem Chor, troischen kriegsgefangenen
Frauen, die seit der Parodos immer wieder ihre kritische Haltung der Gewalt-
herrschaft Klytaimestras und Aigisths gegenüber bekundet haben. Zweimal
(V.555, 581/2) bittet Orest den Chor, das Gehörte für sich zu behalten.
Dies ist allerdings nicht Ausdruck einer Furcht, der Chor könne zum Verrä-
ter werden, sondern der Sorge, der Chor, der fest auf der Seite der Atten-
täter steht, könne unbedacht etwas "ausplaudern".

In den 'Choephori' lassen sich deutlich die Vorzüge einer Enthüllung des
Planes aufzeigen: Chor - und Zuschauer - kennen nun die Absichten der
Akteure, Spannung entsteht, da unvorhergesehene Schwierigkeiten eine rei-
bungslose, planmäßige Durchführung des Attentats verhindern(3). Das Interesse konzentriert sich hier also auf des "Wie" der Intrige, im Gegensatz
zum 'Agamemnon', wo die Ermordung des Königs in dem Moment, als sie
geschah, nicht als Schlußstein eines Plans erschien, sondern durch dunkle
Andeutungen des Wächters (V.36-9), Ahnungen des Chores (z.B. V.99-103,
456-87), schließlich durch die Prophezeihungen Kassandras (V.1072-1330)
sich eine unheilvolle Stimmung verdichtete, in die hinein Agamemnons Tod als
befürchtetes Ereignis fiel: hier steht also das "Was" im Zentrum des Inter-
esses.

Weiterhin ergibt sich aus dem Vergleich zwischen 'Agamemnon' und 'Choephori', daß der Chor ohne Schwierigkeiten in einen der Gerechtigkeit dienen-
den Plan eingeweiht werden kann, ein "böser" Plan aber mit Rücksicht auf
eine plausibele Handlungsführung dem Chor verborgen bleiben muß. Ferner
läßt sich ein Unterschied in der Perspektive zwischen beiden Stücken feststellen: der nur von Ahnungen erfüllte Chor des 'Agamemnon' läßt den Zuschauer des Geschehen aus dem Blickwinkel des Opfers betrachten, der
eingeweihte der 'Choephori' aus dem Blickwinkel der Verschwörer.

---

3 Siehe hierzu *Reinhardt (1949) S.129-35.*

Wir kommen nach diesen Vorüberlegungen zu den Szenen im Werk des Euripides, in denen der Chor zu schweigen gebeten wird – oder aber eine solche Bitte unterbleibt. Der Chor wird Zeuge von Plänen in 'Cyclops' (Blendung Polyphems), 'Medea' (Medeas Rache), 'Hippolytus' (Phaidras Freitod), 'Andromacha' (Ermordung des Neoptolemos), 'Hecuba' (Blendung Polymestors), 'Electra' (Rache an Aigisth und Klytaimestra), 'Hercules' (Attentat auf Lykos), 'I.T.' (Flucht der Geschwister mit dem Götterbild aus dem Taurerland), 'Ion' (a: Xuthos' List gegenüber Kreusa, b: Kreusas Attentatsplan gegen Ion), 'Helena' (Überlistung des Theoklymenos), 'Orestes' (Attentat auf Helena), 'Bacchae' (Dionysos stellt Pentheus eine Falle), 'I.A.' (Opferung Iphigeniens). Richten sich die Pläne gegen einen ausgesprochenen Schurken (Polymestor in Hec., Lykos im H.F., Polyphem im Cycl.(4)) oder einen Erzfrevler (Pentheus in Ba.), so muß der Chor, der in den jeweiligen Stücken bisweilen deutlich auf Seiten des "gerechten" Gegenspielers des Schurken steht(5), nicht extra gebeten werden, die jeweils geplante Bestrafung nicht zu verraten. In drei Stücken (El., Ion b, Or.) wird der Chor nicht zum Schweigen aufgefordert, obwohl die künftigen Opfer des Planes (Klytaimestra, Ion, Helena/Hermione) weit weniger oder überhaupt nicht als Schurken erscheinen. Hier ist aber der Chor (wie übrigens auch in Hec. und H.F.) eng mit einem der planenden Akteure befreundet(6), so daß seine Mitwisserschaft problemlos ist und ein kurzer Hinweis auf seine Zuverlässigkeit genügt (El.272/3, Or.1103/4).

Sympathien für die Urheber eines Planes empfindet der Chor auch in 'Medea', 'Hippolytus', 'I.T.' und 'Helena' – dennoch wird hier an den Chor die Bitte um Schweigen gerichtet. In der 'Medea' und dem 'Hippolytus' ist dies durchaus begründet. Denn dort sind der Plan selbst oder wenigstens Teile

---

4 Den Polyphem nennt der Chor V.378 ἀνοσιώτατος.
5 In der Hec. ist der Chor V.1042/3 sogar bereit, bei der Tat zu helfen, ähnlich steht es im Cycl. 596. Im H.F. will der Chor gegen den Despoten kämpfen (V.252-74), in den Ba. ist Pentheus durch die Verfolgung der Dionysos-Anhänger automatisch ein Feind des Chores.
6 In der El. äußert sich diese Freundschaft in der Parodos, in der die Mädchen Elektra aufmuntern möchten, im Ion darin, daß der Chor das ihm von Xuthos befohlene Schweigen bricht (s.u.) und Kreusa über dessen Plan berichtet (V.752ff.); im Or. fügt sich auch der Chor in das Bild des Verfalls der Moralvorstellungen, das Euripides zeichnet: in der Parodos tritt er als Freund der Bedrängten auf (vgl. V.138), in der Intrige, die der unschuldigen Hermione gilt, wird er zum Komplizen (vgl. Burkert (1974) S.101). Ein Schweigegebot ist hier völlig überflüssig.

davon verbrecherisch. Ein nicht zum Schweigen verpflichteter Chor müßte wie der der 'Andromacha', der von Orests Mordabsicht gegen Neoptolemos erfahren hat, sogleich die Betroffenen informieren (Andr. V.1053/4: [an Peleus gerichtet] οὐδ' ἐμοὶ καλὸν/ κρύπτειν ἐν οἷς παροῦσα τυγχάνω κακῶν).

Nun verwendet Euripides in 'Medea' und 'Hippolytus' ein wohldurchdachtes Verfahren, den Chor so zu binden, daß er von den Plänen Medeas und Phaidras nichts verrät. In beiden Stücken erscheinen die weiblichen Hauptfiguren unmittelbar vor ihrer Bitte an den Chor besonders mitleiderregend: Medea legt in einer großen Rede (V.214-66) ausgehend von Betrachtungen über die ungünstige Stellung der Frau in der Gesellschaft (hierin appelliert sie an das Mitgefühl der Frauen aus Korinth) ihre besonders schlimme Lage, ihre Einsamkeit und die daraus resultierende Hilflosigkeit dar. Dann (V.259-63) bittet sie den Chor, Stillschweigen zu bewahren, sollte sie einen Weg (πόρος τις) oder eine List (μηχανή) finden, ihren Mann Jason für seine Treulosigkeit zu bestrafen. Daß Jason eine Strafe verdient, ist eine akzeptable Position(7). Der Chor selbst läßt nicht nur hier (V.267 ἐνδίκως), sondern auch in seinem Kommentar auf Jasons Rede im Agon mit Medea deutlich erkennen, daß er diesen für schuldig hält (V.576-8). Wenn sich also der Chor V.267/8 angesichts der vagen Pläne für eine prinzipiell nicht ungerechtfertigte Bestrafung ausdrücklich bereiterklärt, Medea mit seinem Schweigen zu helfen, so ist dies unter diesen Bedingungen plausibel.

Im 'Hippolytus'(8) hat Phaidra das fatale Scheitern des Planes, mit dem die Amme ihr helfen wollte erleben müssen; sie befürchtet nun, Hippolytos werde Theseus vom Antrag seiner Stiefmutter berichten (V.689-92). Nach schweren Vorwürfen gegen die Amme schickt sie diese fort. Sie will nun ihr Problem selbst lösen (V.706-9). Darauf bittet sie den Chor, über das, was er gehört hat, Schweigen zu bewahren. Auch in dieser Situation wird dem Chor nichts Verwerfliches abverlangt. Denn wenn die Königin in irgendeiner

---

7 Siehe dazu Wolf (1952) S.392/3.

8 Auch in Soph. Phaidra scheint an den Chor eine Bitte um Schweigen gerichtet worden zu sein, die in F 679 (bei Barrett (1964) S.23 F E) überliefert ist. Für Euripides' 1. Hippolytus hat Heldmann (1968) sehr ansprechend F 435 N (bei Barrett (1964) S.19 F G) als Hinweis auf einen Eid gedeutet, den Phaidra dem Chor abverlangt. Hieraus ließe sich dann ebenfalls ein Schweigen des Chores über die Intrige folgern, auch wenn F 439 N (bei Barrett (1964) S.21 F N) nicht die Worte des ohnmächtigen Chores im Streit zwischen Theseus und Hippolytos sein können (so Heldmann (1968) S.96-8), wie Zwierlein (1987) S.38 A.72 zu recht anmerkt.

Form ehrenvoll ihrem Dilemma entkommen soll, darf der Chor, der Ohren-
und Augenzeuge der peinlichen Szene zwischen Amme und Hippolytos war,
sein Wissen nicht weitergeben. So ist es für ihn, der seit der Parodos sein
Interesse und seine Sympathie für Phaidra bekundet hat, natürlich, auf die
Bitte der Königin hin mit einem Schwur bei Artemis (welch Ironie !) sein
Schweigen zuzusichern (V.713/4).

Damit findet sich in beiden Stücken die Abfolge ähnlicher Elemente:
1. Mitleiderregende Situation der weiblichen Hauptfigur;
2. Bitte um Schweigen, die harmlos wirkt, da ein vertretbares Ansinnen, das
   indes nur vage angedeutet wird, damit geschützt werden soll.
3. Ausdrückliche Zusicherung des Chores.

Der Chor ist nunmehr jeweils gebunden. Es ist damit bis zu einem gewissen Grade plausibel, wenn er, sobald Medeas oder Phaidras schrecklicher
Plan durchschaubar wird(9). nicht eingreift und damit die Katastrophe ungestört vor sich gehen kann (wie sie es soll).

In 'I.T.' und 'Helena' ist alles sehr viel einfacher: der jeweilige Fluchtplan
(der in der I.T. um den Raub des Artemis- Kultbildes erweitert ist) ist unbe-
denklich, zumal der Chor jeweils aus Griechinnen besteht (vgl. I.T.64,
Hel.193), die von der Parodos an jeweils eng mit der Titelheldin befreundet
erscheinen. So kann in beiden Stücken die jeweilige Intrige vor dem Chor
entwickelt werden (I.T.1029-50, Hel. 761-818 bzw. 1032- 1106), der dann,
als er bereits alles weiß, um Schweigen gebeten wird. Notwendig ist unter
diesen Bedingungen (Plan, der einer "poetischen Gerechtigkeit" dient, Affinität
des Chores zur Titelheldin) die Schweigebitte nicht, ebenso wie in 'Electra'
oder 'Orestes' würde man ihr Fehlen wohl nicht vermissen.

Was mag Euripides dennoch bewogen haben, dieses Motiv einzuführen?
Ging es ihm darum, z.B. in der 'I.T.' mit der langen Bittrede Iphigenies an
den Chor (I.T.1056-74) der Beratungsszene einen "dramatischen Höhepunkt"
zu geben ?(10) Ich möchte eine andere Deutung vorschlagen. Es ist oft
bemerkt worden, daß der Chor der 'I.T.' z.T. der Theonoe in der'Helena'
entspricht(11). Theonoe wird in der 'Helena' in einem Agon von Bittreden (Hel.
V.896-995) dazu gebracht, die Intrige gegen ihren Bruder vor diesem zu
verschweigen. Ihr Schweigen ermöglicht das Entkommen von Helena und

---

9 Es bleibt dem Chor jeweils nur, Medea bzw. Phaidra durch Zureden vom
Plan abzubringen zu versuchen: Med. 811-23, Hipp. 715-31, siehe dazu oben
S.295.
10 So erklärt Matthiessen (1964) S.46.
11 Siehe dazu T.v.Wilamowitz (1917) S.266 u. Matthiessen (1964) S.46.

Menelaos – und macht sie am Ende des Stückes vor ihrem Bruder auch
verantwortlich dafür (vgl. Hel.1624/5). Am Ende der 'I.T.' erscheint der Chor
dem Thoas als Mitschuldiger an der Intrige, er ist ihm Mitwisser, der (wie
Theonoe in der Hel.) bestraft werden soll (I.T.1431-3). Diese ungewöhnliche
Stellung des Chores als dramatis persona bedarf nun eines Widerhaltes im
Stück: wie Theonoe im Bittreden-Agon der 'Helena' muß auch der Chor mit
einer Bittrede zum Schweigen bewegt werden(12), damit er am Ende des
Stückes für das Gelingen der Intrige verantwortlich gemacht werden kann.
Das ausführliche Schweigegebot in der 'I.T.' ist folglich notwendige Vorberei-
tung für die bedeutsame Rolle des Chores am Schluß des Stückes.

In der 'Helena' fällt die Bitte an den Chor wesentlich knapper aus
(V.1387-89). Wie in der 'I.T.' ist auch sie an sich funktionslos(13), da der
Chor Helena freundlich gegenübersteht und der Plan, der auf ein bloßes
Entkommen ohne Tempelraub abzielt, harmloser als in der 'I.T.' ist. Dennoch
bittet Helena den Chor um Schweigen, ja sie stellt ihm sogar – ganz wie
Iphigenie in I.T.1067/8 – die Befreiung in Aussicht. Hierfür liegt an sich
ebenfalls kein Grund vor, da – anders als in der 'I.T.' nicht der Chor am
Ende des Stückes für die Intrige vom tobenden Theoklymenos zur Rechen-
schaft gezogen werden soll, sondern Theonoe. Was kann also die Funktion
dieses "unnötigen" Schweigegebotes sein ? Einerseits erinnert es kurz vor
der Durchführung der Intrige noch einmal an deren Risiken(14). Und andererseits erinnert es für einen kurzen Moment daran, daß der Chor, der seit
1000 Versen nur noch kommentierend die Handlung begleitet hat, auch als
dramatis persona noch präsent ist, eine Erinnerung, die nicht unwichtig ist,
da der Chor im Schlußteil wieder als Mitspieler Bedeutung erlangen wird,
indem er Theoklymenos aufhält(15).

In der 'I.A.' erfolgt in V.542 ein Schweigegebot; dies ist das erste Mal,
daß im Stück die Schauspieler vom Chor Notiz nehmen, der Chor also als
dramatis persona in Erscheinung tritt – doch nur, um durch das Schweigegebot sogleich jede Möglichkeit, Mitspieler zu sein, einzubüßen. Und auch die
Situation, in der der Chor angesprochen wird, läßt diesen in einer Distanz
zur Handlung erscheinen: die Frauen von Chalkis, aus denen der Chor besteht, haben soeben Agamemnons schmerzlichen Entschluß miterlebt, seine

---

12 Auf die Analogie zwischen den Schweigebitten weist auch Matthiessen
(1964) S.46 hin.
13 Vgl. Kannicht (1969) Bd.2 S.365.
14 Kannicht (1969) Bd.2 S.365.
15 Siehe dazu oben S.290/1.

Tochter Iphigenie doch zu opfern (V.506-37). Dieser Plan hat einen "tragi-schen" Charakter: der König muß, um sein großes Ziel, den Zug gegen Troia, zu erreichen, ein Opfer bringen, das ihn zerstört. Dieses dem Plane inne-wohnende Tragische findet sich auch in 'Medea' und 'Hippolytus': Medea tötet, um ihre Rache zu vollenden, ihre eigenen Kinder, Phaidra schließlich sogar sich selbst. Doch während in den früheren Stücken das Ziel, das mit solchen Opfern erreicht werden sollte, höchst bedenkliche Seiten aufweist, ist Aga-memnons Sinnen auf die Rettung Griechenlands gerichtet: Opfer und Ziel stehen damit in einem unerhörten Spannungsverhältnis. Der Chor selbst steht in keinerlei Verbindung mit Planern oder Opfern. Und das Schweigegebot selbst ist nicht einmal ein eigenständiger Gedanke in Agamemnons Rede. Vielmehr ist es lediglich Anhängsel an des Königs Sorge darum, daß sein Plan geheim bleibt: Menelaos soll darauf achten, daß Klytaimestra nicht zu früh etwas erfährt (V.538-41) - und die Frauen sollen schweigen (V.542). In Euripides' letztem Stück ist das Schweigegebot damit zu einem Nebenge-danken geworden, mit dem ein nicht in die Handlung verwobener Chor vol-lends seine Bedeutung als dramatis persona verliert(16).

Alle bisher behandelten Schweigebitten hatten eines gemeinsam: der Chor kam ihnen nach. Wichtigstes Motiv, dies plausibel zu machen, war die Sym-pathie des Chores für die Planer einer Intrige. Im 'Ion' (a) fehlt dieses Motiv: Xuthos plant hier, seine Vaterschaft vor seiner Frau Kreusa zu verbergen und seinen "Sohn" Ion unmerklich in Athen als Thronfolger zu installieren (V.650-65). Der Chor, treue Dienerinnen der attischen Königin, ist Zeuge des Planes. Damit liegt hier die Konstellation vor, daß der Chor dem Opfer der Intrige nahesteht. So bedarf es denn einer anderen Form des Schweige-gebots: statt zu bitten und Belohnung in Aussicht zu stellen befiehlt Xuthos und droht den Dienerinnen mit dem Tod, sollten sie ihr Wissen an Kreusa weitergeben (V.666/7). Die besondere Konstellation und die Drohung bewir-ken, daß der Chor als dramatis persona nicht etwa zurück, sondern beson-ders deutlich hervortritt. Denn Kreusa soll ja von Xuthos' Plan erfahren, um daraufhin erbost zu einer mörderischen Gegenintrige zu greifen, in deren Verlauf die Gefahr entsteht, Sohn und Mutter könnten sich gegenseitig um-bringen. Nun sind verschiedene Wege denkbar, auf denen Kreusa vom Vorha-ben ihres Gatten erfahren kann: der alte Erzieher, der V.735 erstmals auftritt, könnte früher erscheinen, Zeuge des Gesprächs zwischen Xuthos und Ion werden und Kreusa alles hinterbringen. Der Chor wäre in diesem Fall unwichtig. Oder aber Xuthos spräche keinen Schweigebefehl aus und der Chor gäbe das Gehörte wie der Chor in der 'Andromacha' (Andr. V.1053ff)

---

16 Vgl. dazu Schadewaldt (1926) S.27.

sofort weiter: in diesem Fall würde der Chor zwar dem Stück einen gewichtigen Impuls geben, als dramatis persona aber weniger profiliert erscheinen
als es in der im Ion von Euripides konzipierten Form geschieht; die Frauen
von Phthia haben in der 'Andromacha' nichts zu fürchten, wenn sie Peleus
vom Attentat auf seinen Enkel berichten. Im 'Ion' aber hat der Chor zunächst
seine Furcht vor der Drohung des Xuthos zu überwinden (V. 756, 758, 760),
ein inneres Ringen findet statt an dessen Ende eine bewußte Entscheidung
für Kreusa steht. Der Schweigebefehl läßt damit deutlich den Chor als treuen
Diener erscheinen, er dient zur Profilierung der dramatis persona.

Ein Papyrus-Bruchstück (PSI XIII 1302) aus dem 2.Jh. n.Chr. hat einige
Halbverse aus einem der beiden 'Alcmeon'-Dramen(17) des Euripides überlie-
fert(18). Ich setze V.1-7 dieses Papyrus mit den Ergänzungen Schade-
waldts(19) (die selbstverständlich exempli gratia zu verstehen sind und der
Aufhellung des Gedankenganges dienen) hierher:

1 ἀλλ' ἔρπ' ἐς οἴκ[ους καὶ τόδ' εὖ φύλασσέ μοι
2 μὴ τοῦ[τ'] ἐμὴ [παῖς τοὔπος ἔχθιστον μάθῃ·
3 ὑμῖν τ' ἀπαυδ[ῶ ταὐτὸ καὶ σαφῶς λέγω·
4 εἴ τις λακοῦσα τ[οῦτον ἐκφανεῖ λόγον,
5 μή μ' αἰτιᾶσθ[ε δυσκλεῶς θανούμεναι.
6 ὅστις δὲ δούλῳ φῳ῭τὶ πιστεύει βροτῶν᾽
7 πολλὴν παρ' ἡ῭μῖν μωρίαν ὀφλισκάνει᾽.

Es folgen Überreste eines Chorliedes. Wir sehen, wie sich in diesem
Stück, das entweder 438 (Alcmeon in Psophis) oder posthum (Alcmeon in
Korinth) aufgeführt wurde, eine Form des Schweigegebotes findet, die der
des 'Ion' stark ähnelt: der Sprecher dieser Verse befiehlt einer Person, die
möglicherweise ein Sklave ist(20), vor einer weiblichen Person, vielleicht
(vorausgesetzt, Schadewaldts Zuweisung ist richtig) seiner Tochter(21), oder
seiner Frau (van Looy(22)) etwas geheimzuhalten. Dies muß kurz zuvor
erörtert worden sein, in der Gegenwart des Chores, Mädchen, wie aus F66
N (F.95 M) hervorgeht, der (V.3-5) nun ebenfalls zur Geheimhaltung verpflichtet wird. Der Sprecher bedroht wie Xuthos den Chor (wohl ebenfalls

---

17 Eine sichere Zuordnung ist wie auch bei vielen anderen zu diesen Stücken
überlieferten Fragmenten nicht möglich, siehe dazu van Looy (1964) S.126-31.
18 Nr. 150 bei Austin (1968).
19 (1970) S.516. V.1 οἴκους u. V.3 ἀπαυδ[ῶ ergänzte Vitelli.
20 Schadewaldt (1970) S.518.
21 Schadewaldt (1970) S.522.
22 Van Looy (1964 S.127.

mit dem Tode). Daß er droht, deutet nach dem, was sich aus dem Schweigebefehl im 'Ion' ergab, darauf hin, daß einerseits das zuvor Besprochene für den Chor in irgendeiner Form bedenklich ist, da er mit Drohungen zum Verschweigen gebracht werden muß, daß andererseits aber auch im 'Alcmeon' der Chor als dramatis persona bedeutsam gewesen sein dürfte. Denn eine (zumal gewichtige) Drohung ist nur dann sinnvoll, wenn ihr auch zuwider gehandelt werden soll.

Diese kurze Behandlung des Motivs "Schweigegebot" ergibt also eine doppelte Verwendungsmöglichkeit. Einerseits kann hiermit der Chor als dramatis persona aus der Handlung entfernt werden (Med., Hipp., I.A.), andererseits aber kann durch eben dieses Instrument auch der Chor als Mitspieler in Erinnerung gerufen und sein Charakter herausgearbeitet werden (I.T., Hel., Ion, Alcmeon).

3.10. Zusammenfassung II

Ich habe mich in diesem Kapitel darum bemüht, die Rolle des Chores in der Handlung in einzelne Aspekte aufzuspalten und diese zu untersuchen.

Am Beginn stand der Versuch, eine Differenzierung der Aufgaben des Chores zu unternehmen: seine Beiträge haben innerhalb der Sprechverspartien Gliederungsfunktionen, sie beeinflussen, wenn sie als Kommentar angelegt sind, die Interpretation einer Szene durch das Publikum, und sie können Beiträge zum Gespräch der Schauspieler darstellen, die der Chor als Figur des Stücke macht. Es ließ sich eine Regel finden, wann die Worte des Chorführers "undialogisch" (kommentierend) und wann sie "dialogisch" sind: entstünde durch sie ein Dreigespräch, sind sie "undialogisch", werden sie in einer Situation eines Dialoges zwischen dem Chor und einem Schauspieler gesprochen, sind sie ein Beitrag des Chores in seiner Eigenschaft als Mitspieler zum Gespräch.

"Undialogische" Worte des Chores finden sich vornehmlich in zwei Bereichen: zum einen dann, wenn sie den Auftritt einer Figur ankündigen. Sie entlasten dabei das Gespräch der Schauspieler, denn die neu aufgetretene Figur muß in deren Dialog nicht mehr vorgestellt werden, da das Publikum bereits über sie unterrichtet ist. Zusätzlich kann mit einer derartigen Auftrittsankündigung dem Zuschauer ein Hinweis auf die Stimmung, die die folgende Szene trägt, gegeben werden: dann nämlich, wenn in einer Auftrittsankündigung der Chor freudig oder traurig von dem Auftretenden spricht.

Der andere wichtige Bereich für "undialogische" Chorworte ist der Agon. Hier haben die Beiträge des Chores nach Rede und/oder Gegenrede die Aufgabe, die Interpretation der Standpunkte durch den Zuschauer zu beeinflussen. Dabei unternimmt der Chor entweder erst am Ende des Agons eine Bewertung, oder er beurteilt bereits die erste Rede, ohne die Gegenargumentation zu kennen. In beiden Fällen kann das Publikum seine Bewertung des Gesagten mit der des Chores vergleichen. Da nun die Wertmaßstäbe, die den Urteilen des Chores zugrundeliegen, so weit erkennbar, auch die des Publikums waren, kann man annehmen, daß keine Spannung zwischen dem Urteil des Publikums und dem des Chores über die Standpunkte eines Agons entstand. Wenn der Chor nun so wie das Publikum die Reden in einem Agon bewertet, bestätigt er einerseits dessen Urteil. Andererseits kann er auch daran mitwirken, im Zuschauer eine Erwartungshaltung, wie der Gegenredner antworten oder der "Richter" im Agon entscheiden sollte, aufzubauen. Das Spiel mit der Erwartungshaltung und insbesondere ihre Zerstörung ist häufig ein Moment der Agonszene bei Euripides, die Rolle des Chores ist dabei ein wichtiges Element.

Der Chor als Figur des Stückes, als dramatis persona, kommt in begrenztem Umfang in Szenen zur Geltung, in denen er einen Schauspieler informiert oder selbst informiert wird. Derartige Szenen haben meistens technische Funktionen: es ist einfach, den Chor als Informanten einzusetzen, wenn eine Figur des Stückes unterrichtet werden soll und aus bestimmten Gründen keine andere Figur dies problemlos durchführen kann. Und es ist einfach, den Chor über etwas zu unterrichten, wenn dieses Wissen für das Publikum notwendig ist. In zwei Szenen wird die technische Funktion dadurch, daß die mitzuteilende Nachricht problematisch für den Chor ist, ins Inhaltliche erweitert: der Chor versucht in der 'I.T' zu lügen und so die ihm abverlangte Information zu verweigern. Im 'Ion' gibt er zögernd etwas preis, was ihm unter Androhung des Todes verboten war. Damit gewinnt die dramatis persona des Chores in diesen Szenen (sowie für den Fortgang des Stückes) besondere Bedeutung.

Um die Mitteilung einer Nachricht geht es auch im sogenannten Botenbericht. Wenn diese Nachricht nicht an den Chor gerichtet ist, stellt seine Reaktion darauf wie im Agon einen Kommentar dar, der einerseits die Haltung des Chores zum Berichteten offenlegt, andererseits aber auch das Publikum zur Auseinandersetzung mit seiner Reaktion veranlassen und so beeinflussen kann. Wenn der Botenbericht an den Chor (er also als Mitspieler auftritt) gerichtet wird, geschieht dies nur in den 'Supplices' deshalb, weil der Chor auch der vom berichteten Geschehen Betroffene ist. In den übrigen Fällen nimmt er deshalb den Bericht entgegen, weil aus verschiedenen Gründen die Figur, für die der Bericht relevant ist, nicht zugegen sein kann, die Neuigkeit, die der Bericht vermittelt, dem Publikum aber dennoch mitgeteilt werden soll.

Auch in Szenen lyrischer Wechselrede (Monodie, Epirrhematikon, Amoibaion) kann der Chor entweder kommentierend oder als Mitspieler auftreten. Während er dort, wo er als Kommentator das Wort ergreift, mit seinen Versuchen, die Situation zu deuten, wiederum nicht ohne Einfluß auf die Interpretation des Publikums bleibt, finden sich innerhalb der Szenen, in denen der Chor Mitspieler ist, vielfältige Formen seiner Verwendung. Die gewichtigste Rolle spielt er in der lyrischen Totenklage. Dabei können ihm zwei verschiedene Aufgaben zufallen: entweder er intensiviert die Wirkung der Klage, indem er sich mit Gesten und Worten wie der Trauernde an der Klage beteiligt ('Andromacha', 'Supplices', 'Hercules', 'Troades'), oder er bemüht sich darum, konsolatorisch auf den Leidenden einzuwirken ('Alcestis', 'Hippolytus').

Euripides unterscheidet sich mit dieser Verwendung des Chores in Klageszenen insbesondere von Sophokles, in dessen Klageszenen zwar auch das Leid dargestellt, daneben aber auch der Sinn des Stückes erschlossen wird. Dem Chor kommt in den sophokleischen Szenen daher eine andere Aufgabe als bei Euripides zu: er distanziert sich häufig vom Leidenden (nicht in konsolatorischer Absicht) und trägt mit seinen Äußerungen dazu bei, die Hintergründe des Unglücks, das betrauert wird, zu verdeutlichen. In einer einzigen Szene verwendet Euripides den Chor in vergleichbarer Weise: im Schlußkommos der 'Electra', hier äußert sich der Chor distanziert und trägt dazu bei, die Tragik der Muttermörder herauszuarbeiten.

In einer Reihe von Szenen dient der Chor dazu, durch seine Kommentare ein im Bühnenhaus ablaufendes Geschehen dem Zuschauer verständlich zu machen: er ist Teil einer "akustischen Inszenierung", die das Ziel hat, eine Handlung, die nicht auf der Bühne stattfinden kann, das Publikum dennoch akustisch miterleben zu lassen. Der Chor ist hierbei auch als Mitspieler bedeutsam, da sich in seiner Reaktion auf das im Hause ablaufende Geschehen seine Haltung zu den Motiven dieser Tat offenbart und er damit charakterisiert wird. Er kann dem Geschehen ablehnend gegenüberstehen oder es befürworten. Erstere Konstellation, derer Archeget Aischylos' 'Agamemnon' ist, verwendet Euripides in der 'Medea' (Kindermord) und dem 'Hercules' (Herakles tötet seine Familie), die zweite (sie findet sich zuerst in Aischylos' 'Choephori') in 'Hecuba' (Blendung des Polymestor), 'Electra' (Muttermord), 'Hercules' (Herakles tötet Lykos), 'Orestes' (Attentat auf Helena), 'Cyclops' (Blendung des Polyphem) und 'Antiopa' (Attentat auf Lykos). Der 'Orestes' weicht insofern von den übrigen Stücken ab, als hier (wie auch in seinem Vorbilde, Sophokles' 'Electra') der Chor gemeinsam mit einer anderen Figur (Elektra) nicht nur das hinterszenische Geschehen kommentiert, sondern auch gleichsam als Wächter dafür Sorge trägt, daß die Tat ungestört vor sich gehen kann.

Eine Sonderform findet sich im 'Hippolytus': hier wird im Haus keine Gewalttat begangen, sondern Phaidra legt Hand an sich selbst. Diese Szene hat ihre Vorläufer in Sophokles' 'Antigona', 'O.R.' und 'Trachiniae'.

Der Chor hat in allen diesen Formen der "akustischen Inszenierung" die Aufgabe, in einem Lied, das er vor der Tat singt, die Frage nach deren Hintergründen oder der Berechtigung zu erörtern und es mit seinen Kommentaren zu den aus dem Hause dringenden Rufen dem Zuschauer zu erleichtern, sich vorzustellen, was im Haus geschieht.

Es gibt drei Formen, in denen der Chor selbst als Handelnder in einem Stück auftritt: die eindrucksvollste Möglichkeit, den Chor als Mitspieler darzustellen, ist es, ihn in eine Situation der Konfrontation mit einem Schauspieler zu führen. Bei Euripides finden sich derartige Szenen, in denen es zu handgreiflichen Auseinandersetzungen zwischen dem Chor und einem Schauspieler zu kommen droht, im 'Hercules' und der 'Helena' (Vorbild einer solchen Szene ist Aischylos' 'Agamemnon', bei Sophokles gibt es sich eine vergleichbare Partie im 'O.C.'). Neben dem Effekt, daß eine derartige Konfrontation eine bühnenwirksame Szene darstellt, dient sie der Charakterisierung: der Widersacher des Chores wird in ihr als Tyrann, der Chor als Verfechter des Prinzips der Gerechtigkeit gezeichnet. Im 'Rhesus' und vielleicht im 'Telephus' führt die Konfrontation zu einer anderen Charakterisierung: hier fällt alles Licht auf den Widersacher des (übertölpelten) Chores, der damit mehr Profil erhält.

Ferner wirkt der Chor häufig als Mahner, Tröster oder Ratgeber auf einen Schauspieler ein: in ersterer Funktion bringt er ihn durch seine Mahnungen oder Fragen dazu, seine Ansichten und Pläne ausführlich darzulegen ('Alcestis', 'Medea', 'Hippolytus', 'Helena'). Oder aber der Rat des Chores führt aus einer Situation der Aporie ('Hippolytus', 'Ion', 'Helena') heraus.

Schließlich kann der Chor auch in einer Intrigenhandlung aktiv mitwirken: entweder, indem er sie tatkräftig unterstützt ('Electra', 'I.T.', 'Helena'), oder aber, indem er sie vereiteln will ('Ion').

Ambivalent ist im Hinblick auf den Chor als Mitspieler das sogenannte "Schweigegebot". Einerseits ist es ein Instrument, den Chor als Figur des Stückes in den Hintergrund zu schieben, da ihm durch das Schweigegebot ein an sich plausibeles Verhalten untersagt wird: das Wissen des Chores, der ja durch seine permanente Anwesenheit von sämtlichen Plänen und Absichten der Akteure auf der Bühne unterrichtet ist, kann nicht an Figuren weitergeben werden, die bedroht sind. So führt dieses Schweigegebot in 'Medea', 'Hippolytus' und 'I.A.' dazu, daß der Chor als Mitspieler zurücktritt.

Andererseits kann das Schweigegebot auch dazu führen, daß der Chor als Mitspieler zur Geltung kommt: entweder, indem durch die Aufforderung an den Chor zu schweigen das Publikum daran erinnert wird, daß der Chor als Figur des Stückes noch vorhanden ist ('I.T.', 'Helena'). Oder aber der Chor verstößt gegen das Schweigegebot und zeigt damit, daß er ein wichtiger Faktor in der Handlung ist ('Ion', 'Alcmaeon').

Unsere Untersuchung der Rolle des Chores in der Handlung ergab ein facettenreiches Bild. Zwei Phänomene möchte ich abschließend hervorheben: 1. Es hat sich ergeben, daß einige Szenentypen ambivalent sind: die Konfrontationsszene und das Schweigegebot können die Bedeutung der dramatis persona des Chores sowohl vergrößern als auch reduzieren.

2. Wenn man diejenigen Szenentypen durchmustert, in denen der Chor als Mitspieler bedeutsam ist, so läßt sich bis in das Spätwerk des Euripides hinein kein Bedeutungsverlust des Chores in seiner Eigenschaft als Figur des Stückes erkennen: der Chor tritt in 'Hercules' und 'Helena' in der Konfrontation auf, er partizipiert an der Intrigenhandlung in 'I.T.' und 'Ion', das Schweigegebot unterstreicht seinen Mitspielercharakter in 'I.T.', 'Ion' und 'Helena'.

Die Bedeutung des Chores als Mitspieler scheint erst in 'Phoenissae', 'Bacchae' und 'I.A.' zu schwinden. Denn diese drei Stücke sind in den letzten Abschnitten, die dem Chor als Mitspieler galten, fast nie genannt worden: der Chor partizipiert in ihnen nicht an der lyrischen Totenklage (besonders auffällig am Schluß der 'Phoenissae'), er dient nicht der "akustischen Inszenierung", er ficht keinen Streit mit Schauspielern aus (anders als beim späten Sophokles), fungiert weder als Ratgeber noch als Helfer bei der Intrige. Nur einmal, in der 'I.A.', wird er um Schweigen gebeten, doch unter Umständen, die den Chor marginal wirken lassen. So läßt sich feststellen, daß Euripides eine Konstanz in der Behandlung des Chores in der Handlung aufweist, die bis zum 'Orestes' reicht. Erst in den letzten erhaltenen Stücken ('Phoenissae', 'Bacchae', 'I.A.') verzichtet er weitgehend darauf, dem Chor als Mitspieler Gewicht zu verleihen.

Literaturverzeichnis

I) Textausgaben und Kommentare

1. Euripides
   zugrunde gelegte
   Gesamtausgabe   : J. Diggle (ed.) Euripidis Fabulae Tom.I, Oxford
                                                          1984;
                                                       Tom.II,Oxford
                                                          1981;
                        G.Murray (ed.)   Tom.III,Oxford
                                                       2.Aufl. 1913;
   Zu einzelnen Stücken herangezogen :
   Textausgaben (so weit im Text/den Anmerkungen angeführt):

A. u. J. M. Duncan u.a. (ed.): Euripidis opera omnia, 9 Bde.,
   Glasgow 1827;
H.**Weil** (ed.): Sept Tragedies d'Euripide,   2. Aufl. Paris 1879;
A.**Garzya** (ed.): Euripides Heraclidae, Leipzig 1972;
C.**Collard** (ed.): Euripides Supplices, Leipzig 1984;
W.**Biehl** (ed.): Euripides Ion, Leipzig 1979:
G.**Hermann** (ed.): Euripidis Phoenissae, Leipzig 1840;
D.J.**Mastronarde** (ed.): Euripides Phoenissae, Leipzig 1988;
R.**Klotz** (ed.): Euripidis Iphigenia quae est Aulide, Gotha/ Erfurt 1840;
F.**Jouan**: Euripide, Iphigenie en Aulide, Paris 1983;
H.C.**Günther** (ed.): Euripides Iphigenia Aulidensis, Leipzig 1988;

Kommentare:

R.G.**Ussher**: Euripides Cyclops (Rom 1978);
R.**Seaford**: Euripides Cyclops, Oxford 1984;
W.**Biehl**: Euripides Cyclops, Heidelberg 1986;

L.**Weber**: Euripides Alkestis, Berlin/Leipzig 1930;
A.M.**Dale**: Euripides Alcestis, Oxford (1966, zuerst 1954));

A.W.**Verall**: The Medea of Euripides, London 1901;
D.L.**Page**: Euripides Medea, Oxford (1967, zuerst 1938);
G.**Amendola**: Euripide Medea, Florenz (1951);

A.C.**Pearson**: Euripides, The Heraclidae, Cambridge 1907;

U.v.**Wilamowitz**-Moellendorff: Euripides Hippolytos, Berlin 1891;
W.S.**Barrett**: Euripides Hippolytos, Oxford (1966, zuerst 1964);

P.T.**Stevens**: Euripides Andromache, Oxford (1971);

C.**Collard**: Euripides Supplices, 2 Bde., Groningen 1975;

J.D.**Denniston**: Euripides Electra, Oxford (1954, zuerst 1939);

U.v.**Wilamowitz**-Moellendorff: Euripides Herakles, 3 Bde.,
    4. Aufl.   Darmstadt 1959;
G.**Bond**: Euripides Heracles, Oxford 1981;

K.H.**Lee**: Euripides Troades, (London 1976);

M.**Platnauer**: Euripides Iphigenia in Tauris, Oxford (1938);

U.v.**Wilamowitz**-Moellendorff: Euripides Ion, Berlin 1926;
A.S.**Owen**: Euripides Ion, Oxford (1939);

A.M.**Dale**: Euripides Helen, Oxford 1967;
R.**Kannicht**: Euripides Helena, 2 Bde., Heidelberg 1969

E.**Craik**: Euripides Phoenician Women, (Warminster 1988);

V. **Di Benedetto**: Euripidis Orestes, Florenz 1965;
C.**Willink**: Euripides Orestes, Oxford 1986;
M.L.**West**: Euripides Orestes, (Warminster 1986);

E.R.**Dodds**: Euripides Bacchae,   2. Aufl. Oxford (1960);
J.**Roux**: Euripide, Les Bacchantes, 2 Bde, Paris 1970/1972;

E.B.**England**: The Iphigenia at Aulis of Euripides, London 1891,
    (ND New York 1979)

I.A.**Hartung**: Euripides' Rhesos. Leipzig 1852;
D.**Ebener**: Rhesos, Tragödie eines unbekannten Dichters, Berlin
    1966;

Fragmentausgaben

Sammelausgaben

A.**Nauck**: Tragicorum Graecorum Fragmenta, 2.Aufl. Leipzig 1889 (zitiert als
N);
H.J.**Mette**: Euripides, erster Hauptteil: Die Bruchstücke, Lustrum 23/24,
    1981/2 (zitiert als **M**);
H.v.**Arnim**: Supplementum Euripideum, Bonn 1912;
C.**Austin**: Nova Fragmenta Euripidea, Berlin 1968;

Zu einzelnen Stücken

J.**Kambitsis**: L'Antiope d'Euripide, Athen 1972;
G.**Bond**: Euripides Hypsipyle, Oxford 1963;
W.E.**Cockle**: Euripides Hypsipyle, Rom 1987;
A.**Harder**: Euripides Kresphontes and Archelaos, Leiden 1985;
D.F.**Sutton**: Two lost plays of Euripides [Peirithous/Palamedes], New York/
   Bern (1987);
J.**Diggle**: Euripides Phaethon, Cambridge 1970;
E.**Handley**/J.**Rea**: The Telephus of Euripides, BICS Suppl.5, 1957;

   Scholien

E.**Schwartz** (ed.): Scholia in Euripidem, 2 Bde., Berlin 1887/1891
   (ND Berlin 1966);

2. Sonstige Autoren: Texte und Kommentare (so weit zitiert)

Aischylos:
   D.L.**Page**: Aeschyli septem quae supersunt tragoediae, Oxford (1972);
   H.D.**Broadhead**: The Persae of Aeschylus, Cambridge 1960;
   G.O.**Hutchinson**: Aeschylus, Septem contra Thebas, Oxford 1985;
   H.**Friis Johansen**/E.W.**Whittle**: Aeschylus Supplices, 3 Bde., Kopenhagen
      1980;
   E.**Fraenkel**: Aeschylus Agamemnon, 3 Bde., Oxford (1982, zuerst 1950)
   J.D.**Denniston**/D.**Page**: Aeschylus Agamemnon, Oxford (1957);
   A.F.**Garvie**: Aeschylus Choephori, Oxford (1986);

Hesiod:
   M.L.**West**: Hesiod, Works and Days, Oxford 1978;

Menander:
   E.W.**Handley**: The Dyskolos of Menander, London (1965);
Sophokles:
   R.D.**Dawe**: Sophoclis Tragoediae, 2 Bde., 2.Aufl. Leipzig 1984/1985;
   R.C.**Jebb**: Sophocles: The Plays and Fragments
                     Bd.3: The Antigone, Cambridge 1900;
                     Bd.7: The Aiax, Cambridge 1907;
   J.C.**Kamerbeek**: The Plays of Sophocles, Commentaries
                     Bd.2: The Trachiniae, Leiden 1959;
                     Bd.4: The Oedipus Tyrannus, Leiden 1967;
                     Bd.5: The Electra, Leiden 1974;
                     Bd.7: The Oedipus Coloneus, Leiden 1984;
   P.E.**Easterling**: Sophocles, Trachiniae, Cambridge (1982);
   R.D.**Dawe**: Sophocles, Oedipus Rex, Cambridge (1982);
   J.H.**Kells**: Sophocles, Electra, Cambridge (1973);

G.**Kaibel**: Sophokles Elektra, 2. Aufl. Leipzig/Berlin **1911**;
T.B.L.**Webster**: Sophocles, Philoctetes, Cambridge (**1970**);
F.W.**Schneidewin**/A.**Nauck**: Sophokles, Oedipus auf Kolonos,
    7.Aufl. Berlin, **1878**;

Fragmentsammlungen

Comicorum Atticarum Fragmenta, ed.Th.**Kock**, Bd.3, Leipzig **1888**;
Poetae Melici Graeci, ed. D.L.Page, Oxford (1962)(zitiert als **PMG**);
Poetarum Epicorum Graecorum Testimonia et Fragmenta, ed.
    A.**Bernabe** , Leipzig **1987**;
Tragicorum Graecorum Fragmenta
    Vol.1 ed. B.Snell, Göttingen (1971);
    Vol.2 ed. R.Kannicht/B.Snell, Göttingen (1981);
    Vol.3 ed. S.Radt, Göttingen (1985);
    Vol.4 ed. S.Radt, Göttingen (1977);

II) Spezialliteratur

A. W. H. **Adkins**: Merit and Responsibility, Oxford (**1960**);
R. **Aelion**: Euripide Heritier d'Aeschyle, 2 Bde., Paris **1983**;
M. **Alexiou**: The Ritual Lament in the Greek Tradition, London **1974**;
K. **Alt**: Untersuchungen zum Chor bei Euripides, Diss. (masch.) Frankfurt/M.
    1952;
R. **Arnold**: Die chorische Technik des Euripides, Halle **1878**;
G. W. **Arnott**: Alcune Osservationi sulle Convenzione Teatrali dei
    Cori Euripidei, Dioniso 55, **1984/5**, S.147-55;
G. W. **Arnott**: Electra's Musical Swan, Sileno 10, **1984**, S.27-31;
G. W. **Arnott**: Euripides and the Unexpected, G & R 20, **1973**, S.49- 64;
G. W. **Arnott**: Off-Stage Cries and the Choral Presence, Antichthon 16,
    1982, S.35-43;
G. W. **Arnott**: Tense, Frustration and Surprise: A Study of Theatrical Tech-
    niques in some Scenes of Euripides' Orestes, Antichthon 17, **1983**,
    S.13-28;
P. **Arnott**: Greek Scenic Conventions, Oxford **1962**;
W. **Arrowsmith**: Introduction To 'Cyclops', in: Seidensticker (**1989**), S.179-87;
M. B. **Arthur**: The Choral Odes of the Phoenissae, HSCPh 81, **1977**,
    S.163-85;

E. **Bächli**: Die künstlerische Funktion von Orakelsprüchen, Weissagungen,
    Träumen usw. in der griech. Tragödie, Diss. Zürich, Winterthur **1954**;
D. **Bain**: Actors and Audience, Oxford (**1977**);
S. C. **Bakhuizen**: Salganeus and the Fortification on its Mountains, Leiden
    1970;
S. C. **Bakhuizen**: Studies in the Topography of Chalcis on Euboea, Leiden
    1985;
W. **Barner**: Die Monodie, in Jens, **1971**, S.277-320;

G. **Basta Donzelli**: Studio sull' Elettra di Euripide, Catania **1978**;

W. **Biehl**: Die Herstellung von Symmetrien als Kompositionsprinzip in Eur. Herakliden 73-110 und Hypsipyle Frg. 64 Col.2, Hermes 101, **1973**, S.35-47;

W. **Biehl**: Textprobleme in Euripides Orestes, Diss. Jena **1955**;

F. **Börner**: Untersuchungen über die Religion der Sklaven in Griechenland und Rom, 2.Teil, Abh.Ak.Mainz, Geistes u.soz.- wiss. Kl. **1960**, Nr.1;

H. **Brand**: Die Sklaven in den Rollen von Dienern und Vertrauten bei Euripides, Hildesheim/New York **1973**;

J. M. **Bremer** u.a.: Some recently found Greek Poems. Leiden **1987**;

W. **Breitenbach**: Untersuchungen zur Sprache der euripideischen Lyrik, Stuttgart **1934** (ND Hildesheim **1967**);

P. **Burian**: Euripides' Heraclidae, CPh 72, **1977**, S.1-21;

W. **Burkert**: Greek Religion, Oxford (Blackwell) **1985**;

W. **Burkert**: Die Absurdität der Gewalt und das Ende der Tragödie, A.&A.20, **1974**, S.97-109

A. P. **Burnett**: Catastrophe Survived, Oxford **1971**;

A. P. **Burnett**: Euripides' "Helena" - Eine Ideen-Komödie, in: Schwinge,**1968**, S.392-416;

A. P. **Burnett**: Tribe and City, Custom and Decree in Children of Heracles, CPh 71, **1976**, S.4-26;

R. W. B. **Burton**: The Chorus in Sophocles' Tragedies, Oxford **1980**;

J. **Casabona**: Recherches sur le vocabulaire des sacrifices en Grec, Aix en Provence **1966**;

D. **Cohen**: Seclusion, Separation and the Status of Women in Classical Athens, G & R 36, **1989**, S.3-15;

M. **Cropp**: The Text of Euripides' Heracles in P.Hibeh 179, ZPE 48, **1982**, S.67-72;

E. R. **Curtius**: Europäische Literatur und lateinisches Mittelalter, 9. Aufl. Bern/München (**1978**);

C. **Dahlhaus**: Euripides, das absurde Theater und die Oper, in: Vom Musiktheather zur Literaturoper, München/Mainz (2.Aufl. **1989**), S.228- 266;

A. M. **Dale**: The Chorus in the Action of Greek Tragedy, in: Collected Papers, Cambridge **1969**, S.210-220;

A. M. **Dale**: Metrical Analysis of Tragic Choruses, Fasc.2, BICS Suppl. 21,2, **1981**;

M. **Davies**: Sophocles' Antigone 823ff. as a specimen of 'Mythological Hyperbole', Hermes 113, **1985**, S.247-9;

P. **Debord**: L'esclavage sacre , Actes du Colloque 1971 sur l'esclavage, Besancon/Paris **1972**, S.135-50;

E. **Diehl**: Die Hydria, Mainz (**1964**);

A. **Dieterich**: Schlafscenen auf der attischen Bühne, RhM 46, 1891, S.25-46;

J. **Diggle**: Studies on the Text of Euripides, Oxford **1981**;

H. **Diller**: Erwartung, Enttäuschung und Erfüllung in der griech. Tragödie, in: Kl. Schriften zur antiken Literatur, München 1971 a, S.304-34;

318

H. **Diller**: Göttliches und menschliches Wissen bei Sophokles, in: Kl. Schriften 1971 b, S.255-71;

H. **Diller**: Umwelt und Masse als dramatische Faktoren bei Euripides, in: Kl. Schriften 1971 c, S.335-58;

J. **Dingel**: Der 24. Gesang der Odyssee und die Elektra des Euripides, RhM 112, 1969, S.103-9;

K.-D. **Dorsch**: Götterhymnen in den Chorliedern der griech. Tragiker, Diss. Münster 1982;

K. **Dover**: Aristophanic Comedy, Berkeley/Los Angeles 1972;

K. **Dover**: Greek Popular Morality, Oxford (1974);

J. **Duchemin**: L'ΑΓΩΝ dans la Tragedie Greque, 2.Aufl. Paris 1968;

M. **Dyson**: Alcestis' Children and the Charakter of Admetus, JHS 108, 1988, S.13-23;

P. E. **Easterling**: Women in Tragic Space, BICS 34, 1987, S.15-26;

B. **Effe**: Held und Literatur, Poetica 12, 1980, S.145-66;

W. **Elliger**: Die Darstellung der Landschaft in der griechischen Dichtung, Berlin/New York 1975;

W. **Elsperger**: Reste und Spuren antiker Kritik gegen Euripides, Philol.Suppl.11, Heft 1, 1907;

H. **Erbse**: Euripides' Andromache, in Schwinge, 1968, S.275-304;

H. **Erbse**: Zur Exodos der Sieben, Festschrift A.Turyn, Urbana 1974, S.169-98;

H. **Erbse**: Studien zum Prolog der euripideischen Tragödie, Berlin/ New York, 1984;

G. **Erdmann**: Der Botenbericht bei Euripides, Diss. Kiel 1964;

Chr. **Eucken**: Das Rechtsproblem im euripideischen Orest, MH 43, 1986, S.155-68;

V. **De Falco**: Studi sul Teatro Greco, 2. Aufl. Neapel (1958)

H. P. **Foley**: Ritual Irony, Ithaca/ London (1985);

Ed. **Fraenkel**: De Media et Nova Comoedia Quaestiones Selectae, Diss. Göttingen 1912;

Ed. **Fraenkel**: Zu den Phoenissen des Euripides, SB Bayer. Ak.d.Wiss., Phil.-hist.Kl. Jg.1963, Heft 1;

H. **Fränkel**: Dichtung und Philosophie des frühen Griechentums, München (3.Aufl. 1969);

P. **Friedländer**: Johannes v.Gaza, Paulus Silentarius und Prokopios v. Gaza, Leipzig/Berlin 1912;

W.-H. **Friedrich**: Euripides und Diphilos, München 1953;

W.-H. **Friedrich**: Prolegomena zu den Phönissen, in: Dauer im Wechsel, Göttingen (1977), S.86-121 (zuerst 1939);

H. **Fries**: De connexu chori personae cum fabulae actione, Diss. Göttingen 1913;

W. J. **Froleyks**: Der ΑΓΩΝ ΛΟΓΩΝ in der antiken Literatur, Diss. Bonn 1973;

M. **Fuhrmann**: Mythos als Wiederholung in der griech. Tragödie und im Drama des 20.Jahrhunderts, in: Brechungen (Stuttgart 1982), S.171-98 u. 240-5;

C. P. Gardiner: The Sophoclean Chorus, Iowa City (1987);

Y. Garlan: Slavery in Ancient Greece, Ithaca/London (1988);

G. Giangrande: Hypsipyle's Children, MPhL 2, 1977, S.165-75;

M.-H. Giraud: Les oiseaux dans l'Ion d'Euripide, RPh 61, 1987, S.83-94;

F. C. Görschen: Der Hypsipyle-Prolog, Hermes 94, 1966, S.297-307;

A. W. Gomme: The Position of Women in Athens in the Fifth and Fourth Century, in: Essay in Greek History and Literature, Oxford 1937, S.89-115;

J. Gould: Law, Custom and Myth: Aspects of the Social Position of Women in Classical Athens, JHS 100, 1980, S.38-59;

B. P.Grenfell/A. S. Hunt: The Oxyrhynchus Papyri Bd.6, London, 1908;

M. Griffith: The Authenticity of 'Prometheus Bound', Cambridge (1977);

M. Gronewald: Über den Handlungsort der Kreterinnen des Euripides, ZPE 33, 1979, S.1-5;

A. Gudeman: Aristoteles ΠΕΡΙ ΠΟΙΗΤΙΚΗΣ, Berlin/Leipzig 1934;

R. Halleran: Stagecraft in Euripides, London 1985;

R. Hamilton: Anounced Entrances in Greek Tragedy, HSCPh 82,1978, S.63-82;

N.G.L.Hammond: Spectacle and Parody in Euripides' Electra, GRBS 25, 1984, S.373-87;

D. G. Harbsmeier: Die alten Menschen bei Euripides, Diss. Göttingen 1968;

A. R. W. Harrison: The Law of Athens, Oxford 1968;

J. E. Harry: The Bright Aldebaran, CR 28, 1914, S.190/1;

J. E. Harry: ΑΣΤΗΡ ΣΕΙΡΙΟΣ in Eur. I.A. 7-8, CR 29, 1915, S.47/8;

I. A. Hartung: Euripides Restitutus, 2 Bde., Hamburg 1843/1844;

M. Heath: Euripides' Telephus, CQ 37, 1987, S.272-80;

K. Heldmann: Senecas Phaidra und ihre Vorbilder, Hermes 96, 1968, S.88-117;

W. Helg: Das Chorlied in der griech. Tragödie in seinem Verhältnis zur Handlung, Diss. Zürich 1950;

F. Helmreich: Der Chor bei Sophokles und Euripides nach seinem ἦθος betrachtet, Diss. Erlangen 1905;

H. van Herwerden: Euripidis Hysipylae Fragmenta, Utrecht 1909;

H. H. Hofmann: Über den Zusammenhang zwischen Chorliedern und Handlung in den erhaltenen Dramen des Euripides, Diss. Leipzig 1916;

H. Hommel (Hrsg.): Wege zu Aischylos, (WdF) 2 Bde., Darmstadt 1974;

N. C. Hourmouziades: Production and Imagination in Euripides, Athen 1965;

A. E. Housman: ΑΣΤΗΡ ΣΕΙΡΙΟΣ in Eur. I.A. 7-8, in: Class. Papers Bd.2, Cambrdige 1972, S.886 (zuerst 1914);

A. E. Housman: Fragment of a Greek Tragedy, G & R 6, 1959, S.14- 19 (Deutsch in: K.Bartels (Hrsg.): Klassische Parodien, Zürich 1968, S.16-23);

H. Hunger: Euripides Andromache 147-153 und die Auftrittsszenen in der attischen Tragödie, RhM 95, 1952 S.369-73;

J. Irigoin: La parodos des Heraclides d' Euripides, in: Memorial A.J.Festugiere, Genf 1984, S.13-21;

W. Jens (Hrsg.): Bauformen der griech. Tragödie, München 1971;
K. Joerden: Zur Bedeutung des Außer- und Hinterszenischen, in Jens 1971 S.369-412;
H.-Th. Johann: Trauer und Trost, München 1968;

M. Kaimio: The Chorus of Greek Drama within the Light of the Person and Number used, Helsinki/Helsingfors 1970;
M. Kaimio: Physical Contact in Greek Tragedy, Helsinki 1988;
R. Kannicht: Untersuchungen zu Form und Funktion des Amoibaions in der attischen Tragödie, Diss. (masch.) Heidelberg 1957;
R. Kassel: Untersuchungen zur griechischen und römischen Konsolationsliteratur, München 1958;
G. S. Kirk: The Iliad, A Commentary, Bd.1, Cambridge (1985);
H. D. F. Kitto: Greek Tragedy, London/New York (3.Aufl. 1961, ND 1973);
H. Klees: Herren und Sklaven, Wiesbaden 1975;
H. Knaack: Quaestiones Phaetonteae, Berlin 1886;
B. Knox: Euripides' Iphigenia in Aulide 1-163 (in that order), in: Word and Action, Baltimore/London (1986 a) S.275-94;
B. Knox: Der "Hippolytos" von Euripides, in: Schwinge 1968 S.238- 274;
B. Knox: Sophocles' Oedipus, in: Word and Action (1986 b) S.96-111;
J. Kopperschmidt: Die Hikesie als dramatische Form, Diss. Tübingen 1967;
D. Kovacs: Castor in Euripides' Electra, CQ 35, 1985, S.306-14;
W. Kranz Parodos, RE 18,4, 1949, Sp.1686-94;
W. Kranz: Stasimon, Berlin 1933;
W. Krieg: De Euripidis Oreste, Halle 1934;
E. Kroeker: Der Herakles des Euripides, Gießen 1938;
M. Kubo: The Norm of Myth: Euripides' Electra, HSCPh 71, 1967, S.15-31;
W. Kullmann: Die Quellen der Ilias, Wiesbaden 1960;
W. Kullmann: Zum Sinngehalt der euripideischen Alkestis, A.& A.13, 1967, S.127-49;
D. Kurtz/J. Boardman: Greek Burial Customs, London 1971;

V. Langholf: Die Gebete bei Euripides und die zeitliche Reihenfolge der Tragödien, Göttingen (1971);
V. Langholf: Unmovierte Partizipien im Griechischen, Hermes 105, 1977, S.290-307;
J. Latacz: Zum Wortfeld 'Freude' in der Sprache Homers, Heidelberg 1966;
R. Lattimore: The Poetry of Greek Tragedy, Baltimore/London (1958);
E. Lefevre: Die Unfähigkeit, sich zu erkennen: Unzeitgemäße Bemerkungen zu Sophokles' 'Oidipus Tyrannos', WüJbb N.F.13, 1987, S.37-58;
M. R. Lefkowitz: Was Euripides an Atheist ?, SIFC 80, 1987, S.149-66;
R. Leimbach: Euripides Ion, eine Interpretation, Diss. Frankfurt 1971;
A. Lesky: Entscheidung und Verantwortung in der Tragödie des Aischylos, in: Hommel, 1974, Bd.1 S.330-46;

A. **Lesky**: Thalatta Wien (1947);

A. **Lesky**: Zum Phaethon des Euripides, Gesammelte Schriften, Bern/ München (1966), S.111-30;

A. **Lesky**: Die tragische Dichtung der Hellenen, 3.Aufl. Göttingen 1972;

M. **Lloyd**: Realism and Character in Euripides' Electra, Phoenix 40, 1986, S.1-19;

H. **Lloyd-Jones**: Artemis and Iphigenia, JHS 103, 1983, S.87-102;

H. **Lloyd-Jones**: The End of the Seven against Thebes, CQ 9, 1959, S.80-115;

H. **Lloyd-Jones**: The Guilt of Agamemnon, CQ 12, 1962, S.187-99;

H. **van Looy**: Zes verloren tragedies van Euripides, Brüssel 1964 (Kon.Vlaamse Acad.voor Wetensch., Letteren en Schoone Kunsten van Belgie, Verh. Kl.d.Lett. 26, 1964)

N. **Loraux**: Les enfants d' Athena, Paris 1981;

W. **Ludwig**: Sapheneia, Diss. Tübingen (1954);

D. **Lukas**: Ἐπισπένδειν νεκρῶι, PCPhS N.S.15, 1969, S.60-8;

P. **Maas**: Epidaurische Hymnen, Schriften der Königsberger Gel. Ges., geisteswiss. Kl.9, Heft 5, 1933;

D. **MacDowell**: The Law in Classical Athens (London 1978);

J. P. **Mahaffy** (Hrsg.): The Flinders Petrie Papyri, Dublin 1891;

K. J. **Maidment**: The Later Comic Chorus, CQ 29, 1935, S.1-24;

B. **Mannsperger**; Die Rhesis, in Jens 1971 S.143-181;

A. **Masaracchia**: Ares nelle Fenice di Euripide, Festschrift F. Della Corte, Urbino 1987, Bd.1, S.169-81;

D. J. **Mastronarde**: Iconography in Euripides' Ion, CSCA 8, 1975, S.163-76;

D. J. **Mastronarde**/J.M. **Bremer**: The Textual Tradition of Euripides' Phoinissai, Berkeley/Los Angeles/London (1982);

K. **Matthiessen**: Elektra, Taurische Iphigenie und Helena, Göttingen (1964);

K. **Matthiessen**: Studien zur Textüberlieferung der Hekabe des Euripides, Heidelberg 1974;

C. **Meier**: Die politische Kunst der griechischen Tragödie, München (1988);

S. **Melchinger**: Die Welt als Tragödie, Bd.2, München (1980);

J. **Mesk**: Die Parodos der Sieben gegen Theben, Philol.89, 1934, S.454-9;

Chr. **Michel**: Erläuerungen zum N der Ilias, Heidelberg 1971;

A. N. **Michelini**: Euripides and the Tragic Tradition, (Madison 1987);

C. **Möller**: Vom Chorlied bei Euripides, Diss. Göttingen, Bottrop 1933,

P. **von Moos** : Consolatio, München 1972;

W. **Morel**: De Euripidis Hypsipyla, Diss. Frankfurt 1921;

K. **Münscher**: Zur mesodischen Liedform, Hermes 62, 1927, S.154-78;

C. W. **Müller**: Zur Datierung des sophokleischen Ödipus, SB Mainz 1984, 5;

C. W. **Müller**: Gleiches zu Gleichem, Wiesbaden 1965;

G. **Müller**: Beschreibung von Kunstwerken im Ion des Euripides, Hermes 103, 1975, S.25-44;

G. **Müller**: Chor und Handlung bei den griechischen Tragikern, in: H.Diller (Hrsg.): Sophokles (WdF) Darmstadt 1967, S.212-38;

Chr. **Mueller-Goldingen**: Untersuchungen zu den Phoenissen des Euripides, Wiesbaden/Stuttgart 1985;

G. **Murray**: Euripides und seine Zeit, Darmstadt (1957);

322

H. **Neitzel**: Apolls Orakelspruch im Ion des Euripides, Hermes 116, **1988**, S.272-9;

H. **Neitzel**: Die dramatische Funktion der Chorlieder in den Tragödien des Euripides, Diss. Hamburg 1967;

H. **Neitzel**: Prolog und Spiel in der Euripideischen Iphigenie in Aulis, Philol.131, 1987, S.185-223;

W. **Nestle**: Die Struktur des Eingangs in der att. Tragödie, Stuttgart 1930;

H.-J. **Newiger** (Hrsg.): Aristophanes und die Alte Komödie, Darmstadt (WdF) 1975;

H.-J. **Newiger**: Colpa e Responsibilita nella Tragedia Greca, Belfagor 41, **1986**, S.485-99;

H.-J. **Newiger**: Datierungsfragen der griech. Tragödie, GGA 219, **1967**, S.175-94;

H.-J. **Newiger**: Drama und Theater, in: Seeck 1979 S.434-503;

H.-J. **Newiger**: Die "Orestie" und das Theater, Dioniso 48, **1977**, S.319-340;

R. M. **Newton**: Ino in Euripides' Medea, AJPh 106, **1985**, S.496-502;

R. G. M. **Nisbet**/M. **Hubbard**: A Commentary on Horace: Odes Book II, Oxford **1978**;

M. P. **Nilsson**: Griechische Feste, Leipzig **1906**;

M. P. **Nilsson**: Der Ursprung der Tragödie, Opuscula Selecta Bd.1, Lund **1951**, S.61-145 (zuerst 1911);

H.-W. **Nordheider**: Chorlieder des Euripides in ihrer dramatischen Funktion, Frankfurt/Bern (1980);

G. **Norwood**: Greek Tragedy, New York (1960);

M. J. **O'Brien**: Character, Action and Rhetoric in the Agon of the Orestes, Festschrift F.Della Corte, Urbino (1987) Bd.1 S.183- 99;

M. J. **O'Brien**: Pelopid History and the Plot of Iphigenia in Tauris, CQ 38, **1988**, S.98-115;

H. **Oranje**: Euripides' Bacchae. The Play and Its Audience, Leiden **1984**;

R. **Padel**: Imagery of the Elsewhere - Two Choral Odes of Euripides, CQ 24, **1974**, S.225-41;

D. L. **Page**: Actors' Interpolations in Greek Tragedy, Oxford **1934**;

O. **Panagl**: Die "Dithyrambischen Stasima" des Euripides, Wien **1971**;

P. J. **Parsons**: The Lille "Stesichorus", ZPE 26, **1977**, S.7-36;

H. **Parry**: The second stasimon of Euripides' Heracles (637-700), AJPh 86, **1965**, S.363-74;

H. **Patzer**: Die dichterischen Formgesetze der Gattung "Tragödie", in: Festschrift H.Rahn, Heidelberg **1987**, S.95-128;

M. **Pfister**: Das Drama, München (5.Aufl. **1988**);

E. A. **Phoutrides**: The Chorus of Euripides, HSCPh 27, **1916**, S.77- 170;

A. J. **Podlecki**: Some Themes in Euripides' Phoenissae, TAPhA 93, **1962**, S.355-73;

E. **Pöhlmann**: Denkmäler altgriechischer Musik, Nürnberg **1970**;

E. **Pöhlmann**: Griech. Musikfragmente, Nürnberg **1960**;

M. **Pohlenz**: Die griechische Tragödie, 2 Bde., 2 .Aufl. Göttingen **1954**;

H. **Popp**: Das Amoibaion, in Jens 1971 S.221-75;

H. W. Race: The Classical Priamel from Homer to Boethius, Leiden 1982;

P. Rau: Paratragodia, München 1967;

E. Rawson: Family and Fatherland in Euripides' Phoenissae, GRBS 11, 1970, S.109-27;

M. D. Reeve: Interpolations in Greek Tragedy I, GRBS 13, 1972, S.247-65;

O. Regenbogen: Drei Thukydidesinterpretationen, Kl. Schriften, München 1961, S.206-16;

E. Reiner: Die rituelle Klage der Griechen, Stuttgart/Berlin 1938;

K. Reinhardt: Aischylos als Regisseur und Theologe, Bern (1949);

K. Reinhardt: Aristophanes und Athen, in: Newiger 1975, S.55-74;

K. Reinhardt: Sophokles, 4.Aufl. Frankfurt 1976;

M. Reinhold: History of Purple as a Status-Symbol in Antiquity, Brüssel 1970;

P. Riemer: Die Alkestis des Euripides (Frankfurt 1989);

W. Ritchie: The authenticity of the Rhesus of Euripides, Cambridge 1964;

A. Rivier: Essai sur le Tragique d' Euripide, 2.Aufl. Paris 1975;

W. Rösler: Der Chor als Mitspieler, A.& A. 29, 1983, S.107-24;

W. Rösler: Polis und Tragödie, Konstanz 1980;

T. G. Rosenmeyer: The Masks of Tragedy, Austin 1963;

V. J. Rosivach: Autochthony and the Athenians, CQ 37, 1987, S.294-306;

V. J. Rosivach: Earthborns and Olympians, The Parodos of the Ion, CQ 27, 1977, S.284-94;

C. A. P. Ruck: On the sacred names of Iamos and Ion, CJ 71, 1976, S.235-52;

D. Sansone: The Sacrifice-Motiv in Euripides' "I.T.", TAPhA 105, 1975, S.283-95;

H. Schaal: De Euripidis Antiopa, Diss. Berlin 1914;

W. Schadewaldt: Zu einem Florentiner Papyrusbruchstück aus dem "Alkmeon in Psophis" des Euripides, Hellas und Hesperien Bd.1, Zürich/Stuttgart (2 .Aufl. 1970), S.516-34;

W. Schadewaldt: Monolog und Selbstgespräch, Berlin 1926;

A. W. Schlegel: Vorlesungen über dramatische Kunst und Literatur, 1. Teil, in Sämtl. Werke, hrsg. v. E.Böcking, Bd.5, Leipzig 1846;

W. Schmid: Geschichte der griechischen Literatur, 1.Teil, 3. Bd., München (1940);

H. W. Schmidt: Die Struktur des Eingangs, in Jens 1971 S.1-46;

A. Schmitt: Menschliches Fehlen und tragisches Scheitern, zur Handlungsmotivation im sophokleischen "König Oedipus", RhM 131, 1988, S.8-30;

F. G. Schöne: Über die Parodos in Euripides Aulischer Iphigenie, RhM 5, 1847, S.80-107, 228-45;

W. Schuller: Frauen in der griechischen Geschichte, Konstanz (1985);

W. Schulze: Beiträge zur Wort- und Sittengeschichte II, Kl. Schriften, Göttingen 1933, S.160-89;

E.-R. Schwinge (Hrsg.): Euripides, Darmstadt (WdF) 1968;

E.-R. Schwinge: Die Rolle des Chores in der sophokleischen "Antigone", Gymn.78, 1971, S.294-321;

E.-R. Schwinge: Die Stellung der Trachinierinnen im Werk des Sophokles, Göttingen (1962);

E.-R. **Schwinge:** Die Verwendung der Stichomythie in den Dramen des Euripides, Heidelberg **1968 a;**

M. **Schwinge:** Die Funktion der zweiteiligen Komposition im Herakles des Euripides, Diss. Tübingen **1972;**

D. **Seale:** Vision and Stagecraft in Sophocles, London/Canberra (**1982**);

G. A. **Seeck:** Das griechische Drama, Darmstadt **1979;**

G. A. **Seeck:** Unaristotelische Untersuchungen zu Euripides, Heidelberg **1985;**

B. **Seidensticker:** Beziehungen zwischen den beiden Oidipusdramen Sophokles, Hermes 100, **1972,** S.255-74;

B. **Seidensticker:** Palintonos Harmonia, Göttingen (**1982**);

B. **Seidensticker:** Satyrspiel, Darmstadt **1989** (WdF);

B. **Seidensticker:** Das Satyrspiel, in Seeck **1979** S.204-57;

B. **Seidensticker:** Die Stichomythie, in Jens **1971** S.183-220;

B. **Seidensticker:** Die Wahl des Todes bei Sophokles, Entretiens sur l'Antiquite Classique Bd.29, Sophocle, Vandoevres-Geneve **1982 a** (erschienen **1983**), S.105-53;

C. **Sittl:** Die Gebärden der Griechen und Römer, Leipzig **1890;**

O. **Skutsch:** Helen, her name and nature, JHS 107, **1987,** S.188-93;

O. **Skutsch:** The soldiers' chorus in the Iphigenia, Studia Enniana, London **1968,** S.157-65;

B. **Snell:** Aischylos und das Handeln im Drama, Leipzig **1928** (Philol. Suppl.20,1)

B. **Snell:** Euripides Alexandros, Berlin **1937** (Hermes Einzelschr.5);

B. **Snell:** Euripides' "Aulische Iphigenie", in Schwinge **1968** S.493-506 (= Aischylos u.d.Handeln i.Drama S.148-160);

B. **Snelll:** Szenen aus griechischen Dramen, Berlin **1971;**

B. **Snell:** Das früheste Zeugnis über Sokrates, Philol.97,**1948,** S.125-34;

J. **Soffel:** Die Regeln Menanders für die Leichenrede, Meisenheim **1974;**

F. **Solmsen:** Euripides' Ion im Vergleich mit anderen Tragödien, in Schwinge **1968** S.326-44;

H. **Spittler:** Die Darstellungsperspektive im Drama, Frankfurt/ Bern/Cirencester (**1979**);

D.P. **Stanley-Porter:** Who opposes Theoclymenus, CP 72, **1977,** S.45-8;

W. **Steidle:** Studien zum antiken Drama, München (**1968**);

Th. **Stephanopoulos:** Die Umgestaltung des Mythos durch Euripides, Athen **1980;**

W. **Stockert:** Zum Schlußteil der Parodos der Euripideischen Iphigenie in Aulis, Prometheus 8, **1982,** S.21-30;

F. **Stoessl:** Die Elektra des Euripides, RhM 99, **1956,** S.47-92;

F. **Stoessl:** Parodos, in: Der kl. Pauly Bd.4, Sp.522/3;

H. **Strohm:** Euripides, München **1957;**

H. **Strohm:** Euripides' Iphigenie im Taurerland, in Schwinge **1968** S.373-91;

J. L. **Styan:** The Elements of Drama, Cambridge **1969;**

H. P. **Syndikus:** Die Lyrik des Horaz, Bd.1, Darmstadt **1972;**

O. **Taplin:** Aeschylean Silences and Silences in Aeschylus, HSCPh 76, **1972,** S.57-97;

O. **Taplin:** Greek Tragedy in Action, (London **1978**);

O. Taplin: The Stagecraft of Aeschylus, Oxford 1977;

H. Usener: Kallone, in Kl. Schriften Bd.4, Leipzig/Berlin 1913, S.1-93;

M. van der Valk: Studies in Euripides, Amsterdam 1985;
B. Vickers: Towards Greek Tragedy, London 1973;

T. B. L. Webster: An Introduction to Sophocles, London (1969);
T. B. L. Webster: Three Plays of Euripides, in Festschrift H.Caplan, Ithaca/ New York (1966) S.83-97;
T. B. L. Webster: Preparation and Motivation in Greek Tragedy, CR 47, 1933, S.117-23;
T. B. L. Webster: The Tragedies of Euripides, London 1967;
N. Wecklein: Die Antiope des Euripides, Philol. 79, 1924, S.51- 69;
N. Wecklein: Über fragmentarisch erhaltene Tragödien des Euripides, SB kgl.bayer.Ak.d.Wiss.München, philos.-philol. u. hist. Kl. 1888 S.87-139;
H. van Wees: Kings in Combat, Battles and Heroes in the Iliad, CQ 38, 1988, S.1-24;
H. Weill: Observations sur les Textes d'Euripide et d'Eschyle, RPh 18, 1894, S.201-219;
T. Wendel I: Die Gesprächsanrede im griech. Epos und Drama der Blütezeit, Stuttgart 1929;
M. L. West: Immortal Helen, An Inaugural Lecture delivered on 30 April 1975, Bedford College;
M. L. West: Tragica V, BICS 28, 1981, S.61-78;
T. v.Wilamowitz-Moellendorff: Die dramatische Technik des Sophokles, Berlin 1917;
U. v.Wilamowitz-Moellendorff: Aischylos Interpretationen, Berlin 1914;
U. v.Wilamowitz-Moellendorff: Die beiden Elektren, Kl. Schr. Bd.6, Berlin/Amsterdam 1972, S.161-208;
U. v.Wilamowitz-Moellendorff: Euripides Hippolytos, Berlin 1891;
U. v.Wilamowitz-Moellendorff: Exkurse zu Euripides Herakliden, Kl. Schriften Bd.1, Berlin 1935 a, S.82-109;
U. v.Wilamowitz-Moellendorff: Exkurse zu Euripides Medea, Kl.Schr. Bd.1, 1935 b S.17-59;
U. v.Wilamowitz-Moellendorff: Phaethon, Kl. Schr. Bd.1, 1935 c S.110-47;
U. v.Wilamowitz-Moellendorff: Griechische Verskunst, 4. Aufl. Darmstadt 1984;
M. M. Willcock: Mythological Paradeigma in the Iliad, CQ 14, 1964, S.141-54;
R. P. Winnington-Ingram: Euripides: Poietes Sophos, Arethusa 2, 1969, S.127-42;
R. P. Winnington-Ingram: Sophocles, An Interpretation, Cambridge (1980);
E. Wolf: Rechtsphilosophie und Rechtsdichtung im Zeitalter der Sophistik (Griech. Rechtsdenken II) Frankfurt (1952);

H. Yunis: A New Creed: Fundamental Religious Beliefs in the Athenian Polis and Euripidean Drama; Göttingen (1988);

N. **Zazagi**: Tradition and Originality in Plautus, Göttingen (1980);

F. J. **Zeitlin**: The Argive Festival and Euripides' Electra, TAPhA 101, 1970, S.645-69;

W. **Zietschmann**: Die Darstellung der Prothesis in der griech. Kunst, Mitt. d.dt.archäol.Inst. Athen Abt. Bd.53, 1928, S.17- 47;

B. **Zimmermann**: Untersuchungen zur Form und dramatischen Technik der Aristophanischen Komödie, Bd.1, Königstein **1984**;

G. **Zuntz**: The Political Plays of Euripides, Manchester (1955);

O. **Zwierlein**: Senecas Phaidra und ihre Vorbilder, SB Ak.Mainz 1987, Nr.5;

Indices

1. Stellen

a) Euripides

Alcestis
1-135: 48-52
2: 71 A.3
22/3: 210 A.31
65-9: 210 A.31
77-85: 54
77/8: 111 A.18
107: 56
109-11: 210 A.32
136-40: 83 A.20, 191
139/40: 210
141-51: 199
141-212: 58
147: 210
151f.: 51 A.20
197/8: 49
199/200: 199, 203 A.8, 211 A.34
210-12: 52, 210 A.32
213-37: 207, 210
215-7: 50 A.15
217/8: 52
221: 210
226-43: 211
233-43: 211
233/4: 186,
233: 193
234-7: 186
235: 51 A.20
238-434: 183-6
238-43: 234
244-392: 54, 58 A.12
244-79: 232
279: 234
280-325: 234
324: 51 A.20
326/7: 203 A.8
393-415: 54, 231, 236
416-9: 236, 294
433; 51 A.20
442: 51 A.20
477-508: 197
507/8: 192
509: 210 A.31
551-67: 294
611-3: 192
629-707: 225/6
739/40: 180

840-54: 180
861-934: 180, 232, 240, 241-5
861-71: 211
863: 250
864: 253, 254
874: 256
878: 248
878-88: 211
899: 51 A.20
903-11: 84 A.27
931-3: 84 A.28
935-61: 226
940: 225
1006/7: 192
1072ff.: 77 A.31

Alcmeon
306/7

Andromacha
1-146: 65-9
4: 71 A.3
42-44: 109 A.11
79-91: 87
91-116: 95
92: 96
103-16: 87 A.4
117-25: 111
117: 74, 261 A.19
119-22: 42
119: 75
123: 111 A.17
135-40: 219
147-233: 219
154: 68 A.15
164-8: 69
168: 68
177/8: 68
220-5: 227
397/8: 202 A.5
423/4: 219
494-500: 192
501-44: 232
501-44: 88 A.5
545/6: 193, 235
590-746: 225
643/4: 219
691/2: 219, 294
745/6: 88 A.9
802-24: 296
823/4: 192
825-78: 232
861-5: 281 A.93

lyrische Formen: Problem der Abgrenzung: 230/1
　　　　　　　Schwächung der l.F. in der Parodos: 111/2

Massenszene: 162
Medea: Unzugänglichkeit: 56
Metastasis: 26, 35 A.15, 179
blindes Motiv: 261
Mord auf offener Bühne: 257, 273/4
Mord im Bühnenhaus: 257
　Chor will behilflich sein: 268
　Chor billigt M.: 268/9
Musik: musikalische Gestaltung des Flüsterns im Or.: 104 A.15
Nebenchor: 23, 24, 27 A.22, 60

Oedipus
　Sophokles: Schuldfrage: 252 (mit A.57)
　　　　　　　kluger O. weiß Rat: 297
Orest: bei Aischylos: 101 A.2
'Orestes': Stellung des O. innerhalb der Atridenstücke: 102

Parodos
　Anteil des Chores an der P.: 70, 101 A.1
　entspricht Botenrede: 159/60
　führt Handlung weiter: 111
　stellt lyrische Reprise des Prologes dar: 131
　ist Standlied: 162
　metrische Verbindung von Monodie und Parodos: 66, 74
　ist ohne Verbindung mit dem Prolog: 127
　Zusammenhang von Form und Gehalt der P.: 58, 63/4, 68/9, 78, 99/100,
　　106, 110/1, 139, 147/8, 163/4
　Zweiteilung: 147, 159/60
'Phaethon': Wo lag die Tragik ? 123-5
Polyneikes: bei Aischylos und Euripides: 141
Priamel: 129/30
Prologsprecher: Identifizierung: 71 A.3
Prologszene: Steigerung des Unglücks in 2. P.: 55, 65, 95, 108, vgl. 114
Prothesis: 52, 53

Reisebeschreibung: 145/6
Responsionsdurchbrechung beim Sprecherwechsel: 107/8
Rufmotiv: 43, 56, 68, 111, 164, 177
　Abweichung vom R.: 127
　Brechung des R.: 146
　Umkehrung des R.: 143

Satyrn: Prahlerei und Feigheit: 268/9
Schiffskatalog: 159/60
Schlafszene: 104-6
A.W. Schlegel: 32, 36
Schrei aus dem hinterszenischen Raum: 257/8
　verdeutlicht dem Zuschauer hinterszenisches Geschehen: 263, 265
　Verdoppelung des S.: 259
Schweigebitte: 299ff.